कृष्ण के 200+

चौंकाने वाले सत्य

सभी प्राचीन शास्त्रों से रिसर्च पर आधारित

दीप त्रिवेदी

बेस्टसेलर्स 'मैं कृष्ण हूँ' और 'मैं मन हूँ' के लेखक द्वारा लिखित

अंग्रेजी, मराठी और गुजराती में भी उपलब्ध

प्रथम संस्करण: 2022
मूल्य: ₹349/-

भारत में मुद्रित

संकल्पना, चित्रण व साज-सज्जाः
AATMAN
INNOVATIONS PVT. LTD.
www.aatmaninnovations.com

प्रकाशक: आत्मन इनोवेशन्स् प्रा. लि.
प्रकाशन का स्थान: मुंबई

ISBN 978-93-84850-25-8

दीप त्रिवेदी

दीप त्रिवेदी एक प्रसिद्ध लेखक, वक्ता और स्पीरिच्युअल सायको-डाइनैमिक्स के पायनियर हैं जो एक व्यापक दृष्टिकोण से ना सिर्फ लिखते हैं, बल्कि विभिन्न विषयों पर वर्कशॉप्स भी कंडक्ट करते हैं। इनकी सबसे बड़ी विशेषता यह है कि इन्हें पढ़ने व सुनने-मात्र से मनुष्य में आमूल सकारात्मक परिवर्तन आ जाता है। वे अपने कार्यों द्वारा आजतक लाखों लोगों को सुख और सफलता के मार्ग पर लगा चुके हैं।

दीप त्रिवेदी ने अपने इन कार्यों द्वारा प्रकृति, उसके नियम, उसका आचरण, उसकी सायकोलॉजी और उसके मनुष्यजीवन पर पड़नेवाले प्रभाव को बड़ी ही गहराई से समझाया है। जीवन का ऐसा कोई पहलू नहीं है जिसे उन्होंने न छूआ हो। वे कहते हैं कि सायकोलॉजी के बाबत कम ज्ञान और कम समझ होना ही मनुष्यजीवन के तमाम दुःखों और असफलताओं का मूल कारण है।

वे बेस्टसेलर्स 'मैं मन हूँ' और 'मैं कृष्ण हूँ' समेत कई अन्य किताबें लिख चुके हैं। उनके द्वारा लिखी गई बेस्टसेलिंग किताब, 'मैं मन हूँ' कई राष्ट्रीय एवं अंतर्राष्ट्रीय भाषाओं में प्रकाशित हो चुकी हैं। समाज में उनके असीमित योगदान के लिए दीप त्रिवेदी को साल 2018 के Times Power Men Award से सम्मानित किया गया है।

मनुष्यजीवन की गहरे-से-गहरी सायकोलॉजी पर उनकी पकड़ का अंदाजा इसी बात से लगाया जा सकता है कि मनुष्यजीवन और 'भगवद्‌गीता' पर सर्वाधिक वर्कशॉप्स कंडक्ट करने का रेकॉर्ड उन्हीं के नाम पर है जिसमें उन्होंने 58 दिनों में गीता पर 168 घंटे, 28 मिनट और 50 सेकंड तक एक लंबी चर्चा करी है। इसके अलावा अष्टावक्र गीता और ताओ-ते-चिंग पर भी सर्वाधिक वर्कशॉप्स कंडक्ट करने का रेकॉर्ड उन्हीं के नाम पर दर्ज है। ये सारे रेकॉर्ड्स राष्ट्रीय एवं अंतर्राष्ट्रीय रेकॉर्ड बुक्स में दर्ज है। साथ ही मनुष्य के जीवन, सायकोलॉजी, आत्मा, प्रकृति के नियम, भाग्य तथा अन्य विषयों पर सर्वाधिक (लगभग 12038) कोटेशन लिखने का रेकॉर्ड भी उन्हीं के नाम दर्ज है। भगवद्‌गीता पर उन्हें उनके सायकोलॉजिकल कार्यों के लिए ऑनरेरी डॉक्टरेट की उपाधि भी प्रदान की गई है। उनके द्वारा लोगों के रोजमर्रा के जीवन की समस्याओं पर करी गई इंटरैक्टिव वर्कशॉप्स ने सभी के जीवन में क्रांतिकारी ट्रांसफॉर्मेशन लाया है। ये तमाम वर्कशॉप्स भारत में लाइव ऑडियन्स के सामने आयोजित किये गए हैं।

दीप त्रिवेदी की खास बात यह है कि वे जीवन के गहरे-से-गहरे पहलुओं को छूते हैं और उन्हें सरलतम भाषा में लोगों के सामने प्रस्तुत करते हैं जिससे कन्फ्यूजन की कहीं कोई गुंजाइश ही नहीं बचती है। वे अपने किताब और वर्कशॉप्स में जिस अनोखी स्पीरिच्युअल-सायकोलॉजिकल भाषा और एक्सप्रेशन का इस्तेमाल करते हैं उससे उन्हें पढ़ने तथा सुनने वालों में उसका तात्कालिक प्रभाव भी होने लगता है और यही बात उन्हें इस क्षेत्र का पायनियर बनाती है।

दीप त्रिवेदी के बारे में और अधिक जानने के लिए विजिट करें: www.deeptrivedi.com

दीप त्रिवेदी मशहूर वक्ता

दीप त्रिवेदी सायको-स्पीरिच्युअल कॉन्टेंट, आवाज, भाषा और एक्सप्रेशन का ऐसा मिश्रण प्रस्तुत करते हैं जिससे उन्हें देखने और सुनने वालों में तत्काल परिवर्तन आता है। लाखों लोग सिर्फ उन्हें सुनने-मात्र से परिवर्तित हो चुके हैं।

दीप त्रिवेदी जीवन से जुड़े हर विषय पर प्रकाश डालते हैं। उनके द्वारा लोगों के रोजमर्रा के जीवन की समस्याओं पर करी गई इंटरैक्टिव वर्कशॉप्स ने सभी के जीवन में क्रांतिकारी ट्रांसफॉर्मेशन लाया है। जीवन का ऐसा कोई पहलू नहीं है जिसे उन्होंने न छूआ हो। वे विभिन्न विषयों पर बोल चुके हैं जैसे भगवद्गीता, ताओ-ते-चिंग, अष्टावक्र गीता, कुदरत के रहस्य, मन के रहस्य, आत्मा के रहस्य, भाग्य के रहस्य, इत्यादि, और:

- **प्रकृति के नियम**
- **टाइम एण्ड स्पेस**
- **धर्म**
- **डीएनए-जीन्स**
- **जीवन की राह**
- **डे-स्लीप**
- **मन और बुद्धि**
- **व्यक्तित्व**
- **हीनता**
- **डर**
- **गिल्ट**
- **इन्वोल्वमेंट**
- **पक्षपात**
- **अपेक्षा**
- **स्वीकार्यशक्ति**
- **नेचरल इंटेलिजेंस**
- **पावर ऑफ ट्रान्स्फर्मेशन**
- **विवाह**
- **स्वतंत्रता**
- **भविष्य**
- **हिपोक्रेसी**
- **क्रिएटिविटी**
- **कोन्सन्ट्रेशन**
- **सुख और सफलता**
- **समृद्धि**
- **अच्छा-बुरा**
- **भगवान**
- **अहंकार**
- **क्रोध**
- **सेल्फ-कॉन्फिडेंस**
- **प्रेम**
- **कन्फ्यूजन**

लेखक की कलम से...

कृष्ण, एक ऐसा व्यक्तित्व हैं जिनकी सबसे ज्यादा चर्चा होती है। भारत में सबसे ज्यादा चाहने वाले भी शायद उन्हीं के हैं। कोई उन्हें भगवानों का भगवान मानता है तो कोई एक शानदार व्यक्तित्व का मालिक। निश्चित ही कुछ बात तो है कृष्ण में! लेकिन वास्तव में कृष्ण हैं क्या? उनका जीवन कैसा था? क्यों उनकी और उनके जीवन को लेकर इतनी चर्चाएं होती हैं? सवाल तो यह भी कि क्या उनका पूरा जीवन कहीं उपलब्ध भी है या ऐसे ही चारों ओर हवाई बातें की जा रही हैं?

तो इस संदर्भ में चंद बातें बड़ी स्पष्टतापूर्वक समझ लेना आवश्यक है। पूरा-का-पूरा न भी कहूं तो भी कृष्ण का अधिकांश जीवन शास्त्रों में उपलब्ध है ही। परंतु दिक्कत यह है कि कोई एक शास्त्र ऐसा नहीं है कि जिसमें कृष्ण के सम्पूर्ण जीवन का विवरण मिल जाए। हां, टुकड़े-टुकड़े में उनके जीवन की चर्चा कई शास्त्रों में बिखरी अवश्य पड़ी हैं। और यही एक जरिया है जहां से सिरे-से-सिरा मिलाकर कृष्ण का जीवन पकड़ा जा सकता है।

खैर, अब दूसरी बात! और वह यह है कि यहां भी एक पेंच है। क्योंकि आज कृष्ण के जीवन के बाबत दो प्रकार के शास्त्र उपलब्ध हैं। एक शुरुआती दौर के व दूसरे जो काफी बाद में लिखे गए। और कृष्ण का जो कुछ भी वास्तविक जीवन है, वह शुरुआती दौर के शास्त्रों में ही उपलब्ध है। बाद के शास्त्रों में तो जिसकी जो मरजी आयी है, वह लिखता चला गया है। जमानेभर की लच्छेदार बातें उनमें जोड़ दी गई हैं। और फिर कृष्ण के जीवन को लेकर खिलवाड़ यहीं नहीं थमा। आज के संचार-क्रांति के युग में तो कृष्ण के जीवन के साथ भरपूर खिलवाड़ किया जा रहा है। खासकर कृष्ण और महाभारत पर टीवी सीरियल बनाने वाले लोग तो उनके वास्तविक जीवन की परवाह ही नहीं कर रहे हैं। बिना रिसर्च किये जो मरजी आए वह लिखे और बताये जा रहे हैं। उदाहरण के तौरपर कहूं तो अभी हाल ही में प्रसारित हो रही एक सीरियल में कंस को गंजा दिखाया गया है। जबकि शास्त्रों में अंकित है कि कंस के लंबे-लंबे बाल थे। कृष्ण ने कंस का वध करते समय उसके बाल पकड़कर ही उसे सभा में घसीटा था। वैसे ही अक्सर नंद व यशोदा को एक खूबसूरत युवा जोड़े के रूप में बताया जाता है लेकिन वास्तव में दोनों करीब-करीब अधेड़ थे। वही हाल वसुदेव का भी था। कृष्ण की पैदाइश के समय ही उनकी अच्छी-खासी उम्र हो चुकी थी। और कृष्ण... कृष्ण के बाबत तो सोचते ही नहीं हैं कि उनका व्यक्तिगत जीवन कैसा

था? बस कहानियां-पे-कहानियां गढ़ी जा रही हैं। और वह भी हवाई बातें व चमत्कार जोड़-जोड़ के। उसपर भी मजा यह कि या तो उनमें कृष्ण के बचपन की चर्चायें होती हैं या फिर महाभारत काल की। लेकिन यह तो उनके कुल जीवन का दस प्रतिशत हिस्सा-मात्र है। उनका जीवन इससे कहीं बड़ा व विशाल था। परंतु उसकी कहीं कोई चर्चा नहीं होती है। यह भी कृष्ण को लेकर अपने तरीके का एक अनूठा मजाक है जो चला आ रहा है। और उसके भी कई कारण हैं। पहले तो पर्याप्त मात्रा में शोध का अभाव इस हेतु जवाबदार है। क्योंकि इतने भिन्न-भिन्न शास्त्रों से एक जीवन को पकड़ना आसान नहीं है। इसके लिए गहरा सायकोलॉजिकल ज्ञान चाहिए। दूसरी बात यह कि कृष्ण के जीवन में वह सबकुछ है जो एक मनुष्य में स्वाभाविक रूप से मौजूद होता है, परंतु जिसकी चर्चा करना आसान नहीं होता। क्योंकि ऐसी बातों को शायद तथाकथित समाज व संप्रदाय पचा न पाएं। शायद सबको डर लगता है कि कहीं इससे कृष्ण के चमत्कारिक ईश्वरीय स्वरूप पर आंच न आ जाए।

खैर, मेरा यह मानना है कि कृष्ण नायकों के नायक हैं। और अपने नायक का पूरा जीवन हरेक को मालूम होना ही चाहिए। कृष्ण जैसा व्यक्तित्व न कभी हुआ है और न कभी होगा। अत: उनके सम्पूर्ण व्यक्तित्व से सबको अवगत होना ही चाहिए। और इसी उद्देश्य को ध्यान में रखकर मैंने कृष्ण की पूरी आत्मकथा "मैं कृष्ण हूँ" नाम से लिखी है। कुल जमा छह भागों में प्रकाशित इस किताब में कृष्ण के जन्म से लेकर उनकी विदाई तक का सम्पूर्ण जीवन एक शानदार व रोचक कहानी के रूप में सिलसिलेवार तरीके से लिखा गया है। इसमें कृष्ण के जीवन के साथ-साथ उन्होंने क्या, कब व क्यों किया; यह भी विस्तार से बताया गया है। मेरा यह स्पष्ट मत है कि हम अपने नायक के जीवन व व्यक्तित्व से ही बहुत कुछ सीख सकते हैं। तो फिर कृष्ण तो महानायक हैं। सो मेरी किताब "मैं कृष्ण हूँ" तमाम ग्रंथों पर शोध करने के उपरांत लिखी गई है। यह किताब ना सिर्फ हमें अपने महानायक से मिलवाती है बल्कि उनसे सीखने लायक तमाम चीजें सिखाती भी है।

खैर, वापस वर्तमान किताब पर लौट आएं। और मेरा यह वर्तमान किताब लिखने का उद्देश्य इतना ही है कि इससे आप अपने महानायक कृष्ण व उनके जीवन बाबत सबकुछ जान लें और उनके बारे में फैलायी जा रही व्यर्थ की कहानियों से छुटकारा पा लें। इस हेतु मैंने शास्त्रों में उल्लेखित प्रमाणों को ही सामने रखा है। सदियों से शास्त्रों की इन बातों को या तो दबाया जाता रहा है या जान-बूझकर इनकी अनदेखी की जाती रही है, या फिर लोगों की वहां तक पहुंच ही नहीं हो पायी है। लेकिन मेरा ऐसा मानना है कि लोग एकबार

कृष्ण के बारे में वास्तविक तथ्यों को जान लेंगे तो उन्हें समझने का प्रयास भी करेंगे और यह प्रयास करने हेतु प्रेरित करना ही इस किताब का मूल उद्देश्य है। इसका कारण यह है कि कृष्ण के जीवन में प्रेम भी है और कला भी। उनके जीवन में गीता भी है व वध भी। विवाह भी हैं व बच्चे भी। शौक भी हैं व संन्यास भी। छल-कपट भी है व सत्य वचन भी। घर में भी संघर्ष है तथा बाहर भी। उनके मित्र भी हैं व शत्रु भी। ...इतना सबकुछ होते हुए भी उनकी सबसे बड़ी विशेषता यह है कि वे जीवन का कोई युद्ध कभी नहीं हारे। और यही उनसे हमें सीखना है। लेकिन उस हेतु पहले आपको उनके जीवन की सच्चाई जाननी होगी। इस किताब में कृष्ण के जीवन बाबत सैकड़ों सवाल पूछे गए हैं और भिन्न-भिन्न शास्त्रों के संदर्भ के साथ सप्रमाण उनके उत्तर भी दिये गए हैं। साथ ही स्थान-स्थान पर आवश्यकतानुसार तथ्यों का स्पष्टीकरण भी किया गया है। साथ ही यह भी स्पष्ट कर दूं कि लोगों की भावनाओं को, उनकी आस्था और विश्वास को आहत करना इस किताब का उद्देश्य नहीं है। बल्कि इस किताब का एकमात्र और महती उद्देश्य खरे सोने पर युगों से पड़ती आ रही धूल को झाड़ना है। आपके कृष्ण को आपसे मिलवाना है। सो मुझे उम्मीद है कि मेरा यह रोचक प्रयास आपको अपने कृष्ण के वास्तविक जीवन से काफी कुछ अवगत करा देगा।

दीप त्रिवेदी

कृष्ण के जीवन बाबत सवाल

1. कृष्ण का जन्म कब हुआ था?

प्राय: किसी भी प्राचीन महापुरुषों के जन्म का सटीक वृत्तांत किसी भी शास्त्र में नहीं मिलता है। अगर किसी जमाने में उपलब्ध भी रहा हो, तो भी बाद के अवतारवादियों ने उन साक्ष्यों को नष्ट करके हर महापुरुष के जन्म को अधिक-से-अधिक रहस्यमय बनाने का काम किया है। और ऐसी प्रवृत्ति दुनिया के सभी देशों के भक्तों या अनुयायियों में देखने को मिलती है। यह अलग बात है कि भारत में यह बीमारी ज्यादा गहरी है। भारतवासियों की इस प्रवृत्ति से कृष्ण जैसे युगान्तकारी महापुरुष भी नहीं बच पाये हैं। बल्कि सत्य तो यह है कि लोगों ने सबसे अधिक लीपापोती कृष्ण के इतिहास पर ही की है। वर्तमान प्रश्न कृष्ण के जन्म को लेकर है, तो सर्वप्रथम भागवत पुराण में उपलब्ध साक्ष्य को ही लें। इस पुराण में मात्र रोहिणी नक्षत्र और वर्षा ऋतु का वर्णन आया है। भागवत पुराण के अनुसार कृष्ण के जन्म के समय सूर्य रोहिणी नक्षत्र में था और वर्षा हो रही थी :

अथ सर्वगुणोपेत: काल: परमशोभन:।
यर्हि एव अजनजन्मर्क्षं शान्तर्क्षग्रहतारकम्।।

शुकदेवजी ने कहा - ''हे परीक्षित! समस्त शुभ गुणों से युक्त सुहावना समय आया। रोहिणी नक्षत्र था। आकाश के सभी ग्रह, नक्षत्र और तारे शांत हो रहे थे।''

मघोनि वर्षत्यसकृत् यमानुजा
गंभीर तोयौघ जवोर्मि फेनिला।
भयानकावर्त शताकुला नदी
मार्गं ददौ सिन्धुरिव श्रिय: पते:।।

शुकदेवजी ने कहा - ''उनदिनों बार-बार वर्षा होती रहती थी, इससे यमुना बढ़ गई थी। उसकी धारा तेज हो गई थी और तरंगों के कारण जल पर फेन-ही-फेन हो गया था। उसमें भयानक भंवर पड़ रहे थे। लेकिन जैसे समुद्र ने राम को मार्ग दे दिया था, वैसे ही यमुना ने उन्हें मार्ग दे दिया।''

(भागवत पुराण, स्कंध-10, अध्याय-3, श्लोक-1, 50)

भागवत के उपरोक्त दोनों श्लोकों में महीने या संवत्सर यानी साल का कोई उल्लेख नहीं किया गया है। यहां किसी तिथि का भी कोई उल्लेख नहीं मिलता है। दूसरी ओर, हरिवंश पुराण,

जो कि भागवत पुराण से अधिक प्राचीन है और ज्यादा प्रामाणिक मानी जाती है, में रात का समय और अष्टमी तिथि का वर्णन मिलता है :

यामेव रजनीं कृष्णो जज्ञे वृष्णिकलोद्वहः।
तामेव रजनीं कन्यां यशोदापि व्यजायत।।

वैशम्पायनजी ने कहा – ''हे जनमेजय! जिस रात में वृष्णिवंशी कृष्ण ने जन्म लिया, उसी रात यशोदा ने भी एक कन्या को जन्म दिया।''

अभिजिन्नाम नक्षत्रं जयन्ती नाम शर्वरी।
मुहूर्तो विजयो नाम यत्र जातो जनार्दनः।।

आगे उन्होंने फिर कहा – ''जब कृष्ण प्रकट हुए, उस समय अभिजित नामक नक्षत्र था, रोहिणी नक्षत्र का योग होने से वह रात जयंती कहलाती थी और उस समय विजय नाम का मुहूर्त चल रहा था।''

(हरिवंश पुराण, विष्णुपर्व, अध्याय-4, श्लोक-12, 17)

ब्रह्मवैवर्त पुराण *(श्रीकृष्णजन्मखंड, अध्याय-7, श्लोक 62-65)* में भी इसी तरह का वर्णन मिलता है। जबकि गर्ग संहिता में उपरोक्त सभी ग्रंथों से अलग और यथासंभव स्पष्टता के साथ कृष्ण के जन्म-समय का उल्लेख किया गया है :

भाद्रे बुधे कृष्णेपक्षे धात्रर्क्षे हर्षणे वृषे।
कर्णे अष्टम्यामर्द्धरात्रे नक्षत्रेश महोदये।।

नारदजी ने कहा – ''हे बहुलाश्व! भाद्रप्रद मास, कृष्णपक्ष, रोहिणी नक्षत्र, हर्षण योग और वृष लग्न में अष्टमी तिथि को आधी रात के समय जब आकाश में चंद्रमा दिखाई देने लगता है, उस समय वसुदेवजी के घर में देवकी के गर्भ से श्रीकृष्ण प्रकट हुए।''

(गर्ग संहिता, गोलोकखंड, अध्याय-11, श्लोक-23)

अतः उपरोक्त सभी प्रमाणों के आधार पर यह मानना पड़ता है कि कृष्ण का जन्म भाद्रमास (अगस्त-सितम्बर) के कृष्णपक्ष की अष्टमी तिथि को आधी रात के समय हुआ था। लेकिन कब? यानी आज से कितने साल पहले? तो इस विषय पर एक-दो नहीं बल्कि उपरोक्त श्लोकों में आये मुहूर्त, योग, लग्न, नक्षत्र आदि की ज्योतिषीय गणना के आधार पर सैकड़ों एक-दूसरे के दावों को काटने वाली किताबें लिखी जा चुकी हैं। उन सबका उल्लेख यहां न तो संभव है और न ही उचित क्योंकि ये सारी गणनाएं फिलहाल सौ-ढेढ़ सौ सालों के दरम्यान की गई हैं। जबकि बात पांच हजार साल पहले घटी एक घटना की हो रही है। उपरोक्त ग्रंथों के जो भी श्लोक आप पढ़ चुके हैं, वे सारे ग्रंथ भी ईसापूर्व दूसरी सदी से

लेकर पंद्रहवी सदी के दरम्यान रचे गए हैं। यानी उनके आंकड़े निर्विवाद हैं, ऐसा भी नहीं कहा जा सकता।

2. कृष्ण के माता–पिता की पृष्ठभूमि क्या थी ?

कृष्ण के माता-पिता देवकी तथा वसुदेवजी मथुरा गणराज्य के निवासी थे। उनदिनों एक पारंपरिक मान्यता के आधार पर यादवों का कोई स्थायी राजवंश नहीं चलता था। इसका कारण यह बताया गया है कि राजा ययाति ने अपने बड़े पुत्र यदु को राजवंश से निष्कासित कर दिया था।

एवमुक्त्वा यदुं तात शसापैनं स मन्युमान्।
अराज्या ते प्रजा मूढ़ भवित्रिति नराधम॥

वैशम्पायनजी ने कहा - "तात! अपने पुत्र यदु से ऐसा कहकर कुपित हुए राजा ययाति ने उसे शाप दिया - 'मूढ़! नराधम! तेरी संतान सदा राज्य से वंचित रहेगी।' "

(हरिवंश पुराण, हरिवंशपर्व, अध्याय-30, श्लोक-29)

इसलिए यदु की संतानें गणराज्यों के रूप में राज्य की स्थापना कर-करके शासन किया करते थे। आगे चलकर इसी यदु के वंश में वृष्णि और अन्धक हुए जो मथुरा तथा उसके आसपास के क्षेत्रों में गणराज्य स्थापित कर उसपर शासन कर रहे थे।

माद्र्याः पुत्रस्य जज्ञाते सुतौ वृष्ण्यन्धकावुभौ।
जज्ञाते तनयौ वृष्णेः श्वफल्कश्चित्रकस्तथा॥

वैशम्पायनजी ने कहा - "माद्री के पुत्र युधाजित के वृष्णि और अन्धक नाम के दो पुत्र हुए और वृष्णि के पुत्र श्वफल्क तथा चित्रक हुए।"

(हरिवंश पुराण, हरिवंशपर्व, अध्याय-34, श्लोक-3)

इसी वृष्णि के वंश में शूरसेन हुए जो मथुरा के राजा चुने गए थे और उनके दस पुत्र हुए जिनमें वसुदेवजी सबसे बड़े थे। दूसरी ओर अन्धक के वंश में आगे चलकर आहुक नाम के राजा हुए जिनके दो पुत्र हुए - देवक और उग्रसेन।

आहुकस्यतुकाश्यायां द्वौ पुत्रौ सम्बभूवतुः॥
देवकश्चोग्रसेनश्च देवपुत्रसमावुभौ।

वैशम्पायनजी ने कहा - "आहुक की शादी काशीराज की बेटी से हुई थी, जिससे उन्हें देवकुमारों के समान सुंदर देवक और उग्रसेन नाम के दो पुत्र उत्पन्न हुए।"

(हरिवंश पुराण, हरिवंशपर्व, अध्याय-38, श्लोक-26-27)

धार्मिक ग्रंथों में वर्णित इतिहास से यह विदित होता है कि उनदिनों वैवाहिक संबंधों में गोत्र या जाति की कोई वर्जना नहीं की जाती थी। इसका प्रमाण वृष्णि और अन्धक वंश की संतानों के बीच हुए वैवाहिक संबंधों से मिलता है। उदाहरणस्वरूप देवक ने अपनी सातों बेटियों की शादी शूरसेन के बड़े बेटे वसुदेवजी से कर दी थी।

कुमार्यः सप्त चाप्यासन् वसुदेवाय ता ददौ।।
देवकी शान्तिदेवा च सुदेवा देवरक्षिता।
वृकदेव्युपदेवी च सुनासी चैव सप्तमी।।

वैशम्पायनजी ने कहा – ''देवक के देवकी, शांतिदेवा, सुदेवा, देवरक्षिता, वृकदेवी, उपदेवी तथा सातवीं सुनासी – ये सात पुत्रियां थीं। देवक ने उन सबका विवाह वसुदेवजी के साथ कर दिया था।''

(हरिवंश पुराण, हरिवंशपर्व, अध्याय–38, श्लोक–28–29)

जिस समय वसुदेवजी की शादी हुई थी, उस समय मथुरा पर शूरसेन की बजाय उग्रसेन का शासन चल रहा था और शूरसेन अपने पूरे परिवार के साथ मथुरा में यादव–संभ्रांतों की तरह निवास कर रहे थे। इस तरह उपरोक्त शास्त्रीय प्रमाणों से पता चलता है कि भले ही कृष्ण के माता–पिता उस समय किसी राज्य के राजा–रानी न थे, लेकिन उनका परिवार तथा उनके सगे–संबंधी राजघरानों से ही जुड़े हुए थे। कृष्ण की पांचों बुआ अलग–अलग राज्यों के राजाओं से ही ब्याही गई थीं, यह भी इस बात के पुख्ता प्रमाण हैं।

3. कृष्ण की कितनी सौतेली माताएं थीं?

इस बात पर सारे शास्त्र एकमत नहीं दिखाई देते हैं। इसका कारण यह है कि प्राचीनकाल में जब लेखनकला का विकास नहीं हुआ था, तब सारे इतिहास लोगों की जुबानी लोककथाओं के माध्यम से पीढ़ी–दर–पीढ़ी आगे बढ़ रही थी। फिर जब लिखना प्रारंभ हुआ तो अलग–अलग क्षेत्र के विद्वानों ने अलग–अलग समय में उन लोककथाओं को लिपिबद्ध करना शुरू किया। इससे उनमें भिन्नता का होना स्वाभाविक था। अत: कृष्ण की माताओं के बारे में जानकारी प्राप्त करने हेतु सारे ग्रंथों की पड़ताल करना आवश्यक है। और इस आधार पर कहा जा सकता है कि कृष्ण की कुल चौदह माताएं थीं – रोहिणी, इंदिरा, वैशाखी, भद्रा, सुनाम्नी (ये सभी हस्तिनापुर के राजा शान्तनु के बड़े भाई बाह्लीक की पोतियां थीं), सहदेवा, शांतिदेवा, श्रीदेवा, देवरक्षिता, वृकदेवी, उपदेवी, देवकी (ये सभी मथुरा के तत्कालीन राजा उग्रसेन के छोटे भाई देवक की बेटियां थीं), सुतनु और बड़वा

(ये दोनों वसुदेवजी की नौकरानी होने के साथ-साथ उनकी उपपत्नी भी थीं)। उपरोक्त में से देवकी के गर्भ से कृष्ण का जन्म हुआ था, बाकी उनकी सौतेली माताएं थीं :

या पत्न्यो वसुदेवस्य चतुर्दश वरांगना।
पौरवी रोहिणी नाम इन्दिरा च तथा वरा।।
वैशाखी च तथा भद्रा सुनाम्नी चैव पंचमी।
सहदेवा शान्तिदेवा श्रीदेवा देवरक्षिता।।
वृकदेव्युपदेवी च देवकी चैव सप्तमी।
सुतनुर्वडवा चैव द्वे एते परिचारिके।।

वैशम्पायनजी कहते हैं - ''जनमेजय! वसुदेवजी की जो चौदह सुंदरांगी पत्नियां थीं, उनमें रोहिणी और रोहिणी से छोटी इंदिरा, वैशाखी, भद्रा तथा पांचवीं सुनाम्नी - ये पांच पौरव वंश की थीं तथा सहदेवा, शांतिदेवा, श्रीदेवा, देवरक्षिता, वृकदेवी, उपदेवी तथा सातवीं देवकी - ये सात देवक की पुत्रियां थीं। सुतनु तथा वड़वा ये दोनों उनकी सेवा करने वाली स्त्रियां थीं।''

(हरिवंश पुराण, हरिवंशपर्व, अध्याय-35, श्लोक-1-3)

पौरवी रोहिणी भद्रा मदिरा रोचना इला।
देवकी प्रमुखाश्चासन्पत्न्य आनकदुन्दुभेः।।

शुकदेवजी ने कहा - ''आनकदुन्दुभी वसुदेवजी की पौरवी यानी पुरुवंश की रोहिणी, भद्रा मदिरा, रोचना, इला और देवकी आदि बहुत-सी पत्नियां थीं।''

(भागवत पुराण, स्कन्ध-9, अध्याय-24, श्लोक-45)

खैर, दूसरी जगह इसी भागवत पुराण में केवल दो पत्नियों की चर्चा ही की गई है। जब समंतपंचक में कृष्ण का पूरा परिवार सूर्यग्रहण के अवसर पर तीर्थाटन कर रहा होता है तो वहां वृंदावन से नंद-यशोदा के साथ-साथ भारी संख्या में ग्वाले भी पहुंचते हैं। वहां सबका आपस में मिलना-जुलना होता है। उस समंतपंचक में वसुदेवजी एक यज्ञ करते हैं परंतु वहां उनकी केवल दो पत्नियों की ही चर्चा की गई है जो कि प्रचलित हिंदू परंपरा के विपरीत है। चौदह पत्नियों की गणना में रोहिणी वसुदेवजी की सबसे बड़ी पत्नी थी और देवकी सबसे छोटी। यहां पर केवल इन दोनों की बात ही की गई है :

रोहिणी देवकी चाथ परिष्वज्य व्रजेश्वरीम्।
स्मरन्त्यौ तत्कृतां मैत्रीं बाष्पकण्ठ्यौ समूचतुः।।

''रोहिणी और देवकी ने यशोदा को अपनी बांहों में भर लिया। यशोदा ने उनलोगों के साथ

जो मित्रता का व्यवहार किया था, उसका स्मरण करके दोनों का गला भर आया।''

(भागवत पुराण, स्कन्ध-10, अध्याय-82, श्लोक-37)

भावगत पुराण की ही तरह विष्णु पुराण और ब्रह्मवैवर्त पुराण में भी वसुदेवजी की केवल दो पत्नियों के नाम ही आये हैं - देवकी और रोहिणी।

(विष्णु पुराण, पंचम अंश, अध्याय-1-2)

(ब्रह्मवैवर्त पुराण, श्रीकृष्णजन्मखंड, अध्याय-7)

हालांकि दूसरी ओर महाभारत में इस संबंध में कुछ नहीं कहा गया है। वैसे यहां एक और बात बहुत महत्त्वपूर्ण है जो गौर करने जैसी है। और वह यह है कि जब वसुदेवजी देवकी के साथ कंस की कैद में थे, तो उस समय उनकी बड़ी पत्नी रोहिणी गोकुल में नंद बाबा के संरक्षण में रह रही थीं, लेकिन उनकी अन्य बारह पत्नियां कहां किसके साथ रह रही थीं, यह किसी भी ग्रंथ में नहीं लिखा हुआ है। इसका एक कारण यह हो सकता है कि कृष्ण के साथ बलराम की जोड़ी ही ग्रंथों में छायी हुई है, इसलिए उनलोगों ने इन्हीं दोनों की माताओं की चर्चा करना जरूरी समझा हो। हालांकि इन्हीं ग्रथों में कृष्ण के तिरसठ से अधिक भाई-बहनों के नाम दर्ज हैं, फिर इस आधार पर उनकी चौदह माताओं की बात को नकारा भी नहीं जा सकता है।

4. बलराम क्या कृष्ण के सगे भाई थे?

सारे पुराण एकमत होकर बताते हैं कि बलराम कृष्ण की सौतेली मां रोहिणी के बेटे थे। इस बारे में किसी पुराण को कोई शंका नहीं है।

(हरिवंश पुराण, हरिवंशपर्व, अध्याय-35, श्लोक-5),

(भागवत पुराण, स्कन्ध-9, अध्याय-24, श्लोक-45),

(विष्णु पुराण, अंश-5, अध्याय-5, श्लोक-5)

महाभारत में इस संबंध में स्पष्ट रूप से कुछ कहा नहीं गया है। इस विशाल ग्रंथ में जगह-जगह पर कृष्ण और बलराम की चर्चा भाई के रूप में की गई है, पर कहीं भी उन्हें रोहिणी या देवकी का पुत्र नहीं कहा गया है।

5. कृष्ण के कितने भाई-बहन थे?

महाभारत में कृष्ण के अन्य भाई-बहनों के बारे में कोई स्पष्ट चर्चा नहीं मिलती है लेकिन जगह-जगह पर उनके भाइयों के रूप में बलराम, गद, अंगद, सारण आदि की चर्चा

अवश्य की गई है *(दाक्षिणात्य महाभारत, सभापर्व, अध्याय-38)*। पुराणों में भी इस बारे में अलग-अलग विवरण मिलते हैं :

i) भागवत पुराण – इस पुराण से कृष्ण तथा उनके अन्य भाई-बहनों के बारे में निम्नलिखित विवरण प्राप्त होता है :

कृष्ण की माताएं	उनसे उत्पन्न पुत्र
रोहिणी	बलराम, गद, सारण, दुर्मद, विपुल, ध्रुव और कृत
पौरवी	भूत, सुभद्र, भद्रवाह, दुर्मद, भद्र आदि बारह पुत्र
इंदिरा	नंद, उपनंद, कृतक शूर आदि
कौशल्या	केशी
रोचना	हस्त और हेमांगद
इला	उल्वल्क
श्रुतदेवा	विपृष्ठ
शांतिदेवा	श्रम, प्रतिश्रुत आदि
उपदेवा	कल्पवर्ष आदि दस पुत्र
श्रीदेवा	वसु, हंस, सुवंश आदि छह पुत्र
देवरक्षिता	गद आदि नौ पुत्र
सहदेवा	पुरुविश्रुत आदि आठ पुत्र
देवकी	कृष्ण

इस पुराण में कृष्ण के तिरसठ भाइयों के नाम तो मिलते हैं लेकिन आदि लगा होने के कारण यह संख्या अधिक भी हो सकती है, जो कि अज्ञात है।

(भागवत पुराण, स्कन्ध-9, अध्याय-24, श्लोक-46-54)

ii) हरिवंश पुराण –

कृष्ण की माताएं	उनसे उत्पन्न संतानें
रोहिणी	बलराम, सारण, शठ, दुर्दम, दमन, श्वभ्र, पिण्डारक, उशीनर पुत्र तथा दो पुत्री चित्रा और सुभद्रा।

इन दो पुत्रियों में से चित्रा की मृत्यु बचपन में ही हो गई थी।

(हरिवंश पुराण, हरिवंशपर्व, अध्याय-35, श्लोक-5-6)

इस पुराण में केवल रोहिणी की संतानों का ही अलग से वर्णन दिया गया है। अन्यथा देवकी के पुत्र के रूप में कृष्ण का वर्णन ही सर्वत्र प्राप्त होता है। अन्य पुराणों में भी इससे जुड़ा कोई व्यवस्थित विवरण उपलब्ध नहीं है।

6. क्या सुभद्रा कृष्ण की बहन थी?

सुभद्रा महाभारत की एक प्रमुख पात्र है। महाभारत में सुभद्रा का महत्त्व स्पष्टता के साथ दर्शाया गया है। मिट रहे कुरुवंश को आगे बढ़ाने वाले महाराज परीक्षित सुभद्रा के ही पोते थे। इसलिए महाभारत के साथ-साथ सभी संबद्ध पुराणों में सुभद्रा की चर्चा अवश्य की गई है। उन ग्रंथों में से एक हरिवंश पुराण के अनुसार सुभद्रा बलराम की बहन थी :

चित्रां नाम कुमारीं च रोहिणीतनया दश।
चित्रा सुभद्रेति पुनर्विख्याता कुरुनन्दन॥

"चित्रा और सुभद्रा रोहिणी की बेटी यानी बलराम की बहन थी।"

(हरिवंश पुराण, हरिवंशपर्व, अध्याय-35, श्लोक-6)

महाभारत में सुभद्रा को सारण की सगी बहन बताया गया है :

ममैषा भगिनी पार्थ सारणस्य सहोदरा।
सुभद्रा नाम भद्रं ते पितुर्मे दयिता सुता।
यदि ते वर्तते बुद्धिर्वक्ष्यते पितरं स्वयं॥

महाभारत में एक जगह कृष्ण खुद अर्जुन से कहते हैं कि – "हे कुन्तीनंदन अर्जुन! यह मेरी और सारण की सगी बहन है, तुम्हारा कल्याण हो, इसका नाम सुभद्रा है। यह मेरे पिता की बड़ी दुलारी बेटी है। यदि तुम्हारा विचार इससे विवाह करने का है, तो मैं पिताजी से स्वयं कहूंगा।"

(महाभारत, आदिपर्व, अध्याय-218, श्लोक-17; नीलकंठी भाष्य)

चूंकि भागवत पुराण तथा हरिवंश पुराण दोनों में सारण को बलराम का भाई यानी रोहिणी

का बेटा बताया गया है, इसलिए महाभारत के अनुसार भी सुभद्रा बलराम की ही सगी बहन थीं। लेकिन भागवत पुराण के अनुसार सुभद्रा देवकी की बेटी यानी कृष्ण की बहन थी :

अष्टमस्तु तयोरासीत्स्वयमेव हरिः किल।
सुभद्रा च महाभागा तव राजन्पितामही।।

शुकदेवजी कहते हैं – "हे परीक्षित! तुम्हारी परम सौभाग्यवती दादी सुभद्रा भी देवकी की ही बेटी थी।"

(भागवत पुराण, स्कन्ध-9, अध्याय-24, श्लोक-55)

स्पष्टीकरण :- लेकिन चूंकि भागवत पुराण बहुत बाद में लिखा गया है, इसलिए उसकी बजाय पुराने ग्रंथों को मान्यता देना ही ज्यादा श्रेष्ठ है।

7. राधा की सच्चाई क्या है?

कृष्ण के जीवन में राधा के महत्त्व की बात विश्वविख्यात है। आज कृष्ण की कोई भी कहानी चाहे वह संक्षेप में हो या विस्तृत, राधा की चर्चा के बिना पूरी नहीं मानी जाती है। लेकिन प्राचीन ग्रंथों में उनका कोई वर्णन नहीं मिलता है। महाभारत में सभापर्व के अंतर्गत कृष्ण के जन्म और बाल्यकाल का वर्णन संक्षेप में दिया गया है, परंतु उसमें राधा का कहीं कोई उल्लेख नहीं है *(दाक्षिणात्य महाभारत, सभापर्व, अध्याय-38)*। हरिवंश पुराण में भी राधा की चर्चा नहीं की गई है। एक पद्म पुराण है, जिसकी रचना दूसरी शताब्दी ईसापूर्व के आसपास मानी गई है। इसके *उत्तरखंड के बहत्तरवें अध्याय* में 'विष्णुसहस्रनामस्तोत्र' दिया गया है, उसमें कृष्ण के सभी कार्यों के आधार पर उनका नामकरण किया गया है। परंतु कहीं भी इसमें राधा के नाम का उल्लेख नहीं हुआ है। कृष्ण की जीवन-लीला को बढ़ा-चढ़ाकर पेश करने वाले भागवत पुराण में भी राधा का वर्णन नहीं मिलता है। राधा के बारे में प्रमुखता से ब्रह्मवैवर्त पुराण में चर्चा मिलती है। इस पुराण में राधा-कृष्ण को प्रकृति और पुरुष के रूप में दर्शाया गया है तथा ब्रह्मा, विष्णु एवं महेश को भी उनके अधीन बताया गया है। राधा-कृष्ण के प्रेम की चर्चा करने में इस पुराण ने सारी सामाजिक मर्यादाएं लांघ दी है।

ब्रह्मवैवर्त पुराण के श्रीकृष्णजन्मखंड के दूसरे अध्याय में कृष्ण के ऐसे चरित्र को दर्शाया गया है जिसमें अश्लीलता की सारी सीमाएं लांघ दी गई हैं। इस पुराण के अनुसार राधा रायान नामक एक वैश्य की पत्नी थी और रायान कृष्ण को पालने वाली मां यशोदा का भाई था। इस लिहाज से राधा रिश्ते में कृष्ण की मामी थी *(ब्रह्मवैवर्त पुराण,*

श्रीकृष्णजन्मखंड, अध्याय-2)। इसके अतिरिक्त गर्ग संहिता में भी राधा को प्रमुखता दी गई है। इस संहिता के अनुसार राधा वृंदावन के पास में ही रहने वाले वृषभानु और कीर्तिकुमारी की बेटी थी और राधा-कृष्ण की शादी बचपन में ही तय कर दी गई थी *(गर्ग संहिता, गोलोकखंड, अध्याय-15)*। *स्कंद पुराण के वैष्णवखंड के वासुदेव माहात्म्य के 28वें अध्याय* में भी राधा-कृष्ण शब्द का प्रयोग किया गया है। यानी पुराने ग्रंथों में राधा का कोई उल्लेख कहीं नहीं मिलता है जबकि नये ग्रंथों में राधा व कृष्ण के रिश्ते को लेकर तरह-तरह की बातें मिल जाती हैं। इस आधार पर सच्चाई क्या हो सकती है, इसका फैसला पाठक को स्वयं अपने विवेक से करना है।

8. शास्त्रों में कृष्ण की कितनी पत्नियां बतायी गई हैं?

शास्त्रों में कृष्ण की आठ पत्नियां बतायी गई हैं - रुक्मिणी, सत्यभामा, जाम्बवती, भद्रा, मित्रविंदा, सत्या, लक्ष्मणा और कालिंदी। इन्हें सामूहिक रूप से अष्टभार्या कहा जाता था :

महिषीरष्ट कल्याणीस्ततोऽन्या मधुसूदनः।
उपयेमे महाबाहुर्गुणोपेताः कुलोद्भवाः॥

"महाबाहु मधुसूदन ने कल्याणस्वरूपा सद्गुणवती तथा उत्तम कुल में उत्पन्न हुई अन्य आठ पटरानियों के साथ विवाह किया।"

(हरिवंश पुराण, विष्णुपर्व, अध्याय-60, श्लोक-40)

इनके अलावा अन्य सोलह हजार स्त्रियां थीं जिनको कि कृष्ण ने नरकासुर की कैद से छुड़वाया था। निश्चित ही उन्हें कृष्ण की रानियां नहीं कहा जा सकता है।

स्त्रीसहस्राणि चान्यानि षोडशातुलविक्रमः।

यहां ध्यान देने योग्य बात यह है कि उपरोक्त श्लोक में 'पत्नियां' के बजाय 'स्त्रियां' शब्द का प्रयोग किया गया है। उत्तर भारत में महाभारत की जो नीलकंठी टीका प्रचलित है, उसमें नरकासुर की कैद में बंद स्त्रियों से कृष्ण के विवाह की कोई चर्चा नहीं है। परंतु दक्षिण भारत में प्रचलित महाभारत में इस संबंध में निम्नलिखित श्लोक उपलब्ध है :

गांधर्वेन विवाहेन विवाहं कुरु नः प्रियम्।
ततोऽस्मत्प्रियकामार्थे भगवान् मारुतोऽब्रवीत्॥

"आप गंधर्व रीति से हमारे साथ विवाह करके हमारा प्रिय करें।"

(गीताप्रेस द्वारा प्रकाशित दक्षिण भारत में प्रचलित महाभारत, सभापर्व, अध्याय-38)

यहां दो पुराने ग्रंथों के प्रमाणों से यह बात निकलकर आती है कि कृष्ण की आठ पटरानियों के बारे में किसी को कोई संदेह नहीं है और जहां तक नरकासुर की कैद से छुड़ाकर लायी गई सोलह हजार एक सौ स्त्रियों का प्रश्न है, तो इस बारे में सबके अलग-अलग मत हैं। खैर, उपरोक्त दोनों ग्रंथों के अतिरिक्त भागवत पुराण, विष्णु पुराण, ब्रह्मवैवर्त पुराण, गर्ग संहिता आदि ग्रंथों में उन सोलह हजार एक सौ स्त्रियों को कृष्ण की विवाहिता पत्नी बताया गया है तथा उनको लेकर तरह-तरह की कहानियां भी गढ़ी गई हैं। यहां ध्यान देने योग्य बात यह भी है कि साम्ब तथा मत्स्य पुराण में उन्हीं स्त्रियों को लेकर कई नकारात्मक कहानियां भी लिखी गई हैं। अत: यह पूरी तरह पाठकों के विवेक पर निर्भर करता है कि वे हकीकत की दुनिया में रहकर कृष्ण की आठ पटरानियों पर रुकते हैं या पौराणिक काल्पनिक जगत में जाकर सोलह हजार एक सौ आठ में उलझते हैं।

9. क्या पौराणिक ग्रंथों में कृष्ण के आचरण पर चोट की गई है?

कृष्ण के बारे में लगभग सभी पौराणिक ग्रंथों में विरोधाभासी बातें की गई हैं और वह भी अतिशयोक्ति की हद को पार करते हुए। एक ओर जहां उनके जैसे युगद्रष्टा महापुरुष को अवतार बताते हुए उन्हें ब्रह्माण्डनायक कहा गया है तो दूसरी ओर उनके सामान्य-से निजी जीवन को भी वीभत्स तरीके से पेश किया गया है। ऐसे सारे वर्णनों को यहां एक प्रश्न के उत्तर में प्रस्तुत करना संभव नहीं है क्योंकि यह विस्तृत विवेचना का विषय है। इसलिए यहां संक्षेप में एक-दो प्रमाणों की ओर मैं इशारा कर रहा हूँ ताकि पाठकगण उन लिखने वालों के वास्तविक ध्येय को समझ सकें। तो इस संबंध में हम भागवत पुराण की बात करते हैं जिसमें अन्य स्त्रियों के साथ कृष्ण के संबंध के बारे में परोक्ष वर्णन इस प्रकार मिलता है :

कामयामह एतस्य श्रीमत्पादरजः श्रियः।
कुचकुंकुम गंधाढ्यं मूर्ध्ना वोढुं गदाभृतः॥

नरकासुर के यहां से लायी गई युवतियों में से एक रोहिणी नाम की स्त्री कहती है - ''हमें कोई भी भोग या पद की इच्छा नहीं है, हम तो केवल इतना चाहती हैं कि श्रीकृष्ण के चरणों में उनकी प्रेमिकाओं के स्तनों में लगे कुंकुम जो चिपके हुए हैं, उसकी धूल हमारे सिर पर पड़ती रहे।''

व्रजस्त्रियो यद्वाञ्छन्ति पुलिन्ध्यस्तृणवीरुधः।
गावश्चारयतो गोपाः पदस्पर्शं महात्मनः॥

''गाय चराते समय श्रीकृष्ण के चरणकमलों की जिस धूल का स्पर्श *गोपियां, भीलनियां,* तिनके घास और लताएं तक करना चाहती थीं, हम केवल उसी धूल का स्पर्श करना चाहती हैं।''

(भागवत पुराण, स्कन्ध-10, अध्याय-83, श्लोक 43)

यानी कृष्ण के जीवन में अन्य जो सोलह हजार स्त्रियों का जिक्र आता है, उसे उन स्त्रियों द्वारा कृष्ण से एकतरफा प्रेम माना जा सकता है। गोपाल सहस्रनाम स्तोत्रम नामक एक ग्रंथ है जो कहने को तो कृष्ण की वंदना का ग्रंथ है, परंतु इसमें भक्ति के नामपर कृष्ण का चरित्र-हरण करने में भी कोई कसर नहीं छोड़ी गई है। कृष्ण को ग्वालों की स्त्रियों का अवैध पति (जार), चोरों तथा कामी पुरुषों में अग्रणी कहा गया है :

गोपालः कामिनी जारः चौर जार शिखामणिः।

(गोपाल सहस्रनाम स्तोत्रम्-138)

पद्म पुराण के उत्तरखंड के बहत्तरवें अध्याय में विष्णुसहस्रनामस्तोत्रम् के अंतर्गत कामदेवः (830), रतिपति (831), मन्मथ (832), कामेश्वरीप्रियः (840) आदि नाम दिया गया है। यानी इस पुराण के अनुसार भी कृष्ण भोग-विलास के रसिया थे।

स्पष्टीकरण :- उपरोक्त प्रमाणों से स्पष्ट है कि कृष्ण को लेकर शास्त्रों में भी हमेशा से कई मत रहे हैं। सब उन्हें सज्जन व पराक्रमी ही मान रहे हों ऐसा नहीं है। अनेक शास्त्रों में अनेक जगह कृष्ण की काफी बुराई भी करी गयी है। यहां तक कि जैन शास्त्रों ने तो उन्हें उनके कर्मों के कारण 'नरक' में ही भेज दिया है। और सच कहूं तो यही कृष्ण के व्यक्तित्व की वो विशेषता है, जो सबको आकर्षित करती है।

10. कई लोग कृष्ण को विश्वासघाती कहते हैं, इस बाबत शास्त्रों में क्या लिखा है?

कृष्ण और उनके जीवन-चरित्र का बखान करने वाले जितने भी ग्रंथ आज उपलब्ध हैं, उनमें अंतर्विरोधों के साथ-साथ कुतर्क भी उतनी ही मात्रा में दिये गए हैं। अभी गोपाल सहस्रनाम स्तोत्रम् की ही बात का उदाहरण दूं तो बात एक आम पाठक की समझ से बाहर हो जाएगी। वह तो सोच में पड़ जाएगा कि ये कृष्ण की प्रार्थना है या उनका चरित्र-हनन? इस ग्रंथ में कृष्ण को ग्वालों की स्त्रियों का अवैध पति (जार), चोरों तथा कामी पुरुषों में अग्रणी कहा गया है :

गोपालः कामिनी जारः चौर जार शिखामणिः।

(गोपाल सहस्रनाम स्तोत्रम्-138)

महाभारत में शिशुपाल द्वारा कृष्ण को अधर्मी कहा गया है :

को हि धर्मच्युते पूजामेवं युक्त्वां नियोजयेत्।

शिशुपाल ने कहा कि ''कौन ऐसा धर्मात्मा पुरुष होगा जो कृष्ण जैसे अधर्मी (धर्मच्युत) की पूजा करेगा।''

(महाभारत, सभापर्व, अध्याय-38, श्लोक-22)

वहीं कंस को मारने के कारण उन्हें अहसान फरामोश भी कहा गया है :

यस्य चानेन धर्मज्ञः भुक्तमन्नं बलीयशः।
स चानेन हतः कंसः इत्येतन्न महाद्भुतम्।।

इसी संदर्भ में शिशुपाल विस्तार से कहते हैं कि- ''हे धर्म को जाननेवाले भीष्म! जिस महाबली कंस का अन्न इसने (कृष्ण ने) तथा इसके परिवार ने खाया था, इसने उसी का वध कर दिया; ऐसे *कृतघ्न* के लिए यह कोई बड़ी बात नहीं है।''

(महाभारत, सभापर्व, अध्याय-41, श्लोक-11)

और-तो-और कृष्ण को गोवंशों और स्त्रियों का हत्यारा भी कहा गया है :

गोघ्नःस्त्रीघ्नश्च सन् भीष्मपितामह तद्वाक्याद् यदि पूज्यते।

इस बात की चर्चा करते हुए शिशुपाल कहते हैं कि- ''भीष्म! केवल तुम्हारे कहने से गोवंशों और स्त्रियों का हत्यारा होते हुए भी इस कृष्ण की पूजा हो रही है, लेकिन जो इन दोनों की हत्या का अपराधी है, वह अग्रपूजा का अधिकारी कैसे हो सकता है?''

(महाभारत, सभापर्व, अध्याय-41, श्लोक-16)

वैसे ही महाभारत में कृष्ण को अनेक जगहों पर वंचक और झूठा भी कहा गया है :

येन धर्मात्मनाऽऽत्मानं ब्रह्मण्यमभिजानता।
प्रेषितं पाद्यमस्मै तद् दातुमग्रे दुरात्मने।।
भुज्यतामिति तेनोक्ताः कृष्णभीमधनंजयाः।
जरासंधेन कौरव्य कृष्णेन विकृतं कृतम्।।
यद्ययं जगतः कर्ता यथैनं मूर्ख मन्यसे।
कस्मान्न ब्राह्मणं सम्यगात्मानमवगच्छति।।

शिशुपाल ने कहा - ''ब्राह्मण के वेश में जरासंध के महल पहुंचे इस कृष्ण, अर्जुन और भीम का स्वागत जब ब्राह्मणों की तरह किया गया तथा ब्राह्मणों के लायक भोजन दिया गया तो इस कृष्ण ने मना क्यों कर दिया? बूढ़े भीष्म! जब तुम्हारे अनुसार यह परमात्मा है, तो फिर इसके लिए भेद कैसा? इसने ब्राह्मणोचित सत्कार स्वीकार क्यों नहीं किया? क्योंकि

यह कपटी है, इसके दिल में कुछ है तथा मुंह पर कुछ और है।''

(महाभारत, सभापर्व, अध्याय-42, श्लोक-4-6)

महाभारत में ही कृष्ण को वाग्दत्ता कन्या (जिस लड़की की शादी उसके परिवारवालों की सहमति से किसी लड़के से तय हो चुकी हो) का अपहरण कर ब्याहने का आरोप भी लगाया गया है :

मन्यमानो हि कः सत्सु पुरुषः परिकीर्तयेत्।
अन्यपूर्वां स्त्रियं जातु त्वदन्यो मधूसूदन॥

शिशुपाल ने बड़े तीखे शब्दों में कहा - ''निर्लज्ज कृष्ण! तुम्हारे सिवा और कौन होगा जो इस भरी सभा में अपनी पत्नी को दूसरे की वाग्दत्ता पत्नी बताएगा?''

(महाभारत, सभापर्व, अध्याय-45, श्लोक-19)

स्पष्टीकरण :- कुल-मिलाकर कहने का तात्पर्य इतना ही कि शास्त्रों में कृष्ण के कर्मों की अनेक जगह, अनेक कारणों से भरपूर भर्त्सना भी की गयी है। और सच कहूं तो इसीलिए कृष्ण को सम्पूर्ण व्यक्तित्व का मालिक कहा जा सकता है।

11. कुरुक्षेत्र के मैदान में कृष्ण द्वारा विराट रूप दिखाये जाने की सच्चाई क्या है?

यह घटना केवल महाभारत में वर्णित है, अन्य किसी पुराण में इसकी चर्चा नहीं हुई है। और यह बात विशेषरूप से गौर करने जैसी है। दरअसल महाभारत के भीष्मपर्व के अंतर्गत तेइसवें से लेकर चालीसवें अध्याय तक के श्लोकों को अलग से भगवद्गीता के रूप में प्रकाशित किया गया है और इसी गीता के ग्यारहवें अध्याय में विराटरूप-दर्शन का प्रसंग आता है। *पद्म* और *कूर्म* जैसे कुछ पुराणों में भगवद्गीता के माहात्म्य का वर्णन तो किया गया है, लेकिन किसी भी पुराण में कृष्ण द्वारा विराट रूप दिखाये जाने का स्वतंत्र रूप से कोई वर्णन नहीं मिलता है।

वैसे महाभारत में एक और मौके पर कृष्ण द्वारा विराट रूप दिखाये जाने का विवरण मिलता है। महाभारत युद्ध से पहले जब कृष्ण शांतिदूत बनकर हस्तिनापुर जाते हैं और वहां दुर्योधन जब उन्हें बंदी बनाने का प्रयास करता है, तब कृष्ण अपना विराट रूप दिखाते हैं।

(महाभारत, उद्योगपर्व, अध्याय-131)

हां, भागवत पुराण तथा गर्ग संहिता में कृष्ण के द्वारा बचपन में अपनी मां यशोदा को ब्रह्माण्ड का दर्शन कराये जाने का वर्णन प्राप्त होता है *(भागवत पुराण, स्कन्ध-10, अध्याय-8,*

श्लोक-32-39); (गर्ग संहिता, गोलोकखंड, अध्याय-15)। लेकिन इसमें भी एक पेंच है। ब्रह्मवैवर्त पुराण, हरिवंश पुराण आदि में इस घटना की कहीं कोई चर्चा नहीं है। यानी पुराने शास्त्र कुछ कहते हैं तो नये कुछ और। तथा इससे यह स्पष्ट हो जाता है कि इन नये शास्त्रों में काफी चीजें ना सिर्फ बढ़ा-चढ़ाकर लिखी गई हैं, बल्कि साथ ही इनमें कृष्ण के नामपर ढेरों काल्पनिक कहानियां भी जोड़ दी गई हैं। इसलिए कृष्ण को समझने हेतु पाठकों को बहुत सावधानी बरतने की जरूरत है। उन्हें हमेशा अपना विवेक जगाये रखना है क्योंकि कृष्ण के बाबत जितने शास्त्र, उतनी बातें हैं।

12. कृष्ण ने वृंदावन में इंद्रपूजा क्यों रुकवायी थी?

कृष्ण की प्रज्ञा लाजवाब थी, यह उनके जीवन की कई घटनाओं से स्वत: प्रमाणित होता है। साथ ही ''होनहार वीरवान के होत चीकने पात'' वाली कहावत भी उनके बचपन में ही सिद्ध हो जाती है। क्या सही है और क्या गलत, इसे कृष्ण को पहचानने में देर नहीं लगती थी। साथ ही वे इस संदर्भ में तुरंत सही निर्णय पर पहुंच भी जाते थे। इंद्रपूजा का प्रसंग भी उनकी जागी हुई प्रज्ञा का एक प्रमाण है। भागवत पुराण में कृष्ण द्वारा इंद्रपूजा रुकवाने का वर्णन इस प्रकार है :

तत्र तावत् क्रियायोगो भवतां किं विचारितः।
अथ वा लौकिकस्तन्मे पृच्छतः साधु भण्यताम्।।

''कृष्ण अपने पिता नंद बाबा से पूछते हैं - पिताजी! आप ये सब आयोजन क्यों कर रहे हैं? यह आप सोच-विचारकर कर रहे हैं या बस लौकिक परंपरा का निर्वाह कर रहे हैं?''

(भागवत पुराण, स्कन्ध-10, अध्याय-24, श्लोक-7)

उत्तर में नंद बाबा अपने पुत्र कृष्ण से कहते हैं :

पर्जन्यो भगवान् इन्द्रो मेघास्तस्यात्ममूर्तयः।
तेऽभिवर्षन्ति भूतानां प्रीणनं जीवनं पयः।।
तं तात वयमन्ये च वार्मुचां पतिमीश्वरम्।
द्रव्यैस्तद् रेतसा सिद्धैः यजन्ते क्रतुभिर्नराः।।
तच्छेषेणोपजीवन्ति त्रिवर्गफलहेतवे।
पुंसां पुरुषकाराणां पर्जन्यः फलभावनः।।
य एनं विसृजेत् धर्मं परम्पर्यागतं नरः।
कामाल्लोभात् भयाद् द्वेषात् स वै नाप्नोति शोभनम्।।

''बेटा! इंद्र वर्षा का देवता है और यह मेघ उसी का स्वरूप है। वह संसार के लोगों को तृप्त करने तथा जीवनदान देने हेतु जल बरसाता है। जिन सामग्रियों से उसकी पूजा होती है, वह भी जल से ही उत्पन्न होता है और पूजा के बाद जो कुछ बच जाता है, उसी से हम सभी मनुष्य अपना जीवननिर्वाह करते हैं। यह हमारी कुल परम्परा से चला आया है, इसलिए जो कोई इस परंपरागत धर्म को छोड़ देता है, उसका कल्याण नहीं होता है।''

(भागवत पुराण, स्कन्ध-10, अध्याय-24, श्लोक-8-11)

पिता की उपरोक्त बातें प्रज्ञावान कृष्ण को बड़ी अटपटी लगी इसलिए वे अपने पिता नंद बाबा की बातों को काटते हुए कहते हैं :

कर्मणा जायते जन्तुः कर्मणैव विलीयते।
सुखं दुःखं भयं क्षेमं कर्मणैवाभिपद्यते ॥

''कर्म से ही प्राणी जन्म और मृत्यु को प्राप्त होता है और कर्म से ही उसे सुख-दुःख या भय-अभय की प्राप्ति होती है।''

(भागवत पुराण, स्कन्ध-10, अध्याय-24, श्लोक-13)

किमिन्द्रेणेह भूतानां स्वस्वकर्मानुवर्तिनाम्।
अनीशेनान्यथा कर्तुं स्वभावविहितं नृणाम्॥
स्वभावतन्त्रो हि जनः स्वभावमनुवर्तते।
स्वभावस्थमिदं सर्वं सदेवासुरमानुषम्॥

''जब सभी प्राणी अपने-अपने कर्मों का ही फल भोग रहे हैं तो उसमें इंद्र क्या कर सकता है? पिताजी! जब वह पूर्वसंस्कारों के आधार पर मनुष्यों को मिलने वाले फल को बदल ही नहीं सकता तो उसकी जरूरत क्या है? मनुष्य अपने स्वभाव (पूर्वसंस्कार) के अधीन है। वह उसी का अनुसरण करता है। यहां तक कि देवता, असुर, मनुष्य आदि को संभालने वाला यह जगत भी अपने स्वभाव में ही स्थित है।''

(भागवत पुराण, स्कन्ध-10, अध्याय-24, श्लोक-15-16)

सत्वं रजस्तम इति स्थित्युत्पत्त्यन्तहेतवः।
रजसोत्पद्यते विश्वं अन्योऽन्यं विविधं जगत्॥
रजसा चोदिता मेघा वर्षन्त्यम्बूनि सर्वतः।
प्रजास्तैरेव सिध्यन्ति महेन्द्रः किं करिष्यति॥

''इस जगत की उत्पत्ति, आधार और अंत का कारण सतो-रजो-तमोगुण हैं और रजोगुण

की प्रेरणा से मेघ सर्वत्र जल बरसाता है। इसमें भला इंद्र का क्या लेना-देना है और वह क्या कर सकता है?''

(भागवत पुराण, स्कन्ध-10, अध्याय-24, श्लोक-22-23)

न नः पुरोजनपदा न ग्रामा न गृहा वयम्।
नित्यं वनौकसस्तात वनशैलनिवासिनः।।
तस्माद् गवां ब्राह्मणानां अद्रेश्चारभ्यतां मखः।
य इन्द्रयागसम्भाराः तैरयं साध्यतां मखः।।

अंत में कृष्ण इंद्र देवता की कल्पना तथा उसकी पूजा की व्यर्थता बताते हुए अपने पिता को सलाह देते हैं - ''हमारे पास न तो कोई राज्य है और न ही कोई नगर, गांव या घर है; हमलोग तो सदा के वनवासी हैं और गोवर्धन ही हमारे जीवन का आधार है। इसलिए जो सामग्री इंद्रपूजा के लिए तैयार की गई है, उससे ही हम गोवर्धन पर्वत की पूजा करें।''

(भागवत पुराण, स्कन्ध-10, अध्याय-24, श्लोक-24-25)

हरिवंश पुराण के अनुसार भी कृष्ण अपने जातिगत व्यवसाय के आधार पर गोवर्धन पूजा करने तथा इंद्रपूजा को बेकार मानने की सलाह देते हैं *(हरिवंश पुराण, विष्णुपर्व, अध्याय-16, श्लोक-2-3)*। महाभारत में गोवर्धन उठाने की बात तो आयी है, लेकिन इंद्रपूजा रुकवाने की चर्चा नहीं की गई है। *विष्णु पुराण में पांचवें अंश के दसवें अध्याय के 19वें श्लोक से 30वें श्लोक* तक उपरोक्त भागवत पुराण और हरिवंश पुराण दोनों का सम्मिश्रण मिलता है और इसमें भी इंद्रपूजा रोकने के वही कारण बताये गए हैं जो वहां बताये गए हैं। वहीं *गर्ग संहिता के गिरिराजखंड के पहले अध्याय* में भी भागवत पुराण के समान ही इसका वर्णन मिलता है। दूसरी ओर ब्रह्मवैवर्त पुराण में भी भागवत पुराण की तरह ही इंद्रपूजा रुकवाने का वर्णन किया गया है।

स्पष्टीकरण :- इस पूरी चर्चा में यह बात समझने की है कि कृष्ण बचपन से ही प्रज्ञावान व दृढ़ थे। वे गलत परंपराओं को ना सिर्फ जान सकते थे बल्कि उसका पुरजोर विरोध भी कर सकते थे।

13. क्या कृष्ण ने वाकई 16,108 विवाह किये थे?

कृष्ण के आठ मुख्य विवाह के अतिरिक्त 16,100 अन्य विवाहों का विवरण प्रायः सभी पुराणों और महाभारत में भी विस्तार से मिलता है। उत्तर भारत में महाभारत की जो

नीलकंठी टीका प्रचलित है, उसमें नरकासुर की कैद में बंद स्त्रियों से कृष्ण के विवाह की चर्चा इस प्रकार है :

अनेकयुगवर्षायुर्निहत्य नरकं मृधे।
नीत्वा कन्यासहस्राणि उपयेमे यथाविधि।।

विदुरजी ने दुर्योधन से कहा - ''अनेक युगों और असंख्य वर्षों की आयुवाले नरकासुर को युद्ध में मारकर कृष्ण उसके यहां से हजारों राजकन्याओं को ले गए और उन सबके साथ उन्होंने विधिपूर्वक विवाह किया।''

(महाभारत, उद्योगपर्व, अध्याय-130, श्लोक 58;
गीताप्रेस के संस्करण में-44)

दक्षिण भारत में प्रचलित महाभारत में इस संबंध में निम्नलिखित श्लोक उपलब्ध है :

गांधर्वेन विवाहेन विवाहं कुरु नः प्रियम्।
ततोऽस्मत्प्रियकामार्थे भगवान् मारुतोऽब्रवीत्।।

नरकासुर की कैद से आजाद हुई स्त्रियों ने कहा - ''आप गंधर्व रीति से हमारे साथ विवाह करके हमारा प्रिय करें।''

(दक्षिण भारत में प्रचलित महाभारत,
सभापर्व, अध्याय-38)

हरिवंश पुराण में कृष्ण के इस विवाह का वर्णन निम्न ढंग से किया गया है :

स्त्रीसहस्राणि चान्यानि षोडशातुलविक्रमः।

''इनके अतिरिक्त सोलह हजार अन्य स्त्रियां थीं।''

(हरिवंश पुराण, विष्णुपर्व, अध्याय-60, श्लोक-43)

भागवत पुराण में यह वर्णन कुछ इस तरह मिलता है :

तं प्रविष्टं स्त्रियो वीक्ष्य नरवर्यं विमोहिताः।
मनसा वव्रिरेऽभीष्टं पतिं दैवोपसादितम्।।
भूयात् पतिरयं मह्यं धाता तदनुमोदताम्।
इति सर्वाः पृथक् कृष्णे भावेन हृदयं दधुः।।
ताः प्राहिणोद् द्वारवतीं सुमृष्टविरजोऽम्बराः।
नरयानैर्महाकोशान् रथाश्वान् द्रविणं महत्।।

शुकदेवजी ने कहा - ''जब उन स्त्रियों ने अंतःपुर में पधारे श्रीकृष्ण को देखा तो वे सभी मोहित हो गईं और मन ही मन उन सबने कृष्ण को अपना पति मान लिया। तब श्रीकृष्ण ने उन

सभी स्त्रियों को सुंदर-सुंदर वस्त्राभूषण पहनाकर पालकियों से द्वारका भेजने की व्यवस्था कर दी तथा साथ में बहुत से खजाने, रथ, घोड़े और अतुल संपत्ति भी भेज दी।''

(भागवत पुराण, स्कन्ध-10, अध्याय-59, श्लोक-34-36)

विष्णु पुराण में भी ऐसा ही वर्णन मिलता है :

रत्नानि नरकावासाज्जग्राह मुनिसत्तम।।
कन्यापुरे स कन्यानां षोडशातुलविक्रमः।
शताधिकानि ददृशे सहस्राणि महामते।।
चतुर्दन्तान् गजाश्वोग्रयान् षट्सहस्रान् स दृष्टवान्।
काम्बोजानां तथाश्वानां नियुतान्येकविंशतिम्।।
कन्यास्ताश्व तता नागांस्तानश्वान् द्वारकां पुरीम्।
प्रषयामास गोविन्दः सद्यो नरककिंकरैः।।

पराशर मुनि ने मैत्रेय मुनि से कहा - ''और फिर नरकासुर के महल से नाना प्रकार के रत्न लिये। फिर श्रीकृष्ण ने नरकासुर के अंतःपुर में जाकर सोलह हजार एक सौ कन्याएं देखीं तथा चार दांतवाले छह हजार हाथी और कम्बोज देश के इक्कीस हजार उत्तम घोड़े देखे। तब उन कन्याओं, घोड़ों और हाथियों को नरकासुर के नौकरों द्वारा ही द्वारका भिजवा दिया।''

(विष्णु पुराण, अंश-5, अध्याय-29, श्लोक-30-33)

गर्ग संहिता के द्वारकाखंड के सोलहवें अध्याय में भी अत्यंत संक्षेप में कृष्ण के सोलह हजार स्त्रियों की बात की गई है। वहीं ब्रह्मवैवर्त पुराण में यह घटना इस प्रकार वर्णित है :

निहत्य नरकं भूपं रणेन दारुणेन च।।
पत्नीषोडशसाहस्रं विहारं च चकार सः।।

नारायण ने नारद मुनि से कहा - भयानक संग्राम के द्वारा प्राग्ज्योतिषपुर के राजा नरक का वध करने के बाद उन्होंने सोलह हजार स्त्रियों को पत्नीरूप में अपनाकर उनके साथ विहार किया।

(ब्रह्मवैवर्त पुराण, श्रीकृष्णजन्मखंड, अध्याय-54, श्लोक-16)

स्पष्टीकरण :- उपरोक्त सभी प्रमाणों में हरिवंश पुराण का कथन ही व्यावहारिक लगता है क्योंकि नरकासुर के यहां से कृष्ण ने हाथी-घोड़े और कीमती रत्नों के साथ बंदिनी स्त्रियों को प्राप्त किया था। फिर यह तो स्वाभाविक है कि वे आश्रित स्त्रियां कृष्ण से एकतरफा प्रेम करे, लेकिन यह बिल्कुल ही मुमकिन नहीं लगता कि उन्होंने उन सभी स्त्रियों से शादी की होगी।

14. क्या कृष्ण ने सचमुच अपने मुंह में पूरे ब्रह्मांड को प्रकट किया था?

ऐसा वर्णन केवल *भागवत पुराण के दसवें स्कन्ध के आठवें अध्याय* में किया गया है। जब बचपन में कृष्ण द्वारा मिट्टी खा लेने पर मां यशोदा उनके मुंह से मिट्टी निकालने हेतु मुंह खुलवाती हैं, तब वह कृष्ण के मुंह में पूरा ब्रह्मांड देखती हैं। इस घटना की चर्चा भागवत पुराण के अतिरिक्त अन्य किसी भी पुराण में नहीं हुई है और न ही महाभारत में ऐसा कोई वर्णन है।

स्पष्टीकरण :- नये ग्रंथों की यही उलझन है। उनमें नयी-नयी बातें पैदा हो जाती हैं। अत: किसी के भी बारे में सत्य जानना हो, तो पुराने ग्रंथों को आधार बनाना ही ज्यादा उचित है।

15. क्या कृष्ण ने पूतना को मारा था?

पूतना-वध की कहानी भागवत पुराण, विष्णु पुराण, ब्रह्म पुराण, ब्रह्मवैवर्त पुराण तथा महाभारत आदि सभी ग्रंथों में उपलब्ध है। *भागवत पुराण के दसवें स्कन्ध के छठे अध्याय* में दी गई कहानी के अनुसार जब पूतना ने अपने विष लिपटे स्तनों को कृष्ण के मुंह में रखा तो कृष्ण ने इतनी जोर से उसके स्तनों को चूसा कि उसके प्राण ही निकल गए।

महाभारत में सभापर्व के इकतालिसवें अध्याय में शिशुपाल द्वारा कृष्ण को पूतनाघातिनी, स्त्रीघातिनी वगैरह-वगैरह कहते हुए उनकी निंदा करता हुआ बताया गया हैं। यह सच है कि कृष्ण ने अपने पूरे जीवन में एक पूतना को छोड़कर अन्य किसी भी स्त्री की हत्या नहीं की, किसी पर हाथ तक नहीं उठाया। *विष्णु पुराण के पांचवें अंश के पांचवें अध्याय* में पूतना को बालघातिनी यानी बालकों को ढूंढ़-ढूंढ़कर मारने वाली बताया गया है। और यही वजह थी कि कृष्ण को एक स्त्री की हत्या करनी पड़ी थी।

हरिवंश पुराण में विष्णुपर्व के अंतर्गत छठे अध्याय में पूतना को कंस की निजी सेविका बताया गया है जो पक्षी का रूप लेकर गोकुल आयी थी। वहीं *ब्रह्मवैवर्त पुराण के श्रीकृष्णजन्मखंड के दसवें अध्याय* में पूतना को कंस की बहन बताया गया है।

स्पष्टीकरण :- यानी जितने शास्त्र उतनी बातें। अत: कुल-मिलाकर जो कृष्ण की सायकोलॉजी से तथा प्रकृति के नियमों से मेल खाती हो, वह बात सच... बाकी गलत। बस इस आधार पर कृष्ण का सही व्यक्तित्व जाना जा सकता है। वरना प्रज्ञावान कर्मवीर की जगह हवाई व चमत्कारी कृष्ण ही हाथ में रह जाएंगे।

16. क्या उस काल के राजागण कृष्ण को अपमानित किया करते थे?

इस प्रश्न का सीधा उत्तर है - हां। कई मौकों पर अनेकों राजदरबार की भरी सभा में राजाओं

ने उनका सीधा अपमान किया था या उनके द्वारा ऐसी परिस्थिति उत्पन्न करने की कोशिश की गई थी कि कृष्ण स्वयं वहां से हट जाएं। ऐसे कुछ उदाहरण निम्नलिखित हैं:

i) रुक्मिणी का स्वयंवर :- कंस के ससुर जरासंध के तीन-चार पक्के सहकर्मी थे - शिशुपाल, रुक्मी, दंतवक्र, शाल्व आदि। रुक्मिणी के पिता राजा भीष्मक भी जरासंध के ही हिमायती थे। और चूंकि कृष्ण के हाथों जरासंध के दामाद कंस का वध हुआ था, इसलिए भीष्मक ने अपनी बेटी के स्वयंवर में मथुरा को आमंत्रित ही नहीं किया था। यह भी राजनीतिक स्तर पर एक अपमान था। अत: इस अपमान का विरोध जताने हेतु कृष्ण बिनबुलाए ही विदर्भ पहुंच गए थे। और वहां मिलने पर इस बात की सीधी उलाहना कृष्ण, भीष्मक को देते हैं:

ममागमनमेवेह प्रायेन न हितं तव।
अतो न कृतमातिथ्यमपात्राय नरेश्वर।।

कृष्ण बोले - "हे राजन! मेरा यहां आना ही शायद आपके हित में नहीं है, ऐसा समझकर ही आपने मुझ अपात्र का आतिथ्य-सत्कार नहीं किया।"

(हरिवंश पुराण, विष्णुपर्व, अध्याय-51, श्लोक-13)

हालांकि राजा भीष्मक ने अपमान भी किया तो शालीनतापूर्वक, लेकिन उनके पुत्र रुक्मी व उसके साथियों ने तो कृष्ण को अपमानित करने हेतु सारी सीमाएं लांघ दी :

अहो कालकृतं कर्म दैवं च केन वार्यते।
किंवाऽहं कथयिष्यामि देवेन्द्राणां च संसदि।।
ग्रहीतुं रुक्मिणीं कन्यां देवयोग्यां मनोहराम्।
आयाति देवैर्मुनिभिर्नन्दस्य पशुरक्षकः।।
साक्षाज्जारश्च गोपीनां गोपोच्छिष्टान्नभोजनः।
जातेश्च निर्णयो नास्ति भक्ष्यमैथुनयोस्तथा।।
किं नु राजेन्द्रपुत्रश्च किं नु वा मुनिपुत्रकः।
वसुदेवः क्षत्रियश्च भक्षणं वैश्यमन्दिरे।।
शिशुकाले च स्त्रीहत्या कृताऽनेन दुरात्मना।
कुब्जा मृता च संभोगाद्रासा रजको मृतः।।
राजेन्द्रस्य वधे दुष्टो ब्रह्महत्यां लभेद्ध्रुवम्।
मथुरायां च धर्मिष्ठः सद्यः कंसो निपातितः।।

रुक्मी ने कहा - "अहो कालकृत कर्म और दैव को कौन हटा सकता है? भला मैं राजाओं

की सभा में क्या कहूंगा, क्योंकि जो नंद के पशुओं का रखवाला है, वह रुक्मिणी जैसी परम सुंदरी को ब्याहने आया है। गोपियों का जार, ग्वालों का जूठन खाने वाला, जिसकी जाति, खान-पान तथा उत्पत्ति का कोई ठिकाना ही नहीं है: यह भी पता नहीं कि वह कोई राजकुमार है या किसी मुनि का पुत्र है, जिसके पिता वसुदेव तो क्षत्रिय हैं लेकिन जिसका भरण-पोषण वैश्य के घर में हुआ है। जिस दुरात्मा ने बचपन में ही स्त्री की हत्या की, रजक को मारा और नीच स्त्री कुब्जा के साथ भोग किया, जिसने मथुरा के धर्मात्मा राजा कंस को मारकर ब्रह्महत्या जैसा पाप किया; वह भी यहां आया है।''

(ब्रह्मवैवर्त पुराण, श्रीकृष्णजन्मखंड, अध्याय-106, श्लोक-18-23)

उपरोक्त श्लोकों से स्पष्ट है कि रुक्मी ने अपने ही पिता के राजदरबार में अतिथि के रूप में आये कृष्ण का अपमान करने में सारी राजकीय मर्यादाएं लांघ दी थी।

ii) युधिष्ठिर का राजसूय यज्ञ :- सहदेव द्वारा कृष्ण की अग्रपूजा कर दिये जाने के कारण उन्हीं के फुफेरे भाई शिशुपाल आगबबूला हो गए। शिशुपाल ने कृष्ण को उस देश-देश के राजाओं से भरी सभा में सैकड़ों गालियां दी। उसने कृष्ण को स्त्री का हत्यारा, गोवंशों का हत्यारा, शादी तय हो चुकी लड़की को भगा ले जाने वाला, भगोड़ा, ग्वाला, अहीर, असंस्कारी आदि न जाने क्या-क्या कहा। और इसी सब के कारण उस सभा में तलवारें तक खिंच गईं और फिर अंत में कृष्ण के ही हाथों शिशुपाल मारा गया। यह पूरा प्रसंग *महाभारत में सभापर्व के अंतर्गत अड़तीसवें से बयालीसवें अध्याय* में वर्णित है तथा इस पुस्तक में भी अन्य प्रश्नों के उत्तर में इस बात का यथायोग्य उल्लेख किया गया है।

iii) अवन्ती की राजकुमारी मित्रविंदा का स्वयंवर :- कृष्ण की सबसे छोटी बुआ राजाधिदेवी अवन्तिनरेश को ब्याही गई थीं। उनके तीन संतानें थीं - पुत्र विंद और अनुविंद तथा पुत्री मित्रविंदा। विंद और अनुविंद दुर्योधन के खेमे में थे और कृष्ण से काफी वैर रखते थे। उस स्वयंवर में कृष्ण भी उपस्थित थे और संयोगवश मित्रविंदा को कृष्ण ही पसंद आ गए। इसपर विंद-अनुविंद ने कृष्ण की काफी बेइज्जती की और अपनी बहन को भी रोका:

विन्ध्यानुविन्ध्यावावन्त्यौ दुर्योधनवशानुगौ।
स्वयंवरे स्वभगिनीं कृष्णे सक्तां न्यषेधताम्॥

शुकदेवजी ने कहा - ''अवन्तीदेश के राजा थे विंद और अनुविंद। वे दुर्योधन के वशवर्ती और अनुयायी थे। उनकी बहन मित्रविंदा ने स्वयंवर में कृष्ण को ही अपना पति बनाना चाहा, परंतु विंद-अनुविंद ने अपनी बहन को ऐसा करने से रोका था।''

(भागवत पुराण, स्कन्ध-10, अध्याय-58, श्लोक-30)

iv) दुर्योधन द्वारा निंदा :- पांडवों को लेकर कृष्ण और दुर्योधन के बीच जीवनभर छत्तीस का आंकड़ा बना रहा और जब दुर्योधन मरने लगा, तब भी वह कृष्ण को अपशब्द कहने से बाज नहीं आया :

कंसदासस्य दायाद न ते लज्जास्त्यनेन वै।
अधर्मेण गदायुद्धे यदहं विनिपातितः।।

दुर्योधन ने कहा - ''ओ कंस के नौकर के बेटे! मैं जो गदायुद्ध में अधर्म से मारा गया हूँ, इस कुकृत्य के कारण क्या तुम्हें लज्जा नहीं आती है?''

(महाभारत, शल्यपर्व, अध्याय-61, श्लोक-27)

अन्यत्र भी कई बार, कई सभाओं में कृष्ण का अपमान किया गया था।

17. क्या कृष्ण ने अपनी मां देवकी के मृत बच्चों को पुनः जीवित कर दिया था?

महाभारत में ऐसी किसी घटना का जिक्र नहीं है। हरिवंश और विष्णु पुराण में भी ऐसी किसी बात का उल्लेख नहीं मिलता है, ऐसी बात केवल भागवत पुराण *(स्कन्ध-10, अध्याय-85, श्लोक-34-59)* में दर्ज है।

स्पष्टीकरण :- फिर वही बात। जितने नये शास्त्र उतनी नयी बातें। परंतु किसी के भी वास्तविक व्यक्तित्व का आधार पुराने शास्त्र हो सकते हैं, नये नहीं। नये ग्रंथों का काम है चमत्कार भरते जाना व नायक को बेचते जाना।

18. क्या कृष्ण ने एक ही समय में सभी सोलह हजार एक सौ स्त्रियों से विवाह किया था?

ऐसा वर्णन केवल *भागवत पुराण के दसवें स्कन्ध के उनसठवें अध्याय के अंतर्गत बयालिसवें श्लोक* में आया है जिसमें कहा गया है कि कृष्ण ने सोलह हजार एक सौ स्त्रियों से अलग-अलग भवनों में विवाह किया था। ...अन्य किसी भी ग्रंथ में इसका कोई उल्लेख नहीं मिलता है।

स्पष्टीकरण :- जैसा कि मैं बार-बार कह रहा हूँ, कर्मवीर कृष्ण को नये शास्त्रों ने अकारण ही चमत्कारी कृष्ण बना दिया। परंतु सही मायने में तो इसका नुकसान ही हुआ है, कोई फायदा नहीं।

19. क्या कृष्ण बचपन से ही नटखट थे?

पुराणों में कृष्ण के बचपन के क्रियाकलापों के बारे में बहुत-सी बातें लिखी हुई मिलती

हैं जिनमें उनके नटखटी तेवर को अत्यंत ही साहित्यिक कला के साथ परोसा गया है। उन सबका कथानक एक समान है। हरिवंश, भागवत, विष्णु, ब्रह्मवैवर्त आदि पुराण हो या गर्ग संहिता, इन सभी की भाषा-शैली भले ही अलग-अलग हो, लेकिन कथा किसी में कम नहीं है। ध्यान देने वाली बात यह है कि इन ग्रंथों में कृष्ण के बालसुलभ नटखटपन को उनकी लीला तथा भक्तों को मनोरंजन प्रदान करने हेतु उनकी कृपा बताया गया है।

लेकिन महाभारत में इस संबंध में कुछ नहीं कहा गया है। उत्तर भारत में महाभारत की जो नीलकंठी टीका प्रचलित है, उसमें कृष्ण के बचपन के बारे में एक श्लोक भी नहीं है, लेकिन दक्षिण भारत में जो महाभारत प्रचलित है, उसमें घर में टंगे हुए छकड़े को पलटने, पूतना को मारने, धूल में लेटने, ऊखल से बांधे जाने, एकबार माखन खाते हुए देख लिये जाने, वनों में गायें चराने, कालिय नाग को यमुना से भगाने के अलावे कृष्ण के बचपन की अन्य किसी भी गतिविधि का उल्लेख नहीं किया गया है।

(दाक्षिणात्य महाभारत, सभापर्व, अध्याय-52, 53)

वह भी तब जबकि इस दाक्षिणात्य महाभारत को अनावश्यक रूप से विस्तार करते हुए डेढ़ लाख श्लोकों में पूरा किया गया है। अत: निष्कर्ष के रूप में कहा जाए तो पौराणिक विवरणों के अनुसार कृष्ण पूरे नटखट थे लेकिन महाभारत में दर्ज विवरणों के अनुसार कृष्ण के नटखटपन पर कुछ भी कहना कठिन है।

20. क्या सचमुच कृष्ण ने यमुना के कालिया नाग से टक्कर ली थी?

महाभारत में इस घटना का उल्लेख नहीं मिलता है लेकिन निम्नलिखित पुराणों में इस घटना का विस्तार से उल्लेख किया गया है :

(भागवत पुराण के स्कन्ध-10, अध्याय-16-17)

(विष्णु पुराण के अंश-5, अध्याय-7)

(ब्रह्मवैवर्त पुराण के श्रीकृष्णजन्मखंड, अध्याय-19)

(गर्ग संहिता के गोलोकखंड, अध्याय-12)

उपरोक्त सभी पुराणों में कृष्ण के कालिया नाग से उलझने की कथा विस्तार से मिलती है।

21. कृष्ण को कौन-से वस्त्र प्रिय थे?

जहां तक वस्त्रों के बारे में कृष्ण की रुचि की बात है, तो इस बारे में केवल एक जगह पर ऐसा उल्लेख उपलब्ध है और वह भी अस्पष्ट रूप से। केवल दक्षिण भारत में प्रचलित

महाभारत में इस बाबत एक श्लोक प्राप्त होता है :

नीलपीताम्बर धरौ पीतश्वेतानुलेपनौ।
बभूवतुर्वत्सपालौ काकपक्षधरावुभौ॥

भीष्मपितामह कहते हैं – ''बलराम नीले रंग के और कृष्ण पीले रंग के वस्त्र धारण किया करते थे। बलराम के शरीर पर पीले रंग का चंदन लगाया जाता था और कृष्ण के शरीर पर उजले रंग का। दोनों भाई काकपक्ष धारण किये बछड़े चराने लगे।''

(महाभारत, सभापर्व, अध्याय-52, श्लोक-30)

(उपरोक्त श्लोक में आये 'काकपक्ष' शब्द का अर्थ होता है – सिर के पिछले भाग में बांधा हुआ लम्बे बालों का जूड़ा।)

बाद में चलकर कृष्ण का एक नाम ही 'पीताम्बरधारी' हो गया और मध्यकाल के कवियों ने संस्कृत तथा हिंदी में इसी नाम के आधार पर हजारों श्लोकों और पदों की रचना की। साथ ही कुछ पुराणों में इसी आधार पर मिलावट भी करी गई। वरना पुराने शास्त्रों में कृष्ण के वस्त्रों या शृंगार को लेकर कुछ भी उपलब्ध नहीं है।

22. क्या गांधारी ने कृष्ण के वंश का नाश होने का शाप दिया था?

महाभारत में इस बात का वर्णन इस प्रकार मिलता है :

पाण्डवाः धार्तराष्ट्राश्च क्रुद्धाः... x ...परिपतिष्यन्ति यथैता भरतस्त्रियः॥

गांधारी ने कहा – ''कृष्ण! तुम्हारे सामने धृतराष्ट्र और पांडु के पुत्र आपस में लड़कर भस्म हो गए, तुमने उसकी उपेक्षा कैसे की? तुम शक्तिशाली थे और दोनों पक्षों से अपनी बात मनवा लेने में समर्थ भी थे, तुम ज्ञानी भी थे, लेकिन तुमने स्वेच्छा से कुरुकुल के नाश की उपेक्षा की। यह तुम्हारा महान दोष है और इसलिए मैं तुम्हें शाप दे रही हूँ। तुमने जान-बूझकर लड़ते-कटते कौरवों-पांडवों की उपेक्षा की है, इसलिए तुम अपने भाई-बंधुओं का भी विनाश कर डालोगे। आज से छत्तीस वर्ष बाद तुम्हारे सारे रिश्तेदार, मंत्री और पुत्र तुम्हारे सामने लड़-कटकर मर जाएंगे। तुम खुद भी बहुत निम्न स्तर की मौत मरोगे। तुम्हारे कुल की स्त्रियां भी इस भरतकुल की स्त्रियों की भांति ही लाशों पर विलाप करेंगी।''

(महाभारत, स्त्रीपर्व, अध्याय-25, श्लोक-39-46)

स्पष्टीकरण :– उपरोक्त श्लोकों में 'छत्तीस वर्ष बाद' वाले शब्द काफी कुछ सच्चाई बयान कर देने वाले हैं। दरअसल यादवस्थली की घटना को एक शाप का परिणाम बताने हेतु ये श्लोक बाद में महाभारत में जोड़े गए हैं। क्योंकि अगर शाप की ही बात की जाए, तो शाप

देने वाला व्यक्ति कभी भी समय नहीं बताता है और ऐसा किसी पुराण में देखा भी नहीं गया है। अतः मेरी दृष्टि में, मेरे सायकोलॉजिकल ज्ञान के आधार पर कह सकता हूँ कि यह पूरा प्रसंग एक मिलावट है।

23. नंद-यशोदा के घर की आर्थिक स्थिति क्या थी?

पुराणों के अनुसार नंदजी ग्वाले थे और पशुपालन तथा दूध एवं दुग्ध-उत्पादों का व्यवसाय उनका पेशा था। चूंकि ग्वालों का मुख्य आर्थिक आधार पशु था, अत: उनका निवास स्थान भी जंगलों के बीच हुआ करता था ताकि पशुओं के लिए पर्याप्त मात्रा में चारे-पानी की उपलब्धता सुनिश्चित हो सके। मथुरा जैसे शहरों की नगरीय सभ्यता से वे लोग कोसों दूर थे। उनका भोला-भाला स्वभाव था और वे अपनी बस्तियों में रहकर संतुष्ट थे। इस संबंध में कृष्ण खुद एक जगह कहते हैं:

न नः पुरोजनपदा न ग्रामा न गृहा वयम्।
नित्यं वनौकस्तात वनशैल निवासिनः॥

कृष्ण नंदबाबा से कहते हैं - "पिताजी! न तो हमारे पास किसी देश का राज्य है, न ही हमारे पास कोई नगर है, हमारे पास तो गांव या घर भी नहीं है। हम तो सदा के वनवासी हैं, वन और पहाड़ ही हमारे घर हैं।"

(भागवत पुराण, स्कंध-10, अध्याय-24, श्लोक-24)

हरिवंश पुराण में भी इसी तरह की बातें मिलती हैं:

वयं वनचरा गोपाः सदा गोधनजीविनः।
गावोऽस्मदैवतं विद्धि गिरयश्च वनानि च॥

वृंदावन के बड़े-बुजुर्ग गोपों को संबोधित करते हुए कृष्ण कहते हैं - "हे आर्य! हमलोग वन में रहने वाले गोप हैं और हमलोग सदा गोधन से ही अपनी जीविका चलाते हैं। अत: आपको मालूम होना चाहिए कि गौएं, पर्वत और वन - ये ही हमारे देवता हैं।"

(हरिवंश पुराण, विष्णुपर्व, अध्याय-16, श्लोक-2)

उपरोक्त श्लोकों से यह बात पूरी तरह स्पष्ट हो जाती है कि नंद-यशोदा वनवासी जीवन जी रहे थे और नगर-बस्ती से दूर उनके गोष्ठ यानी आवासीय परिसर हुआ करते थे। साथ ही पुराणों में कुछ ऐसे श्लोक भी मिलते हैं जिनके अनुसार नंदबाबा अपने गोष्ठ के प्रमुख यानी सरदार थे। तब इस प्रमाण से यह बात आसानी से समझी जा सकती है कि उनके गोष्ठ के अन्य गोपों की अपेक्षा उनके घर में सुख-सुविधाओं के साधन अधिक रहे होंगे। वे अपने

गोष्ठ के राजकीय कर का हिसाब रखा करते थे और गोष्ठ की सुरक्षा तथा अन्य मामलों की जिम्मेदारी संभाल रहे थे, इससे जुड़ा एक श्लोक भागवत पुराण में देखें :

गोपान् गोकुलरक्षायां निरूप्य मथुरां गतः।
नंदः कंसस्य वार्षिक्यं करं दातुं कुरुद्वह।।

शुकदेवजी कहते हैं – ''हे परीक्षित! कंस का वार्षिक कर चुकाने के लिए मथुरा जाने हेतु नंदबाबा ने गोकुल की रक्षा का भार दूसरे गोपों को सौंप दिया और चले गए।''

(भागवत पुराण, स्कन्ध-10, अध्याय-5, श्लोक-19)

स्पष्टीकरण :- कुल-मिलाकर कृष्ण का बचपन संघर्षों व गरीबी से भरा था। निश्चित ही कृष्ण ने एक कठिन बचपन गुजारा था।

24. कृष्ण की सभी रानियों के नाम क्या थे?

हरिवंश पुराण में कृष्ण की पत्नियों के बारे में इस प्रकार बताया गया है :

रुक्मिण्याः केशवः पाणिं जग्राह विधिवत्प्रभुः।।

XXX XXX XXX

कालिन्दीं मित्रविन्दां च सत्यां नाग्नजिनीमपि।
सुतां जाम्बवतश्चापि रोहिणीं कामरूपिणीम्।।
मद्रराजसुतां चापि सुशीलां शुभलोचनाम्।
सात्राजितीं सत्यभामां लक्ष्मणां चारुहासिनीम्।।
शैब्यस्य च सुतां तन्वीं रूपेणाप्सरसोपमाम्।
स्त्रीसहस्राणि चान्यानि षोडशातुलविक्रमः।।

''तब केशव (कृष्ण) ने विधिपूर्वक :

(1) रुक्मिणी का पाणिग्रहण किया
(2) कालिंदी (यमुना के नाम से भी प्रसिद्ध)
(3) मित्रविंदा (कृष्ण की बुआ राजाधिदेवी, जो अवन्तिराज से ब्याही गई थी, की बेटी)
(4) सत्या (नाग्नजिती के नाम से भी प्रसिद्ध और अयोध्यानरेश नग्नजित की बेटी)
(5) जाम्बवती (जाम्बवान की बेटी)
(6) रोहिणी (भद्रा और कैकेयी के नाम से भी प्रसिद्ध और कृष्ण की बुआ श्रुतकीर्ति, जो केकयराज से ब्याही गई थी, की बेटी)
(7) लक्ष्मणा (मद्रराज की बेटी)

(8) सत्यभामा (सत्राजित की बेटी)
(9) गांधारी (राजा शैव्य की बेटी)। इनके अलावे सोलह हजार और स्त्रियां थीं।"

(हरिवंश पुराण, विष्णुपर्व, अध्याय-60, श्लोक-34; 41-43)

उपरोक्त विवरण से स्पष्ट है कि हरिवंश में सोलह हजार अन्य स्त्रियों के अलावे कुल नौ पटरानियों के नाम बताये गए हैं जबकि आठ पटरानियों की बात ज्यादा प्रसिद्ध है।

भागवत पुराण (स्कन्ध-10, अध्याय-58) में वर्णित कृष्ण की शादियों के अनुसार उनकी ये रानियां थीं :

1) रुक्मिणी
2) कालिंदी (यमुना)
3) मित्रविंदा
4) सत्या
5) भद्रा
6) लक्ष्मणा
7) सत्यभामा
8) जाम्बवती तथा सोलह हजार स्त्रियां

गर्ग संहिता (गोलोकखंड, अध्याय-16) के अनुसार कृष्ण की राधा से बचपन में ही शादी हो गई थी, इस आधार पर कुछ लोग राधा की भी उनकी पत्नी के रूप में गिनती करते हैं। *ब्रह्मवैवर्त पुराण (श्रीकृष्णजन्मखंड, अध्याय-105 एवं 112)* के अनुसार कृष्ण की ये पत्नियां थीं :

1) रुक्मिणी
2) कालिंदी
3) सत्यभामा
4) सत्या
5) सती (भद्रा)
6) नाग्नजिती
7) जाम्बवती
8) लक्ष्मणा तथा सोलह हजार स्त्रियां

महाभारत में छिटफुट रूप से रुक्मिणी तथा सत्यभामा की चर्चा मिलती है लेकिन कृष्ण के कुल विवाहों की कोई भी बात वहां उपलब्ध नहीं है।

स्पष्टीकरण :- कुल-मिलाकर सभी शास्त्रों में कृष्ण के आठ विवाह करने की पुष्टि की गई है।

25. कृष्ण की कितनी संतानें थीं और उनके नाम क्या थे?

भागवत पुराण के अनुसार कृष्ण की प्रत्येक रानी ने दस-दस पुत्र उत्पन्न किये :

तासां या दशपुत्राणां... X ...भद्राया वाम आयुश्च सत्यकः।।

रानियों के नाम	उनसे उत्पन्न संतानें
रुक्मिणी	प्रद्युम्न, चारुदेष्ण, सुदेष्ण, चारुदेह, सुचारु, चारुगुप्त, भद्रचारु, चारुचंद्र, विचारु और चारु।

सत्यभामा	भानु, सुभानु, स्वर्भानु, प्रभानु, भानुमान, चंद्रभानु, बृहद्भानु, अतिभानु, श्रीभानु और प्रतिभानु।
जाम्बवती	साम्ब, सुमित्र, पुरुजित, शतजित, सहस्रजित, विजय, चित्रकेतु, वसुमान, द्रविड़ और क्रतु।
सत्या	वीर, चन्द्र, अश्वसेन, चित्रगु, वेगवान, वृष, आम, शंकु, वसु और कुन्ति।
कालिंदी	श्रुत, कवि, वृष, वीर, सुबाहु, भद्र, शांति, दर्श, पूर्णमास और सोमक।
लक्ष्मणा	प्रघोष, गात्रवान, सिंह, बल, प्रबल, उध्वर्ग, महाशक्ति, सह, ओज और अपराजित।
मित्रविंदा	वृक, हर्ष, अनिल, गृध्र, वर्धन, अन्नाश, महाश, पावन, वह्नि और क्षुधि।
भद्रा	संग्रामजित, बृहत्सेन, शूर, प्रहरण, अरिजित, जय, सुभद्र, वाम, आयु और सत्यक।

(भागवत पुराण, स्कन्ध-10, अध्याय-61, श्लोक-7-17)

हरिवंश पुराण में कृष्ण की संतानों के बारे में जो प्रमाण मिलते हैं, उनमें कृष्ण के चौदह विवाह तथा उन पत्नियों से उत्पन्न संतानों के नाम बताये गए हैं :

प्रद्युम्नः प्रथमं जज्ञे... X ...समाख्याता वासुदेवस्य ते सुताः॥

क्रम.सं.	रानियों के नाम	उनसे उत्पन्न पुत्र	पुत्रियां
1.	**रुक्मिणी**	प्रद्युम्न, चारुदेष्ण, चारुभद्र, चारुगर्भ, सुदेष्ण, द्रुम, सुखेण, चारुगुप्त, चारुविंद और चारुबाहु (10)	चारुमती (1)
2.	**सत्यभामा**	भानु, भीमरथ, क्षुप, रोहित, दीप्तिमान, ताम्रजाक्ष, और जलांतक (7)	भानु, भीमलिका, ताम्रपर्णी और जलन्धमा (4)

3.	**जाम्बवती**	साम्ब, मित्रवान, मित्रविंद, मित्रबाहु और सुनीथ (5)	मित्रवती (1)
4.	**सत्या (नाग्नजिती)**	भद्रकार और भद्रविंद (2)	भद्रवती (1)
5.	**सुदत्ता**	संग्रामजित, सत्यजित, सेनजित और सपत्नजित (4)	
6.	**सुभीमा**	वृकाश्व, वृकनिर्वृति और वृकदीप्ति (3)	
7.	**लक्ष्मणा**	गात्रवान, गात्रगुप्त और गात्रविंद (3)	गात्रवती (1)
8.	**कालिंदी**	अश्रुत और श्रुतसम्मित (2); कृष्ण ने इस अश्रुत नामक पुत्र को श्रुतसेना नामक अपनी निःसंतान पत्नी को गोद दे दिया था।	
9.	**बृहती**	गद (1)	
10.	**शैव्या**	अंगद, कुमुद और श्वेत (3)	श्वेता (1)
11.	**सुदेवा**	अगावह, सुमित्र, शुचि, चित्ररथ और चित्रसेन (5)	चित्रा तथा चित्रवती (2)
12.	**कौशिकी**	वनस्तम्ब, स्तम्बवन, निवासन तथा अवनस्तम्ब (4)	स्तम्बवती(1)
13.	**सुतसोमा**	उपसन्न, शंकु, वज्रांशु और क्षिप्र (4)	
14.	**यौधिष्ठिरी**	युधिष्ठिर, कपाली और गरुड़ (3)	

(हरिवंश पुराण, विष्णुपर्व, अध्याय-103, श्लोक-5-21)

(**स्पष्टीकरण :-** उपरोक्त सूची के अनुसार कृष्ण को इन रानियों से कुल 56 पुत्र और 12 पुत्रियां थीं।) ब्रह्मवैवर्त पुराण में कृष्ण की हर पत्नी से दस-दस पुत्र और एक-एक पुत्री होने की बात की गई है :

एकस्यां दशपुत्राश्च कन्यकैका क्रमेण च।
हरेरेतान्यपत्यानि बभूवुश्च पृथक्पृथक्।।

(ब्रह्मवैवर्त पुराण, श्रीकृष्णजन्मखंड, अध्याय-112, श्लोक-39)

अन्य पुराणों में केवल दस-दस पुत्रों के होने की बात कही गई है। महाभारत में भी कृष्ण के प्रद्युम्न या साम्ब जैसे पुत्रों की यदा-कदा चर्चा तो अवश्य की गई है, लेकिन इतने बड़े ग्रंथ में कृष्ण की संतानों के बारे में कोई व्यवस्थित विवरण नहीं मिलता है। परंतु कुल-मिलाकर इतना तो कहा ही जा सकता है कि कृष्ण की पचास से अधिक संतानें थीं।

26. दुर्वासा मुनि और कृष्ण का रिश्ता क्या था?

कृष्ण और दुर्वासा मुनि के रिश्ते की बात केवल ब्रह्मवैवर्त पुराण में की गई है, अन्यत्र महाभारत सहित किसी पुराण में ऐसा विवरण नहीं मिलता है। इस पुराण में दो कहानियों को एक सूत्र में पिरोया गया है। सर्वप्रथम कृष्ण के जन्म के समय जब देवकी और यशोदा के बच्चे की अदलाबदली की जाती है, तो उस समय आठवीं संतान के रूप में देवकी को बेटी होना कंस को संशय में डाल देता है क्योंकि यह बात भविष्यवाणी के विपरीत थी। बस इसी बात का फायदा उठाते हुए देवकी और वसुदेवजी कंस से प्रार्थना करते हैं कि भला एक लड़की उस जैसे शक्तिशाली राजा की हत्या कैसे कर सकती है? सात-सात संतानों को मारने के बाद कम-से-कम इस लड़की पर तो दया करो। आश्चर्यजनक रूप से कंस मान भी जाता है और वह उस लड़की को न मारकर वापस कर देता है। इस तरह देवकी और वसुदेवजी उस कन्या का पालन-पोषण करने लगते हैं। उसका नाम एकानंशा रखा जाता है :

वसुदेवो देवकी च तामादाय मुदान्वितौ।
जग्मतुः स्वगृहं तौ च कन्यां कृत्वा स्ववक्षसि।।
मृतामिव पुनः प्राप्य ब्राह्मणेभ्यो ददौ धनम्।
सा परा भगिनी विप्र कृष्णस्य परमात्मनः।।
एकानंशेति विख्याता पार्वत्यंशसमुद्भवा।
वसुस्तां द्वारकायां तु रुक्मिण्युद्वाहकर्मणि।।

(ब्रह्मवैवर्त पुराण, श्रीकृष्णजन्मखंड, अध्याय-7, श्लोक-129-131)

फिर रुक्मिणी-कृष्ण की शादी के बाद द्वारका में अचानक पहुंचे दुर्वासा मुनि का स्वागत-सत्कार करने के क्रम में वसुदेवजी अपनी इस एकानंशा नामक पुत्री की शादी उनसे कर देते हैं :

ददौ दुर्वाससे भक्त्वाया शंकरांशाय भक्तितः।
एवं निगदितं सर्वं कृष्णजन्मानुकीर्तनम्॥

XXX XXX XXX

एकदा द्वारकां रम्यां दुर्वासा मुनिपुंगवः।
शिष्यैस्त्रिकोटिभिः सार्धमाजगामावलीलया॥
राजा महोग्रसेनश्च सपुत्रः सपुरोहितः।
वसुदेवो वासुदेवोऽप्यक्रूरश्चोद्धवस्तथा॥
नीत्वा षोडशोपचारं प्रणेमुर्मुनिपुंगवम्।
शुभाशिषं च प्रददौ तेभ्यो ब्रह्मन्पृथक्पृथक्॥
एकानंशां च कन्यां तां ददौ तस्मै शुभक्षणे।
मुक्तामाणिक्यहीरांश्च रत्नं च यौतकं ददौ॥

(ब्रह्मवैवर्त पुराण, श्रीकृष्णजन्मखंड, अध्याय-7, श्लोक-132;
अध्याय-112, श्लोक-40-43)

हिंदू धर्मग्रंथों में ऐसे सैकड़ों प्रमाण मिलते हैं कि प्राचीनकाल में राजागण मुनियों के साथ अपनी बेटियों की शादी कर दिया करते थे। अतः इस एकानंशा और दुर्वासा की शादी को भी अस्वाभाविक नहीं कहा जा सकता है। हां एक शंका अवश्य होती है कि इस शादी की चर्चा महाभारत या अन्य पुराणों में क्यों नहीं की गई है?

27. आजकल गीता के नाम पर कई ग्रंथ पाये जाते हैं, क्या वे भगवद्गीता की नकल हैं?

गीता का अर्थ होता है 'संगीत'। जब कोई उच्च स्तर का ज्ञान सुमधुर भाषा में प्रस्तुत किया जाता है तो उसे गीता कहा जाता है। हिंदू धर्मशास्त्रों में कई विद्वानों ने उच्च स्तर की आध्यात्मिक बातें की हैं जो विभिन्न ग्रंथों में आज भी उपलब्ध हैं और उन्हें ही अलग-अलग पुस्तकों में संकलित करके भिन्न-भिन्न नामों से प्रकाशित किया गया है। इनमें से कुछ प्रमुख गीता निम्नलिखित हैं :

- **अष्टावक्र गीता :-** इस गीता में मिथिला के राजा जनक और उनके गुरु अष्टावक्र मुनि का संवाद है। यह एक स्वतंत्र ग्रंथ है और इसके रचनाकार का नाम अज्ञात है। इसकी रचना संभवतः चौथी से दूसरी सदी ईस्वी पूर्व में हुई थी। इस ग्रंथ के अंतर्गत वैराग्य, ज्ञान और मुक्ति पर विस्तार से बात की गई है।

● **पाण्डव गीता :-** इसके रचनाकार का नाम अज्ञात है और इसके रचनाकाल के बारे में भी विद्वान एकमत नहीं हैं। वस्तुतः यह कोई स्वतंत्र रचना न होकर एक संकलन है जिसमें कुल 76 श्लोक हैं और ये सारे श्लोक महाभारत व अन्य ग्रंथों से चुने गए हैं। विष्णु तथा कृष्ण की आत्मनिष्ठ वंदना इसका प्रमुख विषय है।

● **अनुगीता :-** *महाभारत के आश्वमेधिक पर्व के सोलहवें अध्याय से लेकर इक्यावनवें अध्याय* को अलग से संकलित करके उसे अनुगीता नाम दिया गया है। कुल छत्तीस अध्यायों में धर्म और नैतिकता पर विस्तार से चर्चा की गई है।

● **व्याधगीता :-** *महाभारत के वनपर्व के 206 से 208वें अध्याय* को अलग से संकलित करके व्याधगीता के नाम से प्रकाशित किया गया है। इसके अंतर्गत मार्कंडेय मुनि युधिष्ठिर को मिथिला के एक कसाई और कौशिक ब्राह्मण की कहानी के माध्यम से बताते हैं कि कोई भी कर्म घटिया नहीं होता है। कर्म करने के भाव और तरीके का मोल है, वह शुद्ध तो कर्म शुद्ध; अन्यथा कितना भी ऊंचा कर्म क्यों न करो, भाव अशुद्ध है, तो कर्म अशुद्ध हो जाएगा। इस छोटे-से गीता का आज के सन्दर्भ में काफी महत्त्व है और इसीलिए स्वामी विवेकानंद ने इस गीता पर काफी जोर दिया था।

● **गुरुगीता :-** *स्कंद पुराण के महेश्वर खंड* से कुछ अंशों को अलग से संकलित करके इस गीता को प्रकाशित किया गया है। इस गीता में गुरु, शिष्य और परमात्मा के त्रिआयामी संबंधों को स्पष्ट करने की कोशिश की गई है।

● **अवधूत गीता :-** नौवीं-दसवीं शताब्दी के दौरान नाथ संप्रदाय के योगियों द्वारा रचित यह गीता एक स्वतंत्र ग्रंथ है जिसमें आठ अध्यायों में कुल 289 श्लोक हैं।

● **राम गीता :-** *अध्यात्म रामायण के उत्तरकांड के पंद्रहवें अध्याय* के सभी 62 श्लोकों को अलग से संकलित करके इस गीता को प्रकाशित किया गया है। इसमें राम और लक्ष्मण का संवाद है।

● **भगवद्गीता :-** *महाभारत के भीष्मपर्व के 23 से लेकर 40वें अध्याय* तक के भाग को अलग से संकलित करके इस गीता को प्रकाशित किया गया है। इसमें कुल 700 श्लोक हैं तथा मुख्य संवाद कृष्ण व अर्जुन के बीच चलता है।

उपरोक्त सूची को देखने के बाद यह सबको स्पष्ट हो जाना चाहिए कि प्रायः सभी गीता किसी न किसी ग्रंथ के भाग हैं। कुछ ही गीता हैं जिनकी रचना स्वतंत्र रूप से की गई है। साथ ही यह भी सत्य है कि भगवद्गीता की प्रसिद्धि के बाद ही अन्य लोगों ने अपने-अपने मतलब से गीता की रचना की या अन्य ग्रंथों से उनका संकलन किया।

28. क्या यह बात सत्य है कि कृष्ण की पहली संतान का अपहरण हो गया था?

महाभारत में इस घटना का कोई जिक्र नहीं मिलता है। लेकिन महाभारत के खिल भाग माने जाने वाले *हरिवंश पुराण के विष्णुपर्व के अंतर्गत 104वें अध्याय* में इस घटना का विस्तार से वर्णन किया गया है। प्रद्युम्न के जन्म के सातवें दिन सूतिका-गृह से ही शम्बर नामक एक निःसंतान असुर ने उसका अपहरण कर लिया था और अपने नगर ले जाकर अपनी मायावती नामक पत्नी की गोद में दे दिया था।

भागवत पुराण के दसवें स्कन्ध के अंतर्गत 55वें अध्याय में भी इस कहानी को बताया गया है लेकिन कहानी में थोड़ी भिन्नता है। इस पुराण के अनुसार शम्बर ने वेश बदलकर रुक्मिणी के सूतिका-गृह में प्रवेश किया और बड़ी सावधानी से बच्चे को चुराकर ले गया। इस पुराण में कहा गया है कि शम्बर ने प्रद्युम्न को समुद्र में फेंक दिया और उसे एक मछली खा गई परंतु फिर भी वह (प्रद्युम्न) पेट में सुरक्षित रहा। कुछ दिनों बाद एक मछुआरे ने उस मछली को अपने जाल में फंसा लिया। काटते समय जब उसके पेट से बच्चा निकला तो मछुआरा उस बच्चे को अपने सरदार शम्बर को सौंप आया। और शम्बर ने उस बच्चे को अपनी एक नौकरानी को पालने हेतु सौंप दिया जिसका नाम मायावती था।

गर्ग संहिता के द्वारकाखंड के 8वें अध्याय (श्लोक-23-26) में भी भागवत पुराण की कहानी ही बतायी गई है।

29. कृष्ण के छप्पनभोग में किस तरह के खाद्य-पदार्थ शामिल होते थे?

विश्व के सर्वाधिक प्राचीन और विकसित मानव-सभ्यताओं में जिनकी गिनती होती है, उनमें सिंधुघाटी और भारतीय सभ्यता की गणना प्रमुख तौर पर की जाती है। और भारत में उस प्राचीनकाल में भी लोगों के भोजन में एक से अधिक व्यंजन शामिल होते थे। दुनिया के सबसे प्राचीन लिखित ग्रंथ ऋग्वेद में धान (चावल), उड़द, मूंग, मसूर, कमल-ककड़ी, अक्का, अवका, अंदिका जैसी सब्जियों और आम, अंगूर आदि फलों की सूची दी गई है। इसके अलावा काली मिर्च, इलायची, लौंग, सरसों, राई आदि का इस्तेमाल भी उस समय होता था। राजघरानों में ऊर्जादायक शीतल पेय और मधु (शहद) पीने का प्रचलन था। इन पेयों में सोमरस की सबसे अधिक मांग थी। वैदिक संस्कृति में शाकाहार के साथ-साथ मांसाहार का भी चलन था। बोधकों के अनुसार मुर्गा खाने की परम्परा का विकास भारत से ही हुआ था। लेकिन उन दिनों किसी भी पक्षी के अंडे खाने की सख्त मनाही थी। साथ ही राजसी खाने में मीठा (मिठाई), खट्टा, नमकीन, तीखा और कसैला जैसे विभिन्न रसों

का होना आवश्यक माना जाता था जिसकी पुष्टि एक आयुर्वेदिक शास्त्र के रचनाकार सुश्रुत ने भी अपने ग्रंथ ''सुश्रुत संहिता'' में की है। उनके अनुसार राजा के भोजन में सबसे पहले भूख को जगाने वाले फल परोसे जाते थे। भोजन के समय राजा और उनके परिजन एक बार में एक ही खाद्य-सामग्री लेते थे। आमतौर पर चौथे चरण में मिठाई की बारी आती थी और उत्तर से दक्षिण भारत तक हर जगह खीर खाने का रिवाज विशेष रूप से प्रचलित था। अंतिम दौर में दही और सूखे पापड़ आते थे। आयुर्वेद के इन आचार्यों के अनुसार रात्रि में दही का प्रयोग वर्जित था। उनदिनों भी भोजन के बाद पान, सुपारी, इलायची, लौंग, सौंफ, आदि परोसे जाते थे। यह तो हुई सामान्य और राजसी भोजन की बात, लेकिन जहां तक छप्पनभोग की बात है, तो उसके पीछे एक गणित था जिसके आधार पर इसका प्रचार-प्रसार होने लगा।

छप्पनभोग व्यंजन के पीछे का गणित

भोजन में प्रयुक्त होने वाले रस छह प्रकार के होते हैं :

1. कटु
2. तिक्त
3. कषाय
4. अम्ल
5. लवण और
6. मधुर

इन छह रसों के मेल से गणित में कुल 63 तरह के समूह बनते हैं। जिनमें से छह तो अकेले-अकेले रस हैं जिनसे कोई व्यंजन नहीं बनता। वहीं छहों रस किसी एक ही व्यंजन में नहीं डाले जा सकते। अतः 63 में से 7 समूह कम कर देने पर कुल योग 56 प्राप्त होता है। वैदिक काल के बाद पौराणिक काल में इसी गणित के आधार पर छप्पन भोग का प्रचार किया गया था और कृष्ण के छप्पनभोग की परंपरा इसी से विकसित हुई थी।

कृष्ण के प्रसिद्ध छप्पनभोग के व्यंजन

शुरुआत फल से		
1. कंदमूल	4. अंगूर	7. ताड़
2. कमल-ककड़ी	5. केला	8. अमरुद
3. आम	6. बेल	9. पपीता
पेय पदार्थ		
10. अवलेह (शर्बत)	14. मंडका	18. सूबत

11. रबड़ी	15. सोमरस	19. शहद
12. मट्ठा	16. दुधीरूप	20. खुरमा
13. शूली	17. लस्सी	21. पारिखा
मुख्य अन्न		
22. पूरी	27. चावल	32. मठरी
23. मेसू (घृतपूरी)	28. दाल	33. खीर
24. मोहनथाल	29. सिखरिणी (खुरचन)	34. घी
25. मोहनभोग	30. शाक	35. मधुपर्क* (मांस सहित अन्य चार पदार्थों के मिश्रण से बना व्यंजन)
26. सीरा	31. वड़ा	
		(ऋग्वेद, मंडल-10, सूक्त-72, 86, 91 तथा अन्य)
चटनी		
36. चटनी	39. अचार	42. लौंगपूरी
37. खजरा (शतपत्र)	40. कढ़ी	
38. वाटी (बालका)	41. साग-कढ़ी	
मिष्टान्न		
43. मोदक	46. शक्करपारा	49. मलाई
44. लड्डू	47. घेवर	50. चिला
45. मुरब्बा	48. मक्खन	
भोजन के अंत में		
51. दही	52. पापड़	
भोजन के बाद		
53. पान	55. सौंफ	56. इलायची
54. सुपारी		

द्वारका में आम तथा खास हर वर्ग के लोगों के भोजन में तरह-तरह के व्यंजन, शराब, मांस आदि का व्यवहार होता था :

ततो भोज्यं च भक्ष्यं च पेयं चान्धकवृष्णयः।
बहु नानाविधं चक्रुर्मद्यं मांसमनेकशः॥

"तब अन्धक और वृष्णियों ने नाना प्रकार के भक्ष्य, भोज्य, पेय, मद्य और भांति-भांति के मांस तैयार कराये।" *(महाभारत, मौसलपर्व, अध्याय-3, श्लोक-8)*

30. ऐसा कहा जाता है कि कृष्ण के जन्म के समय जेल के दरवाजे अपनेआप खुल गए थे, क्या यह सही है?

महाभारत में इस घटना का कोई उल्लेख नहीं है। उत्तर भारत में प्रचलित नीलकंठी महाभारत में कृष्ण के जन्म की चर्चा ही नहीं है, लेकिन दक्षिण भारत में जो महाभारत प्रचलित है, उसमें मात्र एक श्लोक में कृष्ण के जन्म की चर्चा की गई है :

वासुदेवस्ततो जातं बालमादित्यसंनिभम्।
नंदगोपकुले राजन् भयात् प्राच्छादयद्धरिम्॥

भीष्मपितामह ने कहा - "हे राजा युधिष्ठिर, तब वसुदेवजी ने कंस के भय से सूर्य के समान तेजस्वी अपने नवजात बालक को नंदगोप के घर ले जाकर छुपा दिया।"
(दाक्षिणात्य महाभारत, सभापर्व, अध्याय-38)(गीताप्रेस के संस्करण में प्रक्षेप के रूप में)

महाभारत का परिशिष्ट कहे जाने वाले हरिवंश पुराण में भी मात्र एक श्लोक में कृष्ण के गोकुल पहुंचाये जाने का वृत्तांत मिलता है :

वसुदेवस्तु संगृह्य दारकं क्षिप्रमेव च।
यशोदायां गृहं रात्रौ विवेश सुतवत्सलः॥

वैशम्पायनजी ने कहा - "तब पुत्रवत्सल वसुदेवजी शीघ्र ही उस बालक को गोद में लेकर रात के समय यशोदा के घर में घुस गए।"

(हरिवंश पुराण, विष्णुपर्व, अध्याय-4, श्लोक-25)

यानी शुरुआती दौर के शास्त्रों में कृष्ण के चमत्कारों का कहीं कोई उल्लेख नहीं है। परंतु इन दो ग्रंथों के अतिरिक्त कृष्ण पर आधारित अन्य कई पुराणों जैसेकि विष्णु पुराण, भागवत पुराण, ब्रह्मवैवर्त पुराण, गर्ग संहिता आदि ग्रंथों में कृष्णजन्म की बातें चमत्कारिक रूप से कही गई हैं। लेकिन नये ग्रंथों पर कितना विश्वास करना, यह एकबार फिर सबके विवेक पर निर्भर करता है।

31. क्या कृष्ण सचमुच माखन चुराया करते थे?

महाभारत, विष्णु पुराण तथा हरिवंश पुराण में भूल से भी कृष्ण द्वारा माखन खाने और चुराने की बात नहीं की गई है। कृष्ण द्वारा माखन खाने और चुराने की चर्चा बाद के लिखे हुए पुराणों तथा उनके सहायक ग्रंथों में की गई है। उन ग्रंथों में माखन की आवश्यकता न होने के बावजूद खाने, लुढ़काकर बर्बाद करने, पशु-पक्षियों को खिलाकर आर्थिक नुकसान करने तथा दूध-दही-घी-माखन बेचने निकली गोपियों की मटकियां फोड़ने जैसी बातें विस्तार से कही गयी हैं।

32. कौन-कौन से शास्त्र कृष्ण और उनके जीवन के बारे में सबसे विश्वसनीय जानकारी देते हैं?

किसी भी एक ग्रंथ से कृष्ण के बाबत सारी जानकारी प्राप्त नहीं की जा सकती है। हिंदू धर्मशास्त्र के अंतर्गत जितने भी ग्रंथ आते हैं, उनमें ऋग्वेद सबसे प्राचीन है जिसकी रचना ईसापूर्व 3000 से 1500 के बीच हुई है और इस वेद में इंद्र के शत्रु के रूप में एक सूक्त में कृष्ण का वर्णन किया गया है। फिर इस ऋग्वेद के ही एक ब्राह्मण ग्रंथ ऐतरेय ब्राह्मण में कृष्ण का वर्णन तो नहीं किया गया है लेकिन उनके मित्र अर्जुन के परपोते जनमेजय तथा उनके सर्पयज्ञ का विस्तार से वर्णन किया गया है*(ऐतरेय ब्राह्मण, पंचिका-8, खंड-21)*। उसके बाद शुक्ल यजुर्वेद के ब्राह्मण ग्रंथ शतपथ ब्राह्मण (ईसापूर्व 900-800) में जनमेजय द्वारा ब्राह्मण-हत्या के पाप से छूटने के लिए अश्वमेध यज्ञ करने का वर्णन आया है। इस ग्रंथ में कृष्ण को एक वृष्णिवंशी योद्धा के रूप में बताया गया है। ईसापूर्व 800 से 600 के बीच रचित छांदोग्य उपनिषद में तद्धैतद्घोर आंगिरसः कृष्णाय देवकीपुत्राय *(अध्याय-3, खंड-17, सूत्र-6)* के द्वारा देवकीपुत्र कृष्ण को घोर आंगिरस ऋषि से आत्म-यज्ञ की विधि सीखते हुए बताया गया है। कृष्ण के जीवन के बारे में इस उपनिषद से अन्य कोई सहायता नहीं मिलती है।

इसके बाद छठी सदी ईस्वीपूर्व में यास्क मुनि द्वारा रचित निरुक्त में स्यमन्तक मणि शब्द का प्रयोग किया गया है। स्यमन्तक मणि और इससे जुड़ी घटना कृष्ण के जीवन का एक महत्त्वपूर्ण अंग है और इससे कृष्ण के ऐतिहासिक होने का प्रमाण भी मिलता है। पाणिनि के अष्टाध्यायी (छठी सदी ईस्वीपूर्व) नामक व्याकरण ग्रंथ में भी कृष्ण तथा उनके जीवन से जुड़े कई शब्दों की परिभाषा और उनका व्याकरणिक विश्लेषण प्राप्त होता है। सो, प्राचीन ग्रंथों में इतने छिटफुट वर्णनों से यह बात तो प्रमाणित हो ही जाती है कि कृष्ण

कोई काल्पनिक पुरुष नहीं थे। वे वास्तव में एक ऐसे ऐतिहासिक और महत्त्वपूर्ण व्यक्ति थे जिन्होंने अपने जीवनकाल में भारत की राजनीति और आम जनता को जीने की एक नयी दिशा दिखायी थी। साथ ही, इन छिटफुट प्रमाणों से यह भी साबित हो जाता है कि कृष्ण के जीवन के ऊपर कोई एक संपूर्ण जीवन-कथा का ग्रंथ उस काल में उपलब्ध न था। उस दौर में पूरे भारतीय उपमहाद्वीप में कृष्ण से जुड़ी बातें किंवदंती, लोककथा, दंतकथा आदि के रूप में ही बड़े पैमाने पर प्रचलित थी। और इसी के आधार पर आगे के साहित्यकारों ने कृष्ण के संपूर्ण जीवन को लेखनीबद्ध करने का प्रयास किया था।

यहां महाभारत की चर्चा करना आवश्यक है क्योंकि यही एक ऐसा प्राचीन ग्रंथ है जो कृष्ण से जुड़े अधिकांश घटनाओं का प्रामाणिक दस्तावेज उपलब्ध कराता है। महाभारत के लेखक वेदव्यासजी खुद इस ग्रंथ के एक महत्त्वपूर्ण साक्षी हैं। परंतु यह महाभारत आज जिस विशाल आकार में लोगों के बीच उपलब्ध है, उसका संपूर्ण भाग वेदव्यासजी के द्वारा नहीं रचा गया है। महाभारत का पहला पर्व आदिपर्व है और उसका पहला तीन अध्याय अनुक्रमणिका पर्व कहलाता है जिसके अंतर्गत यह बताया गया है कि आगे पूरे ग्रंथ में किन अध्यायों में किन घटनाओं की चर्चा की जाने वाली है तथा किन परिस्थितियों में इस ग्रंथ की रचना की गई है। यहीं पर पहले अध्याय के 81वें श्लोक में वेदव्यासजी स्पष्ट लिखते हैं कि उन्होंने केवल 8,800 श्लोक लिखे हैं:

अष्टौ श्लोकसहस्राणि अष्टौ श्लोकशतानि च।
अहम् वेद्मि शुको वेत्ति संजयो वेत्ति वा न वा।।

(महाभारत, आदिपर्व, अध्याय-1, श्लोक-81)

उसके बाद उनके एक शिष्य वैशम्पायन ने चौबीस हजार और श्लोकों की रचना कर इसमें जोड़ दिया और कुल बत्तीस हजार आठ सौ श्लोक उन्होंने जनमेजय को उनके सर्पयज्ञ में सुनाये। फिर वैशम्पायन के शिष्य उग्रश्रवा सौति ने भी इन दोनों से कई गुना अधिक श्लोकों की रचना करके इसमें जोड़ दिये और कुल चौरासी हजार श्लोक नैमिषारण्य में उपस्थित ऋषियों के एक बड़े समूह को सुनाये। इन चौरासी हजार श्लोकों में भी जब कृष्ण के संपूर्ण जीवन-चरित्र का अभाव महसूस हुआ तो परिशिष्ट के रूप में हरिवंश पुराण की रचना की गई जिसमें सोलह हजार श्लोक हैं। इस तरह आज के महाभारत में लगभग एक लाख श्लोक पाये जाते हैं। लेकिन यह तो उत्तर भारत का हाल है, दक्षिण भारत में भी इसके समानांतर ही महाभारत की रचना चल रही थी जिसमें आज की तारीख में लगभग डेढ़ लाख श्लोक पाये जाते हैं। अत: स्वाभाविक रूप से जैसी कि अपेक्षा की जा सकती है, महाभारत की

रचना के अंतिम दौर तक भारत में जितनी कथाएं, जितने ऋषि-मुनि और जितनी भी ज्ञान की शाखाएं आदि मौजूद थीं, उन सबका विवरण इस महाभारत में मिल जाता है। और इस बात का प्रमाण खुद महाभारत ही देता है :

धर्मे चार्थे च कामे च मोक्षे च भरतर्षभे।

यदिहास्ति तदन्यत्र यन्नेहास्ति न तत्क्वचित्।।

"धर्म, अर्थ, काम और मोक्ष से जुड़ी बातें सारे भारतवर्ष में प्रचलित हैं, उनमें से जो यहां इस ग्रंथ में है, वह आपको अन्य ग्रंथों में भी मिल जाएगी, लेकिन जो यहां नहीं मिलेगी वह आपको कहीं नहीं मिलेगी।"

(महाभारत, आदिपर्व, अध्याय-62, श्लोक-53)

अब यह तो महाभारत का हाल है। वेदव्यासजी द्वारा लिखी गई महाभारत भी पीछे से बढ़ा दी गई। यानी महाभारत के भी अधिकांश श्लोकों पर अंधा विश्वास नहीं किया जा सकता है। और फिर पुराणों की रचना तो महाभारत के भी ना जाने कितने वर्षों बाद करी गयी। सो जब महाभारत के बाद पुराणों के रचना की बारी आई तो अवतारवाद को स्थापित करने के लिए मानव विज्ञान, प्रकृति का विज्ञान, भौतिक विज्ञान आदि की सारी सीमाएं तोड़कर कृष्ण के बारे में अनर्गल प्रलाप किये गए। ब्रह्म पुराण, पद्म पुराण, विष्णु पुराण, भागवत पुराण, ब्रह्मवैवर्त पुराण, कुर्म पुराण, गर्ग संहिता तथा और भी न जाने कितने छोटे-बड़े ग्रंथों में कृष्ण के बारे में मनमानी बातें लिखीं गई। और ऊपर से सबमें विरोधाभास इतना कि कोई एक बात समझनी मुश्किल। अतः अगर कोई व्यक्ति कृष्ण के बारे में अधिक वास्तविक जानकारी प्राप्त करना चाहता है तो उसे केवल महाभारत और हरिवंश को ही प्रमाण मानना चाहिए, वह भी सावधानीपूर्वक। सच तो यह है कि कृष्ण ने अपने व्यक्तित्व बाबत गीता में बताया ही है। बस उसी आधार पर उनकी सायकोलॉजी का विस्तार कर कृष्ण का संपूर्ण जीवन तथा उनका मन समझा जा सकता है। और इसका प्रयास मैंने उनके संपूर्ण जीवन की आत्मकथा "मैं कृष्ण हूँ" नामक किताब के जरिए किया ही है जो कुल जमा छह भागों का सेट है। और इसमें कृष्ण के जीवन के साथ-साथ उनकी सायकोलॉजी पर भी पूरा जोर है। निश्चित ही इससे कृष्ण का वास्तविक जीवन समझना तथा उसका फायदा उठाना, दोनों आसान हो जाता है।

33. कृष्ण ने क्या राधा से शादी की थी?

ब्रह्मवैवर्त पुराण तथा गर्ग संहिता को छोड़कर अन्यत्र कहीं भी कृष्ण और राधा की शादी

का वर्णन प्राप्त नहीं होता है। इन दोनों ग्रंथों के अनुसार वृंदावन के पास भांडीर वन में ब्रह्मा ने राधा और कृष्ण की शादी करवायी थी।

(ब्रह्मवैवर्त पुराण, श्रीकृष्णजन्मखंड, अध्याय-15, श्लोक-120-131)

(गर्ग संहिता, गोलोकखंड, अध्याय-16, श्लोक-30-34)

34. क्या कृष्ण ने मथुरा की आर्थिक दशा सुधारने के लिए सत्राजित से उनकी स्यमन्तक मणि मांगी थी?

इस संबंध में गर्ग संहिता में जो वर्णन आया है, वह इस प्रकार है :

सत्राजिताय सूर्येण दत्तः साक्षात्स्यमंतकः।
उग्रसेनाय स मणिः श्रीकृष्णेनाभियाचितः।।
सत्राजितस्तं न ददौ द्रव्यलोभेन मैथिल।
दिनेदिने स्वर्णभारानष्टौ यः सृजति स्वतः।।

नारदजी ने राजा बहुलाश्व से कहा - "हे मैथिल! सत्राजित नामक एक प्रसिद्ध और संभ्रांत यादव को साक्षात सूर्य ने स्यमन्तक मणि दे रखी थी। कृष्ण ने राजा उग्रसेन के लिए उनसे वह मणि मांगी थी। लेकिन सत्राजित ने द्रव्य के लोभ से वह मणि नहीं दी क्योंकि वह मणि प्रतिदिन आठ भार (एक भार* = 8,000 तोला = 1 आधुनिक क्विंटल) सोना पैदा करती थी।"

(गर्ग संहिता, द्वारकाखंड, अध्याय-8, श्लोक-2-3)

*(*रसरत्न समुच्चयः, अनुवादक-धर्मानंद शर्मा, दूसरा संस्करण-1962, मोतीलाल बनारसीदास प्रेस, पृष्ठ-159)*

भागवत पुराण में ऐसा वर्णन आया है कि जब सत्राजित ने लज्जित होकर अपनी बेटी सत्यभामा का विवाह कृष्ण से कर दिया तो दहेज में उन्होंने स्यमन्तक मणि देनी चाही लेकिन कृष्ण ने यह कहते हुए उन्हें मना कर दिया कि :

भगवानाह न मणिं प्रतीच्छामो वयं नृप।
तवास्तां देवभक्तस्य वयं च फलभागिनः।।

कृष्ण ने सत्राजित से कहा - "हम स्यमन्तक मणि न लेंगे। आप सूर्य के भक्त हैं, इसलिए मणि आपके पास ही रहे। हम तो केवल उसके फल के अर्थात उससे निकले हुए सोने के अधिकारी हैं; वही आप हमें दे दिया करें।"

(भागवत पुराण, स्कन्ध-10, अध्याय-56, श्लोक-45)

(**स्पष्टीकरण :**– कृष्ण ने दहेज में मणि तो नहीं ली परंतु उससे उत्पन्न सोना उन्होंने अवश्य स्वीकारा।)

35. कृष्ण ने जरासंध को मौका मिलने पर भी नहीं मारा था, क्या यह सच है?

यह बात महाभारत सहित प्रायः हर पुराण में उपलब्ध है कि कृष्ण कई मौकों पर हाथ आये जरासंध को अनदेखा कर चुके थे। दक्षिण भारत के महाभारत में कृष्ण द्वारा जरासंध को परास्त किये जाने की बात है :

ततः पार्थिवमायान्तं सहितं सर्वराजभिः।
सरस्वत्यां जरासन्धमजयत् पुरुषोत्तमः॥

भीष्मपितामह बोले – ''उसके बाद श्रीकृष्ण ने समस्त राजाओं सहित आक्रमण करने वाले राजा जरासंध को सरोवरों और ह्रदों से शोभित यमुना के तट पर परास्त किया।''

(दाक्षिणात्य महाभारत, सभापर्व, अध्याय–54, श्लोक–33)

भागवत पुराण में यह बात इस प्रकार वर्णित है :

जग्राह विरथं रामो जरासन्धं महाबलम्।
हतानीकावशिष्टासु सिंहः सिंहमिवौजसा॥
बध्यमानं हतारातिं पाशैर्वारुणमानुषैः।
वारयामास गोविन्दस्तेन कार्यचिकीर्षया॥

शुकदेवजी ने कहा – ''इस प्रकार जरासंध की सेना मारी गई और जरासंध भी बुरी तरह घायल हो गया। तब बलराम ने अनेक राजाओं को मारने वाले जरासंध को बांध दिया, लेकिन कृष्ण ने सोचा कि यदि यह जीवित रहेगा तो और सेना इकट्ठी करके लाएगा और ऐसा होगा तो हमें धरती का भार उतारने का और मौका मिलेगा। बस इसलिए कृष्ण ने जरासंध को बलराम की पकड़ से आजाद करवा दिया।''

(भागवत पुराण, स्कन्ध–10, अध्याय–50, श्लोक–30–32)

हरिवंश पुराण में यही बात इस प्रकार है :

विदितोऽस्य मया मृत्युस्तस्मात्साधु व्युपारम।
अचिरेणैव कालेन प्राणांस्त्यक्ष्यति मागधः॥
जरासंधस्तु तच्छ्रुत्वा विमनाः समपद्यत।
न प्रजहे ततस्तस्मै पुनरेव हलायुधः॥

आकाशवाणी हुई – ''दूसरों को मान देने वाले बलराम! जरासंध का वध आपके हाथों

होने वाला नहीं है, अतः खेद करने की आवश्यकता नहीं है। इसकी मृत्यु का कारण स्पष्ट हो गया है, आप परेशान मत होइए। मगधराज थोड़े ही समय बाद मौत को प्राप्त होगा। यह आकाशवाणी सुनकर बलराम ने फिर उसपर आक्रमण नहीं किया।''

(हरिवंश पुराण, विष्णुपर्व, अध्याय-36, श्लोक-29-30)

विष्णु पुराण में यह बात इस प्रकार है :

ततो युद्धे पराजित्य ससैन्यं मगधाधिपम्।
पुरीं विविशतुर्वीरावुभौ राम जनार्दनौ।।
जिते तस्मिन्सुदुर्वृत्ते जरासन्धे महामुने।
जीवमाने गते कृष्णस्तं नामन्यत निर्जितम्।।

पराशरजी बोले - हे मैत्रेय! ''उसके बाद दोनों वीर बलराम और कृष्ण सेना के सहित मगधराज को हराकर मथुरा में लौट आए। हे मुनि! दुराचारी जरासंध को जीत लेने पर भी उसके जीवित वापस चले जाने के कारण कृष्ण ने अपने को अपराजित नहीं समझा।''

(विष्णु पुराण, अंश-5, अध्याय-22, श्लोक-8-9)

गर्ग संहिता में :

जग्राह मुसलं घोरं क्रोधपूरितविग्रहः।
परिपूर्णतमेनाथ श्रीकृष्णेन महात्मना।।
निवारितस्तदैवाशु तं मुमोच यदूत्तमः।
तपसे कृतसंकल्पो व्रीडितोपि जरासुतः।।

नारदजी ने कहा - ''बलराम ने जरासंध को पटक दिया और वे उसकी छाती पर बैठकर मुसल से वार करने ही जा रहे थे कि कृष्ण ने उन्हें रोक दिया। फिर बलराम ने उसे छोड़ दिया। जरासंध इससे बहुत लज्जित हुआ और तपस्या करने निकल पड़ा।''

(गर्ग संहिता, द्वारकाखंड, अध्याय-1, श्लोक-46-47)

ब्रह्मवैवर्त पुराण में इस घटना की कोई चर्चा नहीं है, लेकिन यहां जितने भी पौराणिक संदर्भ दिये गए है, उनसे यह बात स्पष्ट रूप से उभरकर सामने आती है कि कृष्ण अनावश्यक वध कभी नहीं करते थे। अपने स्वार्थ की पूर्ति करने या अपना धौंस जमाने या साम्राज्य-विस्तार की लालसा रखने जैसे दुर्गुणों से वे बहुत ऊपर थे।

36. कृष्ण की मृत्यु के बाद द्वारका का राजा कौन बना था?

कृष्ण की मृत्यु के कुछ ही दिनों बाद द्वारका समुद्र में डूब गई थी और द्वारका राज्य का

अंत हो गया था। *भागवत पुराण के ग्यारहवें स्कन्ध के इकतीसवें अध्याय* में कहा गया है कि यादवस्थली की घटना के बाद द्वारका में इक्के-दुक्के पुरुष ही बचे थे, अतः अर्जुन ने ही सभी मरने वालों का अंतिम संस्कार किया था। उसके बाद पूरी द्वारका समुद्र में डूब गई थी। दारुक के माध्यम से कृष्ण ने अर्जुन को जो आदेश दिया था, उसका पालन करते हुए अर्जुन द्वारका में बचे सभी स्त्री-पुरुषों को हस्तिनापुर ले गए थे और वहां उन्होंने कृष्ण के परपोते वज्र को एक दूसरे प्रदेश का राजा बना दिया था।

महाभारत के मौसलपर्व के चौथे से सातवें अध्याय में कहा गया है कि यादवस्थली की घटना के बाद कृष्ण खुद द्वारका आये थे और स्त्रियों तथा वसुदेवजी आदि बचे हुए पुरुषों को इकट्ठा कर कुछ निर्देश दिये थे। उन्होंने कहा था कि अर्जुन द्वारका आने वाले हैं और वे सभी आगे से उन्हीं की आज्ञा का पालन करें। साथ ही कृष्ण ने सबसे यह भी कहा कि सब अर्जुन के साथ हस्तिनापुर चले जाएं। उन्होंने इस समय सबसे यह भी कहा कि वे (कृष्ण) अब कभी द्वारका नहीं आ पाएंगे। और कृष्ण की आज्ञा के अनुसार ही अर्जुन यादवस्थली के मृतकों की अंतिम क्रिया करने के बाद बचे हुए द्वारकावासियों को हस्तिनापुर ले चले, लेकिन मार्ग में लुटेरों ने बहुत-सी स्त्रियों और सम्पत्तियों को लूट लिया। खैर, बचे हुए लोगों को अर्जुन हस्तिनापुर ले गए और वहां उन्होंने कृष्ण की अंतिम इच्छा के अनुरूप उनके परपोते वज्र को उसी इंद्रप्रस्थ का राजा बना दिया जिसे कभी कृष्ण के सहयोग से बसाया गया था।

विष्णु पुराण में भी यही कहा गया है कि अर्जुन ने वज्र को इंद्रप्रस्थ का राजा बनाया था:

इत्थं वदन्ययौ जिष्णुरिन्द्रप्रस्थं पुरोत्तमम्।
चकार तत्र राजानं वज्रं यादवनन्दनम्॥

"अर्जुन इस प्रकार कहते हुए अपनी राजधानी इंद्रप्रस्थ में आये और वहां यादवनंदन वज्र का राज्याभिषेक किया।"

(विष्णु पुराण, अंश-5, अध्याय-38, श्लोक-34)

गर्ग संहिता में वज्र के राज्याभिषेक का कोई वर्णन नहीं दिया गया है। *ब्रह्मवैवर्त पुराण में भी श्रीकृष्णजन्मखंड के 128वें अध्याय* में कृष्ण के देहावसान का बहुत ही अधूरा वर्णन किया गया है और इसमें वज्र के राज्याभिषेक के बारे में भी कुछ नहीं कहा गया है।

37. क्या वेदों में कृष्ण के जीवन के बारे में कोई चर्चा नहीं की गई है?

ऋग्वेद में एक जगह पर बहुत ही अस्पष्ट रूप में कृष्ण और इंद्र के बीच हुए युद्ध का वर्णन

किया गया है जिसमें इंद्र द्वारा कृष्ण की सेना के खात्मे की बात की गई है :

अव द्रप्सो अंशुमतीमतिष्ठदियानः कृष्णो दशभिः सहस्रैः।
आवत्तमिन्द्रः शच्या धमन्तमप स्नेहितीर्नृमणा अधत्त।।

''दस हजार सेनाओं के साथ धावा बोलने वाला कृष्ण नाम का असुर अंशुमती (यमुना) नदी के किनारे रहता था। बुद्धि के द्वारा इंद्र ने उस शब्द करने वाले असुर को प्राप्त किया। पीछे इंद्र ने मनुष्यों के हित के लिए कृष्णासुर की हिंसक सेना का वध कर डाला।''

द्रप्समपश्यं विषुणे चरन्तमुपह्वरे नद्यो अंशुमत्याः।
नभो न कृष्णमवतस्थिवांसमिष्यामि वो वृषणो युध्यताजौ।।

इंद्र ने कहा – ''द्रुतगामी कृष्ण को मैंने देखा है। वह अंशुमती नदी के तट पर गूढ़ स्थान में, विस्तृत प्रदेश में विचरण करता है और सूर्य के समान अवस्थान करता है। अभिलाषा प्रदान करने वाले मरुतों, मैं चाहता हूँ कि तुमलोग युद्ध करो और युद्ध में उसका संहार करो।''

अध द्रप्सो अंशुमत्या उपस्थेऽधारयत्तन्वं तित्विषाणः।
विशो अदेवीरभ्याचरन्तीर्बृहस्पतिना युजेन्द्रः ससाहे ।।

''द्रुतगामी कृष्ण अंशुमती नदी के पास दीप्तिमान होकर शरीर धारण करता है। इंद्र ने बृहस्पति की सहायता से देवशून्य और आने वाली सेना का वध, कृष्ण के साथ कर डाला।''

(ऋग्वेद, मण्डल-8, सूक्त-85, मंत्र-13-15)*
*(*खिलभाग वाले संस्करण में सूक्त-96)*

ऋग्वेद के इस सूक्त का देवता इंद्र है यानी ये मंत्र उसकी प्रशंसा के लिए है, और इसीलिए इसमें कृष्ण को असुर यानी बलवान और वैदिक मान्यताओं का विरोधी कहा गया है। इन मन्त्रों के ऋषि मरुतों यानी वायुदेव के पुत्रगण हैं और ये मंत्र त्रिष्टुप छंद में रचे गए हैं अर्थात ये क्षत्रियों के उपयोग के लिए हैं। दरअसल इंद्र और कृष्ण के बीच विवाद का कारण यह है कि आर्यों के यज्ञों में पशुवध अनिवार्य होता था तथा इंद्र आर्यों का नायक तथा यज्ञ और पशुवध का समर्थक था। दूसरी ओर कृष्ण संभवतः भारत के प्रथम अहिंसक गोपालक थे। इसलिए वे ऐसे यज्ञ के विरोधी भी थे। इसी से इंद्र कुपित होकर कृष्ण और यादवों को सताने की चेष्टा करता था। ऋग्वेद के उपरोक्त स्थल पर जिस कृष्ण की बात की गई है, वे इंद्र के विरोधी तथा यमुनातट बिहारी, अत्यन्त तेजवान, तीव्रगामी और एक महान सेना के नायक हैं।

वेद के टीकाकारों द्वारा कृष्ण को असुर कहने के पीछे यह तर्क है कि जो यज्ञ का विरोधी होगा, वह इंद्र तथा आर्यों की दृष्टि में असुर होगा। पद्म पुराण में देव और असुर का भेद करने के लिए निम्न मापदंड दिया गया है :

द्वौ भूतसर्गौ लोकेऽस्मिन् दैव आसुर एव च।
विष्णुभक्तः स्मृतो दैव आसुरस्तद्विपर्ययः।।

इस पृथ्वी पर देव और असुर दोनों तरह के लोग रहते हैं। जो विष्णु, यज्ञ और वेदों की स्थापनाओं को मानते हैं, वे देव यानी सुर हैं और उनके अतिरिक्त जितने हैं वे सभी असुर हैं।

(वैदिक संस्कृति : आसुरी प्रभाव, पृष्ठ - 197)

इस संबंध में भारत के द्वितीय राष्ट्रपति सर राधाकृष्णन का कथन भी बहुत महत्त्वपूर्ण है। उन्होंने भी अपने ग्रंथ 'भारतीय दर्शन' में इस वैदिक घटना का वर्णन करते हुए लिखा है – "इंद्र का एक अन्यतम शत्रु ऋग्वेद के काल में कृष्ण था जो कृष्ण नामक वन्यजातियों का देवतास्वरूप वीरनायक था। छंद इस प्रकार है –'फुर्तीले कृष्ण अंशुमती (यमुना) के किनारे अपनी दस हजार सेनाओं के साथ' रहता था। 'इंद्र ने अपनी बुद्धि से ऊंचे स्वर से चीत्कार करने वाले इस सरदार का पता लगाया। उसने हमारे लाभ के लिए इस लूट-मार करने वाले शत्रु का विनाश किया।' सायणाचार्य ने इस प्रकार की व्याख्या प्रस्तुत की है और यह कथा कृष्ण-सम्प्रदाय के सम्बन्ध में अपना कुछ महत्त्व रखती है।"

(भारतीय दर्शन, भाग-1, 1969 का संस्करण, पृष्ठ - 79)

ऋग्वेद के अतिरिक्त छान्दोग्य उपनिषद में भी एक जगह पर कृष्ण के बारे में पढ़ने को मिलता है। इस उपनिषद के तीसरे प्रपाठक के सत्रहवें खंड में घोर आंगिरस ने देवकी-पुत्र कृष्ण को यज्ञ के नाम पर आत्मज्ञान का उपदेश दिया है :

"तद्धैतद्धोर आङ्गिरसः कृष्णाय
देवकीपुत्रायोक्त्वोवाचापिपास एव स बभूव
सोऽन्तवेलायामेतत्त्रयं प्रतिपद्येताक्षितमस्यच्युतमसि
प्राणसँशितमसीति तत्रैते द्वे ऋचौ भवतः।।"

(छान्दोग्य उपनिषद, प्रपाठक-3, खंड-17, सूत्र-6)

घोर आंगिरस ने कहा कि यह जीवन ही यज्ञ है। उन्होंने जीवन को ही यज्ञ बताकर श्रीकृष्ण को बाहरी यज्ञ से विरत कर दिया। उन्होंने कृष्ण से कहा कि जो व्यक्ति तप, दान, सरलता, अहिंसा एवं सत्यवचन में जीवन व्यतीत करता है, उसका संपूर्ण जीवन ही दक्षिणा का जीवन हो जाता है। जीवनयज्ञ के इस रहस्य को जब घोर आंगिरस ने देवकी-पुत्र कृष्ण को समझाया तब उसकी ज्ञानपिपासा एवं तृष्णा शांत हो गई।

उपरोक्त सन्दर्भों के अतिरिक्त वेदों तथा अन्य वैदिक ग्रंथों में कृष्ण के बारे में शायद ही कोई सूचना मिल पाती है।

38. क्या कृष्ण और दुर्योधन सगे-संबंधी थे?

पौराणिक वर्णन के अनुसार कृष्ण और दुर्योधन सगे रिश्तेदार थे। कृष्ण के पुत्र साम्ब की शादी दुर्योधन की बेटी लक्ष्मणा से महाभारत युद्ध के पहले ही हो चुकी थी :

(विष्णु पुराण, अंश-5, अध्याय-35)

(भागवत पुराण, स्कन्ध-10, अध्याय-68)

(हरिवंश पुराण, विष्णुपर्व, अध्याय-62, श्लोक-8-15)

(गर्ग संहिता, बलभद्रखंड, अध्याय-8, श्लोक-6)

उपरोक्त सभी ग्रंथों में कृष्ण व दुर्योधन के रिश्ते की बात कही गई है।

39. क्या बलराम की बेटी वत्सला की शादी अभिमन्यु से हुई थी?

इसका प्रमाण महाभारत में उपलब्ध नहीं है और न ही यह बात किसी पुराण में वर्णित है। दरअसल यह तेलगु भाषा में प्रचलित एक लोककथा है। इस कथा के अनुसार बलराम की बेटी वत्सला की सगाई सुभद्रा-अर्जुन के बेटे अभिमन्यु से हुई थी लेकिन बीच में ही पांडवों द्वारा जुए में राजपाट हार जाने तथा वनवास के लिए निकल जाने के बाद बलराम की पत्नी रेवती का मन बदल गया। उन्होंने अपने पति बलराम से कहा कि जिसका कोई राजपाट न हो, उसके घर बेटी सुखी कैसे रह सकती है? बात बलराम को भी ठीक लगी, इसलिए उन्होंने तुरंत ही उस सगाई को तोड़ने की घोषणा कर दी। फिर बलराम ने दुर्योधन के बेटे लक्ष्मण कुमार से अपनी बेटी की सगाई करने का निश्चय कर लिया।

यह बात जब अभिमन्यु को पता चली तो सहायता के लिए वह अपने प्रिय मामा कृष्ण के पास गया लेकिन कृष्ण ने अपने भाई बलराम के मामले में सीधे-सीधे न पड़कर उसे एक उपाय बताया। कृष्ण ने अभिमन्यु को घटोत्कच से मदद लेने की सलाह दी। अभिमन्यु भागा-भागा अपने चचेरे भाई घटोत्कच के पास गया और उसे सारी बात बतायी। घटोत्कच को बलराम के इस व्यवहार पर बहुत गुस्सा आया। और यूं भी वह बलराम से पहले से ही खफा था क्योंकि बलराम पांडवों से जितनी दूरी बनाये हुए थे, उतना ही वह कौरवों के नजदीक थे। अतः उसने अपनी ओर से भरपूर सहायता का आश्वासन दिया तथा अभिमन्यु को वारणावत में ठहराकर खुद द्वारका के आसपास मौके की ताक में रहने लगा। और अंत में ठीक उसी दिन जब दुर्योधन अपने बेटे की बारात लेकर द्वारका पहुंचा, घटोत्कच ने वत्सला का हरण कर लिया और वारणावत चला गया। वहां उसने वत्सला-अभिमन्यु की शादी करवा दी। जब लक्ष्मण कुमार को इस बात का पता चला तो

उसने आजीवन विवाह न करने का प्रण ले लिया। बस इसी एक लोककथा में दोनों की शादी का उल्लेख मिलता है।

40. कृष्ण–सुदामा की मित्रता की सच्चाई क्या है?

कृष्ण के जीवन से जुड़ी बातों को जानने के लिए आज की तारीख में जितने भी प्राचीन ग्रंथ उपलब्ध हैं, उनमें से महाभारत ही एक ऐसा ग्रंथ है, जिसे विद्वानों के बीच विश्वसनीय माना जाता है। परंतु महाभारत में कहीं भी सुदामा के नाम तक की चर्चा नहीं मिलती है। सुदामा की चर्चा हरिवंश पुराण और विष्णु पुराण में भी नहीं है। सुदामा की चर्चा केवल भागवत पुराण में ही मिलती है। भागवत पुराण में भी जहां कृष्ण के सांदीपनि मुनि के आश्रम में शिक्षा प्राप्त करने का वर्णन है, उस *दसवें स्कन्ध के पैंतालिसवें अध्याय* में एक बार भी न तो सुदामा नाम के किसी ब्राह्मण की बात की गई है और न ही जंगल में लकड़ी लाने या सुदामा द्वारा चुराकर चावल खाने की बात की गई है। परंतु *भागवत पुराण के दसवें स्कन्ध के अस्सीवें अध्याय* में अवश्य सुदामा के द्वारका जाने का वर्णन किया गया है। साथ ही जंगल में लकड़ी लाने की कथा भी यहीं दी गई है।

गर्ग संहिता में भी सांदीपनि मुनि के आश्रम में सुदामा की चर्चा नहीं की गई है *(मथुराखंड, अध्याय-9)*। लेकिन दूसरी ओर *द्वारकाखंड के बाइसवें अध्याय* में सुदामा नामक ब्राह्मण की कहानी दी हुई है तथा जंगल में घटी घटना का वर्णन भी यहीं मिलता है।

वहीं यदि *ब्रह्मवैवर्त पुराण के श्रीकृष्णजन्मखंड की बात की जाए तो उसके 102 वें* अध्याय में कृष्ण के सांदीपनि मुनि के आश्रम में पढ़ने की चर्चा तो है परंतु यहां भी आश्रम में सुदामा का जिक्र नहीं किया गया है। इस पुराण में बाद में भी कृष्ण–सुदामा की मित्रता के बारे में कोई बात नहीं कही गई है।

यानी भागवत पुराण और गर्ग संहिता ही दो शास्त्र हैं जिनमें कृष्ण–सुदामा की चर्चा करी गई है। कुछ भी हो, इतना तो निश्चित है कि आज जो कुछ भी सीरियलों में दर्शाया जाता है, उस तरह की कृष्ण–सुदामा की दोस्ती शास्त्रों में कतई नहीं उपलब्ध है।

41. क्या वास्तव में द्रौपदी का चीरहरण हुआ था और कृष्ण ने उसकी लाज बचाने हेतु साड़ी बढ़ायी थी?

महाभारत के सभापर्व के 58 से 63वें अध्याय के दरम्यान जुआ प्रकरण की चर्चा विस्तार से दी गई है, उसमें कृष्ण कहीं भी उपस्थित नहीं हैं। वहीं प्रश्न यह भी उठता

है कि कृष्ण को क्या द्रौपदी ही प्रिय थी और पांडवगण क्या अप्रिय थे जो उन्हें राजपाट तो हारने दिया पर द्रौपदी को बचा लिया? दरअसल महाभारत के अनुसार द्रौपदी उन दिनों रजस्वला के दौर में थी और जैसी कि आज तक भारत के कुछ समाज में प्रचलित परंपरा है, रजस्वला के दिनों में महिलाएं केवल एक वस्त्र धारण करती हैं, सो द्रौपदी भी एक वस्त्र में अपने रनिवास में थी जब दुःशासन उसे पकड़कर सभाभवन में ले गया था। जाहिर है कि इस बल-प्रयोग के कारण द्रौपदी विवस्त्र हुई ही होगी।

खैर, कृष्ण उस समय वहां पर उपस्थित नहीं थे, इस बात का एक तगड़ा प्रमाण यह है कि कृष्ण जब जंगल में पांडव और द्रौपदी से मिलते हैं और कहते हैं कि अगर मैं वहां पर उपस्थित होता तो न जुआ होता और न ही द्रौपदी की इज्जत पर हमला होता *(महाभारत, वनपर्व, अध्याय-13, श्लोक-1-2)*। अगर मैं हस्तिनापुर या उसके आसपास भी होता तो दुर्योधन या धृतराष्ट्र के बिना बुलाये भी वहां पहुंच जाता और जुआ होने न देता। अतः सारांश यह कि कृष्ण द्वारा साड़ी बढ़ाये जाने की पूरी कहानी काल्पनिक है और बातों को बढ़ा-चढ़ाकर पेश किया गया है।

और ठीक यही बात *महाभारत* के *उद्योगपर्व* में कुंती भी कृष्ण से कहती हैं :

न राज्यहरणं दुःखं द्यूते चापि पराजयः।
प्रव्राजनं सुतानां वा न मे तद्दुःखकारणम्॥
यत्र सा बृहती श्यामा सभायां रुदती तदा।
अश्रौषीत्परुषा वाचस्तन्मे दुःखतरं महत्॥
स्त्रीधर्मिणी वरारोहा क्षत्रधर्मरता सदा।
नाध्यगच्छत्तदानाथं कृष्णा नाथवती सती॥

''कृष्ण! मुझे राज्य के छिन जाने का उतना दुःख नहीं है। जुए में हारने और पुत्रों के वनवास होने का भी मेरे मन में उतना बड़ा दुःख नहीं है, परंतु भरी सभा में मेरी सुंदरी युवती पुत्रवधु द्रौपदी ने रोते हुए जो दुर्योधन के कटु वचन सुने थे, वही मेरे लिए महान दुःख का कारण बन गया है। क्षत्रियधर्म में सदा तत्पर रहने वाली मेरी सर्वांगसुंदरी सती-साध्वी बहू कृष्णा (द्रौपदी) उन दिनों रजस्वलावस्था में थी। वह सब प्रकार से सनाथ थी, तो भी उस दिन कौरवसभा में उसे कोई रक्षक नहीं मिला।''

(महाभारत, उद्योगपर्व, अध्याय-137, गीताप्रेस में-138, श्लोक-17-19)

यह इस बात का पर्याप्त सबूत है कि कृष्ण वहां उपस्थित नहीं थे और ना ही उन्होंने कोई साड़ी द्रौपदी को प्रदान की थी। वैसे इस घटना के समय कृष्ण के अनुपस्थित होने का प्रमाण एक और जगह पर मिलता है :

ऋणमेतद्प्रवृद्धं मे हृदयान्नापसर्पति।
यद् गोविन्देति चुक्रोश कृष्णा मां दूरवासिनम्।।

कृष्ण संजय से कहते हैं कि जाकर उन कौरवों से कह देना – ''जिस समय कौरवसभा में द्रौपदी का वस्त्र खींचा जा रहा था, मैं हस्तिनापुर से बहुत दूर था। उस समय कृष्णा (द्रौपदी) ने घबराकर 'गोविंद' कहकर जो मुझे पुकारा था, वह उसका मेरे ऊपर बहुत बड़ा ऋण है और यह ऋण बढ़ता ही जा रहा है। अपराधी कौरवों का संहार किये बिना उसका यह भार मेरे हृदय से दूर नहीं हो सकता।''

(महाभारत, उद्योगपर्व, अध्याय-59, श्लोक-22)

उपरोक्त श्लोकों से पूरी तरह स्पष्ट है कि न तो द्रौपदी को जान-बूझकर विवस्त्र करने की कोशिश की गई थी और न ही कृष्ण ने कोई चमत्कार दिखाते हुए साड़ी बढ़ायी थी। यहां कुंती का स्पष्ट कथन है कि उसदिन सभा में द्रौपदी को कोई रक्षक नहीं मिला था। उसे जबरदस्ती रनिवास से खींचकर लाया गया, भद्दे इशारे किये गए, कटु वचन कहे गए; उसपर किये गए इन सारे अत्याचारों के प्रमाण मौजूद हैं। अर्थात नये-नये पुराणों द्वारा ही ऐसी बातें बढ़ा-चढ़ाकर फैलायी गई हैं। ऐसे में भरोसा विश्वसनीय पुराने शास्त्रों पर करना या चमत्कारों से भरे नये शास्त्रों पर, यह मनुष्य के अपने विवेक पर निर्भर करता है।

42. क्या द्रौपदी बोलने में स्पष्ट व तेजस्वी थी?

जी हां, द्रौपदी की वाक्पटुता बेजोड़ थी। और यह बात उस वाकये से समझी जा सकती है जब युधिष्ठिर हस्तिनापुर के राजदरबार में आयोजित जुए के खेल में शकुनि के हाथों राजपाट के साथ-साथ स्वयं पांचों भाइयों सहित द्रौपदी को भी हार गए थे। तब दु:शासन रनिवास में विश्राम कर रही द्रौपदी को घसीटते हुए दरबार में लाया था। द्रौपदी उनदिनों रजस्वला के दौर में थी, इसलिए प्रचलित परंपरा के अनुसार वह केवल एक साड़ी धारण किये हुई थी। ऐसे में निश्चित ही वह बुरी तरह बेइज्जत हुआ महसूस कर रही थी। ऊपर से ससुर, दादा ससुर, जेठ-देवर, पांचों पति, मंत्री, सेवक, दूर-दूर से आये अन्य राजागण तथा ऋषि-मुनियों से भरे उस दरबार में वह अपनी लाज बचाने में भी असमर्थ

थी। इस कारण वह क्रोध से विफरी हुई थी। वह बुरी तरह से हक्का-बक्का थी। जब वहां की वस्तुस्थिति से वह अवगत करायी गई तो उस तेज दिमाग वाली द्रोपदी ने अपने पति युधिष्ठिर से एक अत्यंत ही गंभीर प्रश्न पूछा :

कस्येशो नः पराजैषीरिति त्वामाह द्रौपदी।
किं नु पूर्वं पराजैषीरात्मानमथवापि माम्।।

द्रौपदी ने उन्हें बुलाने आये प्रतिकामी (राजदरबार का आदेशपालक) से कहा कि जाओ और महाराज युधिष्ठिर से पूछो कि किस-किस वस्तु के स्वामी रहते हुए आप द्रौपदी को हारे हैं? आप पहले अपने को हारे हैं या मुझे यानी द्रौपदी को?''

(महाभारत, सभापर्व, अध्याय-67, श्लोक-10)

फिर वह सेवक द्रौपदी का प्रश्न लेकर दरबार में गया तो खाली हाथ आया देख दुर्योधन ने पूछा कि खाली हाथ क्यों आये? तब सेवक ने उसे द्रौपदी का प्रश्न सुना दिया। दुर्योधन बोला - जाओ और उसे बुलाकर ही लाओ, उसके प्रश्नों के जवाब दरबार में ही दिये जाएंगे। वह सेवक फिर गया लेकिन तब भी द्रौपदी उसके साथ नहीं आयी। तब दुर्योधन ने दुःशासन को भेजा और वह द्रौपदी को केश पकड़कर घसीटते हुए दरबार में लाया। द्रौपदी ने अपना प्रश्न उस दरबार में भी दुहराया था :

इमं प्रश्नमिमे ब्रुत सर्व एव सभासदः ।
जितांवाप्यजितां वा मां मान्यध्वे सर्वभूमियाः ।।

द्रौपदी बोली - ''मेरे इस प्रश्न का सभी सभासद उत्तर दें। राजाओं! आपलोग क्या समझते हैं? धर्म के अनुसार मैं जीती गई हूँ या नहीं? यानी आपलोग मुझे सच-सच बताएं कि महाराज युधिष्ठिर पहले स्वयं को हारे या मुझे?''

(महाभारत, सभापर्व, अध्याय-68, श्लोक-41, गीताप्रेस)

तब दरबार में उपस्थित भीष्मपितामह ने सबसे पहले उठकर द्रौपदी से मुखातिब होते हुए कहा :

न धर्मसौक्ष्म्यात् सुभगे विवेक्तुं
शक्नोमि ते प्रश्नमिमं यथावत्।
अस्वाम्यशक्तः पणितुं परस्वं
स्त्रियाश्च भर्तुर्वशतां समीक्ष्य।।

भीष्मपितामह बोले - ''सौभाग्यशालिनी बहू! धर्म का स्वरूप अत्यंत सूक्ष्म होने के कारण मैं तुम्हारे इस प्रश्न का उत्तर देने हेतु सही निर्णय नहीं कर पा रहा हूँ। कोई भी व्यक्ति जिस

चीज का मालिक नहीं, वह उसे न तो बेच सकता है और न दांव पर लगा सकता है; यह बात तो सही है। लेकिन यह भी सही है कि लोक-व्यवहार में स्त्री को हमेशा उसके स्वामी के अधीन देखा जाता है। अत: इन सब बातों पर विचार करने से मुझे कुछ निर्णय सूझ नहीं रहा।''

(महाभारत, सभापर्व, अध्याय-68, श्लोक-47)

अब यह सच्चाई तो शीशे के समान साफ थी और वहां उपस्थित सारे लोग भी यह बात जानते थे कि युधिष्ठिर ने पहले खुद को हारा था, तो फिर गुलाम व्यक्ति किसी दूसरे को कैसे दांव पर लगा सकता था? बस, या तो इस बात का जवाब किसी के पास नहीं था या फिर कोई इस बाबत मुंह नहीं खोलना चाहता था। हालांकि दुर्योधन के एक भाई विकर्ण ने द्रौपदी का पक्ष लेते हुए अपने भाइयों को कोसना प्रारंभ ही किया था कि कर्ण ने डांटकर उसे चुप करा दिया था। इस पूरे प्रकरण से सीखने जैसी बात यही है कि जब मनुष्य के स्वयं पर विपत्ति आती है तो वह चिल्लाता है कि ''कोई सच नहीं बोल रहा है'', लेकिन जब दूसरे के लिए सच बोलने की नौबत आती है, तो वही आदमी पतली गली से निकल भागता है। कोई विरला ही होता है जो स्वयं सहित सबके लिए सच बोलने की हिम्मत रखता है।

43. कृष्ण की मृत्यु कैसे हुई थी?

महाभारत और पुराणों के अनुसार प्रभास क्षेत्र में जरा नामक व्याधे ने हिरन समझकर कृष्ण पर बाण चला दिया था जो कि कृष्ण के पांव में लगा था और फिर वही उनकी मृत्यु का कारण भी बना था।

(महाभारत, मौसलपर्व, अध्याय-4, श्लोक-22-23)

(विष्णु पुराण, अंश-5, अध्याय-37, श्लोक-68-71)

(भागवत पुराण, स्कन्ध-11, अध्याय-30, श्लोक-33)

दूसरी ओर हरिवंश पुराण तथा ब्रह्मवैवर्त पुराण में कृष्ण की मृत्यु के बारे में कोई विवरण उपलब्ध नहीं है।

44. क्या संजय हस्तिनापुर के राजमहल में बैठे-बैठे धृतराष्ट्र को कुरुक्षेत्र की युद्धभूमि के क्रियाकलापों से अवगत करा रहे थे?

महाभारत के भीष्मपर्व के दूसरे अध्याय के छठे श्लोक में यह वर्णन है कि वेदव्यास धृतराष्ट्र को दिव्यदृष्टि देना चाहते थे ताकि वह राजभवन में बैठे-बैठे युद्धभूमि का सारा हाल देख

सकें, लेकिन धृतराष्ट्र ने युद्धभूमि की विभीषिका को देखने से इनकार कर दिया और यह इच्छा प्रकट की कि युद्धभूमि की हर घटना वह सुनना अवश्य चाहते हैं। तब वेदव्यास ने कहा :

एष ते संजयो राजन् युद्धमेतद् वदिष्यति।
एतस्य सर्वसंग्रामे न परोक्षं भविष्यति।।

वेदव्यासजी ने कहा – "हे राजन! यह संजय आपको युद्धभूमि का हर हाल सुनाया करेगा। संपूर्ण युद्धभूमि के अंदर ऐसी कोई भी बात नहीं होगी, जो इससे छिपी रह सके।"

(महाभारत, भीष्मपर्व, अध्याय-2, श्लोक-9)

अर्थात यह संजय युद्धभूमि में जाएगा और वहां से बीच-बीच में आकर आपको ताजा हाल सुनाया करेगा। युद्धभूमि में उपस्थित दोनों पक्षों के लोगों के मन में जो कोई भी बात होगी, वह भी संजय से छिपी न रह पाएगी।

नैनं शस्त्राणि छेत्स्यन्ति नैनं बाधिष्यते श्रमः।
गावल्गणिरयं जीवन् युद्धादस्माद् विमोक्ष्यते।।

"इसे कोई हथियार नहीं काट सकता। इसे कोई परिश्रम या थकावट की भी बाधा न होगी। गवल्गण का पुत्र यह संजय इस युद्ध से जीवित बच जाएगा।"

(महाभारत, भीष्मपर्व, अध्याय-2, श्लोक-12)

उपरोक्त श्लोक से यह बात शीशे की तरह साफ हो जाती है कि संजय भी युद्ध में जाता था। अब सवाल यह कि यदि वह युद्धभूमि में जाता था तो धृतराष्ट्र को आंखों देखी कब सुनाता था? यही दिक्कत है पुराने शास्त्रों की। हर बात विरोधाभासी मिलती है। इसलिए मनुष्य को हर जगह अपने विवेक का उपयोग करना जरूरी है। इसके बाद इसी *भीष्मपर्व* के तेरहवें *अध्याय* में यह भी उल्लेख है कि संजय युद्धभूमि से लौटकर पिछले दस दिनों का हाल तथा भीष्मपितामह के शरशय्या पर गिरने की सूचना देते हैं :

वैशम्पायन उवाच

अथ गावल्गणिर्विद्वान् संयुगादेत्य भारत।
प्रत्यक्षदर्शी सर्वस्य भूतभव्यभविष्यवित्।।
ध्यायते धृतराष्ट्राय सहसोत्पत्य दुःखितः।
आचष्ट निहतं भीष्मं भरतानां पितामहम्।।

संजय उवाच

संजयोऽहं महाराज नमस्ते भरतर्षभः।
हतो भीष्मः शान्तनवो भरतानां पितामहः।।

वैशम्पायनजी ने कहा – ''हे भरतनंदन जनमेजय! उसके बाद एक दिन की बात है कि भूत, वर्तमान और भविष्य के ज्ञाता एवं सब घटनाओं को प्रत्यक्ष देखने वाले गवल्गणपुत्र विद्वान संजय ने युद्धभूमि से लौटकर सहसा चिंतामग्न धृतराष्ट्र के पास जाकर अत्यंत दुखी होकर भरतवंशियों के पितामह भीष्म के युद्धभूमि में मारे जाने का समाचार बताया। संजय बोले – महाराज भरतश्रेष्ठ! आपको नमस्कार है। मैं संजय आपकी सेवा में उपस्थित हुआ हूँ। भरतवंशियों के पितामह और महाराज शांतनु के पुत्र भीष्मजी आज युद्ध में मारे गए।''

(महाभारत, भीष्मपर्व, अध्याय-13, श्लोक-1-3)

यही नहीं, संजय पहले दिन के युद्ध का बयान देते हुए स्पष्ट रूप से कहते हैं कि पांडव पक्ष की सेना हमलोगों (दुर्योधन पक्ष पर) पर टूट पड़ी थी :

क्ष्वेडाः किलकिलाशब्दाः क्रकचा गोविषाणिकाः।
भेरीमृदङ्ग मुरजा हयकुंजरनिःस्वनाः।।
उभयो सेनयोर्ह्यासंस्ततस्तेऽस्मान् समाद्रवन्।
वयं तान् प्रतिनर्दन्तस्तदासीत् तुमुलं महत्।।

''फिर तो दोनों सेनाओं में सिंहनाद, किलकारियों के शब्द, क्रकच, नरसिंहे, भेरी, मृदंग और ढोल आदि वाद्यों की ध्वनि तथा घोड़ों और हाथियों के शब्द गूंजने लगे। पांडव सैनिक *हमलोगों* पर टूट पड़े और *हमलोगों* ने भी विकट गर्जना करते हुए उनपर धावा बोल दिया। इस प्रकार अत्यंत घोर युद्ध होने लगा।''

(महाभारत, भीष्मपर्व, अध्याय-42 गीताप्रेस में 44, श्लोक-4-5)

यही नहीं, पांडवों की सेना ने संजय को युद्धभूमि में कैद भी कर लिया था :

धृष्टद्युम्नस्तु मां दृष्ट्वा हसन्सात्यकिमब्रवीत्।
किमनेन गृहीतेन नानेनार्थोऽस्ति जीवता।।
धृष्टद्युम्नवचः श्रुत्वा शिनेर्नप्ता महारथः।
उद्यम्य निशितं खड्गं हन्तुं मामुद्यतस्तदा।।
तमागम्य महाप्राज्ञः कृष्णद्वैपायनोऽब्रवीत्।
मुच्यतां संजयो जीवन्न हन्तव्यः कथंचन।।
द्वैपायनवचः श्रुत्वा शिनेर्नप्ता कृतांजलिः।
ततो मामब्रवीन्मुक्त्वा स्वस्ति संजय साधय।।

संजय बोले – ''उस समय मुझे कैद में पड़ा हुआ देखकर धृष्टद्युम्न ने हंसते हुए सात्यकि से कहा कि इसको कैद रखके क्या करना है? इसके जीवित रहने से अपना कोई लाभ नहीं है।

धृष्टद्युम्न की बात सुनकर शिनिपौत्र महारथी सात्यकि तीखी तलवार उठाकर उसी क्षण मुझे मार डालने के लिए उद्यत हो गए। उसी समय महाज्ञानी कृष्णद्वैपायन व्यासजी वहां आ गए और बोले - संजय को छोड़ दो। यह किसी प्रकार वध के योग्य नहीं है। फिर हाथ जोड़ते हुए शिनिपौत्र सात्यकि ने व्यासजी की वह बात सुनकर मुझे आजाद करते हुए बोले - संजय, तुम्हारा कल्याण हो। जाओ, अपना अभीष्ट साधन करो।''

(महाभारत, शल्यपर्व, अध्याय-29, श्लोक-18-21;
गीताप्रेस के संस्करण में श्लोक-37-40)

अतः हर प्रकार से सिद्ध होता है कि संजय रोज युद्ध के मैदान में जाया करता था। और धृतराष्ट्र युद्ध के मैदान में जाते नहीं थे। ऐसे में धृतराष्ट्र के पास बैठे-बैठे महाभारत के हाल बताने का सवाल ही कहां उठता है? अतः संजय ही बार-बार धृतराष्ट्र के पास जाकर उन्हें युद्ध का हाल सुनाया करता था।

45. क्या एकलव्य ने महाभारत के युद्ध में भाग लिया था?

अक्सर ऐसा कहा जाता है कि एकलव्य द्रोणाचार्य से बदला लेने हेतु महाभारत के युद्ध में पांडवों की ओर से लड़ा था। लेकिन यह बात बिल्कुल गलत है। वैसे एकलव्य महाभारत के युद्ध में लड़ने की इच्छा तो रखता था और आया भी था, लेकिन वह दुर्योधन के पक्ष से ही लड़ना चाहता था। तो फिर द्रोणाचार्य से बदला लेने की बात ही गलत हो जाती है। दूसरी बात यह भी है कि वह अपने समय का नामी धनुर्धर होने के साथ-साथ समर्पित गुरुभक्त होने के लिए भी प्रसिद्ध है, ऐसे में अपने गुरु से बदला लेने का उसने सोचा ही नहीं होगा। दूसरा कारण यह कि अगर कृष्ण को जरा-सी भी भनक होती कि वह पांडव की ओर से लड़ना चाहता था, तो वह उसे युद्ध शुरू होने से पूर्व ही अपने हाथों न मारते :

एकलव्यं हि साङ्गुष्ठमशक्ता देवदानवाः।
सराक्षसोरगाः पार्थ विजेतुं युधि कर्हिचित्।।
किमु मानुषमात्रेण शक्यःस्यात् प्रतिविक्षितुम्।
दृढमुष्टिः कृती नित्यमस्यमानो दिवानिशम्।।
त्वद्धितार्थे तु स मया हतः संग्रामंमूर्धनि।
चेदिराजश्च विक्रांतः प्रत्यक्षं निहतस्तव।।

कृष्ण कहते हैं कि ''कुन्तीकुमार! यदि एकलव्य का अंगूठा सुरक्षित होता तो देव, दानव, राक्षस, नाग - ये सब मिलकर भी युद्ध में उसे परास्त न कर सकते थे। फिर कोई मनुष्यमात्र

उसकी ओर देख भी कैसे सकता था? उसकी मुट्ठी मजबूत थी। वह अस्त्र-विद्या का विद्वान था और सदा दिन-रात बाण चलाने का अभ्यास करता था। तुम्हारे हित के लिए मैंने ही युद्ध के मुहाने पर उसे मार डाला था। पराक्रमी चेदिराज शिशुपाल तो तुम्हारी आंखों के सामने ही मारे गए थे।''

(महाभारत, द्रोणपर्व, अध्याय-181, श्लोक- 19-21)

उम्मीद है कि महाभारत के उपरोक्त प्रमाण से सबका भ्रम दूर हो चुका होगा।

46. जरासंध क्यों कृष्ण के दुश्मन हो गए थे?

जरासंध तत्कालीन आर्यावर्त के एक शक्तिशाली नरेश थे। वे नीति-नियमों का कठोरता से पालन करने वाले परंतु अत्यधिक महत्त्वाकांक्षी थे। उनकी राजनीतिक और प्राशासनिक कुशलता का लोहा सभी मानते थे। उनके मगध राज्य तथा राजधानी गिरिव्रज की सुंदरता तथा नागरिकों की खुशहाली की प्रशंसा खुद कृष्ण ने भी की थी जब वे भीम और अर्जुन के साथ राजगृह गए थे :

एष पार्थ महान् भाति पशुमान् नित्यमम्बुमान्।
निरामयः सुवेश्माढ्यो निवेशो मागधः शुभः।।

कृष्ण बोले - ''हे अर्जुन! देखो, यह मगध देश की सुंदर और विशाल राजधानी कैसी शोभा पा रही है? यहां पशुओं की अधिकता है। जल की भी सदा पूर्ण सुविधा दिखती है। सभी नागरिक निरोग भी दिखाई देते हैं। सुंदर-सुंदर महलों से भरा हुआ यह नगर बड़ा मनोहर प्रतीत होता है।''

(महाभारत, सभापर्व, अध्याय-21, श्लोक-1)

ऐसे शक्तिशाली और कुशल राजा जरासंध ने अपनी दो बेटियों की शादी मथुरा के युवराज कंस से की थी। कुछ समय बाद जब कंस अपने पिता उग्रसेन को कैद कर खुद राजा बन गया तो मथुरा के यादव-संभ्रांतों ने जरासंध के भय से खुलकर विरोध तो नहीं किया, लेकिन वे कंस से कन्नी भी काटने लगे। इससे कंस बेलगाम हो गया और वह अपनी प्रजा को तरह-तरह से सताने लगा। परिणामस्वरूप अंत में वह अपने ही भानजे कृष्ण के हाथों मारा गया।

इससे जरासंध को एक साथ दो चोट लगी। पहली चोट तो यह कि उनकी दो-दो बेटियां एक झटके में विधवा हो गई थीं। हालांकि दूसरी चोट उसके लिए ज्यादा गहरी थी और वह थी उसके वर्चस्व, रसूख और आतंक को खुली चुनौती। कंस की मौत तक किसी ने भी जरासंध के दामाद को छेड़कर उसका गुस्सा मोल लेने की हिम्मत नहीं की थी। लेकिन

ये दो अहीर बालकों, जिनके सिर पर न तो कोई ताज था और न ही ऐसा कोई ताल्लुकात था, ने अनजाने ही उसे छेड़ डाला था और दुश्मनी मोल ले ली थी। फिर तो जरासंध ने एक न थमने वाला प्रतिशोध का सिलसिला शुरू कर दिया। लेकिन कृष्ण जैसे महापुरुष के आगे उन्हें हर बार या तो मात खानी पड़ी या मायूस होना पड़ा। जरासंध के प्रतिशोध का उल्टा असर यह हुआ कि उसके हर आक्रमण के साथ कृष्ण को अपना राजनीतिक कद ऊंचा उठाने का अवसर अनायास ही मिलता चला गया। यह बात कृष्ण की जीवन-लीला को जानने और समझने वाले लोगों को मालूम ही है।

47. कृष्ण का उद्धव से क्या रिश्ता था?

कृष्ण उद्धव के चचेरे भाई थे। राजा शूरसेन के दस पुत्र थे जिनमें वसुदेवजी सबसे बड़े थे और उनसे छोटे देवभाग थे जिनका पुत्र उद्धव था *(हरिवंश पुराण, हरिवंशपर्व, अध्याय-34, श्लोक-31)*। सात्यकि भी कृष्ण का चचेरा भाई था और उसका असली नाम युयुधान था। लेकिन सत्यक का पुत्र होने के कारण संस्कृत ग्रंथों में उसे सात्यकि के रूप में प्रसिद्धि मिली *(हरिवंश पुराण, हरिवंशपर्व, अध्याय-34, श्लोक-30)*। किसी भी ग्रंथ में गोकुल या वृंदावन के प्रसंग में उद्धव की चर्चा नहीं की गई है। कृष्ण के मथुरा आने के बाद ही उन्हें उद्धव का साथ प्राप्त होता है जो ताउम्र कायम रहता है। कंस जब कृष्ण को मथुरा बुलाने के लिए किसी दूत को वृंदावन भेजने की चर्चा अपने दरबार में करता है, तो सत्यक नाम का एक मंत्री उसे अक्रूर, उद्धव या वसुदेवजी को दूत के रूप में भेजने की सलाह देता है:

अक्रूरमुद्धवं वाऽपि वसुदेवमथापि वा।
प्रस्थापय महाभाग नन्दव्रजमभीप्सितम्।।

सत्यक बोला - ''महाभाग! तुम नंदव्रज के अभीष्ट स्थान में अक्रूर, उद्धव या वसुदेवजी को भेजो।''

(ब्रह्मवैवर्त पुराण, श्रीकृष्णजन्मखंड, अध्याय-64, श्लोक-31)

उपरोक्त श्लोक से यही पता चलता है कि कृष्ण के मथुरा आगमन से पहले ही उद्धव का राजदरबार में आना-जाना था। कंस की मृत्यु के बाद जब कृष्ण ने उद्धव को गोपियों से मिलने तथा संवाद का आदान-प्रदान करने के लिए वृंदावन भेजा तो वहां किसी भी गोपी ने उन्हें नहीं पहचाना था :

सुविस्मिताः कोऽयमपीव्यदर्शनः कुतश्च कस्याच्युतवेषभूषणः।
इति स्म सर्वाः परिवव्रुरुत्सुकास्तमुत्तमःश्लोकपदाम्बुजाश्रयम्।।

तं प्रश्रयेणावनताः सुसत्कृतं सव्रीडहासेक्षणसूनृतादिभिः।
रहस्यपृच्छन्नुपविष्टमासने विज्ञाय सन्देशहरं रमापतेः॥

"पवित्र मुस्कान वाली गोपियों ने आपस में कहा – यह पुरुष देखने में तो बहुत सुंदर है। परंतु यह है कौन? कहां से आया है? किसका दूत है? इसने कृष्ण जैसी वेषभूषा क्यों धारण कर रखी है? सब-की-सब गोपियां उनका परिचय प्राप्त करने के लिए अत्यंत उत्सुक हो गईं और उनमें से बहुत-सी गोपियां कृष्ण के संदेशवाहक उद्धव को चारों ओर से घेरकर खड़ी हो गईं।"

(भागवत पुराण, स्कन्ध-10, अध्याय-47, श्लोक-2-3)

कृष्ण के विपरीत उद्धव बचपन से ही नगरीय सभ्यता में पले-बढ़े थे और बहुत ही उत्तम बुद्धिमत्ता के मालिक थे। कृष्ण कोई काम उद्धव को सौंपकर निश्चिंत हो जाते थे और वह काम पूरा हो जाता था। राजनीति और कूटनीति के मामले में वह कृष्ण से अधिक नहीं तो कम भी नहीं मालूम होते थे, फर्क बस इतना था कि कृष्ण दुनिया के सामने सक्रिय थे और उद्धव परदे के पीछे सक्रिय थे। यह बात उनके नगरीय सभ्यता से पूर्व-परिचित होने का प्रमाण है।

48. क्या कृष्ण सही में मोरपंख लगाते थे?

प्राचीनकाल में वनों तथा उसके आसपास रहने वाले लोग अधिकतर प्राकृतिक साधनों से ही अपना श्रृंगार किया करते थे। और चूंकि गोकुल-वृंदावन के लोग भी पशुपालन का पेशा होने के कारण जंगलों में ही रहा करते थे, इसलिए वे लोग भी फूलों, वृक्षों के कोंपलों, पक्षियों के पंखों तथा जानवरों के सींगों से तैयार श्रृंगार-साधनों का मुख्य तौर पर उपयोग किया करते थे। हालांकि धातु में सोने का पता मनुष्यजाति ने उस वक्त तक लगा लिया था, अतः संपन्न वर्ग के लोग सोने के आभूषणों का भी प्रयोग करने लगे थे। नंदबाबा चूंकि थोड़े संपन्न थे, इसलिए उनके घर में भी सोने के आभूषणों का प्रयोग होता था। कृष्ण को भी सोने के आभूषण पहनाये जाते थे, लेकिन वे अन्य ग्वाल-बालों को देखकर मोरपंख भी अपने जूड़े में खोंसा करते थे :

फलप्रबालस्तवक सुमनः पिच्छधातुभिः।
काचगुंजामणिस्वर्णन्भूषिता अप्यभूषयन॥

शुकदेवजी कहते हैं – "यद्यपि वे ग्वालबाल कांच, घुंघची, मणि और स्वर्ण के गहने पहने हुए थे, फिर भी उन्होंने वृंदावन के लाल-पीले-हरे फलों से, नयी-नयी कोंपलों से, गुच्छों से, रंग-बिरंगे फूलों और मोरपंखों तथा गेरू आदि रंगीन पदार्थों से अपने को सजा लिया।"

(भागवत पुराण, स्कंध-10, अध्याय-12, श्लोक-4)

बर्हप्रसून नवधातुविचित्रतांग:
प्रोद्दामवेणुदलशृंगरवोत्सवाढ्य:।
वत्सान् गृणन्ननुगगीत पवित्र कीर्ति:
गोपीदृगुत्सवदृशि: प्रविवेश गोष्ठम्॥

शुकदेवजी कहते हैं – ''श्रीकृष्ण के सिर पर मोरपंख का मनोहर मुकुट और घुंघराले बालों में सुंदर-सुंदर महकते फूल गुंथे हुए थे। नयी-नयी रंगीन धातुओं से उनके सांवले शरीर पर चित्रकारी की हुई थी। वे चलते समय रास्ते में ऊंचे स्वर में कभी बांसुरी, कभी पत्ते तो कभी जानवरों के सींग से बने बाजे बजाकर वाद्योत्सव में मग्न हो रहे थे। पीछे-पीछे ग्वालबाल उनकी कीर्ति का गान करते जा रहे थे। कभी वे नाम ले-लेकर अपने बछड़ों को पुकारते तो कभी उनके साथ लाड़ लड़ाने लगते। सड़क के दोनों ओर गोपियां खड़ी थीं और कृष्ण से नजर मिलते ही वे मुग्ध हो जाती थीं। इस प्रकार श्रीकृष्ण ने गोष्ठ (बस्ती) में प्रवेश किया।''

(भागवत पुराण, स्कंध-10, अध्याय-14, श्लोक-47)

उपरोक्त सजीव चित्रण भागवत पुराण के रचनाकारों ने उस दृश्य का किया है जब कृष्ण और सारे ग्वालबाल शाम के समय अपने पशुओं को लेकर बस्ती में लौट रहे होते हैं। उपरोक्त मात्र एक श्लोक ही वृंदावनवासियों के रहन-सहन और उनकी सभ्यता को बताने के लिए पर्याप्त है। और ऐसे में यह भी स्वाभाविक है कि जो मोरपंख बचपन में उनके व्यक्तित्व का अभिन्न हिस्सा था, वह उनके जीवनपर्यन्त भी बना रहा। उधर दक्षिण भारत में प्रचलित महाभारत में इसका जिक्र इस प्रकार किया गया है :

मयूरांगजकर्णौ तौ पल्लवापीडधारिणौ।
वनमालापरिक्षिप्तौ सालपोताविवोद्गलै॥

भीष्मपितामह कहते हैं – ''वे हाथी की तरह कान बड़ा करने हेतु दोनों कानों में मोर के पंख लगा लेते, मस्तक पर पल्लवों के मुकुट धारण करते और गले में वनमाला डाल लेते थे। उस समय शाल के नये पौधों की भांति उनदोनों की बड़ी शोभा होती थी।''

(दाक्षिणात्य महाभारत, सभापर्व, अध्याय-52, श्लोक-32)

49. शास्त्रों में कृष्ण को कितने नामों से पुकारा गया है?

दुनिया में पैदा होने वाले हर व्यक्ति को एक नाम उसके जन्मदाता माता-पिता देते हैं और समाज में जीवनपर्यन्त वही उसकी मौलिक पहचान बनती है। कुछ लोगों को जरूरत के अनुसार जीवन में कभी एकाध बार अपना नाम बदलना पड़ता है तो कुछ विशेष योग्यता तथा

क्षमता वाले लोगों को उनके जीवित रहते ही उनके गुण व कर्मों के आधार पर उपाधि के रूप में दो-चार अन्य नामों से विभूषित कर दिया जाता है। लेकिन फिर भी वे सारे उपाधिगत नाम व्यक्ति के मूल नाम पर ही हमेशा आधारित रहते हैं। लेकिन इससे अलग कुछ ऐसे ऐतिहासिक महापुरुष भी हुए हैं जिन्हें एक, दो या चार नहीं बल्कि दर्जनों, सैकड़ों और यहां तक कि हजारों नामों से आज संबोधित किया जा रहा है। और उन महापुरुषों की सूची में पहले स्थान पर कृष्ण का नाम आता है।

यूं तो सैकड़ों लोगों ने अबतक कृष्ण की नामावलियां रची हैं, लेकिन उनमें से दो ही प्रधान मानी गई हैं। एक है - महाभारत के अंदर शरशय्या पर लेटे भीष्मपितामह द्वारा युधिष्ठिर को दिये गए उपदेश के एक अंशरूप 'विष्णुसहस्रनाम स्तोत्र' में और दूसरी पद्मपुराण के उत्तरखंड में आये विष्णुसहस्रनाम स्तोत्र में' इन दोनों सूचियों में समानता ही अधिक है, भिन्नता बस नाममात्र ही मिलती है। हाल के अधिकांश लोगों द्वारा रचे गए नामावलियों के आधार तथा प्रेरणास्रोत भी ये ही दो सूचियां हैं।

यहां सर्वप्रथम महाभारत *(अनुशासनपर्व, अध्याय-149)* में वर्णित विष्णुसहस्रनाम स्तोत्र के अंतर्गत आये कृष्ण के नामों की सूची दी जा रही है और कोष्ठक में दी गई संख्या उक्त स्तोत्र में वह नाम किस क्रम पर है, यह दर्शाने के लिए दी जा रही है :

1. केशव	(23)	14. अच्युत	(318)	27. कामी	(653)
2. पुष्कराक्ष	(40)	15. समितिंजय	(362)	28. वासुदेव	(695)
3. हृषीकेश	(47)	16. अधोक्षज	(415)	29. यदुश्रेष्ठ	(705)
4. कृष्ण	(57)	17. परमेष्ठी	(419)	30. सुयामुन	(707)
5. मेधावी	(77)	18. वत्सी	(472)	31. माधव	(735)
6. आत्मवान	(84)	19. गोपति	(495)	32. गदाग्रज	(764)
7. पुण्डरीकाक्ष	(111)	20. दाशार्ह	(511)	33. शुभांग	(782)
8. जनार्दन	(127)	21. चक्रगदाधर	(546)	34. इंद्रकर्मा	(786)
9. उपेन्द्र	(151)	22. कालनेमिनिहा	(642)	35. चाणूरान्ध्र निषूदन	(825)
10. अमोघ	(154)	23. शौरि	(644)	36. देवकीनंदन	(989)
11. अमेयात्मा	(179)	24. केशिहा	(649)	37. गदाधर	(997)
12. गोविंद	(187)	25. कामदेव	(651)	38. रथांगपाणि	(998)
13. महेन्द्र	(268)	26. कामपाल	(652)		

महाभारत की इस सूची में कुल एक हजार नामों की चर्चा की गई है जो विष्णु तथा उनके अवतारों के द्वारा किये गए कार्यों और उन-उन समय के स्वभावों के आधार पर रखे गए हैं। उक्त हजार नामों में से कुल अड़तीस नाम कृष्ण के मिलते हैं जिन्हें ऊपर सूचीबद्ध किया गया है। महाभारत के इस 'विष्णुसहस्रनामस्तोत्र' में कई नाम ऐसे हैं जो अनजाने में या जान-बूझकर दुहराये गए हैं, वे हैं –

गोविंद (187), (539); केशव (23), (648)	पुष्कराक्ष (40), (556); वासुदेव (695), (709)	गोपति (495), (592);

यानी हजार नाम से प्रचलित इस सूची में वास्तव में हजार से कम नाम दिये गए हैं।

अब नीचे पद्म पुराण के उत्तरखंड के इकहत्तरवें अध्याय के 120 वें श्लोक से शुरू होने वाले 'विष्णुसहस्रनामस्तोत्र' में आये कृष्ण के नामों की सूची देख लीजिए :

1. वासुदेव	(1)	18. योगेश्वर	(261)	35. केशिघ्न	(755)
2. विश्वमोहन	(120)	19. अधोक्षज	(264)	36. गवीश्वर	(757)
3. हृषीकेश	(130)	20. विष्वकसेन	(281)	37. दामोदर	(758)
4. हरि	(158)	21. विराट	(306)	38. गोपदेव	(759)
5. पीताम्बर	(168)	22. मंजुकेशी	(332)	39. यशोदानंदन	(760)
6. शक्रद्यधीश्वर	(186)	23. कृष्ण	(347)	40. कालियमर्दन	(761)
7. वनमाली	(198)	24. मधुसूदन	(368)	41.लीलागोवर्धनधर	(763)
8. चक्री	(208)	25. एकवीर	(410)	42. गोविंद	(764)
9. सारंगधन्वा	(209)	26. उपेन्द्र	(294)	43. चाणूरमर्दन	(769)
10. गदाधर	(210)	27. अच्युत	(500)	44. कंसारि	(770)
11. शंखभूत	(211)	28. जगदीश	(590)	45. रुक्मिणीरमण	(780)
12. नन्दकी	(212)	29. जनार्दन	(619)	46. मुरारि	(784)
13. कुबेरकोटिलक्ष्मीवान	(231)	30. वार्ष्णेय	(743)	47. यमुनापति	(812)
14. शक्रकोटिविलासवान	(232)	31. सात्वतश्रेष्ठ	(744)	48. द्वारकेश्वर	(816)
15. मुकुंद	(247)	32. शौरि	(745)	49. कामदेव	(829)
16. कालनेमिहा	(248)	33. यदुकुलेश्वर	(746)	50. रतिपति	(830)
17. नरकान्तक	(255)	34. पूतनाघ्न	(751)	51. मन्मथ	(831)

पद्म पुराण में दी गई इस सूची में भी कुल एक हजार नामों का उल्लेख हुआ है जिनमें से हरि (158), (348); जगदीश (590), (607) तथा नरकान्तक (255), (782) का दो-दो

बार प्रयोग किया गया है। ऊपर की दोनों सूचियों की तुलना करने पर एक और बात स्पष्ट हो जाती है कि महाभारत में आया 'विष्णुसहस्रनामस्तोत्र' पद्म पुराण की अपेक्षा पुराना है। ऐसा इस आधार पर कहा जाता है क्योंकि पद्म पुराण में कई नये नाम दिये गए हैं। इसका कारण यह बताया जाता है कि समय बीतने के साथ-साथ कृष्ण के नामपर जितनी काल्पनिक कथाएं रचती चली गईं, उनमें वर्णित लीलाओं के आधार पर कृष्ण के नामों की सूची भी बढ़ती चली गई।

खैर, ये तो ईसापूर्व के दो प्रमुख ग्रंथों के प्रमाण हैं। आठवीं शताब्दी के बाद के लेखकों द्वारा और भी नामों की रचना की गई है, जिनका यहां उल्लेख नहीं किया गया है। ...क्योंकि हमारा उद्देश्य कृष्ण के जीवन से जुड़े मौलिक तथ्यों पर ध्यान केंद्रित करना है। परंतु कुल-मिलाकर मुख्य बात यह कि अनेकों नाम से बुलाया जाना कृष्ण के बहुरंगी व्यक्तित्व को इंगित करता है।

50. कृष्ण की मृत्यु के बाद द्वारका का क्या हुआ?

कृष्ण की मृत्यु के बाद द्वारका समुद्र में डूब गई थी। यदि डूबी न होती तो मथुरा-वृंदावन की तरह वह भी आज आबाद होती। कृष्ण की मौत के कुछ ही समय बाद द्वारका समुद्र में समा गई थी। बरसों बाद (करीब 20-25 वर्ष) जब द्रौपदी सहित पांचों पांडवगण राजपाट छोड़कर भारत-भ्रमण पर निकले तो वे द्वारका के घाट पर भी गए और उफनते समुद्र को देखकर वे लोग अपने को रोक न सके। वे सब फफक-फफककर रोने लगे। द्वारका और कृष्ण से जुड़ी यादों ने उन्हें बुरी तरह तोड़ डाला था। क्योंकि वहां यादें तो थी पर द्वारका का नामोनिशान न था :

ततः पुनः समावृत्ताः पश्चिमां दिशमेव ते।
ददृशुर्द्वारकां चापि सागरेण परिलुप्ताम्॥

(महाभारत, महाप्रस्थानिक पर्व, अध्याय-1, श्लोक-45)

51. क्या अर्जुन ने द्रौपदी के अलावा भी और किसी से विवाह किया था?

जी हां, अर्जुन के द्रौपदी सहित कुल चार पत्नियां थीं - द्रौपदी, उलूपी, चित्रांगदा और सुभद्रा। राजा द्रुपद की पुत्री द्रौपदी को अर्जुन स्वयंवर की कठिन शर्त को पूरा करने के बाद प्राप्त कर पाये थे। बाद में कृष्ण की मध्यस्थता के परिणामस्वरूप पांडवों को इंद्रप्रस्थ का राज्य हासिल हो पाया था और राज्य हासिल होने के बाद यह सोचकर कि द्रौपदी के कारण

भाइयों में आपस में कोई झगड़ा न हो जाए, एक नियम बनाया कि द्रौपदी के महल में किसी एक भाई के होने की स्थिति में अन्य कोई भी भाई वहां नहीं जाएगा। अगर कोई गया तो उसे बारह वर्ष का वनवास भोगना पड़ेगा :

ऐकैकस्य गृहे कृष्णा वसेद् वर्षमकल्मषा।
द्रौपद्या नः सहासीनानन्योन्यं योऽभिदर्शयेत्।
स नो द्वादश वर्षाणि ब्रह्मचारी वने वसेत्॥

वैशम्पायनजी ने कहा कि सभी पांडवों ने एकमत होकर यह नियम बनाया – "हममें से प्रत्येक के घर में पापरहित द्रौपदी एक-एक वर्ष निवास करे। द्रौपदी के साथ एकांत में बैठे हुए हममें से एक भाई को यदि दूसरा देख ले, तो वह बारह वर्षों तक ब्रह्मचर्यपूर्वक वन में निवास करे।"

(महाभारत, आदिपर्व, अध्याय-212, श्लोक-21)

संयोगवश अर्जुन का वर्ष समाप्त होने के अगले दिन जब युधिष्ठिर की बारी आई, तो उसी दिन अर्जुन लाचार हो गया और एक आवश्यक कारण से उन्हें अपना ही बनाया नियम भंग करना पड़ा और वे दण्डस्वरूप बारह वर्षों के लिए वन की ओर निकल पड़े। उसी दरम्यान एक दिन मार्ग में गंगाद्वार (हरद्वार) के पास अर्जुन नागवंशी सरदार कौरव्य की बेटी उलूपी से मिले और उससे गंधर्व-विवाह किया :

एवमुक्तस्तु कौन्तेयः पन्नगेश्वरकन्यया।
कृतवांस्तत् तथा सर्वं धर्ममुद्दिश्य कारणम्॥

वैशम्पायनजी ने कहा – "जनमेजय! नागराज की कन्या उलूपी के कहने पर कुंतीकुमार अर्जुन ने धर्म को ही सामने रखकर वह सब कार्य पूर्ण किया।"

(महाभारत, आदिपर्व, अध्याय-213, श्लोक-33)

तत्पश्चात वे मणिपुर की ओर निकले और वहां जाकर राजा चित्रवाहन की पुत्री चित्रांगदा से विवाह किया :

मणिपूरेश्वरं राजन्... x ...कुन्तीसुतः समाः॥

वैशम्पायनजी ने कहा – "हे राजा जनमेजय! मणिपुर के राजा चित्रवाहन की बेटी चित्रांगदा को देखते ही अर्जुन उसपर आकर्षित हो गए और सीधे राजा के पास जाकर उनकी बेटी का हाथ मांगा। राजा इस अनजान युवक की हिम्मत देखकर काफी प्रभावित हुए और परिचय पूछा। अर्जुन ने जब अपना परिचय दिया तो राजा ने शादी के लिए एक शर्त रख दी कि चूंकि मेरा कोई बेटा नहीं है, इसलिए मेरी बेटी से पैदा आपका पुत्र आपका नहीं बल्कि मेरा

उत्तराधिकारी होगा। अर्जुन ने राजा की शर्त मान ली और इस तरह चित्रांगदा-अर्जुन की शादी पूरे विधि-विधान के साथ संपन्न हुई। शादी के बाद अर्जुन मणिपुर में तीन वर्षों तक रहे।''

(महाभारत, आदिपर्व, अध्याय-214, श्लोक-15-26)

वनवास के अंतिम काल में अर्जुन घूमते-घूमते द्वारका पहुंचे और वहां उनका भव्य स्वागत हुआ। इसी बीच एक त्योहार के अवसर पर सारे द्वारकावासी पास के रैवतक पर्वत पर इकट्ठा हुए और उसी मेले में आयी हुई सुभद्रा को देखकर अर्जुन उसपर मोहित हो उठे। कृष्ण ने अपने मित्र के मन के भावों को कुछ कुरेदा तो अर्जुन ने अपने दिल की बात कृष्ण के समक्ष रखते हुए कहा :

दुहिता वसुदेवस्य वासुदेवस्य च स्वसा।
रूपेण चैषा सम्पन्ना कमिवैषा न मोहयेत्।।
कृतमेव तु कल्याणं सर्वं मम भवेद् ध्रुवं।
यदि स्यान्मम वार्ष्णेयी महिषीयं स्वसा तव।।

अर्जुन ने कहा- ''यह वसुदेवजी की पुत्री और आपकी बहन जो कि अनुपम रूप से संपन्न है, फिर यह किसका मन न मोह लेगी? मित्र! यदि यह वृष्णिकुल की कुमारी और आपकी बहन सुभद्रा मेरी रानी हो सके, तो निश्चय ही मेरा समस्त कल्याणमय मनोरथ पूर्ण हो जाएगा।''

(महाभारत, आदिपर्व, अध्याय-218, श्लोक-18-19)

उसके बाद अर्जुन कृष्ण की जानकारी में और उनकी सहमति से सुभद्रा का हरण करके इंद्रप्रस्थ ले जाते हैं, जिसके बारे में इसी किताब में अन्यत्र चर्चा हो चुकी है। इस तरह अर्जुन के द्रौपदी सहित कुल चार पत्नियों के प्रमाण महाभारत में प्राप्त होते हैं। जिसमें द्रौपदी को छोड़ बाकी तीन विवाह अर्जुन ने अपने वनवास के दरम्यान किये थे।

52. कहा जाता है कि कृष्ण को रूप बदलने के लिए जाना जाता है और उन्हें कई बार पुरुष से महिला में बदलते बताया गया है। क्या यह सच है?

नहीं, यह सच नहीं है। महाभारत में ऐसी कोई चर्चा नहीं है और कृष्ण के जीवन तथा कार्यों पर लिखे गए कई प्रसिद्ध पुराणों जैसे विष्णु पुराण, हरिवंश पुराण, भागवत पुराण, ब्रह्मवैवर्त पुराण, कुर्म पुराण, गर्गसंहिता आदि में भी ऐसी कोई चर्चा नहीं है। केवल आजकल के पाखंडी धार्मिक कथाकारों ने ही अपने-अपने प्रवचनों में ऐसी उटपटांग और अनर्गल बातें की हैं और जिन्हें लिखने वालों ने किताबों में भी लिख डाला है।

53. क्या कृष्ण वास्तव में सांवले थे?

हां, कृष्ण सांवले थे, इसके प्रमाण पुराणों से इस तरह प्राप्त होते हैं:

भागवत पुराण में –

आसन् वर्णास्त्रयो ह्यस्य गृह्णतोऽनुयुगं तनूः।
शुक्लो रक्तस्तथा पीत इदानीं कृष्णतां गतः॥

"और यह जो सांवला-सांवला है, यह प्रत्येक युग में जन्म ग्रहण करता है। पिछले युगों में इसने क्रमशः उजला, लाल और पीला, ये तीन विभिन्न रंग स्वीकार किये थे, अबकी यह कृष्णवर्ण हुआ है*(भागवत पुराण, स्कन्ध-10, अध्याय-8, श्लोक-13)*।"

हरिवंश पुराण में –

मेघकृष्णस्तु कृष्णोऽभूद् देहान्तरगतो हरिः।
व्यवर्धत गवां मध्ये सागरस्य इवाम्बुदः॥

"दूसरे शरीर में आये हुए श्रीहरि ही 'कृष्ण' नाम से विख्यात हुए। उनके शरीर का रंग काले मेघ की तरह सांवला था। जैसे समुद्र में मेघ की वृद्धि होती है, वैसे ही वे गौवों के बीच में बढ़ने लगे।"

(हरिवंश पुराण, विष्णुपर्व, अध्याय-6, श्लोक-3)

यहां ग्वालों तथा गाय-बैलों के रंग से समुद्र की तथा मेघ की तुलना कृष्ण से की गई है। जिस तरह समुद्र सूर्य की रोशनी में चांदी की तरह चमकता रहता है, उसी तरह अधिकांश गाय-बैल भी उजले होते हैं, और जिस तरह समुद्र से ही उत्पन्न होने वाला मेघ काला होता है, उसी तरह गोरे-गोरे ग्वालों तथा गोवंशों के बीच में कन्हैया काला था। इस उपमा अलंकार का यही भाव है।

विष्णु पुराण में –

ददृशे च प्रबुद्धा सा यशोदा जातमात्मजम्।
नीलोत्पलदलश्यामं ततोऽत्यर्थं मुदं ययौ॥

"जब यशोदा ने जागने पर देखा कि उसके एक नीलकमलदल के समान श्याम रंग का पुत्र उत्पन्न हुआ है, तो उसे अत्यंत प्रसन्नता हुई।"

(विष्णु पुराण, अंश-5, अध्याय-3, श्लोक-22)

ब्रह्मवैवर्त पुराण में –

इत्युक्त्वा श्रीहरिस्तत्र बालरूपो बभूव ह।
नग्नं भूमौ शयानं च ददर्श श्यामलं सुतम्॥

नारायण ने कहा – "ऐसा कहकर श्रीहरि तुरंत वहां शिशुरूप हो गए और वसुदेवजी ने श्यामल पुत्र को पृथ्वी पर नग्नभाव से सोया देखा।"

(ब्रह्मवैवर्त पुराण, श्रीकृष्णजन्मखंड, अध्याय-7, श्लोक-103)

यानी एक नहीं, सभी ग्रंथों में कृष्ण का रंग सांवला बताया गया है।

54. कृष्ण की माता देवकी की शादी कब और कैसे हुई थी?

महाभारत के अनुसार देवकी के लिए स्वयंवर रचा गया था। राजा उग्रसेन ने अपने भाई देवक की बेटी की शादी के लिए स्वयंवर में दूर-दूर के राजाओं को आमंत्रित किया था परंतु बीच स्वयंवर में बाधा उत्पन्न हो गई थी। कृष्ण के दादा शूरसेन और सात्यकि के दादा शिनि दोनों सगे चचेरे भाई थे। उस स्वयंवर में शिनि ने अपने भतीजे वसुदेवजी के लिए देवकी को अपने कब्जे में ले लिया जिसपर सभी उपस्थित राजाओं ने सख्त आपत्ति जताई थी। लेकिन भीष्मपितामह के चाचा बाह्लीक का पुत्र सोमदत्त, शिनि द्वारा करी गई इस उद्दंडता को सह नहीं पाया और भिड़ गया, परंतु शिनि के हाथों उसे बुरी शिकस्त झेलनी पड़ी थी। खैर, अंततः देवकी की शादी वसुदेवजी के साथ हो गई थी।

(महाभारत, द्रोणपर्व, अध्याय-144, श्लोक-7-14)

यहां गौर करने वाली बात यह है कि इसी सोमदत्त की रोहिणी सहित पांच बहनें पहले से ही वसुदेवजी की पत्नी थीं। कृष्ण के बड़े भाई बलराम सोमदत्त के ही भानजे थे।

55. देवकी का अपने भाई कंस से कैसा संबंध था?

पुराणों के अनुसार कंस अपनी सबसे छोटी चचेरी बहन देवकी से अत्यधिक प्रेम करते थे। देवकी उनकी लाड़ली बहन थी :

उग्रसेनसुतः कंसः स्वसुः प्रियचिकीर्षया।
रश्मीन् ह्यानां जग्राह रौक्मै रथशतैर्वृतः॥

शुकदेवजी कहते हैं – "उग्रसेन का लड़का था कंस। उसने अपनी चचेरी बहन देवकी को प्रसन्न करने के लिए उसके रथ के घोड़ों की रास पकड़ ली। वह स्वयं ही रथ हांकने लगा यद्यपि उसके साथ सैकड़ों सोने के बने हुए रथ चल रहे थे।"

(भागवत पुराण, स्कंध-10, अध्याय-1, श्लोक-30)

यानी कंस का उत्साहपूर्वक देवकी का रथ हांकना उनके प्रेम को दर्शाता है। हालांकि हरिवंश पुराण तथा महाभारत में इस संबंध में कुछ नहीं कहा गया है लेकिन गर्ग संहिता में एक श्लोक

कुछ इस प्रकार है :

स्वसुः प्रियं कर्तुमतीव कंसो जग्राह रश्मींश्चलतां ह्यानाम्।
उवाह वाहांश्चतुरंगिणीभिर्वृतः कृपास्नेहपरोऽथ शौरो।

नारदजी कहते हैं – "वसुदेवजी के प्रति कंस का बहुत ही स्नेह और कृपाभाव था। वह अपनी बहन का कुछ अधिक प्रिय करने के लिए चतुरंगिनी सेना के साथ आकर चलने को तैयार घोड़ों की बागडोर अपने हाथों में ले स्वयं रथ हांकने लगा।"

(गर्ग संहिता, गोलोकखंड, अध्याय-9, श्लोक-10)

ब्रह्मवैवर्त पुराण में भी ऐसी बातें कही गई हैं :

तां गृहीत्वा रथे कृत्वा प्रस्थान समये तदा।
कंसो हृष्टःसहचरो भगिन्युद्वाहकर्मणि॥
तस्या रथसमीपस्थे कंसे गच्छति तत्क्षणे।

"देवकी को रथपर बिठाकर जब वसुदेवजी प्रस्थान करने लगे तब बहिन के विवाह में हर्ष से भरे कंस भी उनके साथ चले। और उनका रथ तत्काल देवकी के रथ के निकट आ गया।"

(ब्रह्मवैवर्त पुराण, श्रीकृष्णजन्मखंड, अध्याय-7, श्लोक-14-15)

उपरोक्त पौराणिक प्रमाणों के आधार पर यही कहा जा सकता है कि कंस को अपनी बहनों से बहुत प्रेम था, खासकर देवकी से।

56. कृष्णजन्म के समय नंद-यशोदा की उम्र क्या रही होगी?

भागवत पुराण में नंद की आयु के बारे में बात करते हुए वसुदेवजी कहते हैं :

दिष्ट्या भ्रातः प्रवयस इदानीमप्रजस्य ते।
प्रजाशाया निवृत्तस्य प्रजा यत् समपद्यत॥

वसुदेवजी ने कहा – "भाई! तुम्हारी अवस्था ढल चली थी और अबतक तुम्हें कोई संतान नहीं हुई थी। यहां तक कि अब तुम्हें संतान की आशा तक नहीं थी। ऐसे में यह बड़े सौभाग्य की बात है कि तुम्हें संतान हो गई।"

(भागवत पुराण, स्कन्ध-10, अध्याय-5, श्लोक-23)

इस पुराण में यशोदा के उम्र की कोई चर्चा नहीं की गई है, इसलिए नंदबाबा की अवस्था से उनकी अवस्था का अनुमान लगाना ही अपेक्षित है। किसी भी ग्रंथ में यह नहीं लिखा है कि यशोदा के अतिरिक्त नंद की अन्य पत्नियां भी थीं। अतः उम्मीद यही की जा सकती है कि नंद और यशोदा समवयस्क रहे होंगे।

विष्णु पुराण में भी इसी तरह की बात वसुदेवजी अपने मित्र नंद से कहते हैं :

वसुदेवोऽपि तं प्राह दिष्ट्या दिष्ट्येति सादरम्।
वार्द्धकेऽपि समुत्पन्नस्तनयोऽयं तवाधुना।।

"तब वसुदेवजी ने भी उनसे (नंद से) कहा - "अब वृद्धावस्था में भी आपने पुत्र का मुख देख लिया, यह बड़े सौभाग्य की बात है।"

(विष्णु पुराण, अंश-5, अध्याय-5, श्लोक-2)

स्पष्टीकरण :- इस प्रकार उपरोक्त तथ्यों से स्पष्ट होता है कि नंदजी एक वृद्ध व्यक्ति थे। फिर भी सभी टीवी सीरियलों में नंद-यशोदा को युवा बताया जाता है। लेकिन यह सब तो कृष्ण के वास्तविक जीवन के साथ वो खिलवाड़ है जो अब बंद कर देना चाहिए। सबको कृष्ण के बाबत उटपटांग कहानियां बनाते वक्त यह ध्यान रखना ही चाहिए कि अपने नायक के सही स्वरूप को पहचानने का हक सबको है।

57. कृष्ण की स्वयं तथा उनके पुत्रों की अधिकांश शादियां प्रथम रक्त संबंध के रिश्तेदारों के बीच क्यों हुई थी?

हिंदू धर्म में यह उनदिनों एक बहुत ही प्रचलित रिवाज था और आज की तरह इस बाबत कोई वर्जना नहीं थी। कृष्ण से बदली गई यशोदा की बेटी को बचाने के लिए देवकी कंस से प्रार्थना करती हैं कि यह तुम्हारी पुत्रवधु के समान है, कम-से-कम इसे तो मत मारो :

तं आह भ्रातरं देवी कृपणा करुणं सती।
स्नुषेयं तव कल्याण स्त्रियं मा हन्तुमर्हसि।।

देवकी ने कहा - "मेरे हितैषी भाई! यह कन्या तो तुम्हारी पुत्रवधु के समान है और स्त्री जाति की है; तुम्हें स्त्री की हत्या कदापि नहीं करनी चाहिए।"

(भागवत पुराण, स्कन्ध-10, अध्याय-4, श्लोक-4)

अगर ऐसा प्रचलन नहीं होता तो बच्ची के जन्म के समय ही देवकी रिश्तेदारी गांठने का प्रयास नहीं करतीं। नीचे कृष्ण के परिवार में ममेरे-फुफेरे भाई-बहनों के बीच हुई कुछ शादियों के ब्योरे, जो ग्रंथों से प्राप्त हुए हैं, दिये जा रहे हैं :

i) भद्रा :- कृष्ण की बुआ श्रुतिकीर्ति जो केकयराज से ब्याही गई थीं, भद्रा उनकी बेटी थीं। रुक्मिणी के बाद कृष्ण की दूसरी शादी भद्रा से ही हुई थी।

ii) मित्रविंदा :- कृष्ण की बुआ राजाधिदेवी जो अवन्तिराज से ब्याही गई थीं, मित्रविंदा उनकी बेटी थी। द्रौपदी के स्वयंवर से लौटते समय कृष्ण मित्रविंदा के स्वयंवर में गये थे

और वहां इस राजकुमारी ने सैकड़ों राजाओं के बीच स्वयं ही कृष्ण के गले में वरमाला डाली थी।

iii) सुभद्रा :– कृष्ण के फुफेरे भाई अर्जुन ने कृष्ण के ही सहयोग से सुभद्रा से प्रेम–विवाह किया था।

iv) शुभांगी :– कृष्ण के साले रुक्मी की इस बेटी ने स्वयंवर में अपने फुफेरे भाई और कृष्ण के पुत्र प्रद्युम्न को स्वेच्छा से वरण किया था।

v) रुक्मवती :– रुक्मी ने कृष्ण से वैमनस्य मिटाने के लिए अपनी इस पोती की शादी का रिश्ता कृष्ण के पोते अनिरुद्ध के लिए भेजा... जिसे रुक्मिणी के अनुरोध पर कृष्ण ने स्वीकार लिया था। इसी रुक्मवती और अनिरुद्ध की शादी में बलराम के हाथों रुक्मी मारा गया था।

vi) वत्सला या शशिरेखा :– बलराम की इस बेटी की शादी सुभद्रा के पुत्र अभिमन्यु से हुई थी।

प्राचीन काल में ममेरे–फुफेरे भाई–बहनों के बीच हुई कुछ अन्य शादियां :

i) यशोदा :– वैशाली गणराज्य के एक सामंत समरवीर ने अपनी इस बेटी की शादी अपने भानजे महावीर, जो जैन धर्म के भगवान हैं, से करी थी।

ii) यशोधरा :– गौतम बुद्ध की पत्नी यशोधरा उनकी बुआ प्रमिता की बेटी थी।

स्पष्टीकरण :– यानी उस समय ममेरे–फुफेरे भाई बहनों में शादी आम बात थी। उसे कतई बुरा नहीं माना जाता था।

58. कृष्ण के साथ अंतिम समय कौन था?

यादवस्थली की घटना के बाद कृष्ण जंगल में चले गए। वहां उन्हें हिरण समझकर एक जरा नाम के व्याधे ने बाण चला दिया जिससे वे बुरी तरह घायल हो गए। वह व्याधा जब अपना शिकार लेने नजदीक आया तो अपने राजा को घायल देखकर बुरी तरह डर गया। वही व्याधा कृष्ण की अंतिम सांस तक उनके साथ था। इस घटना की चर्चा महाभारत तथा विष्णु पुराण में विस्तार से की गई है लेकिन हरिवंश पुराण में इसके बारे में एक श्लोक भी नहीं मिलता है। ब्रह्मवैवर्त पुराण तथा गर्ग संहिता में भी इसकी चर्चा नहीं की गई है। सर्वप्रथम महाभारत में देखें :

मत्वात्मानमपराद्धं स तस्य पादौ जरा जगृहे शंकितात्मा।
आश्वासयंस्तं महात्मा तदानीं गच्छन्नूर्ध्वं रोदसी व्याप्य लक्ष्म्या।।

वैशम्पायनजी ने कहा – "अब तो जरा अपने को अपराधी मानकर मन-ही-मन बहुत डर गया। उसने श्रीकृष्ण के दोनों पैर पकड़ लिये। तब महात्मा श्रीकृष्ण ने उसे आश्वासन दिया और अपनी कांति से पृथ्वी एवं आकाश को व्याप्त करते हुए वे ऊर्ध्वलोक में चले गए।"

(महाभारत, मौसलपर्व, अध्याय-4, श्लोक-24)

विष्णु पुराण में यह प्रसंग इस प्रकार है :

अजानता कृतमिदं मया हरिणशंकया।
क्षम्यतां मम पापेन दग्धं मां त्रातुमर्हसि॥

व्याधे ने कृष्ण से कहा – "मैं बिना जाने ही मृग की आशंका से यह अपराध कर बैठा हूँ, कृपया मुझे क्षमा कीजिए। मैं अपने पाप से दग्ध हो रहा हूँ, आप मेरी रक्षा कीजिए।"

(विष्णु पुराण, अंश-5, अध्याय-37, श्लोक-71)

गते तस्मिन्सभगवान्संयोज्यात्मानमात्मनि।
ब्रह्मभूतेऽव्ययेचिन्त्ये वासुदेवमयेऽमले॥
अजन्मन्यमरे विष्णवाप्रमेयेऽखिलात्मनि।
तत्याज मानुषं देहमतीत्य त्रिविधां गतिम्॥

पराशर मुनि ने मैत्रेय मुनि से कहा – "जरा नामक व्याधे के चले जाने के बाद श्रीकृष्ण ने अपनी आत्मा को ब्रह्मस्वरूप में लीन कर त्रिगुणात्मक गति को पार करके इस मनुष्यशरीर को छोड़ दिया।"

(विष्णु पुराण, अंश-5, अध्याय-37, श्लोक-74-75)

भागवत पुराण में बाण लगने के बाद कृष्ण ने उस जरा नामक व्याधे को जो कि डर के मारे कांप रहा था, सांत्वना देकर वापस भेज दिया। और उसके पश्चात उन्होंने दारुक को भी द्वारका जाने को कह दिया :

गच्छ द्वारवतीं सूत ज्ञातीनां निधनं मिथः।
संकर्षणस्य निर्याणं बन्धुभ्यो ब्रूहि मद्दशाम्॥

श्रीकृष्ण ने दारुक से कहा – "दारुक! अब तुम द्वारका चले जाओ और वहां यदुवंशियों के पारस्परिक संहार, भैया बलराम की परमगति और मेरे देहांत की बात कहो।"

(भागवत पुराण, स्कंध-11,
अध्याय-30, श्लोक-44)

यानी महाभारत और विष्णु पुराण के विपरीत भागवत पुराण में मृत्यु के समय कृष्ण के पास उनका सारथी दारुक था।

59. क्या कृष्ण ने सत्राजित की मशहूर स्यमंतक मणि चुराई थी?

इस प्रसंग की जहां भी चर्चा की गई है, उन सभी जगहों पर एक ही बात बतायी गई है कि कुटिल सत्राजित ने बेवजह निर्दोष कृष्ण पर मणि चुराने का आरोप लगाया था। लेकिन घटनाओं के वर्णन में पायी जाने वाली भिन्नता से यह अनुमान लगाया जाता है कि जो कुछ लिखा हुआ है, उतना ही भर इस घटना का सत्य नहीं है। इस संबंध में गर्ग संहिता में एक स्थान पर ऐसा वर्णन आया है:

सत्राजिताय सूर्येण दत्तः साक्षात्स्यमंतकः।
उग्रसेनाय स मणिः श्रीकृष्णेनाभियाचितः।।
सत्राजितस्तं न ददौ द्रव्यलोभेन मैथिल।
दिनेदिने स्वर्णभारानष्टौ यः सृजति स्वतः।।

नारदजी कहते हैं – "मिथिलेश्वर! सत्राजित नामक एक प्रसिद्ध और संभ्रांत यादव को साक्षात सूर्य ने स्यमन्तक मणि दे रखी थी। कृष्ण ने राजा उग्रसेन के लिए वह मणि मांगी। लेकिन सत्राजित ने द्रव्य के लोभ से वह मणि नहीं दी क्योंकि वह मणि प्रतिदिन आठ भार सोना पैदा करती थी *(गर्ग संहिता, द्वारकाखंड, अध्याय-8, श्लोक-2-3)*, (एक भार = 8,000 तोला = एक आधुनिक क्विंटल)।"

और फिर यूं तो कृष्ण की समृद्धि में कई राजाओं से मिले सम्मानपूर्ण दान तथा गोमंत की टेकड़ी से निकले खजाने का योगदान प्रमुख था, लेकिन द्वारका की स्थापना करने तथा उसे समृद्ध करने के लिए उतना ही धन पर्याप्त नहीं था। ऐसे में उपरोक्त श्लोक ग्रंथों में लिखे वर्तमान बातों पर शक पैदा करते हैं। दूसरी ओर ग्रंथों में शतधन्वा, कृतवर्मा तथा अक्रूर को मणिचोर बताया गया है। वह मणि उन्होंने द्वारका से ही चुरायी थी। ऐसे में सवाल यह कि वह मणि द्वारका आयी कैसे? खैर, जब मणि अक्रूर के पास से जब्त की गयी तो यह तय हुआ कि यह मणि अक्रूर के पास ही रहेगी। यानी द्वारका में नहीं रहेगी। लेकिन उसके बाद की द्वारका की स्थिति पर गौर किया जाए तो कई बातें सामने आ जाती हैं। ग्रंथों को पढ़ने वाला कोई भी व्यक्ति यह महसूस कर सकता है कि उस घटना के बाद द्वारका का क्रमशः पतन प्रारंभ हो गया था। जाहिर है कि द्वारका की समृद्धि में स्यमन्तक मणि का भी हाथ था, यह बात ग्रंथों में न सही, लेकिन विद्वानों में जरूर मान्य है।

60. कृष्ण के प्रमुख शौक क्या-क्या थे?

कृष्ण के जीवन से जुड़े प्रायः सभी ग्रंथों के सूक्ष्म अध्ययन के आधार पर यह अधिकारपूर्वक

कहा जा सकता है कि शौक के नामपर कोई भी भाव, कार्य या वस्तु उनपर हावी नहीं था। उनके लिए यह भी अपनेआप में एक शौक था। वर्तमान जो और जैसा भी होता था, वे उसी को जीते थे। प्रश्न में शौक के पीछे जो भाव छिपा है, वैसा कोई भी शौक कृष्ण को नहीं था। अन्यथा, बाजा बजाने का मन हो और हाथ में बांसुरी नहीं तो पेड़ के पत्ते मोड़कर भी बजा लेते थे। मां के पहनाये आभूषण कम पड़ते हों तो मोरपंख से लेकर फल-फूल से भी वे खुद को उतने ही शौक से सजाते थे। अत: कृष्ण को किसी एक या दो-चार शौकों के पल्ले बांधना किसी भी तरीके से उचित नहीं है। कृष्ण के इतने विशाल जीवन और गाड़ीभर पुस्तकों को पढ़ने के बाद भी एक ऐसा कर्म या ऐसी वस्तु नहीं चुनी जा सकती, जिसे कृष्ण का शौक कहा जा सके। वे अपने को परिस्थिति के अनुसार ढालने में माहिर थे। उन्हें किसी चीज से ऐतराज नहीं था। अत: जो लोग उन्हें बांसुरी, पीताम्बर, छप्पनभोग, रथ, कूटनीति आदि का शौकिया बताते हैं, वे उन्हें एक प्रतिशत भी नहीं जानते हैं। यदि कृष्ण के हर कर्म को शौक के तौरपर लिया जाए तो उनके शौकों की सूची इससे भी काफी लंबी हो जाती है। सो एक वाक्य में कहा जाए तो वे सबकुछ अंगीकार किये हुए थे। उनसे कुछ भी अछूता नहीं था।

61. कृष्ण और सत्राजित का रिश्ता क्या था?

सत्राजित कृष्ण की पत्नी सत्यभामा का पिता और स्यमन्तक मणि का मालिक था। वह कृष्ण का कट्टर प्रतिद्वंद्वी था और उसने मथुरा से लेकर द्वारका तक मृत्युपर्यंत कृष्ण का पीछा नहीं छोड़ा था। वह काफी धनीमानी यादव संभ्रांत था और मथुरा गणराज्य का वसुदेवजी जैसा ही सम्मानित व्यक्ति था। महत्त्वाकांक्षी सत्राजित कंस की मृत्यु के बाद मथुरा का राजा बनने को आतुर था और उग्रसेन को गद्दी से उतारने हेतु वह तरह-तरह के हथकंडे अपना रहा था। लेकिन यह उसका दुर्भाग्य ही था कि कंस की मृत्यु के साथ ही मथुरा में कृष्ण का कद उससे कई गुना बड़ा हो गया था। और इसीलिए वह जीवनभर कृष्ण से दुश्मनी पाले बैठा रहा। और यही उनका आपसी रिश्ता था।

62. क्या कृष्ण को मथुरा का राजा बनने का मौका मिला था?

जी हां, कंस वध के बाद कृष्ण को वहां का राजा बनने का मौका मिला था जिसे उन्होंने ठुकरा दिया था। और इस बात का विवरण हरिवंश पुराण में स्पष्ट रूप से मिलता है जबकि अन्य पुराणों में सिर्फ उग्रसेन को गद्दी पर बैठाने का वर्णन मिलता है :

पुत्रो निर्यातितः क्रोधान्नीतो... X ...कृपणः पश्चिमां क्रियाम्॥

कंस के पिता उग्रसेन बोले – "कृष्ण! तुमने मेरे पुत्र से उसके अपराध का बदला ले लिया, धर्म के अनुसार कीर्ति प्राप्त कर ली और पृथ्वी पर अपने नाम का डंका पीट दिया। समस्त राजाओं में तुम्हारा प्रकाश प्रकाशित हो गया और वे सब तुम्हारा आश्रय लेंगे। कृष्ण! हाथी, घोड़े, रथ और पैदल सैनिकों से भरी हुई कंस की यह अक्षय सेना ग्रहण करो। राजमहल की स्त्रियां, सोने-चांदी, वाहन या और जो कुछ भी यहां है, वह सब वैरी के समाप्त होते ही स्वतः तुम्हारा हो गया, अब हम सब यादव तुम्हारे शरणागत हैं। कृपया हमारी प्रार्थना स्वीकार करो और कंस सहित यहां जितने भी लोग मारे गए हैं, उनके अंतिम संस्कार हेतु आज्ञा दो।"

(हरिवंश पुराण, विष्णुपर्व, अध्याय-32,
श्लोक-18-30)

उग्रसेन ने उपरोक्त बातें इसलिए कही थी क्योंकि उन दिनों यह एक आम परंपरा थी। जो कोई व्यक्ति, चाहे वह राजा हो या सामान्यजन, अगर किसी राजा का वध कर देता था, प्राय: वह उस मृतक के राज्य का नया राजा हो जाया करता था। इसलिए उग्रसेन ने परंपरा का पालन करते हुए कृष्ण को मथुरा का राजा बनने का प्रस्ताव दिया लेकिन कृष्ण ने विनम्रतापूर्वक उनका प्रस्ताव ठुकराते हुए कहा :

न हि राज्येन मे कार्यं नाप्यहं नृप कांक्षितः।
न चापि राज्यलुब्धेन मया कंसो निपातितः।।
किं तु लोकहितार्थाय कीर्त्यर्थं च सुतस्तव।
व्यंगभूतः कुलस्यास्य सानुजो विनिपातितः।।
अहं स एव गोमध्ये गोपैः सह वनेचरः।
प्रीतिमान् विचरिष्यामि कामचारी यथा गजः।।
एतावच्छतशोऽप्येवं सत्येनैतद् ब्रवीमि ते।
न मे कार्यं नृपत्वेन विज्ञाप्यं क्रियतामिदम्।।
भवान राजास्तु मान्यो मे यदूनामग्रणीः प्रभुः।
विजयायाभिषिच्यस्व स्वराज्ये नृपसत्तम।।
यदि ते मत्प्रियं कार्यं यदि वा नास्ति ते व्यथा।
मया निसृष्टं राज्यं स्वं चिराय प्रतिगृह्यताम्।।

कृष्ण बोले – "हे राजन! मुझे राज्य से कोई प्रयोजन नहीं है। न तो मैं राज्य का अभिलाषी हूं और न ही मैंने राज्य के लोभ से कंस को मारा है। मैंने तो केवल लोकहित के लिए

और कीर्ति के लिए आपके पुत्र को मार गिराया है जो इस कुल का सड़ा हुआ अंग था। मैं वही वनचर होकर गोपों के साथ गौवों के बीच प्रसन्नतापूर्वक विचरूंगा। मैं सत्य की शपथ खाकर इन बातों को सौ-सौ बार दुहराकर आपसे कहता हूँ, मुझे राज्य से कोई काम नहीं है, आप इस बात का विज्ञापन कर दीजिए। आप यदुवंशियों के अग्रगण्य स्वामी और मेरे लिए भी माननीय हैं, अतः आप ही राजा हों। हे नृपश्रेष्ठ! आप अपने राज्य पर अपना अभिषेक कराइए, आपकी विजय हो। यदि आपको मेरा प्रिय कार्य करना हो अथवा यदि आपके मन में मेरी ओर से कोई व्यथा न हो तो मेरे द्वारा लौटाये गए इस राज्य को दीर्घकाल के लिए ग्रहण कीजिए।''

(हरिवंश पुराण, विष्णुपर्व, अध्याय-32, श्लोक-48-53)

महाभारत में -

आहुकः पुनरस्माभिर्ज्ञातिभिश्चापि सत्कृतः।
उग्रसेनः कृतो राजा भोजराजन्यवर्धनः।।

''कृष्ण बोले - उसके बाद हम सब कुटुम्बीजनों ने मिलकर भोजवंशी क्षत्रियों की उन्नति करने वाले आहुक उग्रसेन को सत्कारपूर्वक पुनः राजा बना दिया।''

(महाभारत, उद्योगपर्व, अध्याय-128, श्लोक-38)

भागवत पुराण में -

एवमाश्वास्य पितरौ भगवान्देवकीसुतः।
मातामहं तूग्रसेनं यदूनामकरोन्नृपम्।।
आह चास्मान्महाराज प्रजाश्चाज्ञप्तुमर्हसि।

शुकदेवजी कहते हैं - ''श्रीकृष्ण ने इस प्रकार अपने माता-पिता को सांत्वना देकर अपने नाना उग्रसेन को यदुवंशियों का राजा बना दिया और उनसे कहा - हम आपकी प्रजा हैं, आप हमलोगों पर शासन कीजिए।''

(भागवत पुराण, स्कन्ध-10, अध्याय-45, श्लोक-12-13)

विष्णु पुराण में -

उग्रसेनं ततो बन्धान्मुमोच मधुसूदनः।
अभ्यषिञ्चत् तथैवैनं निजराज्ये हतात्मजम्।।

पराशरजी ने कहा - ''उसके बाद मधुसूदन कृष्ण ने उग्रसेन को बंधन से मुक्त किया और पुत्र के मारे जाने पर उन्हें अपने राजा के पद पर अभिषिक्त किया।''

(विष्णु पुराण, अंश-5, अध्याय-21, श्लोक-9)

अन्य पुराणों तथा संहिताओं में भी इसी तरह की बातें मिलती हैं। यानी कृष्ण को मथुरा का राजा बनने का अवसर मिला था, जो उन्होंने ठुकरा दिया था। और अठारह वर्ष की उम्र में इतना बड़ा अवसर ठुकराना कृष्ण के मन की विशालता को दर्शाने हेतु पर्याप्त है।

63. कृष्ण के रथचालक यानी सारथी का नाम क्या था?

कृष्ण के सारथी का नाम दारुक था जो मथुरा से ही उनका बालसखा था। यादवस्थली की घटना के बाद वहां पर उपस्थित लोगों में से केवल कृष्ण और उनका यह सारथी ही जीवित बच गए थे :

दारुकः कृष्णपदवीमन्वीच्छन्नधिगम्यताम्।
वायुं तुलसिकामोदमाघ्नायाभिमुखं ययौ।।

शुकदेवजी ने कहा – "श्रीकृष्ण का सारथी दारुक उनके स्थान का पता लगाता हुआ उनके द्वारा धारण की हुई तुलसी की गंध से युक्त वायु सूंघकर और उससे उनके होने के स्थान का अनुमान लगाकर सामने की ओर गया।"

(भागवत पुराण, स्कंध-11,
अध्याय-30, श्लोक-41)

64. महाभारत के युद्ध में कृष्ण, अर्जुन के ही सारथी क्यों बने, अन्य किसी पांडव के क्यों नहीं?

जिस तरह अर्जुन आर्यावर्त के श्रेष्ठ धनुर्धरों में से एक थे, उसी तरह कृष्ण भी आर्यावर्त के श्रेष्ठ सारथियों में से एक थे। कौरव पक्ष में अर्जुन के समकक्ष धनुर्धारियों की संख्या चार थी – भीष्म, कर्ण, द्रोण और अश्वत्थामा। जबकि पांडव पक्ष में अर्जुन अकेले थे। भीम को छोड़कर उनका कोई भी भाई अपने हथियार के साथ उत्कृष्टता के स्तर पर कुशल नहीं थे। परंतु भीम एक बार युद्ध के मैदान में पहुंच जाते तो उन्हें रथ की जरूरत ही नहीं पड़ती थी। वह पैदल ही ज्यादा सहज थे लेकिन गदायुद्ध की एक सीमा थी। गदा के सहारे केवल सामने खड़े दुश्मनों से ही निपटा जा सकता था, दूर की लड़ाई में गदा किसी काम की नहीं बचती थी। अतः पांडवों की विजय का सारा दारोमदार अर्जुन के कंधे पर था। ...और श्रेष्ठ रथ, श्रेष्ठ घोड़े तथा श्रेष्ठ सारथी की जरूरत सबसे अधिक उन्हें ही थी। इसीलिए कृष्ण को अर्जुन का ही सारथी बनाया गया था।

65. क्या सच में दुर्वासा मुनि ने कृष्ण को शाप दिया था?

नहीं, यह बिल्कुल गलत है। यह कहानी महाभारत के अनुशासन पर्व के 159वें अध्याय पर आधारित है जो मिलावटी अर्थात बाद में जोड़ी गई है। इस अध्याय की शुरुआत ही ब्राह्मणों की श्रेष्ठता का प्रदर्शन करने के साथ होती है :

युधिष्ठिर उवाच

ब्रूहि ब्राह्मणपूजायां व्यूष्टिं त्वं मधुसूदनः।
वेत्ता त्वमस्य चार्थस्य वेद त्वां हि पितामहः॥

''युधिष्ठिर ने पूछा- मधुसूदन! ब्राह्मण की पूजा करने से क्या फल मिलता है? इसका आप ही वर्णन कीजिए, क्योंकि आप इस विषय को अच्छी तरह जानते हैं और मेरे पितामह भी आपको इस विषय का ज्ञाता मानते हैं।''

(महाभारत, अनुशासनपर्व, अध्याय-159, श्लोक-1)

इसके उत्तर में कृष्ण अपनी एक कहानी सुनाते हैं कि कैसे एकबार उनका पुत्र प्रद्युम्न ब्राह्मणों से झगड़ बैठा था और वह उन ब्राह्मणों पर क्रोधित था। कृष्ण ने उसे समझाते हुए कहा कि बेटा, हम राजा हैं, इसलिए ब्राह्मणों से श्रेष्ठ हैं, यह मानना गलत है *(महाभारत, अनुशासनपर्व, अध्याय-159, श्लोक-11)*। ब्राह्मण तीनों लोकों में सर्वश्रेष्ठ है। उसकी सर्वत्र पूजा होती है। उनमें इस लोक को भस्म करने की क्षमता होती है *(महाभारत, अनुशासनपर्व, अध्याय-159, श्लोक-12)*। फिर कृष्ण अपने पुत्र प्रद्युम्न को एक पिछली कहानी सुनाते हुए कहते हैं कि एकदिन दुर्वासा मुनि द्वारका में आये तो उनके क्रोधित स्वभाव को जानकर किसी ने उन्हें अपने घर में आश्रय न दिया। अंततः वे कृष्ण के महल में ठहरे। लेकिन थोड़े ही दिनों में उन्होंने सबकी नाक में दम कर दिया। यहां तक कि उन्होंने एकदिन रथ में घोड़े की बजाय रुक्मिणी को ही जोत दिया। लेकिन कृष्ण बिना धैर्य खोये ब्राह्मण के आज्ञाकारी बने रहे। एकदिन उन्होंने खीर बनाने का आदेश दिया और जब तैयार खीर सामने आयी तो उन्होंने थोड़ी-सी खाकर वह खीर कृष्ण को यह कहते हुए लौटा दी कि इसे अपने संपूर्ण शरीर में लपेट लो और फिर भी बचे तो रुक्मिणी के शरीर में भी लपेट दो। कृष्ण आगे कहते हैं कि मैंने आज्ञा का पालन किया परंतु दुर्वासा फिर भी क्रोधित हो उठे क्योंकि मैंने खीर अपने पांव और तलुवे में नहीं लगायी थी। इसपर क्रोधित दुर्वासा ने कहा - तूने आज्ञा का सही से पालन नहीं किया, इसलिए तेरी मौत तेरे पांव से ही प्रवेश करेगी *(महाभारत, अनुशासनपर्व, अध्याय-159, श्लोक-14-55)*।

स्पष्टीकरण :- उपरोक्त कहानी पहली नजर में ही बनावटी दिख जाती है। कृष्ण के पांव में

बाण लगने की घटना को ब्राह्मण की श्रेष्ठता प्रदर्शित करने हेतु भुनाने का यह एक दुर्भावनापूर्ण प्रयास है। यहां मैंने संक्षेप में कहानी का विवरण दिया है, मूल कहानी महाभारत में पढ़ने के बाद कोई भी व्यक्ति समझ सकता है और देख सकता है कि क्षुद्र स्वार्थ की प्राप्ति के लिए अतिशयोक्ति की हद कर दी गई है जो प्रकृति में संभव ही नहीं है। और ऐसे लोगों ने केवल कृष्ण से संबंधित शास्त्रों में ही नहीं, प्राय: सभी शास्त्रों में हर मामलों में अति करी ही हैं। सबको यह समझना ही रहा कि सारे शास्त्र अंत में तो ब्राह्मणों ने ही लिखे हैं। अत: उन्होंने अपने को सर्वश्रेष्ठ बताने व दूसरों को नीचा दिखाने में कोई कमी नहीं छोड़ी है। लेकिन ये सारी बातें वास्तविकताओं से हमेशा परे रही है। समाज सभी से बनता है और समाज में सभी का उचित योगदान व यथायोग्य सम्मान होता ही है। और फिर यह मानना कि स्त्रियों का अत्यधिक सम्मान करने वाले कृष्ण अपनी पत्नी रुक्मिणी से रथ खिंचवाने को राजी हो गए होंगे, कल्पना से परे वाली बात है।

66. क्या बलराम मदिरा पीते थे?

हां, बलराम मदिरा पीते थे। शास्त्रों में कृष्ण–बलराम के गोमंत की टेकड़ी पर शरण लेने के समय से ही बलराम के मदिरा पीने के शौकीन होने के प्रमाण मिलने लगते हैं। हरिवंश पुराण में यह प्रसंग कुछ इस प्रकार है :

तृष्णा चैनं विवेशाशु वारुणीप्रभवा तदा।
शुशोष च मुखं तस्य मत्तस्येवापरेऽहनि।।
स्मरितः स पुरावृत्तममृतप्राशनं विभुः
तृषितो मदिरान्वेषी ततस्तं तरुमैक्षत।।
तस्य प्रावृषि फुल्लस्य यदम्भो जलजोज्झितम्।
तत्कोटरस्थं मदिरा संजायत मनोहरा।।
तां तु तृष्णाभिभूतात्मा पिबन्नार्त इवसकृत्।
मोहाच्च चलिताकारः समजायत स प्रभु।।

वैशम्पायनजी कहते हैं – "उस समय बलराम को वारुणी (मदिरा) की तलब लगी। फिर तो दूसरे दिन मतवाले पुरुष की भांति उनका मुंह सूखने लगा। उन्हें पूर्वकाल में किये गए मदिरापान का स्मरण हो आया। वे प्यासे होकर उस मदिरा की खोज करने लगे। तभी उन्होंने एक वृक्ष की ओर देखा। वर्षाकाल में उस खिले हुए कदम्ब पर मेघों का बरसाया हुआ जो जल गिरा था, वह उसके कोटर में अमृत समान दिखने लगा। बलराम का हृदय प्यास से घबरा

उठा था, वह पियक्कड़ पुरुष की भांति उस पेय को बार-बार पीने लगे। अधिक पी लेने के कारण उनपर नशा-सा छा गया जिससे बलराम का हट्टाकट्ठा शरीर भी लड़खड़ाने लगा।''

(हरिवंश पुराण, विष्णुपर्व, अध्याय-41, श्लोक-8-11)

दरअसल जिस गोमंत पहाड़ी पर कृष्ण व बलराम ने जरासंध से भागकर आश्रय लिया था, उसी गोमंत की पहाड़ी पर महुआ, कदम्ब आदि नशीले पेय वाले पेड़ों की बहुतायत थी। और लोगों की आवाजाही से रहित होने के कारण उस इलाके में उन पेड़ों का रस उन्हीं के कोटरों में जमा हो जाया करता था और जो चारों ओर अपनी सुगंध बिखेरता रहता था। जब बलराम जैसे मदिरा के पुराने शौकीन को इसकी गंध लगी, तो उसकी प्यास ने उन्हें व्याकुल कर दिया और अधिक दिनों से न पिये हुए पियक्कड़ों की भांति बेलगाम होकर पीने लगे। इसके अतिरिक्त द्वारका में नशाबंदी लगाने का प्रमाण भी महाभारत और भागवत पुराण में मिलता है। इन सब बातों से स्पष्ट है कि बलराम मदिरा पीते थे।

67. क्या द्वारका के लोग शराब पीते थे?

सभी ग्रंथों में इस बात के अनेकों प्रमाण मिलते हैं कि द्वारका में आमलोगों से लेकर राजघराने तक के सभी लोग शराब पीते थे। तभी तो जब सीमा का अतिक्रमण होने लगा तो नशाबंदी लगानी पड़ी थी :

अघोषयंश्च नगरे वचनादाहुकस्य ते।
जनार्दनस्य रामस्य बभ्रोश्चैव महात्मनः॥
अद्य प्रभृति सर्वेषु वृष्ण्यन्धककुलेष्विह।
सुरासवो न कर्तव्यः सर्वैर्नगरवासिभिः॥
यश्च नोऽविदितं कुर्यात् पेयं कश्चिन्नरः क्वचित्।
जीवन् स शूलमारोहेत् स्वयं कृत्वा सबान्धवः॥

वैशम्पायनजी कहते हैं - ''राजा उग्रसेन, कृष्ण, बलराम और बभ्रु के आदेश से राजकर्मचारियों ने नगर में यह घोषणा करा दी कि आज से समस्त वृष्णिवंशी और अन्धकवंशी क्षत्रियों के यहां कोई भी नगर निवासी मदिरा तैयार न करें। जो मनुष्य कहीं भी हमलोगों से छिपकर नशीली पेय वस्तु तैयार करेगा, वह स्वयं ऐसा अपराध करके जीते जी अपने भाई-बंधुओं सहित सूली पर चढ़ा दिया जाएगा।''

(महाभारत, मौसलपर्व, अध्याय-1,
श्लोक-29-30)

नरकासुर की कैद से छुड़ायी गई कुछ स्त्रियां कृष्ण की उपपत्नी की हैसियत से द्वारका में रहती थीं और उनमें से कई स्त्रियों के अनैतिक संबंध कृष्ण के ही बिगरैल पुत्र साम्ब से थे। उनके महलों में शराब और शबाब का खुल्लम-खुल्ला दौर चलता था *(साम्ब पुराण, अध्याय-3)*। उपरोक्त प्रमाणों से विदित होता है कि द्वारका में उस समय भी मदिरापान का प्रचलन इतने जोरों पर था कि राजा को नशाबंदी का आदेश लागू करवाना पड़ गया था।

68. क्या कृष्ण की द्वारका में वेश्याएं भी बसायी गई थीं?

हां, इसके प्रमाण भागवत पुराण में मिलते हैं। जब महाभारत युद्ध के बाद कृष्ण द्वारका लौटे थे तो राजपरिवार के लोगों के साथ-साथ वेश्याएं भी कृष्ण के स्वागत के लिए नगर से बाहर आयीं थीं :

वारमुख्याश्च शतशो यानैर्तद्दर्शनोत्सुका।
लसत्कुंडलनिर्भात कपोलवदनश्रियः।।

शुकदेवजी कहते हैं - "साथ ही कृष्ण के दर्शन के लिए कई सौ श्रेष्ठ वेश्याएं, जिनके मुंह उनके गालों पर पड़ने वाले उनके कुण्डलों की कान्ति से सुंदर दिख रहे थे, भी पालकियों पर चढ़कर आगवानी के लिए चली थीं।"

(भागवत पुराण, स्कन्ध-1, अध्याय-11, श्लोक-20)

हरिवंश पुराण में भी द्वारका की वेश्याओं की चर्चा की गई है :

दैत्याधिवासं निर्जित्य यदुभिर्दृढविक्रमैः।
वेश्या निवेशिता वीर द्वारवत्यां सहस्रशः।।
सामान्यास्ताः कुमाराणां क्रीडानार्यो महात्मनाम्।
इच्छाभोग्या गुणैरेव राजन्या वेषयोषितः।।

वैशम्पायनजी कहते हैं - सुदृढ़ पराक्रमी यादववीरों ने दैत्यों के निवासस्थान समुद्र को जीतकर वहां द्वारकापुरी में हजारों वेश्याओं को बसा दिया था। विविध वेश धारण करने वाली वे युवतियां महामनस्वी यादवकुमारों के लिए सामान्य क्रीड़ानारियां (खेलने की वस्तु) थीं। वे अपने गुणों द्वारा सभी कुमारों की इच्छा के अनुसार उनके उपभोग में आने वाली थीं। राजकुमारों द्वारा उपभोग में लाये जाने के कारण वे सभी वेश्याएं राजन्या कहलाती थीं।

(हरिवंश पुराण, विष्णुपर्व, अध्याय-88, श्लोक-8-9)

द्वारका में एकबार कृष्ण के निर्देशन में एक रास का आयोजन किया गया था जिसमें यादवों की जलक्रीड़ा समाप्त होने के बाद वेश्याओं का नृत्य प्रारम्भ हुआ था :

कृष्णेङ्गितज्ञा जलयुद्धसङ्गाद् भैमा निवृत्ता दृढमानिनोऽपि।
नित्यं तथाऽऽनन्दकराः प्रियाणां प्रियाश्च तेषां ननृतुः प्रतीताः॥

कृष्ण के संकेतों को समझने वाले भीमवंशी यादव सुदृढ़ अभिमान से युक्त होने पर भी उस जलक्रीड़ा से निवृत्त हो गए। उसके बाद उन प्रिय पुरुषों को आनंद देने वाली उनकी वारवनिताएं (वेश्याएं) विश्वस्त होकर नृत्य करने लगीं।

(हरिवंश पुराण, विष्णुपर्व, अध्याय-89, श्लोक-53)

69. कृष्ण ने कालयवन का वध क्यों किया था?

जब मथुरा के राजा उग्रसेन तथा कृष्ण को अपने गुप्तचरों से पता चला कि जरासंध अपने मित्र राजागण के साथ-साथ एक बहुत ही शक्तिशाली राजा कालयवन को भी अपने पक्ष में करके कई दिशाओं से मथुरा पर आक्रमण करने की योजना बना रहा है, तो वे तुरंत हरकत में आ गए। उन्होंने तत्काल अर्धनिर्मित द्वारका में मथुरावासियों को विस्थापित करने का निर्णय ले लिया। फिर अतिशीघ्रता से अधिक-से-अधिक मथुरावासियों को मथुरा से रवाना भी करवा दिया गया। साथ ही कारवां को सुरक्षित अपने गन्तव्य तक पहुंचने की सुनिश्चितता हेतु खुद कालयवन की सेना की ओर अग्रसर हो गए। यह इसलिए जरूरी हो गया था क्योंकि कालयवन की विशाल सेना दो दिनों में ही कारवां को खदेड़कर समाप्त कर सकती थी। अतः उन्होंने बिना लड़े इस बड़ी विपत्ति को टालने के लिए अपने दूत के द्वारा सांकेतिक भाषा में एक संदेश कालयवन को भिजवाया जो तेजी से मथुरा की ओर बढ़ रहा था :

घोरमाशीविषं कृष्णं कृष्णः प्राक्षेपयत् तदा।
ततस्तं मुद्रयित्वा तु स्वेन दूतेन हारयत्॥

वैशम्पायनजी ने कहा - ''श्रीकृष्ण ने एक काले भयंकर और विषैले महासर्प को घड़े में रखवाया और उसका मुंह बंद करके उस घड़े को अपने दूत के द्वारा उस राजा को भिजवाया।''

निदर्शनार्थं गोविन्दो भीषयामास तं नृपम्।
स दूतः कालयवने दर्शयामास तं घटम्॥

''दरअसल गोविंद ने कूटभाषा में ही सर्प को दिखाकर उस राजा को डराने की चेष्टा की

थी। हे राजा जनमेजय! उस दूत ने इसी भाव से कि कृष्ण इस सर्प के समान ही भयंकर हैं, घड़ा का मुंह खोलकर कालयवन को दिखाया।''

कालसर्पोपमः कृष्ण इत्युत्त्वा भरतर्षभ।
तत्कालयवनो बुद्ध्वा त्रासनं यादवैः कृतम्।।

''कालयवन ने यह सोचा कि इन यादवों ने सांप की उपमा देकर हमें डराने की कोशिश की है।''

पिपीलिकानां चण्डानां पूरयामास तं घटम्।
स सर्पो बहुभिस्तीक्ष्णैः सर्वतस्तैः पिपीलिकैः।
भक्ष्यमाणः किलांगेषु भस्मीभूतोऽभवत् तदा।।

''प्रत्युत्तर में कालयवन ने उस घड़े को खूंखार चींटियों से भर दिया। उन बहुसंख्यक तीखी चींटियों ने सब ओर से उस सर्प के शरीर को काटना शुरू कर दिया, जिससे वह काला सर्प तत्क्षण काल के गाल में समा गया।''

तं मुद्रयित्वा तं घटं तथैव यवनाधिपः।
प्रेषयामास कृष्णाय बाहुल्यमुपवर्णयन्।।

''फिर उस घड़े को उसी तरह बंद करके कालयवन ने अपनी सैन्यशक्ति की बहुलता का वर्णन करते हुए कृष्ण के पास भेज दिया।''

(हरिवंश पुराण, विष्णुपर्व, अध्याय-57, श्लोक-33-37)

वासुदेवस्तु तं दृष्ट्वा योगं विहतमात्मनः।
उत्सृज्य मथुरामाशु द्वारकामभिजग्मिवान्।।
वैरस्यान्तं विधित्संस्तु वासुदेवो महायशाः।
निवेश्य द्वारकां राजन्वृष्णीनाश्वास्य चैव ह।।
पदातिः पुरुषव्याघ्रो बाहुप्रहरणस्तदा।
आजगाम महावीर्यो मथुरां मधुसूदनः।।

वैशम्पायनजी ने कहा - ''हे राजन! श्रीकृष्ण ने अपने प्रयोग को विफल हुआ देख तुरंत कारवां को मथुरा से द्वारका की ओर अपनी देखरेख में प्रस्थान करा दिया और फिर वे मधुसूदन केवल अपनी बाजुओं के भरोसे मथुरा की ओर लौट आये।''

(हरिवंश पुराण, विष्णुपर्व, अध्याय-57, श्लोक-38-40)

और तत्पश्चात कृष्ण ने उस कालयवन को गुफा में ले जाकर बड़ी चतुराई से मार डाला। कृष्ण की कालयवन के साथ उपरोक्त कूटनीतिक पैतरेबाजी का वर्णन महाभारत या अन्य किसी भी पुराण में उपलब्ध नहीं है। ऐसा यह वर्णन केवल हरिवंश पुराण में ही मिलता है।

70. क्या कृष्ण के पुत्र साम्ब वाकई अति उपद्रवी थे?

अगर पुराणों की बातों को आधार माना जाए तो ऐसा कहा जा सकता है कि साम्ब का चरित्र बहुत ही उपद्रवी था। पुराणों के वर्णन के अनुसार साम्ब का शरीर बहुत ही आकर्षक था परंतु वह कुष्ठ रोग से ग्रसित भी था। उद्दंडता और शैतानी उसका एकमात्र कार्य था। राजघराने के कुलीन राजकुमार के एक भी लक्षण उसमें नहीं पाये जाते थे। यहां तक कि वह कृष्ण से मिलने आने वाले ऋषि-मुनियों से भी शैतानी करने से बाज नहीं आता था। फिर भी वह अपने बड़े चाचा बलराम का लाड़ला था क्योंकि एक लत के दोनों शिकार थे - मदिरा। मदिरा ने इस चाचा-भतीजे की जोड़ी को पूरी द्वारका में चर्चित बना रखा था। बाकी तो वह इतना उपद्रवी था कि अपने पिता कृष्ण से भी बेअदबी करने से बाज नहीं आता था।

उसकी यह शैतानी द्वारका तक ही सीमित नहीं थी, बल्कि अन्य राज्य भी उसके उत्पात से पीड़ित थे। जब दुर्योधन ने अपनी बेटी लक्ष्मणा का स्वयंवर आयोजित किया तो उसने अपने गदागुरु बलराम को भी निमंत्रण भेजा। तब बलराम ने अपने मुंहबोले भतीजे साम्ब को स्वयंवर में शामिल होने के लिए भेज दिया। अति सुन्दरी लक्ष्मणा को देखते ही साम्ब उसके लिए बेकरार हो गया। उधर लक्ष्मणा ने जयमाला के समय साम्ब की ओर देखा तक नहीं और उसके सामने से होते हुए गुजर गई। दरअसल लक्ष्मणा को साम्ब के कुष्ठरोग से पीड़ित होने और उसके शैतानी व शराबी होने की बात पता थी, इसलिए उसने उसे कोई तवज्जो नहीं दी। उद्दंड साम्ब को यह अवहेलना बर्दाश्त नहीं हुई और उसने भरी सभा से उसका अपहरण कर लिया। लेकिन हस्तिनापुर के सैनिकों ने तुरंत ही उसपर काबू पाते हुए उसे कैद कर लिया और इस बात की सूचना जब द्वारका पहुंची तो बड़ी मुश्किल से बलराम की दखल के बाद इस नाटक का पठाक्षेप हुआ और परिणाम में साम्ब की शादी लक्ष्मणा से करवा दी गई।

(हरिवंश पुराण, विष्णुपर्व, अध्याय-62)

कृष्ण ने नरकासुर की कैद से जिन सोलह हजार एक सौ स्त्रियों को आजाद कराया था, उनमें से बहुत-सी स्त्रियां द्वारका में कृष्ण की उपपत्नी की हैसियत से रहती थीं। साम्ब का उनमें से कई स्त्रियों से संबंध था और उन स्त्रियों में नंदिनी नाम की स्त्री प्रमुख थी *(मत्स्य पुराण, अध्याय-70)*; *(साम्ब पुराण, अध्याय-3)* *(भविष्य पुराण, परिसर्गपर्व, अध्याय-31)*। प्रभास में विश्वामित्र, कण्व और नारद के साथ शरारत करने वाले यादवों का सूत्रधार भी यही साम्ब था।

71. क्या सही में कृष्ण के पहले पुत्र प्रद्युम्न की पहली शादी एक राक्षसी से हुई थी जो उनसे उम्र में काफी बड़ी थी?

पुराणों के विवरण के अनुसार कृष्ण के प्रथम पुत्र प्रद्युम्न की पहली शादी एक राक्षस कुल की युवती से हुई थी जो उम्र में उससे काफी बड़ी थी। प्रद्युम्न के जन्म के सातवें दिन सौरगृह से शम्बर नामक एक असुर ने उसका अपहरण कर लिया था और दूर समुद्र के किनारे अपने कबीले में ले जाकर पालने हेतु उसे एक औरत को सौंप दिया था। उस औरत का नाम मायावती था और वह मछली बेचा करती थी। रुक्मिणी और कृष्ण का यह पुत्र देखने में काफी सुंदर था, इसलिए मायावती इसके रूप पर आकर्षित थी और बड़े ध्यान से उसका पालन-पोषण करती थी। युवा होने पर मायावती ने एक दिन उसे शम्बर द्वारा अपहरण किये जाने और कृष्ण का पुत्र होने की बात बता दी। परिणामस्वरूप प्रद्युम्न ने जल्द ही मौका देखकर शम्बर का वध कर दिया और मायावती से विवाह रचाया। और तत्पश्चात वह मायावती को लेकर द्वारका आ गया।

(हरिवंश पुराण, विष्णुपर्व, अध्याय-104-108)

72. क्या कृष्ण ने गायें हड़पने के लिए किसी राजा पर आक्रमण किया था?

हरिवंश में ऐसी एक कहानी दी गई है। कृष्ण के जमाने तक भारत का काफी हद तक विकास हो चुका था और संपत्ति के रूप में हीरे-मोती-जवाहरात आदि का महत्त्व बढ़ चुका था, परंतु तब भी संपत्ति के रूप में गायों का महत्त्व कम नहीं हुआ था। उनदिनों एक-दूसरे की गायों को हांक लेना रोजमर्रा की बात थी। वैदिक श्रृंखला के ग्रंथों में सैकड़ों जगहों पर इसके प्रमाण मौजूद हैं। तो यहां वर्तमान प्रश्न कृष्ण के पोते अनिरुद्ध और बाणासुर की बेटी उषा के विवाह से जुड़ा हुआ है। जब कृष्ण को पता चला कि उनका पोता अनिरुद्ध उषा के प्रेम के चक्कर में बाणासुर द्वारा कैद कर लिया गया है, तो उन्होंने अनिरुद्ध के पिता यानी अपने पुत्र प्रद्युम्न के साथ लगभग सौ सैनिकों को लेकर बाणासुर की नगरी शोणितपुर (वर्तमान में असम का एक जिला) पर धावा बोल दिया। वहां भयंकर युद्ध हुआ और अंततः बाणासुर की पराजय हुई और उसके पश्चात अनिरुद्ध और उषा का विवाह भी हो गया। विवाह के बाद कृष्ण ने शोणितपुर का राज्य बाणासुर के एक योग्य मंत्री कुष्मांड को सौंप दिया और उसे वहां का राज्याध्यक्ष बना दिया। विवाह के बाद कई दिनों तक कृष्ण ने अपने बेटे-पोते-बहू और सैनिकों के साथ वहां के मेहमान बनकर उनकी मेहमाननवाजी का आनंद लिया। तभी कुष्मांड ने एकदिन कृष्ण को बताया कि बाणासुर ने बहुत ही उत्तम

नस्ल की हजारों गायें सुरक्षा के लिए वरुण को दे रखी थी जो बहुत ही मीठा और पौष्टिक दूध देती थी। तब लौटते समय कृष्ण ने वरुण के राज्य पर हमला कर दिया और वरुण के सैनिकों के साथ कई दिनों तक युद्ध होता रहा।

अंततः वरुण खुद अपने पुत्रों के साथ मोर्चा संभालने आया तो उसने सबसे पहले कृष्ण से बात करना उचित समझा कि उनके हमले का वास्तविक उद्देश्य क्या है? उत्तर में कृष्ण ने बाणासुर द्वारा दी गई गायों को देने की मांग की तो वरुण ने कहा कि उसने बाणासुर से यह प्रतिज्ञा की थी कि उसकी दी हुई गायों को मरते दम तक किसी को छीनने नहीं देगा। साथ ही उसने यह भी बताया कि अगर आप (कृष्ण) निष्पक्ष होकर धर्म की नयी स्थापना के लिए वास्तव में प्रयत्नशील हैं तो मुझे अपनी प्रतिज्ञा का पालन करने में सहयोग कीजिए। और अगर आपको गायों का ही लालच है तो मुझे मारकर ये गायें ले जाइए। आप यह भी ध्यान रखिए कि मैं आपसे ज्येष्ठ हूँ और मैंने कभी भी कोई अनीति का कार्य नहीं किया है। तब कृष्ण वरुण की बातों पर निरुत्तर हो गए और उन्होंने गायें लेने का विचार त्याग दिया।

(हरिवंश पुराण, विष्णुपर्व, अध्याय-127, श्लोक-1-97)

73. भारत में इंद्रपूजा की शुरुआत कब हुई थी?

इंद्र वैदिक सभ्यता का एक प्रमुख देव रहा है और ऋग्वेद में सबसे अधिक मंत्र इंद्र के ही प्राप्त होते हैं। वाजपेय यज्ञ, अश्वमेध यज्ञ, राजसूय यज्ञ जैसे क्षत्रियों द्वारा संपन्न किये जाने वाले यज्ञ में इंद्र की पूजा ही प्रधानता से की जाती थी। साथ ही ब्राह्मणों द्वारा संपन्न किये जाने वाले सोमयज्ञ में भी इंद्र को प्रमुखता से पूजा जाता था। लेकिन इंद्र की ये सारी पूजाएं यज्ञों तक ही सीमित थीं और साल के किसी भी समय में योग्य मुहूर्त देखकर ऐसे यज्ञों का आयोजन किया जा सकता था। साल की कोई भी तिथि इंद्रपूजा के त्यौहार के लिए नियत न थी। भारत में यह स्थिति जरासंध के दादा और उत्तर-मध्य भारत के प्रमुख राजा उपरिचर वसु के जीवन तक बनी हुई थी। फिर महाभारत में ऐसा प्रमाण मिलता है कि चेदि देश के राजा उपरिचर वसु ने इंद्र को प्रसन्न करने के लिए अपने राज्य में यह पूजा प्रारंभ करवायी थी। उनके जीवनकाल में नये साल की शुरुआत आश्विन (सितम्बर-अक्टूबर) महीने से होती थी तो उन्होंने आश्विन महीने के कृष्णपक्ष की पहली तिथि को यह पूजा नियत कर दी थी। हालांकि उस समय यह पूजा केवल छोटे-बड़े राजाओं द्वारा ही संपन्न की जाती थी, आमलोगों को इसका भार नहीं उठाना होता था।

खैर, उपरिचर वसु को पांच पुत्र हुए और उन पांचों ने अपनी योग्यता से राज्य का विस्तार किया। इन्हीं पांच भाइयों में से एक बृहद्रथ ने मगध को अपने अधीन करके उसपर शासन प्रारंभ किया। बाद में इसी बृहद्रथ के यहां कंस के ससुर तथा कृष्ण के सबसे बड़े शत्रु जरासंध का जन्म हुआ था। यहां प्रमुख बात यह कि बृहद्रथ समेत उन पांचों भाइयों ने भारत के अनेक भूभागों पर अपना प्रभुत्व स्थापित किया और उन सभी क्षेत्रों में इंद्रपूजा के त्यौहार का इतना जमकर प्रचार किया कि यह राजसी त्यौहार न रहकर नागरिक त्यौहार बन गया। आमप्रजा में से हर वर्ग के लोग इस त्यौहार को अपनी-अपनी सामर्थ्य के अनुरूप मनाने लगे। फिर भी उस समय यह त्यौहार पारिवारिक स्तर पर न होकर सामूहिक स्तर पर ही संपन्न किये जाते थे।

(महाभारत, आदिपर्व, अध्याय-63)

इस तरह हिंदू धर्मशास्त्र में इंद्रोत्सव के एकमात्र इस साक्ष्य के आधार पर यह कहा जा सकता है कि कृष्ण के समय तक यह उत्सव ज्यादा पुराना नहीं बल्कि बमुश्किल दो-तीन सौ साल पुराना रहा होगा। और चूंकि हिंदुओं की हजारों परंपराओं के बीच इंद्रोत्सव की यह परंपरा अपेक्षाकृत ताजा थी इसलिए इसमें लोगों का उत्साह भी अधिक था। और जब कृष्ण ने इसे रुकवा दिया तो लोगों को आश्चर्य भी अधिक हुआ था। फिर अलग-अलग स्वार्थ और उद्देश्य वाले लोगों द्वारा अलग-अलग तरीके से इसका मौखिक प्रचार होने लगा और भिन्न-भिन्न सम्प्रदायों के शास्त्रों में यह दर्ज भी होने लगा।

74. क्या कृष्ण ने शिक्षा ली थी?

सभी ग्रंथों में कृष्ण और बलराम के सांदीपनि मुनि के गुरुकुल में शिक्षित होने के प्रमाण उपलब्ध हैं। हालांकि उनका यह गुरुकुल प्रवास सामान्य से बहुत कम दिनों का रहा था। प्रमाणस्वरूप कुछ शास्त्रों के श्लोक यहां प्रस्तुत हैं :

अथो गुरुकुले वासमिच्छन्तावुपजग्मतुः।
काश्यं सांदीपनिं नाम ह्यवन्तिपुरवासिनम्॥

शुकदेवजी कहते हैं "अब वे दोनों गुरुकुल में निवास करने की इच्छा से काश्यपगोत्री सांदीपनि मुनि के पास गए, जो अवन्ती (उज्जैन) में रहते थे।"

(भागवत पुराण, स्कंध-10, अध्याय-45, श्लोक-31)

कस्यचित् त्वथ कालस्य सहितौ रामकेशवौ।
गुरुं सान्दीपनिं काश्यमवन्तिपुरवासिनम्॥

वैशम्पायनजी कहते हैं – "कुछ काल के बाद बलराम और कृष्ण एक साथ अवन्तिपुर के निवासी गुरु सांदीपनि के यहां गए जो काशी में उत्पन्न हुए थे।"

(हरिवंश पुराण, विष्णुपर्व, अध्याय-33, श्लोक-3)

उपरोक्त दो पुराणों के दोनों श्लोकों में संस्कृत शब्द 'काश्य' के अर्थ में भिन्नता दिखायी गई हैं जो भारतीय समाज के जातिवाद की ओर अधिक आग्रही होने का संकेत देती हैं। पुराने हरिवंश पुराण में उपरोक्त शब्द का अर्थ काशी प्रदेश यानी स्थान के रूप में लिया गया है जबकि वही शब्द पांच सौ या हजार वर्ष बाद भागवत पुराण में जातिगत गोत्र के लिए प्रयुक्त हुआ है। खैर, सांदीपनि मुनि का वृत्तांत अन्य पुराणों में इस प्रकार है :

तत्सान्दीपनिं काश्यमवन्तिपुरवासिनम्।
विद्यार्थं जग्मतुर्बालौ कृतोपनयनक्रमौ॥

पराशरजी ने कहा – "उसके बाद उपनयन संस्कार सम्पन्न हो जाने के बाद वे दोनों बालक (कृष्ण और बलराम) काशी में उत्पन्न हुए अवन्तिपुरवासी सांदीपनि मुनि के यहां विद्याध्ययन के लिए गए।"

(विष्णु पुराण, अंश-5, अध्याय-21, श्लोक-19)

कृष्णः सांदीपनेर्गेहं गत्वा च सबलो मुदा।
ननमश्चकार स्वगुरुं गुरुपत्नीं पतिव्रताम्॥

नारायण कहते हैं – "हे नारद! श्रीकृष्ण ने बलराम के साथ हर्षपूर्वक सांदीपनि मुनि के घर जाकर अपने गुरु और उनकी पत्नी को नमस्कार किया।"

(ब्रह्मवैवर्त पुराण, श्रीकृष्णजन्मखंड,
अध्याय-102, श्लोक-1)

दक्षिण भारत में प्रचलित महाभारत में कृष्ण के विद्याध्ययन के बारे में निम्न बातें मिलती हैं :

ततस्तौ जग्मतुस्तात गुरुं सान्दीपनिं पुनः।
गुरुः शुश्रूषया युक्तौ धर्मज्ञौ धर्मचारिणौ॥

भीष्मपितामह ने कहा – "हे युधिष्ठिर! उसके बाद वे दोनों धर्मज्ञ भाई गुरु सांदीपनि के यहां उज्जयिनी में विद्याध्ययन के लिए गए।"

(महाभारत, सभापर्व, अध्याय-54, श्लोक-1)

इस प्रकार सांदीपनि मुनि के आश्रम में कृष्ण और बलराम के विद्याध्ययन की चर्चा सर्वत्र की गई है।

75. कृष्ण और द्रौपदी के बीच क्या संबंध था?

महाभारत तथा अन्यान्य पुराणों में ऐसी कई बातें आयी हैं जिनके आधार पर लोग अनेकों अनुमान लगाते रहे हैं और उन्हें मौखिक रूप से समाज में प्रचारित भी किया जाता रहा है। महाभारत या किसी भी पुराण में कृष्ण और द्रौपदी के बीच प्रेम-संबंध का कोई प्रमाण नहीं मिलता है। हां, पर द्रौपदी व कृष्ण के संबंध को समझने हेतु महाभारत में द्रौपदी के संबंध में कही गई कहानियों के दो-तीन बिंदुओं पर गौर करना आवश्यक है:

i) द्रुपद की द्रोणाचार्य और अर्जुन से दुश्मनी :- भरद्वाज और घृताची अप्सरा के पुत्र द्रोण तथा पांचाल का राजकुमार द्रुपद बचपन में भरद्वाज के ही आश्रम में खेलते और पढ़ते थे। दोनों में खूब जमती थी, लेकिन जैसे-जैसे उम्र बढ़ी, उन दोनों की व्यस्तता भी बढ़ती गई और वे काफी समय के लिए बिछड़ गए। पिता की मृत्यु के बाद द्रुपद राजकाज में व्यस्त हो गए तो द्रोण भी आगे की शिक्षा पाने के लिए परशुराम के आश्रम चले गए। शिक्षा समाप्त होने के बाद जब द्रोण द्रुपद से उनके दरबार में मिले तो उन्होंने कहा - मित्र! मैं तुम्हारा बचपन का दोस्त द्रोण। पहचानो। तो द्रुपद ने बड़े रूखे अंदाज में कहा :

नाश्रोत्रियः श्रोत्रियस्य ना रथी रथिनः सखा।
ना राजा पार्थिवस्यापि सखिपूर्वं किमिष्यते।।

"जो श्रोत्रिय नहीं है वह श्रोत्रिय का; जो रथी नहीं है वह रथी वीर का और जो राजा नहीं है वह किसी राजा का मित्र कैसे हो सकता है?"

(महाभारत, आदिपर्व, अध्याय-165, श्लोक-15)

द्रोण, द्रुपद की इस बेरुखी से बहुत निराश हुए और आश्रय की खोज में इधर-उधर भटकते हुए अंततः हस्तिनापुर पहुंच गए। वहां भीष्मपितामह ने उन्हें शरण दी और कौरव-पांडव राजकुमारों की शिक्षा हेतु उन्हें नियुक्त कर लिया। शिक्षा समाप्त होने के बाद जब गुरु-दक्षिणा देने की बारी आयी, तो द्रोण ने उन सभी राजकुमारों से द्रुपद को बंदी बनाकर उनके कदमों में डालने की मांग की। तब अर्जुन ने अपने गुरु की यह इच्छा पूरी कर दी। तब द्रुपद को अपने सामने बंदी देख द्रोण ने कहा - तुमने यही कहा था न कि जो राजा नहीं है, वह राजा का मित्र नहीं हो सकता। देख! मैंने तेरा राज्य जीत लिया है परंतु फिर भी मैं तुझे आधा राज्य देकर आजाद करता हूँ। गंगा के उत्तर-पश्चिम तुम रहो और पूरब-दक्षिण मैं रहता हूँ। तभी द्रुपद के पास शर्त मानने के सिवा कोई चारा नहीं था, सो उन्होंने उस समय द्रोण की बात मान तो ली पर अपमान की आग में जलते रहे।

(महाभारत, आदिपर्व, अध्याय-165, श्लोक-28)

इस पूरी घटना से यह बात स्पष्ट है कि द्रोण और अर्जुन से बदला लेने के लिए द्रुपद बुरी तरह छटपटा रहे थे। लेकिन महाभारत में मिलावट करने वालों ने इस बात को दरकिनार करते हुए उल्टा यह दिखाने का प्रयास किया है कि द्रुपद अर्जुन को अपना दामाद बनाने हेतु बेकरार थे। महाभारत की यह बात सदियों से किसी विद्वान को जंचती नहीं आ रही है। इसलिए इन विद्वानों ने घटना की सत्यता के नजदीक एक समानांतर कहानी का प्रस्ताव रखा कि चूंकि कृष्ण उनदिनों आर्यावर्त के सबसे उभरता हुआ सितारा थे और क्योंकि कृष्ण कई असंभव-से दिखने वाले कार्यों को अंजाम दे चुके थे; सो द्रुपद की नजर में एक कृष्ण ही ऐसे थे, जो द्रोण और अर्जुन से उनका प्रतिशोध पूरा करवा सकते थे। इस हेतु द्रुपद ने एक ऐसे व्यक्ति के मार्फत अपनी बेटी का रिश्ता भिजवाया था, जिसे ना कहना कृष्ण के लिए मुश्किल हो सकता था। द्रुपद ने इस कार्य हेतु आचार्य सांदीपनि को द्वारका भेजा था। इसी क्रम में कृष्ण की मुलाकात द्रुपद और द्रौपदी दोनों से हुई थी और द्रौपदी ने स्पष्ट तौर पर अपना प्रेम प्रकट किया था। लेकिन कृष्ण द्रौपदी की विद्वता का कायल होते हुए भी उसके अहंकार के कारण उससे पीछे हट गए थे। हां, विद्वता के आधार पर दोनों की मित्रता जरूर सुदृढ़ होने लगी थी।

ii) महाभारत में अन्य जगहों पर द्रौपदी द्वारा कृष्ण के प्रति अपना प्रेम प्रकट करना और खुद को उनकी सखी के रूप में संबोधित करना :- जुआ और वस्त्रहरण की घटना के बाद जब पहली बार जंगल में कृष्ण उनसे मिले तो वहां द्रौपदी का भाई धृष्टद्युम्न तथा अन्य कई आम और खास लोग बैठे हुए थे। उन सबके बीच द्रौपदी स्पष्ट रूप से कहती हैं कि मैं आपसे प्रेम करती हूँ तो अपना दुखड़ा और किसको सुनाऊं :

सा तेऽहं दुःखमाख्यास्ये प्रणयान्मधुसूदनः।

''मधुसूदन! मुझे आपसे *प्रेम* है इसलिए मैं आपसे ही अपना दुखड़ा कहूंगी।''

कथं नु भार्या पार्थानां तव कृष्ण सखी विभो।
धृष्टद्युम्नस्य भगिनी सभां कृष्येत मादृषी।।

दौपदी बोली - ''हे कृष्ण! कुंती के वीर कहे जाने वाले पुत्रों की पत्नी, कृष्ण की *सखी* और धृष्टद्युम्न की बहन को उस सभा में केश पकड़कर खींचा गया।''

(महाभारत, वनपर्व, अध्याय-12, श्लोक-60-61)

चतुर्भिः कारणैः कृष्ण त्वया रक्ष्यास्मि नित्यशः।
संबंधाद् गौरवात् सख्यात् प्रभुत्वेनैव केशवः।।

द्रौपदी ने कहा - ''हे कृष्ण! चार कारणों से आपको मेरी रक्षा करनी चाहिए - एक तो

आप मेरे संबंधी हैं, दूसरे मैं उत्तम कुल की बेटी और बहू हूँ, तीसरे मैं आपकी *सखी* हूँ और चौथे कि आप मेरी रक्षा करने में समर्थ भी हैं।''

(महाभारत, वनपर्व, अध्याय-12, श्लोक-127)

स्पष्टीकरण :- कुल-मिलाकर दोनों के बीच अच्छी मित्रता थी। साथ ही यह भी कहा जा सकता है कि दोनों एकदूसरे को अच्छे से समझते भी थे।

76. द्रौपदी का कृष्ण पर इतना भरोसा करने का कारण क्या था ?

द्रौपदी को आजीवन कृष्ण पर आश्रित देखा जा सकता है। और द्रौपदी ही क्यों, उसके पांचों पाण्डव पति भी कृष्ण पर आश्रित थे। वैसे इस भरोसे को महसूस करना बहुत ऊंची बात है क्योंकि इस तरह के भरोसे को शब्दों में बयान करना अधूरा प्रयास करने के समान है। कुंती और द्रौपदी सहित पांचों पांडवों का रोआं-रोआं कृष्ण का कृतज्ञ था, यह बात कुंती के ही मुंह से भागवत पुराण के शब्दों में पढ़िए :

यथा हृषीकेश खलेन देवकी कंसेन रुद्धातिचिरं शुचार्पिता।
विमोचिताहं च सहात्मजा विभो त्वयैव नाथेन मुहुर्विपद्गणात्।।
विषान्महाग्नेः पुरुषाददर्शनादसत्सभाया वनवासकृच्छ्तः।
मृधे मृधेऽनेकमहारथास्त्रतो द्रौण्यस्त्रतश्चास्म हरेऽभिरक्षिताः।।
विपदः सन्तु ताः शश्वत्तत्र तत्र जगद्गुरो।
भवतो दर्शनं यत्स्यादपुनर्भवदर्शनम्।।

कुंती विनती भरे स्वर में कहती हैं - ''हे कृष्ण! जैसे आपने कंस की कैद से अपनी माता देवकी की रक्षा की थी, वैसे ही आपने पुत्रों सहित मेरी भी बार-बार रक्षा की है। कृष्ण, कहां तक गिनाऊं - विष और लाक्षागृह की घटना से, वनवासी राक्षसों से, वनवास की विपत्तियों से, अनेक युद्धों में अनेक महारथियों से और अभी-अभी अश्वत्थामा के घातक हथियार से आपने हमारे वंश की रक्षा की है। मैं तो यही चाहती हूँ कि हम हमेशा विपत्ति से घिरे रहें ताकि हमेशा आपका सान्निध्य हमें मिलता रहे।''

(भागवत पुराण, स्कन्ध-1, अध्याय-8, श्लोक-23-25)

कृष्ण पर लोगों का इतना भरोसा होना कोई चमत्कार नहीं है बल्कि यह कृष्ण का निःस्वार्थ स्वभाव है, जो दोस्त तो दोस्त, दुश्मन को भी उनपर भरोसा करने को विवश कर देता था। वैसे जहां तक द्रौपदी के भरोसे की बात है, तो द्रौपदी अपने विवाह के समय ही कृष्ण के व्यक्तित्व की मुरीद बन चुकी थीं। द्रौपदी ने सीधा-सीधा प्रेम-निमंत्रण दिया था,

लेकिन कृष्ण ने उसे टालकर नागकूट की भद्रा और जंगली जाम्बवती से विवाह किया था। लेकिन द्रौपदी के प्रति वे अपने कर्तव्यों से कभी पीछे नहीं हटे थे। उन्होंने हर मौके पर जिम्मेदारीपूर्वक अपने दायित्वों का निर्वाह किया था। फिर इंद्रप्रस्थ की स्थापना हो या राजसूय यज्ञ, कृष्ण के योगदान को मापना असंभव था। अपनी और अपनी पत्नी का अभूतपूर्व अपमान होने के बावजूद एक भी पांडव दुर्योधन और उसकी टुकड़ी से मुकाबला करने को तैयार नहीं थे। यह तो एक कृष्ण ही थे जो इस अपमान का बदला सुनिश्चित कर चुके थे। इसीलिए द्रौपदी अपने ऐसे सखा पर भरोसा करती थी।

77. प्रभास क्षेत्र के यादवस्थली की घटना में कृष्ण के परिवार से कौन-कौन से लोग सम्मिलित हुए थे?

इस बारे में अलग-अलग ग्रंथों में एकाध अंतर जरूर पाये जाते हैं, लेकिन कुल विवरण लगभग समान है। कृष्ण के पिता वसुदेव, परपोता वज्र तथा कुछ नागरिक यादवस्थली की घटना से दूर थे। और उद्धव इस घटना से पहले ही कृष्ण की सहमति से बदरिकाश्रम की ओर निकल गए थे। बाकी के अधिकांश पुरुष यादवस्थली में शामिल थे। महाभारत में यह विवरण इस प्रकार है :

यादवस्थली में शामिल कृष्ण के परिवारजन –

कृष्ण – स्वयं
बलराम – भाई
गद – छोटा भाई
गद – पुत्र
प्रद्युम्न – पुत्र
साम्ब – पुत्र
चारुदेष्ण – पुत्र
अनिरुद्ध – पोता
सात्यकि – मित्र

महाभारत में कृष्ण के परिवार के उपरोक्त नामों के उल्लेख के अलावे एकसाथ सभी यादवगणों की चर्चा की गई है। भागवत पुराण के अनुसार कृष्ण के पुत्र प्रद्युम्न उनके दूसरे पुत्र साम्ब से, गद नामक भाई उनके गद नामक पुत्र से तथा अनिरुद्ध सात्यकि से लड़ने लगा था। महाभारत तथा भागवत पुराण दोनों में एक बात समान है कि वहां अधिकांश यादवगण

कृष्ण के हाथों ही मारे गए थे :

भगवन्निहताः सर्वे त्वया भूयिष्ठशो नराः।

बभ्रू ने कहा – "हे कृष्ण! अब सबका विनाश हो गया। इनमें से अधिकांश तो आपके द्वारा ही मारे गए हैं।

(महाभारत, मौसलपर्व, अध्याय-3, श्लोक-47)

प्रत्यनीकं मन्यमाना बलभद्रं च मोहिताः।
हन्तुं कृतधियो राजन्नापन्ना आततायिनः।।
अथ तावपि संक्रुद्धावुद्यम्य कुरुनन्दन।
एरकामुष्टिपरिघौ चरन्तौ जघ्नतुर्युधि।।
ब्रह्मशापोपसृष्टानां कृष्णमायावृतात्मनाम्।
स्पर्धाक्रोधः क्षयं निन्ये वैणवोऽग्निर्यथा वनम्।।

शुकदेवजी कहते हैं – "जब कृष्ण ने उन लड़ते हुए यादवों को मना किया तो वे लोग उन्हें तथा बलराम को भी अपना शत्रु मान बैठे और मारने के लिए उनकी ओर दौड़ पड़े। हे कुरुनंदन परीक्षित! तब कृष्ण और बलराम भी क्रोध में भरकर युद्धभूमि में इधर-उधर विचरने लगे और मुट्ठी की मुट्ठी एरका घास उखाड़-उखाड़कर उन्हें मारने लगे। जैसे बांसों की रगड़ से उत्पन्न होने वाली अग्नि बांसों को ही भस्म कर देती है, वैसे ही यदुवंशियों के स्पर्धामूलक क्रोध ने उनका ध्वंस कर दिया।"

(भागवत पुराण, स्कन्ध-11, अध्याय-30, श्लोक-22-24)

78. क्या द्वारका के लोग व्यभिचारी थे?

महाभारत में ऐसे प्रमाण पाये गए हैं कि अंतिम समय में द्वारका के यदुवंशी बड़े-बड़े व्यभिचार में लिप्त रहने लगे थे :

नापत्रपन्त पापानि कुर्वन्तो वृष्णयस्तदा।
प्रार्दयन्ब्राह्मणांश्चापि पितृन्देवांस्तथैव च।।
गुरूंश्चाप्यवमन्यन्ते न तु रामजनार्दनौ।
पत्न्यः पतीनुच्चरन्ति पत्नीश्च पतयस्तथा।।

"उनदिनों वृष्णिवंशी खुल्लमखुल्ला पाप किया करते और उसके लिए लज्जित नहीं होते थे। वे ब्राह्मणों, देवताओं और पितरों से भी द्वेष रखने लगे थे। वे लोग न केवल कृष्ण और बलराम का बल्कि गुरुजनों का भी तिरस्कार करने लगे थे। पत्नियां अपने पतियों को और

पति अपनी पत्नियों को धोखा देने लगे थे।''

(गीताप्रेस महाभारत, मौसलपर्व, अध्याय-2, श्लोक-10-11)

79. यूट्यूब के एक वीडियो में बताया गया है कि राधा से बिछड़ने के बाद कृष्ण ने बाकी की पूरी जिंदगी कभी बांसुरी नहीं बजायी। इस बात की सच्चाई क्या है?

महाभारत और हरिवंश पुराण में कृष्ण की बांसुरी के बारे में कोई बात नहीं की गई है - न तो बचपन में और न ही द्वारका के राजनीतिक जीवन में। कृष्ण और उनकी बांसुरी के बारे में भागवत पुराण तथा ब्रह्मवैवर्त पुराण जैसे पौराणिक ग्रंथों में विवरण प्राप्त होता है। गर्ग संहिता में कृष्ण का जीवनभर बांसुरी बजाने का वर्णन मिलता है। इस तरह चूंकि अधिकांश ग्रंथों में यह बात पायी जाती है कि कृष्ण ने बांसुरी बजायी थी, अत: उनकी बांसुरी पर संदेह करने का कोई कारण नहीं बनता है। और साथ ही यह भी नहीं सोचा जा सकता है कि कृष्ण जैसा सच्चिदानंद, जो हर क्षण का सही उपयोग करना जानते थे, उनसे उनकी बांसुरी कभी अलग हुई हो। अत: ऐसी बातों के दावे करने वाले गलत हैं।

80. कृष्ण ने कहां-कहां रासलीला रचायी थी?

महाभारत में तो कृष्ण की रासलीला का वर्णन ही नहीं मिलता है। दूसरी ओर भागवत पुराण में एक ही रासलीला का विवरण मिलता है। इस *भागवत पुराण के दसवें स्कन्ध के 29-33वें अध्याय* के दरम्यान विस्तार से रासलीला का वर्णन हुआ है। इस पुराण के इन पांच अध्यायों को ''रास पंचाध्यायी'' कहा जाता है तथा इसका अलग से भी प्रकाशन किया जाता रहा है। जबकि *हरिवंश पुराण में विष्णुपर्व के 20वें अध्याय* में संक्षेप में रासलीला का वर्णन किया गया है। और इसी *हरिवंश पुराण के विष्णुपर्व के 88-89वें* अध्याय में द्वारका में संपन्न हुई रासलीला का वर्णन भी किया गया है जिसे तुलनात्मक रूप से महारास कहा जा सकता है। इसके अलावे राधा को केंद्र में रखकर लिखे गए ब्रह्मवैवर्त पुराण के श्रीकृष्णजन्मखंड में भी दो रासलीलाओं का वर्णन मिलता है-वृंदावन की प्रमुख रासलीला - *अध्याय-28* तथा विरजा नदी के तट पर राधा के साथ रासलीला - *अध्याय-128*। गर्ग संहिता में भी एक से अधिक रासलीलाओं का वर्णन आया है:

i) वृंदावन की प्रमुख रासलीला-वृंदावनखंड, अध्याय-19-22;

ii) उद्धव जब विरह से व्याकुल गोपियों का संदेश लेकर मथुरा आते हैं तो कृष्ण का उद्धव के साथ वृंदावन जाना और पुनः रास रचाना-मथुराखंड, अध्याय-20;

iii) सिद्धाश्रम में राधा तथा सभी रानियों के साथ रासलीला–द्वारकाखंड, अध्याय–18;
iv) द्वारका से निकलकर अज्ञात स्थान में गोपियों तथा राधा के साथ रासलीला–अश्वमेधखंड, अध्याय–43–46.

81. क्या बलराम ने भी कभी रासलीला रचायी थी?

भागवत पुराण के दसवें स्कन्ध के 65वें अध्याय में ऐसा वर्णन आया है कि बलराम द्वारका से वृंदावन गए थे और वहां नंद–यशोदा के साथ–साथ सभी गोप–गोपियों से भी मिले थे। दो महीने के दौरान बलराम ने वहां जमकर शराब पी और गोपियों के साथ दिल खोलकर रासलीला की।

(भागवत पुराण, स्कन्ध–10, अध्याय–65, श्लोक–17–37)

गर्ग संहिता में भी भागवत पुराण की भांति बलराम की रासलीला का वर्णन किया गया है। इस संहिता में भी वसंत ऋतु में वृंदावन में पूरे दो महीने तक बलराम द्वारा जमकर शराब पीने और गोपियों के साथ रास रचाने का वर्णन मिलता है।

(गर्ग संहिता, बलभद्रखंड, अध्याय–9)

विष्णु पुराण के पांचवें अंश के 24वें अध्याय में भी बलराम द्वारा वृंदावन जाकर रास–विलास करने का वर्णन किया गया है।

82. क्या कृष्ण कभी दोबारा वृन्दावन नहीं गए थे?

ब्रह्मवैवर्त पुराण में एक स्थान पर ऐसा वर्णन है :

इत्याकर्ण्य ययौ गेहमुद्धवश्च महायशाः।
हरिर्जगाम स्वप्ने च गोकुलं विरहाकुलम्।।
स्वप्ने राधां समाश्वास्य दत्त्वा ज्ञानं सुदुर्लभम्।
संतोष्य क्रीडया तां च गोपिकाश्च यथोचितम्।।

कृष्ण ने कहा – "हे उद्धव! मैं तुम्हारे दिये गए वचन को अवश्य सफल करूंगा। मैं स्वप्न में माता यशोदा और गोपियों के निकट जाऊंगा। यह सुनकर उद्धव अपने घर चले गए और कृष्ण स्वप्न में विरह से व्याकुल गोकुल में चले गए। वहां उन्होंने स्वप्न में राधा को भलीभांति आश्वासन देकर परम दुर्लभ ज्ञान प्रदान किया। फिर क्रीड़ा करके उन गोपिकाओं को यथोचित संतुष्टि प्रदान की।"

(ब्रह्मवैवर्त पुराण, श्रीकृष्णजन्मखंड, अध्याय–98, श्लोक–42–43)

83. क्या कृष्ण ने अपने पहले पुत्र प्रद्युमन को पहली बार उनकी युवावस्था में ही देखा था?

जी हां, क्योंकि कृष्ण के सबसे बड़े पुत्र प्रद्युम्न का जन्म उनकी अनुपस्थिति में हुआ था। और जन्म के सातवें दिन सौरगृह से ही शम्बर नामक एक राक्षस ने उसका अपहरण कर लिया था। फिर शम्बर ने उस नवजात शिशु को ले जाकर अपनी मायावती नामक दासी को पालने हेतु सौंप दिया था। कृष्ण-रुक्मिणी का यह पुत्र देखने में बहुत सुंदर था, अत: ज्यों-ज्यों प्रद्युम्न बड़ा होता गया, त्यों-त्यों उसके प्रति मायावती का अनुराग बढ़ने लगा। अंतत: मायावती से अपनी वास्तविकता जानने के बाद प्रद्युम्न ने शम्बर को मार डाला और मायावती को लेकर द्वारका वापस आया। जब वह द्वारका वापस आया तबतक वह युवा भी हो चुका था और विवाह भी कर चुका था:

तमृक्षवन्ते नगरे निहत्यासुरसत्तमम्।।
गृह्यं मायावती देवीमागच्छन्नगरं पितु:

वैशम्पायनजी ने कहा - "ऋक्षवंत नामक नगर में महा असुर शम्बर का वध करके देवी मायावती को साथ ले प्रद्युम्न अपने पिता के नगर में आये।"

(हरिवंश पुराण, विष्णुपर्व, अध्याय-108, श्लोक-2)

जीवपुत्रा त्वयापुत्र कासौ भाग्यसमन्विता।।
किमर्थं चाम्बुदश्याम: सभार्यस्त्वमिहागत:।
अस्मिन वयसि सुव्यक्तं प्रद्युम्नो मम पुत्रक:।।

जब प्रद्युम्न और मायावती रुक्मिणी के महल में उनके सामने हुए तो रुक्मिणी अपने पुत्र को नहीं पहचान पायीं और पूछीं - "बेटा! वह कौन-सी भाग्यशालिनी माता है जो तुम जैसे चिरंजीवी पुत्र से पुत्रवती हुई है? मेघ के समान सांवले शरीर वाले तुम अपनी पत्नी के साथ किसलिए यहां पधारे हो?"

(हरिवंश पुराण, विष्णुपर्व, अध्याय-108, श्लोक-15-16)

उधर जब कृष्ण को पता चला कि रुक्मिणी के महल में एक आकर्षक परंतु अनजान युवक एक युवती के साथ आया है, तो वे वहां दौड़े चले आए:

सोऽपश्यत् तं सुतं ज्येष्ठं सिद्धं मन्मथ लक्षणै:।
स्नुषां मायावतीं चैव हृष्टचेता जनार्दन:।।

सोऽब्रवीत् सहसा देवीं रुक्मिणीं देवतामिव।
अयं स देवि सम्प्राप्तः सुतश्चापधरस्तव।।

वैशम्पायनजी कहते हैं – कृष्ण ने कामदेव के लक्षणों से संपन्न अपने ज्येष्ठ पुत्र प्रद्युम्न को तथा पुत्रवधु मायावती को भी देखा। इससे उनके हृदय में बड़ा हर्ष हुआ। फिर वे रुक्मिणी देवी से बोले – देवी! यह वही तुम्हारा पुत्र है, जो इस समय धनुष धारण करके तुम्हारे पास आया है।''

(हरिवंश पुराण, विष्णुपर्व, अध्याय-108, श्लोक-21-22)

सती चेयं शुभा साध्वी भार्या वै तनयस्य ते।
मायावतीति विख्याता शम्बरस्य गृहोषिता।

कृष्ण बोले – ''यह तुम्हारे पुत्र की सती साध्वी शुभ लक्षणवाली पत्नी है। इसका नाम मायावती है और शम्बरासुर के घर में बहुत दिनों तक रही है।''

(हरिवंश पुराण, विष्णुपर्व, अध्याय-108, श्लोक-24)

थोड़े-से अंतर के साथ यही कथा *भागवत पुराण (स्कंध-10, अध्याय-55)* में भी मिलती है।

84. मथुरा की कुब्जा क्या सच में कृष्ण की प्रेमिका थी?

कुब्जा का कोई भी सीधा विवरण महाभारत में नहीं मिलता है। लेकिन हरिवंश पुराण, भागवत पुराण तथा ब्रह्मवैवर्त पुराण और गर्ग संहिता आदि सभी पौराणिक ग्रंथों में कुब्जा का वर्णन अवश्य पाया जाता है। इन पौराणिक विवरणों के अनुसार कुब्जा कंस के राजमहल के अंतःपुर में सैरंध्री का काम करती थी। उसका काम राजपरिवार के सदस्यों के लिए माला, उबटन, गंध-लेप आदि वस्तुओं को तैयार करना तथा लगाना था। और इन पौराणिक विवरणों के अनुसार कृष्ण और उसके बीच काफी घनिष्ठता थी। यहां तक कि वह कुछ वर्षों बाद द्वारका रहने भी चली गई थी।

85. ग्वालों को गोकुल से विस्थापित होकर वृंदावन जाने की सलाह किसने दी थी?

ग्वालों को गोकुल से अन्यत्र विस्थापन करने की सलाह सर्वप्रथम कृष्ण ने ही दी थी। दरअसल गोकुल की हरियाली के कम होने का अनुभव सर्वप्रथम कृष्ण को ही

हुआ था। हरिवंश पुराण में बड़े विस्तार के साथ कारण बताते हुए कृष्ण अपने बड़े भाई बलराम से कहते हैं :

अथ दामोदरः श्रीमान् संकर्षणमुवाच ह।
आर्य नस्मिन वने शक्यं गोपालैः सहक्रीडितुम्।।

वैशम्पायनजी ने कहा – ''उसके बाद एकदिन दामोदर श्रीकृष्ण ने अपने भाई बलराम तथा अन्य ग्वालबालों से कहा – आर्य! अब इस वन में ग्वाल-बालों के साथ खेलना संभव नहीं है।''

अवगीतमिदं सर्वमावाभ्यां भुक्तकाननम्।
प्रक्षीण तृणकाष्ठं च गोपैर्मथित पादपम्।।

उन्होंने कहा – ''हमलोगों ने इस सारे वन को उपभोग में लाकर इसकी शोभा-संपत्ति नष्ट कर दी है। यहां की घास चर ली गई है और काठ तोड़ लिये गए हैं। गोपों ने यहां के एक-एक वृक्ष को मथ डाला है।''

घनीभूतानि यान्यासन् काननानि वनानि च।
तान्याकाशनिकाशानि दृश्यन्तेऽद्य यथाऽसुखम्।।

''जो वन और कानन पहले घने थे, वे अब आकाश के समान सूने दिखाई पड़ते हैं। इन्हें देखकर अब सुख नहीं मिलता है।''

XXX XXX XXX

संनिकृष्टानि यान्यासन् काष्ठानि च तृणानि च।
तानि दूरावकृष्टासु मार्गितव्यानि भूमिषु।।

''जो घास और काठ बहुत नजदीक थे, वे दूर तक की जोती हुई भूमियों में अब ढूंढ़ने के योग्य रह गए हैं।''

अरण्यमिदमल्पोदमल्पकक्षं निराश्रयम्।
अन्वेषितव्यविश्रामं दारुणं विरलद्रुमम्।।

''इस वन में अब जल बहुत थोड़ा है, सूखे काठ और घास भी बहुत कम हैं, यह अब आश्रय लेने योग्य स्थान नहीं है। यहां विश्राम के लिए भूमि खोजनी पड़ती है, विरले ही वृक्ष बच गए हैं, अतः इनकी बड़ी दारुण अवस्था हो गई है।''

अकर्मण्येषु वृक्षेषु स्थितविप्रस्थितद्विजम्।
संवासस्यास्य महतो जनेनोत्सादितद्रुमम्।।

''यहां के वृक्ष अब काम के नहीं रह गए हैं। इनपर जो पक्षी रहते थे, वे अब अन्यत्र चले

गए हैं। इस विशाल बस्ती के लोगों ने यहां के वृक्षों को उजाड़कर रख दिया है।''

XXX XXX XXX

शैलानां भूषणं घोषो घोषानां भूषणं वनम्।
वनानांभूषणं गावस्ताश्चास्माकं परा गतिः।।

''पर्वतों की शोभा है - घोष यानी गोष्ठ यानी छोटे-छोटे गांव, घोषों की शोभा है - वन और वनों की शोभा है - गौवें। ये गौवें ही हमलोगों का एकमात्र सहारा है।''

तस्मादन्यद् वनं यामः प्रत्यग्रयवसेन्धनम्।
इच्छन्त्यनुपभुक्तानि गावो भोक्तु तृणानि च।।

सो कृष्ण अंत में सलाह देते हुए बोले - ''अतः अब हम दूसरे वन में चलें जहां नयी-नयी घास और इंधन की अधिकता हो। हमारी गौवें उन नयी-नयी घासों को चरना चाहती हैं जो अबतक चरी नहीं गई हैं।''

(हरिवंश पुराण, विष्णुपर्व, अध्याय-8, श्लोक-8-18)

उपरोक्त सारे श्लोक कृष्ण के बचपन में ही प्रकट होने वाली प्रज्ञा को दर्शाते हैं। ये इस बात के प्रमाण हैं कि परिस्थितियों को समय रहते भांप लेने की प्रज्ञा उनमें बचपन से ही विकसित होने लगी थी।

86. कृष्ण को 'रणछोड़' क्यों कहा जाता था?

क्योंकि वे जरासंध के रचे रण को छोड़कर भागे थे। हालांकि यहां रण छोड़ने के पीछे का कारण जानना बहुत आवश्यक है। आखिर वह कौन-सा कारण था, कौन-सी परिस्थिति मथुरा में उत्पन्न हो गई थी, जिसके परिणामस्वरूप कृष्ण को रण छोड़ने का निर्णय लेना पड़ा था?

तो मथुरा के जासूसों ने जब जरासंध के आक्रमण की सूचना दी तो राजमहल बुरी तरह हिल उठा। वैसे जरासंध आक्रमण सिर्फ कृष्ण को मारने हेतु ही कर रहा था। अन्यथा उसकी मथुरा से कोई दुश्मनी नहीं थी। लेकिन आक्रमण तो आक्रमण होता है और वह भी जरासंध जैसे शक्तिशाली राजा का। लेकिन बावजूद इसके मथुरा के सैनिक और नागरिक कृष्ण के पिछले करतब को याद कर-करके आश्वस्त थे, लेकिन राजमहल को तो तैयारी करनी ही थी। आखिर युद्ध... युद्ध होता है। उधर मथुरा के अधिकांश रसूखदार यादवप्रमुख कृष्ण को अपना प्रतिद्वंद्वी मानते थे, इसलिए वे इन दोनों भाइयों को मथुरा से खदेड़कर भगा देना चाहते थे। ...ताकि न रहे बांस न बजे बांसुरी। कुछ का तो यह भी कहना था कि इन

दोनों भाइयों को कैद करके जरासंध के सुपुर्द कर दिया जाए जिससे मथुरा में हमेशा के लिए अमन-चैन सुनिश्चित हो जाए। यहां तक कि कृष्ण के पिता वसुदेवजी भी कृष्ण-बलराम को मथुरा से बाहर कर देना चाहते थे। ऐसी परिस्थिति में कृष्ण ने सोचा कि बेहतर है कि वे ही रणछोड़ के भाग जाएं। जब वे ही नहीं होंगे तो जरासंध आक्रमण भी नहीं करेगा। यही उनके रण छोड़ने के पीछे का सबब था।

(हरिवंश पुराण, विष्णुपर्व, अध्याय-38, श्लोक-56-61; अध्याय-39, श्लोक-2-3)

इसी बात को हरिवंश पुराण के इस श्लोक द्वारा कृष्ण की भाषा में समझिए :

अरथौ पत्तिनौ युद्धे निस्तनुत्रौ निरायुधौ।
जरासंधोद्यमभयात् पुराद् द्वावेव निःसृतौ।।

कृष्ण ने कहा - "हमदोनों भाई के पास युद्ध के लिए रथ नहीं हैं इसलिए हम पैदल ही हैं। हमारे शरीर पर कवच और हाथों में अस्त्र-शस्त्र भी नहीं हैं। हम जरासंध के आक्रमण के भय से नगर को छोड़कर केवल दो ही जने वहां से निकल आये हैं।"

(हरिवंश पुराण, विष्णुपर्व, अध्याय-39, श्लोक-42)

भागवत पुराण में कृष्ण-बलराम के मथुरा से भागने का वर्णन इस प्रकार किया गया है :

विलोक्य वेगरभसं रिपुसैन्यस्य माधवौ।
मनुष्यचेष्टामापन्नौ राजन्दुद्रुवतुर्द्रुतम्।।
विहाय वित्तं प्रचुरमभीतौ भीरुभीतवत्।
पद्भ्यां पलाशाभ्यां चेलतुर्बहुयोजनम्।।

शुकदेवजी कहते हैं - हे परीक्षित! "शत्रुसेना का प्रबल वेग देखकर कृष्ण और बलराम उसके सामने से बड़ी फुर्ती से भाग निकले। निडर होते हुए भी भय का नाटक करते हुए सारा का सारा धन वहीं छोड़कर वे दोनों भाई पैदल ही कई योजन (1 योजन = लगभग 12 किमी.) तक भागते चले गए।"

(भागवत पुराण, स्कन्ध-10, अध्याय-52, श्लोक-7-8)

विष्णु पुराण में यह बात अत्यंत संक्षेप में लेकिन अलग अंदाज में कही गई है :

साम चोपप्रदानं च तथा भेदं च दर्शयन्।
करोति दण्डपातं च क्वचिदेव पलायनम्।।

पराशर मुनि कहते हैं - "वे कहीं साम, कहीं दान, कहीं भेदनीति का व्यवहार करते तथा कहीं दंड देते और कहीं से स्वयं भी भाग जाते थे।"

(विष्णु पुराण, अंश-5, अध्याय-22, श्लोक-17)

87. क्या प्रद्युम्न और सात्यकि को यादवों के विनाश का कारण माना गया था?

कृष्ण के जीवन पर सबसे प्रमाणिक खबर देने वाले ग्रंथ महाभारत में इस बारे में निम्न बात कही गई है :

यो तावर्जुनशिष्यौ ते प्रियौ बहुमतौ सदा।
तयोरपनयात्पार्थ वृष्णयो निधनं गताः॥

वसुदेवजी बोले - अर्जुन! ''जो तुम्हारे प्रिय शिष्य थे, और जिनका तुम बहुत सम्मान किया करते थे, उन्हीं दोनों (प्रद्युम्न और सात्यकि) के अन्याय से समस्त वृष्णिवंशी मृत्यु को प्राप्त हो गए हैं।''

यौ तौ वृष्णिप्रवीराणां द्वावेवातिरथौ मतौ।
प्रद्युम्नो युयुधानश्च कथयन् कत्थसे च यौ॥

हे अर्जुन! ''वृष्णिवंश के प्रमुख वीरों में जिन दो को ही अतिरथी माना जाता था तथा चर्चा चलाकर तुम भी जिनकी प्रशंसा के गीत गाते थे।''

तौ सदा कुरुशार्दूल कृष्णस्य प्रियभाजनौ।
तावुभौ वृष्णिनाशस्य मुखमास्तां धनंजय॥

''हे कुरुश्रेष्ठ धनंजय! जो तुम्हारे तथा कृष्ण के भी प्रिय थे, वे दोनों ही इस समय वृष्णिवंश के विनाश के कारण बने हैं।'' *(महाभारत, मौसलपर्व, अध्याय-6, श्लोक-6-8)*

स्पष्टीकरण :- उपरोक्त श्लोकों में वसुदेवजी अपने दिल की व्यथा को प्रकट कर रहे हैं। उन दिनों द्वारका की यह हालत हो चुकी थी कि सारे द्वारकावासी उद्दंड हो चुके थे तथा उनके बेटे-पोते भी किसी की नहीं सुनते थे। और इसकारण जब सर्वनाश हुआ तो वसुदेवजी की भड़ास सबसे पहले अपनों पर ही निकली थी। यही उपरोक्त श्लोकों का भाव है। जबकि वास्तविकता तो यह है कि उस सर्वनाश के लिए सारे द्वारकावासी जिम्मेदार थे। सबकी नशाखोरी और हरामखोरी ने ही द्वारका के विनाश को आमंत्रित किया था।

88. पांचजन्य शंख कृष्ण को कहां से मिला था?

कृष्ण का प्रसिद्ध पांचजन्य नामक शंख वास्तव में एक समुद्री दैत्य राजा पंचजन की संपत्ति थी, जिसे उन्होंने अपने गुरुपुत्र को वापस लाने के क्रम में मारा था और उस राक्षस की मृत्यु के बाद उन्होंने वह शंख प्राप्त किया था :

न चाहर्षमहं देव दैत्यः पंचजनो महान्।
अन्तर्जलचरः कृष्ण शंखरूपधरोऽसुरः॥

आस्ते ते नाहतो नूनं तच्छ्रुत्वा सत्वरं प्रभुः।
जलमाविश्य तं हत्वा नापश्यदुदरेऽर्भकम्।।
तदंगप्रभवं शंखमादाय रथमागमत्।

मनुष्यवेशधारी समुद्र ने कहा – "हे कृष्ण! मैंने उस बालक को नहीं लिया है। भीतरी समुद्र में पंचजन नाम का एक बड़ा भारी दैत्य जाति का असुर शंख के रूप में रहता है। अवश्य उसी ने वह बालक चुरा लिया होगा। उसकी बात सुनकर कृष्ण अंदर समुद्र में गए और उस असुर को मार डाला। तब उसका शंख लेकर कृष्ण रथपर चले आये।"

(भागवत पुराण, स्कंध-10, अध्याय-46, श्लोक-40-42)

स तु पंचजनं हत्वा शंखे लेभे जनार्दनः।
यस्तु देवमनुष्येषु पांचजन्य इति श्रुतः।।

वैशम्पायनजी ने कहा – "पंचजन को मारकर श्रीकृष्ण ने एक शंख हस्तगत किया, जो देवताओं और मनुष्यों में 'पांचजन्य' नाम से विख्यात है।"

(हरिवंश पुराण, विष्णुपर्व, अध्याय-33, श्लोक-17)

महाभारत में इस घटना का कोई विवरण उपलब्ध नहीं है। हालांकि पूरे महाभारत में जगह-जगह पर कृष्ण द्वारा पांचजन्य शंख बजाये जाने का विवरण अवश्य मिलता है।

89. कृष्ण की मृत्यु के बाद उनके परिवार का क्या हुआ था?

यादवस्थली की दुर्भाग्यपूर्ण घटना के उपरांत अर्जुन के द्वारका पहुंचने के बाद अगले दिन वसुदेवजी की मृत्यु हो गई जो कई दिनों से अन्न त्याग चुके थे। तब अर्जुन ने वसुदेवजी का दाह-संस्कार वज्र के हाथों संपन्न कराने के बाद अन्य सभी यादवों, जिन्होंने प्रभास में अपनी जानें गंवाई थीं, का सामूहिक दाह-संस्कार कराया :

यथाप्रधानतश्चैव चक्रे सर्वास्तथा क्रियाः।
ये हता ब्रह्मशापेन मुसलैरेरकोद्भवैः।।

वैशम्पायनजी ने कहा – "तब अर्जुन उस स्थान पर गए जहां वह भीषण मारकाट हुई थी। वहां उन्होंने ब्रह्मशाप के कारण एरका से उत्पन्न हुए मूसलों से मारे गए यादवों का बड़े-छोटे के क्रम से अंत्येष्टि संस्कार किया।"

(महाभारत, मौसलपर्व, अध्याय-7, श्लोक-30)

ततः शरीरे रामस्य वासुदेवस्य चोभयोः।
अन्वीक्ष्य दाहयामास पुरुषैराप्तकारिभिः।।

स तेषां विधिवत्कृत्वा प्रेतकार्याणि पाण्डवः।
सप्तमे दिवसे प्रायाद्रथमारुह्य सत्वरः।।

वैशम्पायनजी फिर कहते हैं – "उसके बाद विश्वस्त पुरुषों द्वारा बलराम और कृष्ण के शरीर की खोज कराकर अर्जुन ने उनका भी दाह-संस्कार किया। उसके पश्चात अर्जुन सातवें दिन द्वारका से निकल पड़े।"

(महाभारत, मौसलपर्व, अध्याय-7, श्लोक-32-33)

अश्वयुक्तै रथैश्चापि... x ...समन्ताज्जनमेजय।।

वैशम्पायनजी ने आगे कहा – "उनके साथ घोड़े, बैल, गधे, ऊंट आदि से जुते रथों पर बैठकर वृष्णिवंशी वीरों की स्त्रियां रोती हुई चल पड़ीं। अर्जुन की आज्ञा से अन्धक और वृष्णियों के नौकर, रथी, सैनिक सभी बुजुर्गों, स्त्रियों तथा बालकों को घेरकर चलने लगे। वे सभी लोग कृष्ण के परपोते वज्र को आगे करके चल रहे थे। उनकी संख्या हजारों में थी। वे लोग जैसे-जैसे द्वारका की भूमि खाली करते जा रहे थे, वैसे-वैसे समुद्र का जल द्वारका को डुबाता जा रहा था। यह देखकर अनायास ही लोगों के मुंह से निकल पड़ा - दैव की लीला विचित्र है। खैर, अर्जुन उन सभी लोगों को जगह-जगह पड़ाव डालते हुए ले जा रहे थे। इस तरह चलते-चलते अर्जुन पंचनद (पंजाब) पहुंचे और वहां जगह देखकर उन्होंने पड़ाव डाला। फिर वहां के लुटेरों ने जब देखा कि एकमात्र अर्जुन के संरक्षण में इतनी स्त्रियां और संपत्ति ले जायी जा रही हैं, तो उनके मन में लोभ पैदा हो गया। फिर उनलोगों ने आपस में विचार किया – भाइयों! देखो यह अकेला अर्जुन और ये हतोत्साहित सैनिक हमलोगों को लांघकर इस अनाथ समुदाय को लिये जा रहा है, अतः इनपर आक्रमण करना चाहिए। ऐसा सोचकर उन लुटेरों ने हजारों की संख्या में एक साथ अर्जुन के काफिले पर पीछे से हमला कर दिया।

तब अर्जुन भी नौकरों तथा सैनिकों को लेकर पीछे आये और उन लुटेरों को ललकारते हुए उनपर जवाबी प्रहार करना चाहा लेकिन आज उन लुटेरों के आगे वे बेबस नजर आ रहे थे। फिर तो अर्जुन के सामने ही वे डाकू उन सुंदर स्त्रियों को चारों ओर से खींच-खींचकर ले जाने लगे। कुछ स्त्रियां उनके स्पर्श के भय से उनकी इच्छा के अनुसार उनके साथ चली गई। जनमेजय! इस तरह अर्जुन देखते रह गए और वे म्लेच्छ डाकू सब ओर से उन अन्धक और वृष्णिवंशी तथा कृष्ण के परिवार की सभी सुंदर स्त्रियों को लूट ले गए।"

(महाभारत [गीताप्रेस के संस्करण में], मौसलपर्व, अध्याय-7, श्लोक-34-63)

एवं कलत्रमानीय वृष्णिनां हृतशेषितम्।
अन्यवेशयत कौरव्यस्तत्र तत्र धनंजयः॥

''और अंत में जो थोड़ी-बहुत स्त्रियां अपहृत होने से बच गयी थीं, उन्हें कुरुनंदन अर्जुन ने जहां-तहां बसा दिया।''

(महाभारत, मौसलपर्व, अध्याय-7, श्लोक-68)

हार्दिक्यतनयं पार्थो नगरे... x ...संविभज्यैनान् वज्रे पर्यददज्जयः॥

''कृतवर्मा के पुत्र और भोजराज के परिवार की स्त्रियों को मार्तिकावत नगर में तथा वीरविहीन समस्त वृद्ध, बालक और बची हुई स्त्रियों को इन्द्रप्रस्थ में बसा दिया। सात्यकि के पुत्र को सरस्वती नदी के तटवर्ती क्षेत्र का अधिकारी बना दिया और उनके साथ भी कुछ वृद्ध और स्त्रियों को रख दिया। फिर अर्जुन ने वज्र को इन्द्रप्रस्थ का राजा बना दिया। वहां वज्र के बहुत रोकने पर भी अक्रूर की स्त्रियां तपस्या करने वन में चली गई। कृष्ण की पत्नी रुक्मिणी, भद्रा तथा जाम्बवती ने अग्नि में प्रवेश कर लिया और सत्यभामा के साथ अन्य पत्नियां तपस्या करने हेतु वन की ओर निकल पड़ी। इस तरह जो-जो द्वारकावासी मनुष्य अर्जुन के साथ आये थे, उन सबका यथायोग्य विभाग करके उन्होंने उन्हें वज्र को सौंप दिया।''

(महाभारत, मौसलपर्व, अध्याय-7, श्लोक-69-75)

भागवत पुराण में डाकुओं द्वारा स्त्रियों के लूटे जाने की बात नहीं कही गई है और इस पूरे घटनाक्रम को मात्र एक श्लोक में कह दिया गया है :

स्त्रीबालवृद्धानादाय हृतशेषान् धनञ्जयः।
इंद्रप्रस्थं समावेश्य वज्रं तत्राभ्यषेचयत्॥

शुकदेवजी कहते हैं- ''प्रिय परीक्षित! पिण्डदान के बाद बची-खुची स्त्रियों, बच्चों और बूढ़ों को लेकर अर्जुन इन्द्रप्रस्थ आये और वहां उन्होंने सबको यथायोग्य बसाकर अनिरुद्ध के पुत्र वज्र का राज्याभिषेक कर दिया।''

(भागवत पुराण, स्कन्ध-11, अध्याय-31, श्लोक-25)

विष्णु पुराण के पांचवें अंश के 38वें अध्याय में थोड़े-बहुत अंतर के अलावे महाभारत के समान ही इस घटना का वर्णन किया गया है। अंतर यह है कि इस पुराण के अनुसार कृष्ण और बलराम तथा उग्रसेन व वसुदेवजी की सभी पत्नियां अपने-अपने पति के साथ सती हो गई थीं।

गर्ग संहिता या ब्रह्मवैवर्त पुराण में इस घटना का जरा-सा भी वर्णन नहीं किया गया है, लेकिन जितने भी प्रमाण ग्रंथों में मिलते हैं, उस आधार पर यही पता चलता है कि कृष्ण की विदाई के पश्चात उनके परिवार की कम या ज्यादा दुर्गति ही हुई थी।

90. कुरुक्षेत्र की युद्धभूमि में क्या कृष्ण ने नियमों को ताक पर रखकर चालबाजियां दिखायी थीं?

कुरुक्षेत्र के मैदान में कृष्ण के जिन कार्यों को उनकी चालबाजियां कही जाती हैं वे ये हैं:

i) अक्सर ऐसा कहा जाता है कि कृष्ण ने ही पांडवों को इस बात के लिए उकसाया था कि भीष्मपितामह को मारने का उपाय उन्हीं से पूछा जाए। लेकिन महाभारत में सच्चाई कुछ दूसरी है:

समयस्तु कृतः कश्चिन्मम भीष्मेण संयुगे।
मन्त्रयिष्ये तवार्थाय न तु योत्स्ये कथंचन।।
दुर्योधनार्थं योत्स्यामि सत्यमेतदिति प्रभो।
स हि राज्यस्य मे दाता मन्त्रस्यैव च माधव।।
तस्माद्देवव्रतं भूयो वधोपायार्थमात्मनः।
भवता सहिताः सर्वे प्रयाम मधुसूदन।।
तद्वयं सहिता गत्वा भीष्ममाशु नरोत्तमम्।
रुचिते तव पृच्छामि मन्त्रं वार्ष्णेय माचिरम्।।
स वक्ष्यति हितं वाक्यं सत्यमस्माज्जनार्दन।
यथा च वक्ष्यते कृष्ण तथा कर्तास्मि संयुगे।।

युधिष्ठिर बोले – ''हे कृष्ण! मेरी भीष्मजी के साथ एक शर्त हो चुकी है। उन्होंने वचन दिया है कि 'मैं युद्ध में तुम्हारे हित की सलाह दे सकता हूँ लेकिन तुम्हारी ओर से किसी प्रकार युद्ध नहीं करूंगा। युद्ध तो मैं दुर्योधन के लिए ही करूंगा।' प्रभो! यह सच्ची बात है। अतः माधव! भीष्मजी मुझे राज्य और मंत्र (हितकर सलाह) दोनों देंगे। इसलिए हे मधुसूदन! क्यों न हम सबलोग आपके साथ भीष्मपितामह के पास उन्हीं से उनके वध का उपाय पूछने चलें? जनार्दन! पूछने पर वे हमें सत्य और हितकर बात बताएंगे। वे जैसा कहेंगे, मैं युद्ध में वैसा ही करूंगा।''

(महाभारत, भीष्मपर्व, अध्याय-107, श्लोक-45-49)

स्पष्टीकरण :– अत: उपरोक्त श्लोकों से यह बात पूरी तरह स्पष्ट हो जाती है कि भीष्म से ही उनके मारने का उपाय पूछने वाली बात कृष्ण ने नहीं उठायी थी। यह तो खुद युधिष्ठिर की योजना थी।

ii) महाभारत युद्ध में नरकासुर के पुत्र भगदत्त को मारने के लिए उनके पूर्व भेद को अर्जुन के समक्ष खोलना तथा उन्हें छल से मरवाना :

ततो गाण्डीवधन्वानमभ्यभाषत केशवः।
अयं महत्तरः पार्थ पलितेन समावृतः।।
वलीसंछन्ननयनः शूरः परमदुर्जयः।
अक्ष्णोरुन्मीलनार्थाय बद्धपट्टो ह्यसौ नृपः।।
देववाक्यात्प्रचिच्छेद शरेण भृशमर्जुनः।
छिन्नमात्रेंऽशुके तस्मिन्नुद्धनेत्रो बभूव सः।।
तमोमयं जगन्मेने भगदत्तः प्रतापवान्।
ततश्चन्द्रार्धबिम्बेन बाणेन नतपर्वणा।।
बिभेद हृदयं राज्ञो भगदत्तस्य पाण्डवः।
स भिन्नहृदयो राजा भगदत्तः किरीटिना।।

तब कृष्ण गांडीवधारी अर्जुन से बोले – "कुन्तीनंदन! यह भगदत्त बहुत बड़ी उम्र वाला है, इसके सारे बाल पक गए हैं और ललाट आदि अंगों में झुर्रियां पड़ जाने के कारण पलकें झपी रहने से इसके नेत्र प्रायः बंद रहते हैं। यह शूरवीर तथा अत्यंत दुर्जय है। इस राजा ने अपने दोनों नेत्रों को खुली रखने के लिए पलकों को कपड़े की पट्टी से ललाट में बांध रखा है। कृष्ण के इतना कहते ही अर्जुन ने बाणों से उसकी पट्टी को काट डाला जिस कारण भगदत्त की आंखें बंद हो गई। उसे कुछ भी दिखना बंद हो गया। ऐसे समय में एक अर्धचंद्राकर बाण के द्वारा अर्जुन ने भगदत्त के हृदय को बेध डाला।"

(महाभारत, द्रोणपर्व, अध्याय-29, श्लोक-44-48)

स्पष्टीकरण :– युद्ध के मैदान में सारथी का दायित्व बहुआयामी होता है। उसे अपने रथी की न केवल आज्ञा का पालन करना होता है, बल्कि उसकी सुरक्षा, सेवा और मार्गदर्शन करना भी होता है। यही कारण है कि महारथियों के सारथी कोई राजा ही हुआ करते थे जो स्वयं वीर योद्धा तथा सैन्यनीति के जानकार हुआ करते थे। उदाहरणस्वरूप उसी महाभारत के युद्ध में अर्जुन के सारथी जहां द्वारका के राजा कृष्ण थे तो कर्ण के सारथी मद्रदेश के राजा शल्य थे। उस युद्ध में और भी कई राजागण अन्य महायोद्धाओं के सारथी बने थे। अतः कृष्ण ने अर्जुन को युद्ध से जुड़ी कोई सूचना या सलाह दी थी, तो उन्होंने अपने कर्तव्यों का ही निर्वाह किया था, कोई छल नहीं।

91. कृष्ण भीष्मपितामह को क्यों मारने दौड़े थे?

महाभारत के अनुसार कुरुक्षेत्र के युद्ध में दो दिन ऐसा हुआ जब कृष्ण भीष्मपितामह को

मारने हेतु अपनी हथियार न उठाने की प्रतिज्ञा तोड़ने हेतु उद्यत हुए थे :

तीसरे दिन के युद्ध में –

पार्थस्य दृष्ट्वा मृदुयुद्धतां च।
भीष्मं च संख्ये समुदीर्यमाणम्।।

संजय कहते हैं – "जब कृष्ण ने देखा कि अर्जुन भीष्मपितामह से कोमलता से लड़ रहे हैं जबकि भीष्मपितामह इस संग्राम में अधिकाधिक प्रचंड होते जा रहे हैं।"

(महाभारत, भीष्मपर्व, अध्याय-59, श्लोक-82)

तमाद्रवंतं प्रगृहीतचक्रं दृष्ट्वा देवं शान्तनवस्तदानीम्।
असम्भ्रमं तद् विचकर्ष दोर्भ्यां महाधनुर्गाण्डिवतुल्यघोषम्।।

संजय कहते हैं – "हे राजन! श्रीकृष्ण को सुदर्शन चक्र लिए अपनी ओर आते देख शान्तनुनंदन भीष्म उस समय तनिक भी भय अथवा घबराहट का अनुभव न करते हुए दोनों हाथों से गाण्डीव धनुष के समान गंभीर घोष करने वाले अपने धनुष को खींचने लगे।"

(महाभारत, भीष्मपर्व, अध्याय-59, श्लोक-95)

नौवें दिन के युद्ध में –

वासुदेवस्तु संप्रेक्ष्य पार्थस्य मृदुयुद्धताम्।
भीष्मं च शरवर्षाणि सृजन्तमनिशं युधि।।

"संजय ने कहा – वासुदेव कृष्ण ने देखा कि अर्जुन मन लगाकर युद्ध नहीं कर रहे हैं और वे भीष्मपितामह के प्रति कोमलता दिखा रहे हैं। जबकि भीष्म सेना के मध्य में खड़े हो निरंतर बाणों की वर्षा करते हुए मानो सूर्य की तरह तप रहे हैं।"

(महाभारत, भीष्मपर्व, अध्याय-106, श्लोक-53)

उत्सृज्य रजतप्रख्यान्हयान्पार्थस्य मारिष।
वासुदेवस्ततो योगी प्रचस्कन्द महारथात्।।
अभिदुद्राव भीष्मं स भुजप्रहरणो बली।
प्रतोदपाणिस्तेजस्वी सिंहवद्विनदन्मुहुः।।

संजय कहते हैं – जब कृष्ण को यह सहन नहीं हुआ तो वे चांदी के समान सफेद रंग वाले अर्जुन के घोड़ों को छोड़कर उस विशाल रथ से कूद पड़े और केवल भुजाओं का ही आयुध लिये हाथों में चाबुक उठाये बार-बार सिंहनाद करते हुए भीष्मपितामह की ओर बड़े वेग से दौड़े।

(महाभारत, भीष्मपर्व, अध्याय-106, श्लोक-56-57)

स्पष्टीकरण :– यानी कुल-मिलाकर कहा जा सकता है कि कृष्ण ने अनेक मौकों पर न केवल अपने वचन बल्कि युद्ध के नियम भी ताक पर रखे थे।

92. क्या राधा और कुब्जा के अलावा और कोई स्त्री कृष्ण के निकट आयी थी?

पुराणों, संहिताओं तथा महाभारत में कृष्ण के जीवन में उनकी पत्नियों, राधा तथा कुब्जा के अतिरिक्त अन्य किसी भी स्त्री की चर्चा नहीं मिलती है। तथ्य तो यह है कि महाभारत जैसे विशाल ग्रंथ में, जिसमें शिशुपाल कृष्ण के जीवन की छोटी-से-छोटी बातों के लिए भी उनकी निंदा करता है; वह एक बार भी राधा या कुब्जा का नाम नहीं लेता है। आगे चलकर जो पुराण लिखे गए, उनमें से हरिवंश पुराण को महाभारत का ही परिशिष्ट कहा जाता है, इस पुराण में कुब्जा का नाम मिलता है लेकिन राधा का नाम नहीं मिलता है। कृष्ण-भक्ति का आंदोलन छेड़ने वाले भागवत पुराण में भी यही हाल है। इस ग्रंथ में भी कुब्जा का नाम तो मिलता है लेकिन राधा का नाम नहीं मिलता। अत: कुल-मिलाकर इस प्रश्न का उत्तर यह है कि अबतक उपलब्ध सारे ग्रंथों के आधार पर यही निष्कर्ष निकलता है कि कृष्ण के जीवन में उनकी पत्नियों, राधा तथा कुब्जा के अतिरिक्त अन्य कोई स्त्री नहीं आयी थी।

93. क्या कृष्ण को भी अर्जुन की तरह कभी लक्ष्यभेद करना पड़ा था?

हां, कृष्ण को भी एकबार लक्ष्यभेद करना पड़ा था। कृष्ण की आठ प्रधान रानियों में से एक लक्ष्मणा द्रौपदी से यह कहती हैं कि कैसे उनकी शादी कृष्ण से हुई थी :

यथा स्वयंवरे राज्ञि... X ...सूर्ये चाभिजिति स्थिते।।

लक्ष्मणा कहती हैं – ''महारानी द्रौपदी! जिस प्रकार आपके पिताजी ने स्वयंवर में मत्स्यभेद का आयोजन किया था, उसी प्रकार मेरे पिताजी ने भी किया। लेकिन अंतर यह था कि हमारे यहां मछली बाहर से ढकी हुई थी और केवल जल में ही उसकी परछाई दिखाई पड़ती थी। देश-देश के राजाओं ने मुझे प्राप्त करने की इच्छा से धनुष-बाण उठाकर असफल प्रयास किया। महारानी! उन राजाओं में आपके पति गांडीवधारी अर्जुन, कर्ण, जरासंध, अम्बष्ठनरेश, भीम, दुर्योधन आदि शामिल थे। आपके पति गाण्डीवधारी अर्जुन को जल में स्थित मछली की स्थिति का तो पता चल गया था, लेकिन उनका बाण मछली को छूते हुए निकल गया था। रानी! इस प्रकार जब बड़े-बड़े अभिमानियों के मान का मर्दन हो गया तो श्रीकृष्ण उठे और खेल-खेल में धनुष पर डोरी चढ़ा दी और जल में केवल एक बार

मछली की परछाई देखकर बाण मारा तथा मछली को गिरा दिया। उस समय ठीक दोपहर बीत रहा था और अभिजित मुहूर्त चल रहा था।''

(भागवत पुराण, स्कन्ध-10,
अध्याय-83, श्लोक-19-26)

स्पष्टीकरण :- उपरोक्त श्लोकों से इस बात का पता चलता है कि कृष्ण धनुर्विद्या के केवल जानकार ही नहीं, बल्कि उसमें पूर्णतया दक्ष भी थे। वे अपने समकालीन विख्यात धनुर्धरों से कम न थे।

94. कृष्ण को कौन-कौन से आभूषण प्रिय थे?

यह बात न तो महाभारत में और न ही किसी पुराण में वर्णित है कि कृष्ण को किसी खास आभूषण या किसी खास परिधान से लगाव था। उन्हें गोकुल में फल-फूलों तथा मोरपंख के शृंगार भी उतने ही प्रिय थे जितने द्वारका के भंडार के स्वर्णाभूषण। ऐसा किसी ग्रंथ में नहीं लिखा है कि कृष्ण अक्सर कोई खास आभूषण पहनते-ही-पहनते थे। दूसरी बात यह कि जितने प्राचीन ग्रंथ हैं, उनमें कृष्ण के आभूषणों का वर्णन बहुत ही सीमित है, जबकि मध्यकाल में रचे गए पुराणों तथा भक्त कवियों की रचनाओं की शुरुआत ही आभूषणों से लदे कृष्ण से होती है। अत: कृष्ण के पसंदीदा आभूषण कौन-कौन से थे, इसकी खोज में लगना समय की बर्बादी है। और इसी से पता चलता है कि कृष्ण के बाबत प्रचलित अधिकांश बातें तथ्यहीन हैं। और यही गलत व दुखद है।

95. क्या कृष्ण ने मथुरा में व्यापार भी किया था?

हरिवंश पुराण में ऐसा एक श्लोक मिलता है जिसके अनुसार गोमंत की टेकड़ी की ओर भागते समय कृष्ण परशुराम से अपने भागने का कारण बताते हुए कहते हैं :

पितरं तस्य तत्रैव स्थापयित्वा जनेश्वरम्।
स्वमेव कर्म चारब्धौ गवां व्यापारकारकौ।।

''कंस को मारने के बाद उसके पिता को गद्दी पर स्थापित कर दिया। उसके बाद सदा से गोपालन संबंधी कार्य करने वाले हमदोनों भाइयों ने फिर मथुरा में ही अपना व्यवसाय आरम्भ कर दिया।''

(हरिवंश पुराण, विष्णुपर्व, अध्याय-39, श्लोक-39)

ऐसे प्रमाण, जो प्राचीन ग्रंथों में यत्र-तत्र दर्ज तो हैं पर सदियों से उपेक्षित रहे हैं, वे वास्तव

में बड़े काम के हैं क्योंकि उनसे महापुरुषों के जीवन की सच्ची तस्वीर उभरकर सामने आती है। उदाहरण के लिए उपरोक्त श्लोक को ही लें तो यह बात सामने आती है कि कृष्ण और बलराम मथुरा में व्यापार करके जीविकोपार्जन किया करते थे।

96. कृष्ण क्या आंख मूंदकर पांडवों का पक्ष ले रहे थे?

कृष्ण ने जीवन भर पांडवों का जिस तरह साथ दिया, उसी के आधार पर लोग ऐसी शंका करते हैं। इसके अतिरिक्त महाभारत में दो-चार ऐसे श्लोक भी आये हैं जिसके कारण ऐसे सशंकित लोग कृष्ण को भला-बुरा कहने से भी नहीं चूकते हैं:

यः शत्रुः पाण्डुपुत्राणां मच्छत्रुः स न संशयः।
मदर्था भवदर्था ये ये मदीयास्तवैव ते।।

कृष्ण कहते हैं - "जो पांडवों का शत्रु है, वह मेरा भी शत्रु है, इसमें कोई संदेह नहीं है। जो आपके सुहृद हैं, वे मेरे हैं और जो मेरे सुहृद हैं, वे आपके ही हैं।"

तव भ्राता मम सखा सम्बन्धी शिष्य एव च।
मांसान्युत्कृत्य दास्यामि फल्गुनार्थे महीपते।।

कृष्ण कहते हैं - हे राजा युधिष्ठिर! "आपके भाई अर्जुन मेरे मित्र, संबंधी और शिष्य भी हैं, अत: अर्जुन के लिए मैं अपना मांस भी काटकर दे दूंगा।"

एष चापि नरव्याघ्रो मत्कृते जीवितं त्यजेत्।
एष नः समयस्तात तारयेम परस्परम्।।

कृष्ण आगे भी कहते हैं - "सिंह के समान पुरुषों में श्रेष्ठ अर्जुन भी मेरे लिए अपने प्राणों का परित्याग कर सकते हैं। तात! हमलोगों में यह प्रतिज्ञा हो चुकी है कि हम एक-दूसरे को संकट से उबारेंगे।"

स मां नियुंक्ष्व राजेन्द्र यावत्सज्जो भवाम्यहम्।
प्रतिज्ञातमुपप्लाव्ये यत्तत्पार्थेन पूर्वतः।।
पातयिष्यामि गांगेयमित्युलूकस्य संनिधौ।
परिरक्ष्यमिदं तावद्वचः पार्थस्य धीमतः।।

कृष्ण कहते हैं - "राजेन्द्र! आप मुझे युद्ध के काम में नियुक्त कीजिए, मैं आपका योद्धा बनूंगा। युद्ध के पहले उपप्लव्य नगर में सबलोगों के सामने अर्जुन ने यह जो प्रतिज्ञा की थी कि मैं गंगानंदन भीष्मपितामह का वध करूंगा, बुद्धिमान पार्थ के उस वचन का पालन करना मेरे लिए आवश्यक है।"

अनुज्ञातेन पार्थेन मया कार्यं न संशयः।

कृष्ण कहते हैं – "अर्जुन ने जिस बात के लिए प्रतिज्ञा की हो, उसकी पूर्ति करना मेरा कर्तव्य है, इसमें संदेह नहीं है।"

(महाभारत, भीष्मपर्व, अध्याय-107, श्लोक-32-37)

महाभारत तथा पुराणों में अन्यत्र भी कई ऐसे प्रसंग मिलते हैं जब कृष्ण को पांडवों के रक्षक, सहायक तथा पक्षधर के रूप में देखने का भ्रम होता है। परंतु संपूर्ण महाभारत की निष्पक्ष विवेचना करने के बाद लोगों का ऐसा भ्रम दूर हो जाता है। सवाल दरअसल यहां प्रज्ञा का है और कृष्ण की प्रज्ञा को कृष्ण के स्तर पर पहुंचे बिना जाना नहीं जा सकता है। अत: ऐसे सवालों से लोग दूर रहें, वही ज्यादा हितकर है। क्योंकि कृष्ण जैसे परम पुरुष किसी का अनावश्यक पक्ष लें, यह संभव ही नहीं है।

97. महाभारत के टेलीविजन प्रोग्राम में बताया गया है कि अर्जुन के अलावा सिर्फ कृष्ण ही चक्रव्यूह तोड़ सकते थे? क्या यह सत्य है?

अब टीवी की बात टीवी वाले जानें, लेकिन महाभारत के अनुसार तो चार ऐसे व्यक्ति थे जो द्रोणाचार्य के रचे चक्रव्यूह को भेदने में सक्षम थे :

त्वं वाऽर्जुनो वा कृष्णो वा भिन्द्यात्प्रद्युम्न एव वा।
चक्रव्यूहं महाबाहो पञ्चमो नोपपद्यते।।

युधिष्ठिर ने अभिमन्यु से कहा – "महाबाहो! तुम, अर्जुन, कृष्ण या प्रद्युम्न – ये चार पुरुष ही चक्रव्यूह का भेदन कर सकते हो। पांचवां कोई योद्धा इस कार्य के योग्य नहीं है।"

(महाभारत, द्रोणपर्व,
अध्याय-35, श्लोक-15)

संपूर्ण महाभारत में जिस व्यक्ति की सत्यवादिता के गुण गाये गए हैं, उसी युधिष्ठिर के मुंह से उपरोक्त बातें बतायी गई हैं, तो टीवी वालों का दावा उनकी अज्ञानता को ही दर्शाता है। इस प्रश्न का सही उत्तर यही है कि महाभारत के अनुसार कुल जमा चार लोग चक्रव्यूह को भेदने में सक्षम थे।

98. कृष्ण के भाई बलराम के कितने पुत्र थे?

महाभारत तथा सारे पुराणों के अनुसार बलराम के केवल दो पुत्र थे : निशठ और उल्मूक।

(भागवत पुराण, स्कन्ध-11, अध्याय-30, श्लोक-17)

99. क्या बलराम महाभारत के युद्ध में शामिल थे?

नहीं, बलराम महाभारत के युद्ध से दूरी बनाये हुए थे। उनके महाभारत युद्ध में शामिल न होने का सबसे बड़ा कारण गृहकलह और अंतर्कलह था। दरअसल कौरव और पांडव के मामले में कृष्ण का परिवार दो भागों में बंटा हुआ था और जो कई मौकों पर स्पष्ट भी हो चुका था। हस्तिनापुर के राजवंश से कृष्ण की कई पीढ़ियों से कई रिश्तेदारियां चली आ रही थीं। लेकिन चूंकि कई कारणों से कृष्ण का झुकाव पांडवों की ओर अधिक था, इसलिए बलराम अनायास ही दुर्योधन की ओर झुक गए थे। उधर चतुर कूटनीतिज्ञ दुर्योधन इस बात को भांपते ही बलराम की सेवा तथा आदर में वृद्धि किये हुए था। भिन्न-भिन्न प्रश्नों के अंतर्गत ये सब बातें इस पुस्तक में भी आ ही चुकी हैं, अतः दुहराना ठीक नहीं। सो सीधे हम मूल प्रश्न पर आएं तो महाभारत में बताया गया है कि बलराम उस युद्ध में क्यों नहीं शामिल हुए थे:

उभौ शिष्यौ हि मे वीरौ गदायुद्धविशारदौ।
तुल्यस्नेहोऽस्म्यतो भीमे तथा दुर्योधने नृपे।।

बलराम बोले - "भीमसेन और दुर्योधन ये दोनों ही मेरे शिष्य और गदायुद्ध में कुशल हैं; अतः मैं इन दोनों पर एक-सा स्नेह रखता हूँ।"

(महाभारत, उद्योगपर्व, अध्याय-157, श्लोक-33)

ध्रुवो जयः पाण्डवानामिति मे निश्चिता मतिः।
तथा ह्यभिनिवेशोऽयं वासुदेवस्य भारत।।

उन्होंने आगे कहा - मेरा निश्चित विश्वास है कि इस युद्ध में पांडवों की अवश्य विजय होगी। क्योंकि हे भारत! श्रीकृष्ण का ऐसा ही दृढ़ संकल्प है।

(महाभारत, उद्योगपर्व, अध्याय-157, श्लोक-31)

तस्माद् याम्यामि तीर्थानि सरस्वत्या निषेवितुम्।
न हि शक्ष्यामि कौरव्यान् नश्यमानानुपेक्षितुम्।।

उन्होंने यह भी कहा कि - "क्योंकि मैं नष्ट होते हुए कौरवों को उस अवस्था में देखकर उपेक्षा नहीं कर सकूंगा, इसलिए मैं सरस्वती नदी के तटवर्ती तीर्थों का सेवन करने के लिए चला जाऊंगा।"

(महाभारत, उद्योगपर्व, अध्याय-157, श्लोक-34)

उपरोक्त कारणों से बलराम उस महायुद्ध से हट गए थे। अगर वे लड़ते तो द्वारका की सेना के साथ लड़ते जो कि दुर्योधन को मिल चुकी थी। इससे उनका कृष्ण से सीधा सामना होता। जबकि कृष्ण के लिए उनके दिल में इतना प्रेम था कि कृष्ण का बाल भी बांका करने

का सपना देखने वाले को वे पाताल भेजने को तैयार रहते थे। अत: उपरोक्त कारणों से उन्होंने युद्ध से हट जाना ही उचित समझा था।

100. क्या यह सच है कि शिशुपाल के जन्म के समय कृष्ण ने शिशुपाल के 99 अपराध माफ और 100वें अपराध पर उसका वध करने का वादा उसकी मां से किया था?

जैसा कि महाभारत में शिशुपाल के बारे में कहा गया है, उसके अनुसार शिशुपाल के जन्म के समय चार हाथ और तीन नेत्र थे जिसे देखकर उसके माता-पिता काफी डर गए थे। माता-पिता को शंका हुई थी कि यह विचित्र बच्चा जीवित रहेगा भी या नहीं? लेकिन अभी माता-पिता तथा पूरा राजपरिवार चिंता में डूबे ही हुए थे कि आकाशवाणी हुई कि इस बच्चे को मारने वाला किसी दूसरी जगह पैदा हो चुका है और एक उसके अतिरिक्त यह किसी भी अन्य व्यक्ति के हाथों नहीं मारा जा सकता। तब माता-पिता को तसल्ली होने के साथ उत्सुकता भी हुई कि आखिर वह कौन है जिसके हाथों उनका बेटा मारा जाएगा? तभी फिर आकाशवाणी हुई :

अन्तर्भूतं ततो भूतमुवाचेदं पुनर्वचः।
यस्योत्संगे गृहीतस्य भुजावभ्यधिकावुभौ।।
पतिष्यतः क्षितितले पंचशीर्षाविवोरगौ।
तृतीयमेतद्बालस्य ललाटस्थं तु लोचनम्।।
निमज्जिष्यति यं दृष्ट्वा सोऽस्य मृत्युर्भविष्यति।

''जिसकी गोद में जाते ही इस बच्चे के दसों उंगलियों से युक्त दो अतिरिक्त हाथ गिर जाएंगे तथा इसके ललाट पर का तीसरा नेत्र ललाट में ही विलीन हो जाएगा, उसी के हाथों यह मारा जाएगा।''

(महाभारत, सभापर्व, अध्याय-43, श्लोक-9-11)

फिर तो इस विचित्र बच्चे को देखने के लिए दूर-दूर से लोग आने लगे और यह कम था तो राजा दमघोष के निमंत्रण पर राजा-महाराजा भी उसे देखने के लिए आने लगे। दमघोष और उनकी पत्नी बड़ी चतुराई से बच्चे को हर एक राजा की गोद में देते, पर जिस बात का इंतजार था, वह किसी की गोद में न हो रहा था।

एतदेव तु संश्रुत्य द्वारवत्यां महाबलौ।।
ततश्चेदिपुरं प्राप्तौ संकर्षणजनार्दनौ।

यादवौ यादवीं द्रष्टुं स्वसारं तौ पितुस्तदा॥

"फिर यह समाचार जब द्वारका पहुंचा तो वहां से कृष्ण तथा बलराम दोनों उस बच्चे को देखने आये।"

(महाभारत, सभापर्व, अध्याय-43, श्लोक-14-15)

स्पष्टीकरण :- यहां ध्यान देने वाली बात यह है कि जब द्वारका की स्थापना से पहले ही रुक्मिणी के स्वयंवर में शिशुपाल एक प्रत्याशी दुल्हे के रूप में शामिल हो चुका था, तब फिर वह द्वारका की स्थापना के बाद पैदा कैसे हुआ? हरिवंश पुराण, जिसे महाभारत का ही खिलभाग कहा जाता है तथा जिसके सोलह हजार श्लोकों को महाभारत के श्लोकों के साथ ही गिना जाता है, उस महत्त्वपूर्ण ग्रंथ में जो विवरण दिये गए हैं, वे इस कहानी के विपरीत हैं। हरिवंश पुराण के अनुसार जब द्वारका की कोई चर्चा भी नहीं थी, उसी समय रुक्मिणी का स्वयंवर रचाया गया था और रुक्मिणी का भाई रुक्मी उनका विवाह शिशुपाल से करने के लिए दृढ़प्रतिज्ञ था। इस पुराण में यह पूरा घटनाक्रम पांच अध्यायों में विस्तृत है। मथुरा की राजकीय अवहेलना पर आपत्ति जताने के लिए कृष्ण वहां बिना निमंत्रण के ही पहुंचे थे और उनके कठिन प्रयत्नों से वह स्वयंवर निरस्त हो पाया था। ये सारी बातें *हरिवंश पुराण के विष्णुपर्व के अंतर्गत 47 से 51वें अध्याय* में उपलब्ध हैं। खैर, इस बात को ध्यान में रखते हुए महाभारत में आगे की कहानी पढ़ें :

न्यस्तमात्रस्य तस्यांके भुजावभ्यधिकावुभौ।
पेततुस्तच्च नयनं न्यमज्जत ललाटजम्॥
तद्दृष्ट्वा व्यथिता त्रस्ता वरं कृष्णमयाचत।
ददस्व मे वरं कृष्ण भयार्ताया महाभुज॥
त्वं ह्यार्तानां समाश्वासो भीतानामभयप्रदः।
एवमुक्तस्ततः कृष्णः सोऽब्रवीद्यदुनन्दनः॥
मा भैस्त्वं देवि धर्मज्ञे न मत्तोऽस्ति भयं तव।
ददामि कं वरं किं च करवाणि पितृष्वसः॥
शक्यं वा यदि वाऽशक्यं करिष्याणि वचस्तव।
एवमुक्ता ततः कृष्णमब्रवीद्यदुनन्दनम्॥
शिशुपालस्यापराधान्क्षमेथास्त्वं महाबल।
मत्कृते यदुशार्दूल विद्ध्येनं मे वरं प्रभो॥

कृष्ण उवाच।

अपराधशतं क्षाम्यं मया ह्यस्य पितृष्वसः।
पुत्रस्य ते वधार्हस्य मा त्वं शोके मनः कृथाः।।

भीष्मपितामह कहते हैं – "फिर शिशुपाल की मां श्रुतश्रवा ने अपने इस विचित्र पुत्र को सीधे कृष्ण की गोदी में डाल दिया। वहां कृष्ण की गोद में जाते ही बच्चे के दोनों हाथ गिर गए और तीसरा नेत्र भी ललाट में गायब हो गया। यह देखकर बालक की माता भयभीत हो गईं और कृष्ण से वर मांगने लगीं। वह बोली – कृष्ण! मैं भय से व्याकुल हो रही हूँ, अतः इस बच्चे के जीवन के लिए कोई वर दो। कृष्ण बोले – बुआ! मुझसे डरने की कोई जरूरत नहीं है। तुम्हीं कहो मैं तुम्हें कौन–सा वर दूं? श्रुतश्रवा बोलीं – महाबली यदुकुलतिलक कृष्ण! तुम अपनी इस बुआ की खातिर इस बच्चे के सभी अपराध माफ कर देना। तब कृष्ण ने कहा – "बुआ! तुम्हारा यह पुत्र अपने दोषों के कारण मेरे द्वारा यदि वध के योग्य होगा, तो भी मैं इसके *सौ अपराध क्षमा कर दूंगा (महाभारत, सभापर्व, अध्याय–43, श्लोक–18–24)।*"

स्पष्टीकरण :– अब यह सब कृष्ण के शिशुपाल–वध को जायज ठहराने हेतु कहे गए हैं या अन्य किसी कारण से, यह नहीं कहा जा सकता है। दरअसल महाभारत में पीछे से इतना कुछ लिख दिया गया है कि काफी चीजों का सिरा ही नहीं मिलता है। यहां शिशुपाल और कृष्ण को लेकर जो कुछ भी उपलब्ध है, सब बता दिया गया। आगे विवेक अपनी, समझ अपनी।

101. कृष्ण कर्ण से किस बात के लिए खफा थे?

कृष्ण के कर्ण पर क्रोधित होने के स्पष्ट कारणों की झलक कुरुक्षेत्र की युद्धभूमि में मिलती है जहां कृष्ण उसकी एक–एक करतूतों को गिनाते हैं। कर्ण का रथ मैदान के कीचड़ में फंस जाता है और जिसे निकालने के लिए वह रथ से नीचे उतरता है, लेकिन कृष्ण अर्जुन को आदेश देते हैं कि वह बाण चलाना जारी रखे। इस बात पर कर्ण अर्जुन को नीति और धर्म की दुहाई देते हुए कहता है :

प्रकीर्णकेशे विमुखे ब्राह्मणेऽथ कृतांजलौ।
शरणागते न्यस्तशस्त्रे याचमाने तथाऽर्जुन।।
अबाणे भ्रष्टकवचे भ्रष्टभग्नायुधे तथा।
न विमुंचन्ति शस्त्राणि शूराः साधुव्रते स्थिताः।।

त्वं च शूरतमो लोके साधुवृत्तश्च पाण्डव।
अभिज्ञो युद्धधर्माणां तस्मात्क्षममुहूर्तकम्।।
दिव्यास्त्रविदमेयात्मा कार्तवीर्यसमो युधि।

कर्ण बोले – "अर्जुन! जो केश खोलकर खड़ा हो, युद्ध से मुंह मोड़ चुका हो, ब्राह्मण हो, हाथ जोड़कर शरण में आया हो, हथियार डाल चुका हो, प्राणों की भीख मांगता हो, जिसके बाण, कवच और दूसरे-दूसरे आयुध नष्ट हो चुके हों; ऐसे पुरुष पर उत्तम व्रत का पालन करने वाले शूरवीर शस्त्रों का प्रहार नहीं करते। पांडुनंदन! तुम लोक में महान, शूर और सदाचारी माने जाते हो। युद्ध के धर्म को जानते हो और वेदान्तों का अध्ययन कर चुके हो। तुम्हें दिव्यास्त्रों का ज्ञान है, तुम आत्मबल से भी संपन्न हो और कार्तवीर्य अर्जुन के समान पराक्रमी भी हो।"

(महाभारत, कर्णपर्व, अध्याय-90 गीताप्रेस, श्लोक-111-114)

कर्ण के धर्म की दुहाई की बात सुनकर कृष्ण को बहुत गुस्सा आता है और वे उसकी एक-एक करतूत उसके सामने रखते हैं :

संजय उवाच

अथाब्रवीद्वासुदेवो... x ...धर्माभिगुप्तैः सततं नृसिंहैः।।

संजय ने कहा – "राजन! उस समय रथ पर बैठे हुए श्रीकृष्ण ने कहा कि हे राधानंदन! सौभाग्य की बात है कि अब यहां तुम्हें धर्म की याद आ रही है। प्रायः यह देखने में आता है कि नीच मनुष्य विपत्ति में पड़ने पर दैव की ही निंदा करते हैं, अपने किये हुए कुकर्मों की नहीं।"

- कर्ण! जब तुमने और दुर्योधन, दुःशासन तथा सुबलपुत्र शकुनि ने एक वस्त्र धारण करने वाली रजस्वला द्रौपदी को सभा में बुलवाया था, उस समय तुम्हारे मन में धर्म का विचार नहीं उठा था?
- जब कौरवसभा में जुए के खेल का ज्ञान न रखने वाले राजा युधिष्ठिर को शकुनि ने जान-बूझकर छलपूर्वक हराया था, उस समय तुम्हारा धर्म कहां चला गया था?
- कर्ण! वनवास का तेरहवां वर्ष बीत जाने पर भी जब तुमने पांडवों का राज्य उन्हें वापस नहीं दिया था, उस समय तुम्हारा धर्म कहां चला गया था?
- जब राजा दुर्योधन ने तुम्हारी ही सलाह लेकर भीमसेन को जहर मिलाया हुआ अन्न खिलाया और उन्हें सर्पों से डंसवाया, उस समय तुम्हारा धर्म कहां गया था?
- वारणावतनगर में सोये हुए पांडवों को लाक्षागृह में जलाने का प्रयास किया था, तब धर्म कहां था?

• कर्ण! भरी सभा में दुःशासन के वश में पड़ी हुई रजस्वला द्रौपदी को लक्ष्य करके जब तुमने उपहास किया था, तब धर्म कहां था?

• राधानंदन! नीच कौरवों द्वारा क्लेश पाती हुई द्रौपदी को जब तुम निकट से घूर-घूरकर देख रहे थे, तब तुम्हारा धर्म कहां था?

• तुमने द्रौपदी से क्या कहा था, याद है न! तुमने ही कहा था न कि हे कृष्णे! पांडव तो अब नष्ट हो गए, वे सदा के लिए नरक में पड़ गए। इसलिए अब तुम कोई दूसरा पति चुन लो। जब तुम ऐसी बात कहते हुए गजगामिनी द्रौपदी को निकट से आंखें फाड़-फाड़ के देख रहे थे, उस समय तुम्हारा धर्म कहां चला गया था?

• कर्ण! फिर राज्य के लोभ में पड़कर तुमने शकुनि की सलाह के अनुसार जब पांडवों को दुबारा जुए के लिए बुलवाया, उस समय तुम्हारा धर्म कहां चला गया था?

• जब बहुत-से वीरों के साथ मिलकर तुमने एक अबोध बच्चे अभिमन्यु को युद्ध में मार डाला था, तब तुम्हारा धर्म कहां चला गया था?

• यदि उन अवसरों पर यह धर्म नहीं था, तो आज यहां भी धर्म की दुहाई देकर तालू सुखाने से क्या लाभ? सूत! अब यहां धर्म के चाहे कितने ही कार्य क्यों न कर डालो, तथापि जीते जी तुम्हारा छुटकारा नहीं हो सकता।

• जिस तरह राजा नल ने अपने खोये हुए राजपाट को अपने पराक्रम से पुनः पा लिया था, उसी तरह लोभशून्य पांडव भी अपनी भुजाओं के बल से अपना राज्य प्राप्त कर लेंगे। पांडव सदैव अपने धर्म से सुरक्षित हैं, इनके सामने धर्म का राग न अलापो। धृतराष्ट्र के पुत्रों का नाश अवश्य होगा।

(महाभारत, कर्णपर्व, अध्याय-91 गीताप्रेस, श्लोक-1-14)

स्पष्टीकरण :- कृष्ण कर्ण की वीरता, दानशीलता आदि गुणों की कई बार कई जगहों पर प्रशंसा कर चुके थे। लेकिन द्रौपदी की बेइज्जती में कर्ण का बढ़-चढ़कर हिस्सा लेना तथा दुर्योधन के सभी गलत कार्यों में न केवल हामी भरना बल्कि सक्रिय रूप से उसमें सहयोग करना; कुछ ऐसे कार्य थे जिनने उसके सारे सद्गुणों को मिट्टी में मिला दिया था। फिर ऐसे "ऊंची डिग्री थोथे ज्ञान" वाले कर्ण पर कृष्ण का गुस्सा तो निकलना ही था।

102. महाभारत युद्ध की चर्चा के समय बर्बरीक का नाम क्यों आता है?

वास्तव में बर्बरीक की कहानी एक लोककथा है जिसे बाद में स्कंद पुराण में स्थान दे दिया गया था। इस *स्कंद पुराण के माहेश्वरखंड के अंतर्गत कुमारिकाखंड के 59वें अध्याय से*

लेकर 66वें अध्याय तक में इस बात का जिक्र है। इस पुराण में घटोत्कच की मौर्वी नाम की एक युवती से शादी तथा उससे पैदा हुए पुत्र बर्बरीक की बड़े ही विस्तार से कहानी गढ़ी गई है। इन आठ बड़े-बड़े अध्यायों में जैसी कहानी गढ़ी गई है, उसे एक ही बार पढ़कर कोई भी आदमी कह सकता है कि यह पूरी-की-पूरी कहानी मिलावटी है, नकली है। केवल इस पुराण में ही बर्बरीक के नाम की चर्चा की गई है, इसके अलावे किसी भी अन्य पुराण तथा महाभारत में इस बात की कहीं कोई चर्चा नहीं मिलती है। दूसरी बात यह कि इन आठ अध्यायों के बीच 61वें अध्याय में एक दिगंबर जैन मुनि द्वारा अहिंसा की चर्चा करने से भी यह बात प्रमाणित होती है कि यह जैनधर्म की प्रसिद्धि के बाद की रची कहानी है। और किसी भी शास्त्र में बर्बरीक के नाम तक का उल्लेख न होने की वजह से यह सौ फीसदी तय हो जाता है कि कृष्ण की कई चमत्कारिक कहानियों के समान ही इसे भी पीछे से गढ़ा गया है, जिसका वास्तविकता से दूर-दूर तक कुछ लेना-देना नहीं है।

103. अश्वत्थामा के बारे में कृष्ण की क्या राय थी जब उसने ब्रह्मास्त्र का प्रयोग करके उत्तरा के गर्भ को नष्ट करने की चेष्टा की थी?

इस संबंध में भागवत पुराण और महाभारत की विवेचना में भिन्नता है, अतः एक-एककर दोनों ग्रंथों की बातों की परीक्षा करना आवश्यक है। सो सबसे पहले भागवत पुराण को देखें:

जब सोये हुए सैनिकों और द्रौपदी के पुत्रों को अश्वत्थामा ने मार डाला, तो अर्जुन और कृष्ण उसे ढूंढ़ने निकल पड़े। और ढूंढ़ते ही उसके साथ एक बड़ी लड़ाई के बाद अर्जुन ने उसे पकड़ लिया तथा बांधकर अपने शिविर की ओर ले चला। तब कृष्ण ने अर्जुन से कहा :

मैनं पार्थार्हसि त्रातुं ब्रह्मबंधुमिमं जहि।
यो असौ अनागसः सुप्तान् अवधीन्निशि बालकान्।।
मत्तं प्रमत्तमुन्मत्तं सुप्तं बालं स्त्रियं जडम्।
प्रपन्नं विरथं भीतं न रिपुं हन्ति धर्मवित्।।
स्वप्राणान्यः परप्राणैः प्रपुष्णात्यघृणः खलः।
तद् वधस्तस्य हि श्रेयो यद् दोषाद्यात्यधः पुमान्।।
प्रतिश्रुतं च भवता पांचाल्यै शृण्वतो मम।

आहरिष्ये शिरस्तस्य यस्ते मानिनि पुत्रहा।।

तदसौ वध्यतां पाप आतताय्यात्मबंधुहा।

भर्तुश्च विप्रियं वीर कृतवान् कुलपांसनः।।

सूत उवाच।

एवं परीक्षता धर्मं पार्थः कृष्णेन चोदितः।

नैच्छद् हन्तुं गुरुसुतं यद्यप्यात्महनं महान्।।

कृष्ण ने कहा – ''अर्जुन! इस अधम ब्राह्मण को छोड़ना ठीक नहीं है, इसको तो मार ही डालो। इसने रात में सोये हुए बालकों की हत्या की है। कोई भी धार्मिक मनुष्य असावधान, सोये हुए, मतवाले, पागल, बालक, स्त्री, ज्ञानशून्य, शरणागत, रथहीन और भयभीत शत्रु को कभी नहीं मारते। परंतु जो पुरुष दूसरों को मारकर अपने प्राणों का पोषण करता है, उसका वध तो उसके लिए ही कल्याणकारी है। अर्जुन! तुमने द्रौपदी से भी प्रतिज्ञा की है, इसलिए इस कुलांगार को मार ही डालो। सूतजी कहते हैं – *वास्तव में श्रीकृष्ण ने अर्जुन के धर्म की परीक्षा लेने के लिए इस प्रकार की प्रेरणा दी, परंतु अर्जुन का हृदय महान था। यद्यपि अश्वत्थामा ने उनके पुत्रों की हत्या की थी लेकिन फिर भी अर्जुन के मन में गुरुपुत्र को मारने की इच्छा नहीं हुई।''*

(भागवत पुराण, स्कन्ध-1, अध्याय-7, श्लोक-35-40)

उपरोक्त सन्दर्भ में चिन्हित बात को पढ़ने से यह साफ लगता है कि यह भागवत पुराण ब्राह्मणों की प्राथमिकता का कितना परिपोषण करता है। यही नहीं, इस पुराण में द्रौपदी आगे क्या कहती हैं, जरा उसे भी देख लें :

उवाच चासहन्त्यस्य बंधनानयनं सती।

मुच्यतां मुच्यतां एष ब्राह्मणो नितरां गुरुः।।

सूतजी कहते हैं – ''गुरुपुत्र का इस तरह बांधकर लाया जाना द्रौपदी को सहन नहीं हुआ। सो उन्होंने कहा – ''छोड़ दो इन्हें, छोड़ दो। ये ब्राह्मण हैं और हमलोगों के अत्यंत पूजनीय हैं।''

(भागवत पुराण, स्कन्ध-1, अध्याय-7, श्लोक-43)

उपरोक्त प्रमाणों से यह बात बिल्कुल स्पष्ट है कि कृष्ण के सीधे गुस्से को भी परीक्षा बताना तथा मातृत्व के दर्द को भी तुच्छ बताना ब्राह्मणवाद का पोषण करने हेतु एक कुटिल षड्यंत्र है।

अत: इसी प्रसंग का विवरण महाभारत में देखना भी आवश्यक है जहां द्रौपदी अपने पुत्रों के हत्यारे की मौत देखने हेतु अनशन पर बैठ जाती हैं :

तस्य पापकृतो द्रौणेर्न... x ...पुमानस्तीह कश्चन।।

द्रौपदी, युधिष्ठिर सहित सभी पांडवों से कहती है - ''यदि आप पराक्रम प्रकट करके सम्बन्धियों सहित पापाचारी द्रोणपुत्र के प्राण नहीं हर लेते, तो मैं यहीं अनशन करके प्राणों का अंत कर लूंगी। आप सबलोग कान खोलकर सुन लें कि अगर अश्वत्थामा अपने पापकर्म का फल नहीं पा लेता है, तो मैं यहीं प्राण त्याग दूंगी। ऐसा कहकर वह युधिष्ठिर के सामने अनशन पर बैठ गईं। तब युधिष्ठिर ने कहा कि तुम्हारे सभी पुत्र तथा संबंधी धर्मयुद्ध में वीरगति को प्राप्त हुए हैं, इसलिए तुम्हें इस तरह शोक नहीं करना चाहिए। द्रौपदी! वह पापी तो सबको मारकर जंगल में भाग गया है, अगर वहां उसे मार भी दिया जाए, तो तुम्हें कैसे विश्वास होगा? तब द्रौपदी ने कहा कि मैंने सुना है कि उस पापी के मस्तक में एक मणि है जो उसके जन्म के साथ ही पैदा हुआ है। सो अगर उसे मारकर वह मणि मुझे दे दी जाए, तो मैं मान लूंगी। फिर वह भीम को कहती है कि जिसतरह इंद्र ने शंबरासुर को मारा था, वैसे ही आप भी उस पापी अश्वत्थामा का वध करके मुझे संतोष प्रदान करें।''

(महाभारत, सौप्तिकपर्व, अध्याय-11, श्लोक-14-23)

फिर भीम के साथ कृष्ण और अर्जुन भी जंगल की ओर जाते हैं और वहां ब्रह्मास्त्रों तथा दिव्यास्त्रों से लड़ाई होती है। अंत में आश्चर्यजनक रूप से वहां वेदव्यास और नारद पहुंच जाते हैं और उक्त मणि की कीमत पर अश्वत्थामा के प्राण का सौदा होता है। यही नहीं, जिस मणि को ऊपर जन्मजात पैदा होना बताया गया है, यहां उसे बांधने की बात हो रही है :

यमाबध्य भयं नास्ति शस्त्रव्याधिक्षुधाश्रयम्।
देवेभ्यो दानवेभ्यो वा नागेभ्यो वा कथंचन।।
न च रक्षोगणभयं न तस्करभयं तथा।
एवंवीर्यो मणिरयं न मे त्याज्यः कथंचन।।

''इसे बांध लेने पर शस्त्र, व्याधि, क्षुधा, देवता, दानव अथवा नाग किसी से भी किसी तरह का भय नहीं रहता। न राक्षसों का भय रहता है न चोरों का। मेरी इस मणि का ऐसा अद्भुत प्रभाव है। इसलिए इसका त्याग तो मुझे किसी प्रकार नहीं करना चाहिए।''

(महाभारत, सौप्तिकपर्व, अध्याय-14, श्लोक-29-30)

अतः स्पष्ट है कि ब्राह्मणवाद यानी वर्णाश्रम व्यवस्था को कायम रखने के लिए महाभारत में इस काल्पनिक मणि का गड़बड़झाला खड़ा किया गया है। कोई इन लिखने वालों से पूछा ही नहीं कि अगर मणि के कारण वह अजेय था तो उसे डरकर जंगल में भागने की क्या

जरूरत थी? यानी कुल-मिलाकर कई कहानियां, खासकर नये शास्त्रों में ऐसे गढ़ी गई हैं कि कुछ समझ पाना ही मुश्किल है। सो बेहतर है कि शास्त्रों में दर्ज जीवन के गहरे अर्थ समझाने वाली बातों को ही तवज्जो दें तथा बाकी बातों को सुनकर भी अनसुना कर दें।

104. कृष्ण का पांडवों से क्या रिश्ता था?

कृष्ण यदुवंशी थे और पांडव कुरुवंशी थे और दोनों की जड़ यानी पिता एक ही थे - राजा ययाति। जैसे-जैसे पीढ़ियां आगे बढ़ती गईं, दोनों के बीच गोत्र का भेद भी बढ़ता गया और उनमें वैवाहिक संबंध भी बनने लगे। हस्तिनापुर के राजा शांतनु के एक बड़े भाई थे जो बह्लिक क्षेत्र (आज का पश्चिमी अफगानिस्तान) में राज करते थे और ग्रंथों में वे बाह्लीक नाम से ही प्रसिद्ध हैं। इस बाह्लीक के परिवार की पांच बेटियां कृष्ण की सौतेली माता थीं जिनमें से बलराम की मां रोहिणी सबसे बड़ी थीं। इसी संबंध के आधार पर विदुरजी वसुदेवजी को बहिनोई कहा करते थे :

कच्चित् कुरूणां परमः सुहृन्नो
भामः स आस्ते सुखमंग शौरिः।
यो वै स्वसॄणां पितृवद् ददाति
वरान् वदान्यो वरतर्पणेन॥

विदुरजी उद्धव से पूछते हैं- "हम कुरुवंशियों के बहिनोई वसुदेवजी कुशल से तो हैं न? जो कुंती आदि अपनी बहनों की पिता के समान देखभाल करते हैं, आदरणीयों में श्रेष्ठ वे वसुदेवजी कुशल से तो हैं न?"

(भागवत पुराण, स्कन्ध-3, अध्याय-1, श्लोक-27)

पांडवों की माता कुंती वसुदेवजी की सगी बहन थीं। मथुरा गणराज्य के पूर्व राजा शूरसेन के वसुदेवजी सहित दस बेटे तथा कुंती सहित पांच बेटियां थीं। इसका पूरा विवरण एक पिछले प्रश्न के उत्तर में दिया गया है जिसे यहां दोहराने की जरूरत नहीं है। राजा शूरसेन ने अपने निः संतान मित्र राजा कुन्तिभोज को अपनी बड़ी बेटी, जिसका नाम पृथा था, दत्तक पुत्री के रूप में दे दी थी। कुन्तिभोज के घर में यही पृथा कुंती कहलाने लगीं। युवावस्था में उनकी शादी राजा धृतराष्ट्र के छोटे भाई पांडु के साथ हुई और बाद में वह तीन पांडवों की माता बनीं। प्रसिद्ध ग्रंथ गीता तथा महाभारत में कृष्ण बार-बार अर्जुन को पृथापुत्र इसीलिए कहते हैं।

कुरुवंश की बेटी रोहिणी की बेटी सुभद्रा कुरुवंश के ही एक वंशज अर्जुन से ब्याही गई थीं। यही नहीं, अगर दक्षिण भारत में प्रचलित लोककथा को मानें तो सुभद्रा के

बेटे अभिमन्यु ने विराट की पुत्री उत्तरा के अलावे अपने सगे मामा बलराम की बेटी शशिरेखा से भी शादी की थी।

अर्जुन के चचेरे भाई दुर्योधन की बेटी लक्ष्मणा की शादी बड़े ही हंगामेखेज तरीके से कृष्ण के पुत्र साम्ब से हुई थी। यह विवरण इन दोनों वंशों के गणमान्य लोगों के संबंध के हैं, लेकिन इनके अतिरिक्त इन दोनों परिवार के अल्पप्रसिद्ध लोगों के बीच भी न जाने कितने वैवाहिक संबंध हुए होंगे जिसका कोई विवरण इतिहास में आज उपलब्ध नहीं है। यानी कुल-मिलाकर यह कहा जा सकता है कि कृष्ण और पांडवों की अनेक प्रकार से रिश्तेदारी थी।

105. क्या कृष्ण अर्जुन-पुत्र अभिमन्यु के गुरु थे?

ऐसा कोई विवरण महाभारत या पुराणों में उपलब्ध नहीं है जिसके आधार पर यह कहा जा सके कि कृष्ण ने एक गुरु की भूमिका में अभिमन्यु को कभी शिक्षित किया था। हां, महाभारत में इस बात का विवरण उपलब्ध है कि अभिमन्यु का बचपन द्वारका में ही बीता था और वहीं उनकी शिक्षा-दीक्षा का प्रबंध किया गया था। वे अपने नाना वसुदेवजी के लाड़ले थे तथा उनके आचरण और सीखने की जिज्ञासा से कृष्ण भी बहुत प्रभावित थे, लेकिन कहीं भी यह नहीं बताया गया है कि कृष्ण ने अपनी ओर से उन्हें कुछ सिखाने की कभी कोई कोशिश की थी।

अगर अभिमन्यु ने अपनी उच्च कोटि की जिज्ञासा के कारण अपने मामा कृष्ण से स्वतः कुछ सीखा हो तो अलग बात है, अन्यथा कृष्ण तो पांडवों के वनवास तथा आर्यावर्त की अन्य राजनीति में फंसे होने के कारण बमुश्किल दो-चार महीने एक साथ कभी द्वारका में टिक पाते थे। जो लोग कृष्ण के जीवन को जानते हैं, उन्हें मालूम होगा कि कृष्ण ने कभी किसी को औपचारिक तौर पर कुछ सिखाने की कोशिश नहीं की। उन्होंने अपने जीवन में जो कुछ सीखा, अपनी अंतर्दृष्टि से सीखा और जो कुछ कहा, परिस्थिति की मांग पर कहा। किसी को कुछ सिखाने हेतु विशिष्ट रूप से आग्रह करना कृष्ण की मानसिकता में ही नहीं था।

106. जैसा कि टीवी सीरियल में बताया गया है, क्या कंस वाकई गंजे यानी बालरहित थे?

यह बात न तो हिंदू धर्म के महाभारत तथा किसी पुराण में उद्धृत है और न ही जैन धर्म

के हरिवंश पुराण, पद्म पुराण, तिरसठ शलाका पुरुष जैसे ग्रंथों में उद्धृत है जिनमें कृष्ण तथा उनसे जुड़े ऐतिहासिक पुरुषों का विस्तार से उल्लेख किया गया है। बौद्ध धर्म के ग्रंथों में भी इस बात की कोई चर्चा नहीं मिलती है। अतः यह बात आजकल के लोगों की मनगढ़ंत कल्पना है। बल्कि सच्चाई तो यह है कि मथुरा के रंगशाला में जब कृष्ण-बलराम के द्वारा कंस के अनेकों पहलवान मार दिये गए तो वह विक्षिप्त हो गया। और उसी विक्षिप्तावस्था में उसने नंद, वसुदेव, देवकी तथा अन्य यादवों को मारने और बंदी बनाने की आज्ञा दे दी। फिर तत्क्षण ही कृष्ण इतने लोगों की जान बचाने के लिए उछलकर मंच पर चढ़ गए और कंस की चोटी पकड़कर उन्होंने उसे सिंहासन से गिरा दिया :

स कृष्णेनायतं कृत्वा बाहुं परिघ संनिभम्।
मूर्धजेषु परामृष्टः कंसो वै रंगसंसदि॥

वैशम्पायनजी कहते हैं – "कृष्ण ने अपनी एक मोटी बांह बढ़ाकर रंगशाला में कंस की चोटी पकड़ ली।"

(हरिवंश पुराण, विष्णुपर्व, अध्याय-31, श्लोक-76)

भ्रंशितेनोत्तरीयेण सहसा वलिताननः।
चेष्टमानः समाक्षिप्तः कंसः कार्ष्णेन तेजसा॥

"कृष्ण द्वारा झटके के साथ डाला गया कंस पृथ्वी पर गिरकर छटपटाने लगा।"

(हरिवंश पुराण, विष्णुपर्व, अध्याय-31, श्लोक-81)

चकर्ष च महारंगे मंचान्निष्क्रम्य केशवः।
केशेषु तं बलाद् गृह्य कंसं क्लेशार्हतां गतम्॥

"कंस अत्यंत पीड़ायुक्त शोचनीय अवस्था में पड़ गया था। कृष्ण पुनः बलपूर्वक उसके सिर के बाल पकड़कर उस विशाल प्रांगण में उसे घसीटने लगे।"

(हरिवंश पुराण, विष्णुपर्व, अध्याय-31, श्लोक-82)

समाजवाटे क्रीडित्वा विकृष्य च गतायुषम्।
कृष्णो विसर्जयामास कंसदेहमदूरतः

"रंगशाला में खिलवाड़ करते हुए घसीटकर निर्जीव हुए कंस के शरीर को कृष्ण ने पास ही छोड़ दिया।"

(हरिवंश पुराण, विष्णुपर्व, अध्याय-31, श्लोक-84)

भागवत पुराण में भी बताया गया है कि कृष्ण कंस के केश पकड़कर घसीटते हुए उसे सिंहासन से गिरा देते हैं :

प्रगृह्य केशेषु चलत्किरीटं
निपात्य रंगोपरितुंगमंचात्।
तस्योपरिष्टात् स्वत्स्वयमब्जनाभः
पपात विश्वाश्रय आत्मतंत्रः॥

शुकदेवजी कहते हैं - "इसी समय कंस का मुकुट गिर गया और कृष्ण ने उसके केश पकड़कर उसे भी ऊंचे मंच से रंगभूमि में गिरा दिया। फिर परम स्वतंत्र और सारे विश्व के आश्रय कृष्ण उसके ऊपर स्वयं कूद पड़े।"

(भागवत पुराण, स्कन्ध-10, अध्याय-44, श्लोक-37)

इस प्रकार उपरोक्त प्रमाणों से स्पष्ट है कि कंस गंजा नहीं था। कृष्ण ने कंस का वध करने हेतु उसके केश को ही पहला हथियार बनाया था। अतः इस मामले में टीवी वालों की बात बिल्कुल गलत है।

107. कृष्ण किस बात के लिए युधिष्ठिर पर क्रोधित हो गए थे?

यह प्रसंग महाभारत युद्ध की समाप्ति के बाद भीम-दुर्योधन के गदायुद्ध से पहले का है। संपूर्ण महाभारत में इस बात को विशेष रूप से उभारा गया है कि युधिष्ठिर सत्यवादी थे और परम नैष्ठिक थे। सत्य और नीति का पालन करने वाला उस काल में उनके समान दूसरा कोई नहीं था। और इस बात का बड़े गर्व के साथ जगह-जगह पर वर्णन किया गया है। परंतु महान आत्मज्ञानी तथा समय के पक्के गणित के ज्ञाता कृष्ण की नजर में इन बातों की कोई अहमियत नहीं थी। उनकी नजरों में जब जो होना चाहिए, वही होना चाहिए और जो नहीं होना चाहिए, वह नहीं ही होना चाहिए।

सो जब युद्ध हार चुका दुर्योधन निहत्था होकर तालाब में छुपा हुआ था और पांडवगण उसे ढूंढ़ रहे थे... उस समय जब मार्ग में विपरीत दिशा से आ रहे भील-व्याधों से पता चला कि दुर्योधन एक तालाब में छुपा हुआ है, तो वे सभी पांडव पांचाल के कुछ गणमान्य सैनिकों, सात्यकि तथा कृष्ण के साथ उस तालाब पर पहुंच गए और दुर्योधन से बाहर निकलकर युद्ध करने की चुनौती देने लगे। इसपर दुर्योधन ने तालाब के अन्दर से ही कहा कि वह रथहीन और निहत्था है, इसलिए अभी उस चुनौती का कोई अर्थ नहीं है। तब सत्य और नीति का पालन करने के अभिमान में चूर युधिष्ठिर ने कहा :

आमुंच कवचं वीर मूर्धजान्यमयस्व च।
यच्चान्यदपि ते नास्ति तदप्यादत्स्व भारत॥

इममेकं च ते कामं वीर भूयो ददाम्यहम्।
पंचानां पाण्डवेयानां येन त्वं योद्धुमिच्छसि।।
तं हत्वा वै भवाराजा हतो वा स्वर्गमाप्नुहि।
ऋते च जीविताद्वीर युद्धे किं कुर्म ते प्रियम्।।

युधिष्ठिर बोले - "वीर भरतनंदन दुर्योधन! तुम कवच धारण कर लो और अपने केशों को अच्छी तरह बांध लो, कोई आवश्यक सामग्री तुम्हारे पास न हो, उसे भी ले लो। वीर! मैं तुम्हें यह भी एक वर (वचन) देता हूँ कि तुम हम पांचों पांडवों में से जिसके साथ युद्ध करना चाहो, उस एक का ही वध कर देने पर तुम राजा हो सकते हो अथवा यदि स्वयं मारे गए तो स्वर्ग प्राप्त करोगे। शूरवीर! बताओ युद्ध में जीवन की रक्षा के सिवा तुम्हारा और कौन-सा प्रिय कार्य हम कर सकते हैं?"

(महाभारत, शल्यपर्व, अध्याय-32, श्लोक-60-62)

युधिष्ठिर की इसी बात पर कृष्ण क्रोधित हो गए कि पांडवों में से किसी एक को चुनने तथा उसे मार डालने पर हस्तिनापुर का राज पाने का वचन देना बेवकूफी नहीं तो और क्या है?

युधिष्ठिरस्य संक्रुद्धो... x ...सृष्टा भैक्ष्याय वा पुनः।।

- "कृष्ण ने डांटते हुए कहा - युधिष्ठिर! यदि यह दुर्योधन युद्ध में आपको, अर्जुन को या नकुल या सहदेव को चुन ले तो क्या होगा?
- आपने ऐसी दुस्साहसपूर्ण बात कैसे कह डाली कि तुम हममें से किसी एक को मारकर ही हस्तिनापुर के राजा हो जाओगे?
- मैं नहीं मानता कि आपलोग युद्ध में गदाधारी दुर्योधन का सामना कर सकते हैं। राजन! इसने भीमसेन का वध करने की इच्छा से उनकी लोहे की मूर्ति के साथ तेरह वर्षों तक गदायुद्ध का अभ्यास किया है।
- अब हमलोग कैसे कार्य करें? आपने अभिमानवश यह दुस्साहस कर डाला है।
- मैं भीमसेन के सिवा किसी को भी दुर्योधन के लायक नहीं समझता हूँ और दिक्कत यह है कि उन्होंने भी ज्यादा अभ्यास नहीं किया है।
- इस समय आपने जुए का खेल फिर शुरू कर दिया है। लेकिन आपका यह जुआ शकुनि के जुए से कहीं अधिक भयंकर है।
- माना कि भीमसेन बहुत बलवान हैं, लेकिन दुर्योधन ने अभ्यास बहुत अधिक किया है। और यह बात तो सब जानते हैं कि एक ओर बलवान हो तथा दूसरी ओर युद्ध का अभ्यासी, तो ऐसे में अभ्यासी का पलड़ा ही भारी पड़ता है।

• आपने अपने शत्रु को भी अपने समान मज़बूत स्थिति में ला दिया है। आपने खुद को तो संकट में फंसाया ही है, हमलोगों को भी कठिनाई में डाल दिया है।

• भला कौन ऐसा मूर्ख होगा, जो सब शत्रुओं को जीत लेने के बाद जब एक ही बाकी रह जाए और वह भी संकट में पड़ा हो तो उसके साथ अपने हाथ में आये हुए राज्य को दांव पर लगाकर हार जाए? कौन ऐसा मूर्ख होगा जो इस परिस्थिति में एक के साथ युद्ध करने की शर्त रखकर लड़ना पसंद करे?

• मैं संसार में किसी भी शूरवीर को, चाहे वह देवता ही क्यों न हो, ऐसा नहीं देखता जो आज दुर्योधन को गदायुद्ध में हरा सके।

• आप, भीम, अर्जुन, नकुल या सहदेव कोई भी भाई न्यायपूर्वक (नियम के अनुसार) गदायुद्ध करके दुर्योधन को नहीं हरा सकते क्योंकि उसने बहुत अधिक अभ्यास किया है।

• युधिष्ठिर! जब अवस्था ऐसी है, तब आपने यह कैसे कह दिया कि तुम गदा द्वारा युद्ध करो और हममें से किसी एक को मारकर राजा हो जाओ?

• अगर गदायुद्ध का भार भीमसेन पर ही डाला जाए तो भी मुझे संदेह है क्योंकि दुर्योधन का अभ्यास अधिक है।

• फिर भी आपने एक बार नहीं बार-बार दुहराते हुए कहा है कि 'तुम हमलोगों में से एक को मारकर भी राजा हो जाओ।' अत: अब यह बात निश्चित रूप से सिद्ध हो चुकी है कि राजा पांडु और कुंतीदेवी की संतानें राज्य भोगने के अधिकारी ही नहीं हैं। विधाता ने इन्हें अनंत काल तक वनवास करने अथवा भीख मांगने के लिए ही पैदा किया है।''

(महाभारत, शल्यपर्व, अध्याय-33, श्लोक-1-17)

इसके बाद भीम अपनी वीरता तथा दुर्योधन से पुरानी शत्रुता का भरोसा दिलाकर कृष्ण को शांत करने का प्रयास करते हैं।

108. गांधारी की नजर से ओझल होकर दुर्योधन की कमर के कच्चे रह जाने की कहानी का सच क्या है?

यह कहानी एक दंतकथा है। महाभारत या किसी भी पुराण में इस प्रकार की कोई बात नहीं की गई है। जो कहानी लोककथा के रूप में प्रचलित है, वह इस तरह है कि गांधारी ने महाभारत युद्ध के अंत में और भीम से गदायुद्ध शुरू होने से पहले ही अपने पुत्र दुर्योधन को पूरी तरह नग्न होकर सामने आने का संदेश भेजा था। परंतु बीच में ही कृष्ण को इस बात का पता चल गया और उन्होंने दुर्योधन से उसकी उम्र का हवाला देकर कम-से-कम कमर में

केले का पत्ता लपेटने की सलाह दी। कृष्ण की बातों में आकर दुर्योधन ने वैसा ही किया और इसी कारण गांधारी की नजर से ओझल हुई उसकी कमर वज्र होने से रह गई और अंत में वो ही उसकी मौत का कारण बनी। जबकि महाभारत में इस संबंध में कुछ अलग बात पायी जाती है :

त्वां च प्राप्य रणे पापो धार्तराष्ट्रो विनंक्ष्यति।
त्वमस्य सक्थिनी भंक्त्वा प्रतिज्ञां पालयिष्यसि॥

कृष्ण ने कहा – "अवश्य ही रणभूमि में तुमसे टक्कर लेकर पापी दुर्योधन नष्ट हो जाएगा और तुम उसकी दोनों जांघें तोड़कर अपनी प्रतिज्ञा को पूरा करोगे।"

(महाभारत, शल्यपर्व, अध्याय –33, श्लोक–27)

जाहिर है कि कृष्ण यहां द्रौपदी की बेइज्जती के समय ली गई भीम की प्रतिज्ञा की बात कर रहे हैं। इसी पर्व के साठवें अध्याय में मैत्रेय मुनि के शाप को दुर्योधन की जांघ टूटने का कारण बताया जा रहा है :

मैत्रेयेणाभिशप्तश्च पूर्वमेव महर्षिणा।
ऊरू ते भेत्स्यते भीमो गदयेति परन्तप॥

कृष्ण बोले – "शत्रुओं को संताप देने वाले बलराम जी! महर्षि मैत्रेय ने भी दुर्योधन को पहले से ही शाप दे रखा था कि भीमसेन अपनी गदा से तेरी दोनों जांघें तोड़ डालेगा।"

(महाभारत, शल्यपर्व, अध्याय–60, श्लोक–18)

इस प्रकार उपरोक्त प्रमाणों से स्पष्ट है कि गांधारी की दृष्टि से दुर्योधन के शरीर की वज्र बनने वाली बात बस एक किंवदंती है। इसका न तो कोई ऐतिहासिक आधार है और न ही इस हेतु कोई टोका–टोकी संभव है। परंतु जो ऐतिहासिक घटनाओं की सच्चाई जानने के इच्छुक हैं, उनके लिए उचित यही है कि वे केवल प्राचीन ऐतिहासिक संदर्भों पर ही विश्वास करें।

109. क्या कृष्ण अनार्य थे?

भारत में आर्य और अनार्य के बीच बहुत प्राचीन काल से संघर्ष रहा है। संभवतः महाभारत काल से भी पूर्व से यह संघर्ष चलता आ रहा है। आर्यों की प्रमुख पहचान उनकी वर्ण–व्यवस्था तथा तरह–तरह के यज्ञ रहे हैं। इंद्र उनके प्रमुख देवता रहे हैं जबकि अनार्य अर्थात आर्यावर्त के प्राचीन निवासी प्रकृतिवादी रहे हैं। कृष्ण और इंद्र के बीच चलने वाले द्वंद्व के कारण ही कुरुक्षेत्र के मैदान में मरणासन्न दुर्योधन उनको अनार्य कहता है :

त्वया पुनरनार्येण जिह्ममार्गेण पार्थिवाः।
स्वधर्ममनुतिष्ठन्तो वयं चान्ये च घातिताः॥

"तुम जैसे *अनार्य* ने कुटिल मार्ग का आश्रय लेकर स्वधर्म-पालन में लगे हमलोगों का तथा दूसरे राजाओं का वध करवाया है।"

(महाभारत, शल्यपर्व, अध्याय-61, श्लोक-38)

110. क्या अभिमन्यु कृष्ण को विशेष रूप से प्रिय थे?

अभिमन्यु के गुरु कृष्ण थे, इस बात का प्रमाण तो नहीं मिलता है, लेकिन वह कृष्ण तथा अपने पिता अर्जुन दोनों का ही बहुत प्रिय था, इस बात का प्रमाण महाभारत में मौजूद है:

दयितो वासुदेवस्य बाल्यात् प्रभृति चाभवत्।
पितॄनामिव सर्वेषां प्रजानामिव चन्द्रमा।।

"जैसे समस्त पितरों और प्रजाओं को चंद्रमा प्रिय लगने लगता है, उसी तरह अभिमन्यु बचपन से ही श्रीकृष्ण का अत्यंत प्रिय हो गया था।"

जन्मप्रभृति कृष्णश्च चक्रे तस्य क्रिया शुभाः।
स चापि ववृधे बालः शुक्लपक्षे यथा शशी।।

"कृष्ण ने जन्म से ही उसके लालन-पालन की सुंदर व्यवस्थाएं की थी। बालक अभिमन्यु शुक्लपक्ष के चंद्रमा की भांति बढ़ने लगा।"

(महाभारत, आदिपर्व, अध्याय-221, श्लोक-70-71)

अभिमन्यु ने अस्त्र-शस्त्र की शिक्षा अपने पिता अर्जुन से ही प्राप्त की थी :

चतुष्पादं दशविधं धनुर्वेदमरिन्दमः।
अर्जुनाद्वेद वेदज्ञः सकलं दिव्यमानुषम्।।
विज्ञानेष्वपि चास्त्राणां सौष्ठवे च महाबलः।
क्रियास्वपि च सर्वासु विशेषानभ्यशिक्षयत्।।
आगमे च प्रयोगे च चक्रे तुल्यमिवात्मना।
तुतोष पुत्रं सौभद्रं प्रेक्षमाणो धनंजयः।।

"उस बालक ने अपने पिता अर्जुन से चार पदों और दसविध अंगों से युक्त दिव्य एवं मानुष समेत सब प्रकार के धनुर्वेद का ज्ञान प्राप्त कर लिया था। अस्त्रों के विज्ञान, सौष्ठव (प्रयोगों में दक्षता) तथा संपूर्ण क्रियाओं में भी अर्जुन ने उसे विशेष शिक्षा दी थी। अर्जुन ने अभिमन्यु को अस्त्रशस्त्रों के आगम और प्रयोगों में अपने समान बना दिया था। वे सुभद्राकुमार अभिमन्यु को देखकर बहुत संतुष्ट रहते थे।"

(महाभारत, आदिपर्व, अध्याय-221, श्लोक-72-74)

उपरोक्त साक्ष्यों से स्पष्ट है कि अभिमन्यु जैसा होनहार भानजा कृष्ण को विशेष रूप से प्रिय था।

111. क्या युधिष्ठिर जुआ के व्यसनी थे?

महाभारत में जगह-जगह पर आये वर्णनों के आधार पर यह बात निकलकर सामने आती है कि युधिष्ठिर जुआरी थे और यह बात उनके दुश्मनों को भी पता थी :

द्यूतप्रियश्च कौन्तेयो न च जानाति देवितुम्।
आहूतश्चैष्यति व्यक्तं नित्यमेवाह्वयत्स्वयम्।।

शकुनि ने कहा - "कुंतीनंदन युधिष्ठिर को जुआ बहुत प्रिय है परंतु वह उसे खेलना नहीं जानते और बहुत अनाड़ी हैं। जुआ या युद्ध के लिए अगर उन्हें बुलाया जाए तो वे दौड़े-दौड़े चले आएंगे।"

(महाभारत, सभापर्व, अध्याय-49, श्लोक-39)

द्रौपदी भी युधिष्ठिर के जुआ के व्यसन से दुखी रहती थीं :

ऋजोर्मृदोर्वदान्यस्य ह्रीमतः सत्यवादिनः।
कथमक्षव्यसनजा बुद्धिरापतिता तव।।

और द्रौपदी ने एक बार युधिष्ठिर से कहा भी था कि "आप सरल, कोमल, उदार, लज्जाशील और सत्यवादी हैं। न जाने कैसे आपकी बुद्धि में जुआ खेलने का व्यसन आ गया?"

(महाभारत, वनपर्व, अध्याय-30, श्लोक-19)

112. कृष्ण का अपने ससुर और रुक्मिणी के पिता विदर्भराज भीष्मक से कैसा राजनीतिक रिश्ता था?

कृष्ण की पहली पत्नी रुक्मिणी के पिता राजा भीष्मक और उनका पूरा परिवार जरासंध का अनुगामी था। राजसूय यज्ञ से पहले कृष्ण युधिष्ठिर को भारत के पक्ष और विपक्ष के राजाओं का विवरण देते हुए कहते हैं :

चतुर्थभाग् महाराज भोज इन्द्रसखो बली।
विद्याबलाद्यो व्यजयत्स पाण्ड्यक्रथकैशिकान्।।
भ्राता तस्याकृतिः शूरो जामदग्न्यसमोऽभवत्।
स भक्तो मागधं राजा भीष्मकः परवीरहा।।
प्रियाण्याचरतः प्रह्वान्सदा सम्बन्धिनस्ततः।

भजतो न भजत्यस्मानप्रियेषु व्यवस्थितः॥

कृष्ण कहते हैं– "राजन! जो पृथ्वी के एक चौथाई भाग के स्वामी हैं, इंद्र के सखा हैं, बलवान हैं, जिन्होंने अस्त्र-विद्या के बल से पाण्ड्य, क्रथ और कैशिक देशों पर विजय पायी है, जिनका भाई आकृति जमदग्निनंदन परशुराम के समान शौर्यसम्पन्न है, वे भोजवंशी शत्रुहंता राजा भीष्मक मेरे ससुर होते हुए भी राजा जरासंध के भक्त हैं। हम सदा उनका प्रिय करते रहते हैं, उनके प्रति नम्रता दिखाते हैं और उनके सगे-संबंधी हैं; तो भी वे हम जैसे अपने भक्तों को तो नहीं अपनाते हैं और हमारे शत्रुओं से मिलते-जुलते रहते हैं।"

(महाभारत, सभापर्व, अध्याय-14, श्लोक-21-23)

कृष्ण की जितनी राजकुमारियों से शादियां हुई थी, उनमें से रुक्मिणी के पिता राजा भीष्मक सबसे शक्तिशाली थे, परंतु जरासंध के कारण कृष्ण से उनका राजनीतिक संबंध कड़वा था। उपरोक्त श्लोक इस बात के प्रमाण हैं। इस संबंध में महाभारत के साक्ष्यों से विपरीत पुराणों में जो भी बातें कही गई हैं कि राजा भीष्मक और उनका परिवार कृष्ण का भक्त था, वे झूठी हैं और विश्वास के लायक नहीं हैं।

113. कृष्ण ने कौन-कौन से प्रमुख वध किये थे?

इस प्रश्न का सम्यक उत्तर देने के लिए कृष्ण के संपूर्ण जीवनचरित्र को दो भागों में बांटकर अध्ययन करना उचित है। कृष्ण के मथुरा-आगमन से पूर्व का जीवन अलग प्रकार का है और मथुरा तथा उसके बाद का जीवन अलग प्रकार का। उन दोनों कालों में कृष्ण ने जो भी कार्य किये और उस क्रम में उनके हाथों जिन-जिन लोगों का वध हुआ; उन दोनों में एक स्पष्ट अंतर है। यहां एक अन्य बात पर भी ध्यान देने की जरूरत है और वह यह है कि पुराणों में घटनाओं के वर्णन में अतिशयोक्ति ही नहीं, महा अतिशयोक्ति की गई है। और इस बात से प्राय: सभी लोग परिचित भी हैं। उदाहरण के लिए बगुला के मारे जाने को भी पौराणिक लोगों ने बकासुर-वध का नाम दिया है और उसे कंस का भेजा हुआ एक बहुरूपिया राक्षस बताया है। ऐसी ही अतिशयोक्ति अजगर को अघासुर, गधा को गदर्भासुर, सांड़ को अरिष्टासुर कहकर की गई है। इसलिए वर्तमान उत्तर में कृष्ण के द्वारा किये गए उन वधों की गिनती नहीं की जा रही है।

कृष्ण के जीवन के प्रारंभिक काल में हुए वध :-

i) पूतना :- इसके बारे में अलग-अलग पुराणों तथा संहिताओं में अलग-अलग परिचय

मिलता है। कोई उसे कंस की बहन तो कोई उसकी दासी बताता है। सो परिचय चाहे जो हो, यह बात सत्य है कि पूतना नाम की कोई स्त्री नवजात कृष्ण के जीवन में आयी थी और उनके द्वारा उसका वध भी हुआ था :

पूतना लोकबालघ्नी राक्षसी रुधिरासना।
जिघांसयापि हरये स्तनं दत्त्वाप सद्गतिम्।।

शुकदेवजी ने कहा – ''पूतना एक राक्षसी थी। लोगों के बच्चों को मार डालना और उनका खून पी जाना, यही उसका काम था। कृष्ण को भी उसने मार डालने की इच्छा से ही स्तन पिलाया था।''

(भागवत पुराण, स्कंध-10, अध्याय-6, श्लोक-35)

ii) तृणावर्त :– यह मथुरा के राजा कंस का निजी सेवक था, भागवत पुराण में ऐसा वर्णन आया है :

दैत्यो नाम्ना तृणावर्तः कंसभृत्यः प्रणोदितः।

''तृणावर्त नाम का एक दैत्य था। और वह कंस का निजी सेवक था। कंस की प्रेरणा से ही वह गोकुल में आया था।''

(भागवत पुराण, स्कंध-10, अध्याय-7, श्लोक-20)

हरिवंश पुराण में इसका नाम नहीं आया है।

iii) प्रलम्ब :– यह असुर बालक था तथा अति तेज गति से दौड़ने वाला था। इसे कंस ने कृष्ण का हरण करके लाने हेतु वृंदावन भेजा था :

पशूंश्चारयतोर्गोपैस्तद्वने रामकृष्णयोः।
गोपरूपी प्रलम्बोऽगादसुरस्तज्जीहीर्षया।।

शुकदेवजी ने कहा – ''एकदिन जब बलराम और कृष्ण ग्वालबालों के साथ वन में गौवें चरा रहे थे, तब एक ग्वाल बालक के वेश में प्रलम्ब नाम का एक असुर आया। वह कृष्ण और बलराम को हरकर ले जाने की इच्छा से आया था।''

(भागवत पुराण, स्कन्ध-10,
अध्याय-18, श्लोक-17)

स्पष्टीकरण :– इसका वध कृष्ण ने नहीं, बल्कि बलराम ने किया था।

iv) केशी :– गोवर्धन की पहाड़ियों में वृंदावन के आसपास यह नरभक्षी राक्षस रहता था, परंतु वृंदावन के वासियों को कोई नुकसान नहीं पहुंचाता था। वह कंस का एक संरक्षित राक्षस था तथा कंस खास मौकों पर ही उससे काम लेता था:

प्रागेव च नरेन्द्रेण माथुरेणौग्रसेनिना।
केशिनः प्रेषितो दूतो वधायोपेन्द्रकारणात्।।
स च दूतवचः श्रुत्वा क्लेशी क्लेशकरो नृणाम्।
वृन्दावनगतो गोपान् बाधते स्म दुरासदः।।

वैशम्पायनजी कहते हैं – ''अक्रूर को वृंदावन भेजने से पहले ही मथुरा के राजा उग्रसेन के पुत्र कंस ने केशी के पास दूत भेजा और कहलाया कि तुम कृष्ण का वध कर डालो। दूत की बात सुनकर मनुष्यों को क्लेश प्रदान करने वाला दुर्जय दैत्य केशी वृंदावन में जाकर गोपों को सताने लगा।''

(हरिवंश पुराण, विष्णुपर्व, अध्याय-24, श्लोक-5-6)

व्यादितास्यो महारौद्रः सोऽसुरः कृष्णबाहुना।
निपपात यथा कृत्तो नागो हि द्विदलीकृतः।।

वैशम्पायनजी ने कहा – ''श्रीकृष्ण की भुजा से जिसका मुंह फट गया था, वह दो भागों में बंटा हुआ महाभयंकर असुर दो टुकड़ों में कटे हुए हाथी के समान पृथ्वी पर गिर पड़ा।''

(हरिवंश पुराण, विष्णुपर्व, अध्याय-24, श्लोक-47)

मथुरा आने के बाद कृष्ण द्वारा किये गए वध :

v) रजक :– मथुरा का एक उद्दंड धोबी और रंगसाज था :

तलेनाशनिकल्पेन स तं मूर्द्धन्यताडयेत्।
स गतासुः पपातोर्व्यां रजको व्यस्तमस्तकः।।

वैशम्पायनजी ने कहा – ''श्रीकृष्ण ने उसके माथे पर एक तमाचा जड़ दिया। वह तमाचा क्या था, वज्र था। उसके लगते ही रजक का मस्तक फट गया और वह प्राणहीन होकर पृथ्वी पर गिर पड़ा।''

(हरिवंश पुराण, विष्णुपर्व, अध्याय-27, श्लोक-16)

vi) कंस :– ये कृष्ण के सगे मामा थे जिनके अत्याचारों से कृष्ण स्वयं तथा समस्त मथुरा राज्य के यादवगण व वनवासी ग्वाल-बाल त्रस्त हो चुके थे। ये कृष्ण के द्वारा भरी सभा में घसीट-घसीट कर मारे गए थे :

तस्य तद् वदनं श्यामं सुभ्राक्षं मुकुटं विना।
न विभाति विपर्यस्तं विपलाशं यथाम्बुजम्।।
असंग्राम हतः कंसः स बाणैरपरिक्षतः।
केशग्राहान्निरस्तासुः वीरमार्गान्निराकृतः।।

वैशम्पायनजी ने कहा - ''गर्दन टूट जाने से उसका शरीर अस्त-व्यस्त हो गया था। उसके नेत्र बंद हो गए थे तथा उसका सांवला मुंह मुकुट के बिना वैसा ही फीका लग रहा था जैसे पंखुड़ी के बिना कमल फीका लगता है। कंस बिना युद्ध के मारा गया था। उसके शरीर पर बाणों से घाव नहीं हो पाया था। उसको केश पकड़कर घसीटा गया था, इस अवस्था में उसके प्राण निकले और वह वीरोचित मार्ग से भ्रष्ट हो गया।''

(हरिवंश पुराण, विष्णुपर्व, अध्याय-30, श्लोक-86-87)

vii) पंचजन :- गुरु-दक्षिणा के रूप में आचार्य सांदीपनि मुनि के पुत्र को लाने हेतु कृष्ण पंचजन राक्षस के राज में गए और वहां उन्होंने उस राक्षस को मारकर गुरुपुत्र को उसके बंदीगृह से छुड़वाया। और उसके साथ-साथ कृष्ण ने पांचजन्य नामक प्रसिद्ध शंख भी प्राप्त किया जो जीवनभर के लिए उनके व्यक्तित्व का एक अंग बन गया :

स तु पंचजनं हत्वा शंखं प्रेभे जनार्दनः।
यस्तु देवमनुष्येषु पांचजन्य इति श्रुतः।।

वैशम्पायनजी ने कहा - ''पंचजन को मारकर जनार्दन श्रीकृष्ण ने एक शंख हस्तगत किया जो देवताओं और मनुष्यों में पांचजन्य के नाम से विख्यात है।''

(हरिवंश पुराण, विष्णुपर्व, अध्याय-33, श्लोक-17)

viii) श्रृगाल या श्रृंगलव :- यह दक्षिण भारतीय क्षेत्र में गोमंत की टेकड़ी के पास बसे करवीरपुर राज्य का राजा था तथा कृष्ण के हाथों मारा गया था :

तं रथस्य प्रमाणस्थं श्रृगालं युद्धदुर्मदं।
जघान समरे चक्रं जातदर्पं महाबलम्।।
ततः सुदर्शनं चक्रं पुनरायाद् गुरोः करे।
चक्रेणोरसि निर्भिन्नः स गतासुर्गतोत्सवः।
प्रपात क्षतजस्रावी श्रृगालोऽद्रिरिवाहतः।।

वैशम्पायनजी ने कहा - ''जबरदस्ती लड़ाई ठानने वाला महाबली श्रृगाल घमंड में भरकर रथ में ही बैठा रहा, अपनी जगह से हटा नहीं। ठीक इसी समय कृष्ण के चलाये हुए चक्र ने समभूमि में उसपर गहरी चोट की तथा वापस गुरु कृष्ण के हाथ में आ गया। उस चक्र से आहत होकर श्रृगाल की छाती फट गई और वह खून की धारा बहाता हुआ प्राणशून्य होकर पृथ्वी पर आ गिरा और इस तरह उसके जीवन का सारा आनंदोत्सव समाप्त हो गया।''

(हरिवंश पुराण, विष्णुपर्व, अध्याय-44, श्लोक-28-29)

ix) कालयवन :- द्वारका-प्रस्थान के समय मथुरा नगर से बाहर एक गुफा में यह राजा कृष्ण के हाथों मारा गया था। पुराणों में गुफा के अंदर मुचकुंद की नजर पड़ते ही कालयवन जलकर भस्म हो गया था, ऐसा कहा गया है। इस कथा में काल्पनिकता अधिक है।

x) नरकासुर :- प्राग्ज्योतिषपुर का यह राजा अपने राज्य तथा आसपास के राज्यों की हजारों सुंदर स्त्रियों को बंदिनी बनाकर उनपर अमानवीय अत्याचार कर रहा था। कृष्ण ने उसके राज्य में जाकर उसे मारा था :

अथोग्रचक्रश्चक्रेण प्रदीप्तेनाकरोद् द्विधा।
चक्र द्विधाकृतं तस्य शरीरमपतद् भुवि॥

वैशम्पायनजी ने कहा - ''उग्र चक्रधारी श्रीकृष्ण ने दो घड़ी तक नरकासुर के साथ युद्ध किया। उसके बाद प्रज्वलित चक्र द्वारा उसके शरीर के दो टुकड़े कर डाले। चक्र से दो टूक हुआ नरकासुर का शरीर पृथ्वी पर गिर पड़ा।''

(हरिवंश पुराण, विष्णुपर्व, अध्याय-63, श्लोक-121)

xi) शिशुपाल :- यह कृष्ण का फुफेरा भाई तथा चेदिदेश का राजा था और युधिष्ठिर के राजसूय यज्ञ में कृष्ण के हाथों मारा गया था।

xii) शाल्व :- मध्यदेश का राजा और जरासंध का अनुयायी था। जरासंध तथा शिशुपाल की मौत का बदला लेने हेतु उसने कृष्ण की अनुपस्थिति में द्वारका पर आक्रमण किया था और वहां जानमाल की भारी क्षति पहुंचायी थी। कृष्ण के आने के बाद अंततः वह उनके हाथों मारा गया था।

xiii) दंतवक्र :- कृष्ण का फुफेरा भाई और कामरूप का राजा था। कृष्ण के द्वारा प्रत्यक्ष या परोक्ष रूप से एक-एककर जरासंध खेमे के सभी राजाओं के हो रहे खात्मे से वह बहुत आहत था और एक दिन खुद की थोड़ी-सी सेना लेकर लड़ने आ गया था। कृष्ण ने इनका भी काम तमाम कर दिया था।

xiv) पौण्ड्रक :- पुण्ड्र देश का राजा था और काशी नरेश का मित्र था। उसने एकलव्य को साथ लेकर द्वारका पर आक्रमण कर दिया था, लेकिन कृष्ण के हाथों मारा गया था।

xv) एकलव्य :- महाभारत युद्ध के शुरू होने से पूर्व ही कृष्ण ने इन्हें मार डाला था। कृष्ण हर हाल में अर्जुन की जीत सुनिश्चित करना चाहते थे, लेकिन एकलव्य इसमें बाधा बन सकता था। अतः उन्होंने उसे अर्जुन के रास्ते से हटा दिया था।

उपरोक्त सभी वध कृष्ण ने अपने हाथों किये थे, लेकिन इनके अतिरिक्त उसकाल में और भी बहुत सारे वध हुए थे, जिनके लिए इतिहास और पुराण में उनको प्रेरक कहा गया है।

दरअसल वे एक विशेष तरह का आर्यावर्त देखना चाहते थे, और उनके उस राह में जो भी बाधक लगा, उन्हें या तो उन्होंने स्वयं साफ किया था या दूसरों से करवाया था।

114. राजसूय यज्ञ क्या है?

महाभारत के अनुसार अन्य वैदिक यज्ञों की अपेक्षा राजसूय यज्ञ नया था और इसकी शुरुआत परशुराम द्वारा किये गए व्यापक नरसंहार के बाद हुई थी :

जामदग्न्येन रामेण क्षत्रं यदवशेषितम्।
तस्मादवरजं लोके यदिदं क्षत्रसंज्ञितम्।।
कृतोऽयं कुलसंकल्पः क्षत्रियैर्वसुधाधिप।
निदेशवाग्भिस्तत्तेह विदितं भरतर्षभ।।

कृष्ण बोले – "जमदग्निनंदन परशुराम ने जब पूर्वकाल में क्षत्रियों का व्यापक संहार किया था, उस समय लुक-छिपकर जो क्षत्रिय शेष रह गए, वे सभी अपने पूर्ववर्ती क्षत्रियों की अपेक्षा निम्नस्तर के हैं। इस प्रकार इस समय नाममात्र के क्षत्रिय रह गए हैं। इन क्षत्रियों ने पूर्वजों के कथनानुसार सामूहिक रूप से यह नियम बना लिया है कि हममें से जो समस्त क्षत्रियों को जीत लेगा, वही सम्राट होगा। हे भरतश्रेष्ठ युधिष्ठिर! यह बात आपको भी मालूम ही होगी।"

(महाभारत, सभापर्व, अध्याय-14, श्लोक-2-3)

महाभारत के अंतर्गत कृष्ण के उपरोक्त रहस्योद्घाटन से स्पष्ट हो जाता है कि राजसूय यज्ञ वर्चस्व और आधिपत्य जमाने हेतु किया जाने वाला एक तथाकथित धार्मिक कृत्य था। लेकिन इसका सदुपयोग कम और दुरुपयोग ही अधिक होता था।

115. कृष्ण का जानी दुश्मन जरासंध कितना ताकतवर राजा था?

युधिष्ठिर के चक्रवर्ती सम्राट बनने की राह में सबसे बड़ा रोड़ा कृष्ण का दुश्मन जरासंध था क्योंकि कुलमिलाकर तीन-चौथाई आर्यावर्त पर उसका दबदबा था। और इसी से अंदाजा लगाया जा सकता है कि वह अति-शक्तिशाली था। उसे मिटाये बगैर युधिष्ठिर के राजसूय यज्ञ का सफल होना संदिग्ध ही नहीं, असंभव था। महाभारत के सभापर्व में इसका पूरा ब्योरा कुछ इस प्रकार है :

इदानीमेव वै राजन् जरासन्धो महीपतिः... x
...सर्वे स्म प्रतीचीं दिशमाश्रिताः।।

कृष्ण कहते हैं – ''राजा युधिष्ठिर! अभी-अभी राजा जरासंध उन समस्त क्षत्रियकुलों की राज्यलक्ष्मी को लांघकर राजाओं द्वारा सम्राट के पद पर अभिषिक्त हुआ है और वह अपने बल-पराक्रम से सबपर आक्रमण करके समस्त राजाओं का सिरमौर हो रहा है। जरासंध परस्पर फूट डालने की नीति को पसंद करता है। आज सारा आर्यावर्त उसी के वश में है। शिशुपाल, दंतवक्र उसके शिष्य हैं। महाबलशाली हंस और डिम्भक भी उसकी शरण ले चुके हैं। पश्चिमी देश के यवनाधिपति राजा भगदत्त आपसे स्नेह तो रखते हैं लेकिन उनका झुकाव जरासंध की ओर ही रहता है। पश्चिम में केवल आपके ननिहाल के राजा कुंतिभोज पुरुजित ही खुलकर आपके साथ हैं। बंग, पुंड्र, किरात आदि सभी राजागण उसके वश में है। मेरे ससुर राजा भीष्मक भी उसी के अनुगामी हैं। शूरसेन, भद्रकार, बोध आदि राजा उसके डर से दक्षिण दिशा में भाग गए हैं। उसके दामाद और मेरे मामा कंस को मारने के कारण वह मेरे और भैया के पीछे भी हाथ धोकर पड़ा हुआ है। जब कई बार हारने के बावजूद उसने हमपर आक्रमण करना बंद नहीं किया तो हमलोगों ने डरकर मथुरा ही छोड़ दिया और द्वारका में शरण ली। हम जरासंध के अपराधी हैं, अतः शक्तिशाली होते हुए भी हम उससे डरकर भाग खड़े हुए हैं।''

(महाभारत, सभापर्व, अध्याय-14, श्लोक-7-49)

न तु शक्यं जरासन्धे... X ...कात्स्र्येन कर्तुं मतिमतां वर।।

कृष्ण ने कहा – ''इसलिए हे राजन! मेरी सम्मति यह है कि जबतक महाबली जरासंध जीवित है, तबतक आप राजसूय यज्ञ पूर्ण नहीं कर सकते। उसने सब राजाओं को जीतकर उन्हें गिरिव्रज में कैद कर रखा है और उन सबकी एक यज्ञ में बलि देने वाला है। महाराज हम भी उसी के भय से मथुरा छोड़कर द्वारकापुरी चले गए हैं। अतः यदि आप राजसूय यज्ञ पूर्ण करना चाहते हैं तो उन कैदी राजाओं को छुड़ाने तथा जरासंध को मारने का प्रयत्न कीजिए। ऐसा किये बिना राजसूय यज्ञ सम्पन्न नहीं हो सकता।''

(महाभारत, सभापर्व, अध्याय-14, श्लोक-62-69)

महाभारत के उपरोक्त श्लोकों से यह पता चलता है कि कुरुवंश में अगर भीष्मपितामह, द्रोण, दुर्योधन, कर्ण, अर्जुन, भीम आदि अजेय योद्धा थे, तो पूर्वी आर्यावर्त में मगधराज जरासंध भी अतुल बलशाली, कुशल राजनीतिज्ञ तथा संपूर्ण आर्यावर्त और इसके आसपास के क्षेत्रों में अत्यधिक प्रभावशाली राजा माना जाता था। इस तरह हस्तिनापुर व इंद्रप्रस्थ के लिए वह प्रथम प्रतिद्वंद्वी था। यहां कृष्ण के कथन का यही तात्पर्य है।

116. जुए में हारने के बाद द्रौपदी की मनोदशा क्या थी?

महाभारत में दिये गए विवरणों को सत्य मानें तो द्रौपदी उस वीभत्स ऐतिहासिक जुए के अत्याचार को कभी भूली नहीं थी और वह हमेशा अपने पतियों को उस अत्याचार के विरुद्ध पुरुषार्थ दिखाने हेतु उत्तेजित करती रहती थीं :

न निर्मन्युः क्षत्रियोऽस्ति लोके निर्वचनं स्मृतम्।
तदद्य त्वयि पश्यामि क्षत्रिये विपरीतवत्।।
यो न दर्शयते तेजः क्षत्रियः काल आगते।
सर्वभूतानि तं पार्थ सदा परिभवन्त्युत।।

द्रौपदी युधिष्ठिर से कहती हैं - ''संसार में कोई भी क्षत्रिय क्रोधरहित नहीं होता, क्षत्रिय शब्द की रचना ही ऐसी हुई है, जिससे उसका सक्रोध होना सूचित होता है। परंतु आपमें समय आने पर भी क्रोध का अभाव देखकर मुझे आपके क्षत्रिय होने पर ही शक होता है। कुंतीनंदन! जो क्षत्रिय समय आने पर अपने प्रभाव को नहीं दिखाता, उसका सब प्राणी सदा तिरस्कार करते हैं।''

(महाभारत, वनपर्व, अध्याय-27, श्लोक-37-38)

नमो धात्रे विधात्रे च यौ मोहं चक्रतुस्तव।
पितृपैतामहे वृत्ते वोढव्ये तेऽन्यथा मतिः।।

द्रौपदी ने कुछ दिनों बाद फिर अपने पति युधिष्ठिर से कहा - ''हे राजा! उस धाता (ईश्वर) और विधाता (प्रारब्ध) को नमस्कार है जिन्होंने आपकी बुद्धि को भ्रष्ट कर दिया है। अब तो बाप-दादा के आचरण का भार वहन करने में भी आपका विचार विपरीत दिखाई देता है।''

(महाभारत, वनपर्व, अध्याय-30, श्लोक-1)

यदिदं वैश्वदेवान्ते सायम्प्रातः प्रदीयते।
तद्दत्त्वातिथिभृत्येभ्यो राजन्शेषेण जीवसि।।
इष्टयः पशुबन्धाश्च काम्यनैमित्तिकाश्च ये।
वर्तन्ते पाकयज्ञाश्च यज्ञकर्म च नित्यदा।।
अस्मिन्नपि महारण्ये विजने दस्युसेविते।
राष्ट्रादपेत्य वसतो धार्मस्ते नावसीदति।।
अश्वमेधो राजसूयः पुण्डरीकोऽथ गोसवः।
एतैरपि महायज्ञैरिष्टं ते भूरिदक्षिणैः।।

राजन्यरीतया बुद्ध्या विषमेऽक्षपराजये।
राज्यं वसून्यायुधानि भ्रातॄन्मां चासि निर्जितः।।

द्रौपदी ने खीझकर कोसते हुए फिर कहा – ''हे राजन! आपने धर्मकार्य करने में कभी चूक नहीं की। आप सदा ही अपने घर में अतिथियों तथा अन्य प्राणियों को खिलाने के बाद भोजन किया करते थे; पूजा, पशुबलि, काम्ययज्ञ, नैमित्तिक यज्ञ, पाकयज्ञ तथा नित्ययज्ञ आपके यहां बराबर चलते रहते थे; यहां तक कि आप राज्य से निकलकर लुटेरों द्वारा सेवित इस निर्जन महावन में निवास कर रहे हैं, तब भी आपका एक भी धर्मकार्य शिथिल नहीं हुआ है; परंतु महाराज! इतने धर्म-कर्म का क्या फायदा जो उस कपटपूर्ण जुए के समय आपकी बुद्धि को भ्रष्ट होने से रोक न पाया? और जिसके कारण आप राज्य, धन, आयुध तथा भाइयों को ही नहीं, यहां तक कि मुझे भी दांव पर रखकर हार गए?''

(महाभारत, वनपर्व, अध्याय-30, श्लोक-14-18)

आर्ताहं प्रलपामीदमिति मां विद्धि भारत।
भूयश्च विलपिष्यामि सुमनास्तन्निबोध मे।।
कर्म खल्विह कर्तव्यं जातेनामित्रकर्शन।
अकर्माणो हि जीवन्ति स्थावरा नेतरे जनाः।।

द्रौपदी स्त्रियोचित विह्वलता प्रकट करते हुए कहती हैं– ''भारत! मैं शोक से विकल होकर यह सब कह रही हूँ। और मैं इतने पर ही चुप रहने वाली नहीं हूँ, मेरे दिल की भड़ास निकलती ही रहेगी और आपको धैर्यपूर्वक मेरी बातें सुननी ही होगी। हे शत्रुनाशन! ज्ञानीपुरुष को भी इस संसार में कर्म अवश्य करना चाहिए। पर्वत और पेड़ जैसे स्थावर जीव ही बिना कर्म किये जी सकते हैं, अन्य लोग नहीं।''

(महाभारत, वनपर्व, अध्याय-32, श्लोक-2-3)

द्रौपदी के कथनों की ये कुछ प्रमुख झलकियां हैं, इससे उनकी मनोवृत्ति का पता चलता है।

117. युधिष्ठिर की ही तरह क्या दुर्योधन ने भी राजसूय यज्ञ किया था?

हां, दुर्योधन ने भी राजसूय यज्ञ किया था लेकिन उसकी अवहेलना जब महाभारत ग्रंथ में ही की गई है तो लोगों के बीच उसका प्रचार कैसे होता? महाभारत के अनुसार द्रौपदी सहित पांडव जब अपने वनवासकाल में हिमालय की घाटियों में भ्रमण कर रहे थे, तो इसकी सूचना पाकर दुर्योधन ने उन्हें जंगलों में ही मार डालने का विचार किया। और इस मामले में अपने शुभचिंतकों जैसे शकुनि, कर्ण, दुःशासन आदि से मंत्रणा की तो उन सबों

ने उसे समर्थन दिया। फिर वे सभी जंगल-भ्रमण का बहाना बनाकर दलबल के साथ हस्तिनापुर से निकले और हिमालय की दुर्गम घाटियों में पहुंच गए। परंतु वहां उनका सामना पांडवों की बजाय गन्धर्वों से हो गया और ऐसा भयंकर युद्ध छिड़ गया कि कर्ण जैसे योद्धा को भी मैदान छोड़कर भागना पड़ा और अंत में दुर्योधन बंदी बना लिया गया। जब यह समाचार पास ही में भ्रमण कर रहे पांडवों को मिला तो युधिष्ठिर ने अर्जुन को आदेश दिया कि वह जितनी आवश्यकता हो, दुर्योधन की उतनी सहायता करके उसे बंदी से आजाद कराए। फिर अर्जुन वहां गए और युद्ध करके उन गन्धर्वों को परास्त किया तथा दुर्योधन को आजाद करवाया।

इस घटना से दुर्योधन इतना लज्जित हुआ कि उसने जंगल में ही दुःशासन को राजा बनाने का आदेश देकर खुद आमरण अनशन करके प्राण त्यागने का निश्चय कर लिया। लेकिन कर्ण, शकुनि, भूरिश्रवा आदि के काफी समझाने के बाद अंततः वह हस्तिनापुर लौटने को राजी हो गया। हस्तिनापुर लौटकर कर्ण ने अपने मित्र की झेंप मिटाने के लिए दिग्विजय का निश्चय किया और द्वारका को छोड़कर सारे आर्यावर्त को अपने अधीन करके वापस हस्तिनापुर लौट आया।

(महाभारत, वनपर्व, अध्याय-248-254)

लेकिन इतने पर भी जब कर्ण के मित्र दुर्योधन की झेंप नहीं मिटी तो उन्होंने अपने मित्र से पूछा कि वह उसके लिए और क्या कर सकते हैं? तब दुर्योधन ने अपनी इच्छा बताते हुए कहा :

राजसूयं पाण्डवस्य दृष्ट्वा क्रतुवरं तदा।
मम स्पृहा समुत्पन्ना तां संपादय सूतज॥

दुर्योधन ने कहा- "हे सूतनंदन! पांडुपुत्र युधिष्ठिर के उस क्रतुश्रेष्ठ महान राजसूय यज्ञ को देखकर मेरे मन में भी उसे करने की इच्छा जाग उठी है। तुम मेरी इस इच्छा को पूर्ण करो।"

एवमुक्तस्ततः कर्णो राजानमिदमब्रवीत्।
तवाद्य पृथिवीपाला वश्याः सर्वे नृपोत्तम॥
आहूयन्तां द्विजवराः संभाराश्च यथाविधि।
संभ्रियन्तां कुरुश्रेष्ठ यज्ञोपकरणानि च॥

दुर्योधन की बात सुनकर कर्ण ने उससे कहा- "नृपश्रेष्ठ! इस समय सारे राजागण तुम्हारे वश में हैं। कुरुकुलश्रेष्ठ! उत्तम ब्राह्मणों को बुलवाओ और विधिपूर्वक यज्ञ की सामग्रियों तथा उपकरणों को जुटाओ।"

(महाभारत, वनपर्व, अध्याय-255, श्लोक-6, 7-8)

इसके बाद मात्र एक अध्याय (256) में पूरे राजसूय यज्ञ का वर्णन किया गया है। महाभारत का यह अंश मिलावटी नहीं बल्कि मौलिक प्रतीत होता है लेकिन चूंकि रचनाकारों का पूर्वाग्रह

पांडवों की ओर रहा है, इसलिए दुर्योधन के राजसूय यज्ञ को न के बराबर महत्त्व देते हुए उसे मात्र एक अध्याय में पूरा कर दिया गया है।

118. क्या कृष्ण ने कभी गायत्री मंत्र का जाप किया था?

महाभारत या किसी भी पुराण में कृष्ण के द्वारा गायत्री मंत्र का जप करने का विवरण नहीं प्राप्त होता है। इसी पुस्तक के अन्य प्रश्नों के उत्तर में यह विस्तार से बताया गया है कि कृष्ण वैदिक मान्यताओं तथा उनकी स्थापनाओं के विरुद्ध थे और इसी कारण उनका बार-बार इंद्र से संघर्ष होता था। अत: कृष्ण का वैदिक मंत्रों का समर्थक होने का प्रश्न ही नहीं उठता है।

119. क्या कृष्ण शराब पीते थे?

प्रमुख पुराणों में इस बात की चर्चा होने का तो सवाल ही नहीं उठता क्योंकि उनमें कृष्ण को विशुद्धतः वैष्णव अवतार के रूप दिखाया गया है। महाभारत में भी जो अंश वेदव्यास के बाद जोड़े गए हैं, उनमें भी कृष्ण को विष्णु का अवतार ही बताया गया है। लेकिन कुछ मौलिक अंश अभी भी ज्यों के त्यों मौजूद हैं, जिनसे कृष्ण के बारे में कुछ सच्ची बातें जानने को मिलती हैं। ऐसे ही एक अंश उद्योगपर्व के कुछ अध्याय हैं। इस संपूर्ण महाभारत में केवल एक जगह पर कृष्ण को अर्जुन के साथ, जहां उनदोनों की पत्नी क्रमशः सत्यभामा तथा द्रौपदी भी मौजूद थीं, उनको शराब पीते हुए बताया गया है।

पांडवों के अज्ञातवास खत्म होने के बाद जब धृतराष्ट्र का संदेश लेकर संजय पांडवों के पास गया था तब उसने वहां जो कुछ देखा था, उसका हाल वापस हस्तिनापुर आकर धृतराष्ट्र को सुनाता है; उसमें इस बात का जिक्र मिलता है :

पादांगुलिरभिप्रेक्षण् प्रयतोऽहं कृतांजलिः।
शुद्धान्तं प्राविशं राजन्नाख्यातो नरसिंहयोः॥
न चाभिमन्युर्न यमौ तं देशमभिजग्मतुः।
यत्र कृष्णौ च कृष्णा च सत्यभामा च भामिनी॥
उभौ मध्वासवक्षीबा वुभौ वरचन्दनरूषितौ।
स्त्रग्विणौ वरवस्त्रौ तौ दिव्याभरणभूषितौ॥
नैकरत्नविचित्रं च कांचनं च वरासनम्।
नानास्तरणसंस्तीर्णं यत्रासाते नरर्षभौ॥
अर्जुनांकगतौ पादौ केशवस्योपलक्षये।

अर्जुनस्य च कृष्णायाः शुभायाश्चांकगावुभौ।।
कांचनं पादपीठं तु पार्थो वै प्रादिशन्मुदा।
दासीभ्यामाहृतं मह्यं स्पृष्ट्वा भूमावुपाविशम्।।

संजय ने धृतराष्ट्र से कहा – "हे राजन! मैं नरदेव श्रीकृष्ण और अर्जुन से आपका संदेश सुनाने के लिए मन को पूर्णतः संयम में रखकर अपने पैरों की अंगुलियों पर ही दृष्टि लगाये और हाथ जोड़े हुए उनके अंतःपुर में गया जहां श्रीकृष्ण, अर्जुन, द्रौपदी और मानिनी सत्यभामा विराज रही थीं। यह वो स्थान था जहां अभिमन्यु तथा नकुल-सहदेव भी नहीं जा सकते थे। उस समय वहां वे दोनों मित्र मदिरा पीकर आनंदविभोर हो रहे थे। उनदोनों के शरीर पर चन्दन लिपे हुए थे। वे सुंदर वस्त्र, मनोहर पुष्पमाला तथा आभूषणों से शोभित थे। शत्रुओं का दमन करने वाले वे दोनों वीर जिस आसान पर बैठे हुए थे, वह सोने का बना हुआ था और उसपर भांति-भांति के बिछौने बिछे हुए थे। मैंने देखा कि श्रीकृष्ण के दोनों पैर अर्जुन की गोद में थे और अर्जुन का एक पैर द्रौपदी की तथा दूसरा पैर सत्यभामा की गोद में था। कुंतीकुमार अर्जुन ने उस समय मुझे बैठने के लिए एक सोने के पीढ़े की ओर संकेत कर दिया, परंतु मैं हाथ से उसका स्पर्शमात्र करके पृथ्वी पर ही बैठ गया।"

(महाभारत, उद्योगपर्व, अध्याय-59, श्लोक-3-8)

इसके अतिरिक्त सूर्य को केंद्र में रखकर एक पुराण लिखा गया है-साम्ब पुराण। इस पुराण में भी कृष्ण के अपनी रानियों के साथ शराब-शबाब में डूबकर विलासितापूर्ण जीवन की चर्चा की गई है :

तत्रास्मिन् दीयते तासाम् श्रेष्ठं पानं सुरासवम्।
मणिकांचनपात्रेषु नानापुष्पाधिवासितम्।।
वृत्तैश्च सहकाराणां भग्नैर्नीलोत्पलैरपि।
एतस्मिन्नन्तरे बुद्ध्वा मद्यमत्ता इति स्त्रियः।।

वशिष्ट मुनि राजा बृहद्बल से कहते हैं - "उनमें से अनेक सुंदर अंगों वाली स्त्रियों ने कामक्रीड़ा के लिए अपने वस्त्र उतारकर कमल के पत्तों से अपने अंगों को ढक लिया था। उन सभी को नशे में मत्त होने के लिए सोने के पात्रों में शराब दिया जा रहा था।"

(साम्ब पुराण, अध्याय-2, श्लोक-30-31)

120. वसुदेव-देवकी दिखते कैसे थे?

हरिवंश पुराण में वसुदेवजी के रूप की प्रशंसा करते हुए यह बात कही गई है :

मनुष्यलोके कृत्स्नेऽपि रूपे नास्ति समो भुवि।
यस्यासीत्पुरुषाग्र्यस्य कान्तिश्चन्द्रमसो यथा।।

वैशम्पायनजी ने कहा – "पुरुषों में अग्रगण्य वसुदेवजी के शरीर की चमक चंद्रमा के समान थी। इनके समान रूपवान संपूर्ण मनुष्यलोक में और कोई नहीं था।"

(हरिवंश पुराण, हरिवंशपर्व, अध्याय-34, श्लोक-20)

देवकी के रूप के बारे में कहीं कुछ नहीं लिखा हुआ है।

121. वनवास के समय पांडवगण किस तरह के भोजन पर निर्भर रहते थे?

महाभारत में इसका संक्षिप्त परंतु खासतौर पर वर्णन किया गया है :

वानेयं च मृगांश्चैव शुद्धैर्बाणैर्निपातितान्।
ब्राह्मणानां निवेद्याग्रमभुञ्जता महारथाः।
तांस्तु शूरान्महेष्वासांस्तदा निवसतो वने।
अन्वयुर्ब्राह्मणा राजन्साग्नयोऽनग्नयस्तथा।।
ब्राह्मणानां सहस्राणि स्नातकानां महात्मनाम्।
दश मोक्षविदां तद्वद्यान्बिभर्ति युधिष्ठिरः।।
रुरून्कृष्णमृगांश्चैव मेध्यांश्चान्यान्मनोरमान्।
बाणैरुन्मथ्य विविधैर्ब्राह्मणेभ्यो न्यवेदयत्।।

"मृग तथा अन्य वनचरों को केवल बाणों से मारकर उसका मांस, कंदमूल-फल तथा गांवों में खेती से उपजने वाले अन्न; इन सभी प्रकार के आहार पांडवगण लिया करते थे। वे जिस क्षेत्र में भ्रमण करते होते, उस क्षेत्र के जंगलों में रहने वाले अग्निहोत्री (आग जलाने वाले) तथा अनाग्निहोत्री (आग न जलाने वाले) ब्राह्मण उनके साथ रहने लगते थे। वे पांडवगण अपने लिए तथा उन ब्राह्मणों के लिए भी रुरु मृग, काला मृग तथा अन्य वध करने योग्य जंगली जानवरों को मारकर भोजन के लिए लाया करते थे। तथा साथ ही उनके चमड़े का भी वे विविध कार्यों के लिए उपयोग किया करते थे।"

(महाभारत, वनपर्व, अध्याय-50, श्लोक-4-7)

122. युधिष्ठिर और शकुनि के बीच खेला गया जुआ क्या नियम के अनुरूप था?

बिल्कुल नहीं, और खुद युधिष्ठिर ने ही इस नियम के विपरीत खेले जाने वाले जुए पर प्रश्न

उठाया था। यह सर्वमान्य नियम है कि जुए का खेल धन दांव पर लगाने वालों के द्वारा खुद खेला जाता है, कोई भी जुआरी किसी अन्य के मार्फत जुआ नहीं खेल सकता। लेकिन हस्तिनापुर के उस काले जुए में ऐसा ही हुआ और किसी ने युधिष्ठिर की बात का न तो समर्थन किया और न ही दुर्योधन की इस बात का विरोध किया जब उन्होंने कहा :

अहं दातास्मि रत्नानां धनानां च विशाम्पते।
मदर्थे देविता चायं शकुनिर्मातुलो मम॥

दुर्योधन ने कहा – ''महाराज युधिष्ठिर! दांव पर लगाने के लिए धन और रत्न तो मैं दूंगा, परंतु मेरी ओर से खेलेंगे ये मेरे मामा शकुनि।''

तो युधिष्ठिर ने इसपर आपत्ति जताते हुए कहा :

अन्येनान्यस्य वै द्यूतं विषमं प्रतिभाति मे।
एतद् विद्वन्नुपादत्स्व काममेवं प्रवर्तताम्॥

''दूसरों के लिए दूसरे का जुआ खेलना मुझे तो बहुत अनुचित प्रतीत होता है। इसलिए हे उपस्थित समस्त विद्वानों! पहले इस बात को समझ लो तभी यह जुए का खेल प्रारम्भ हो।''

(महाभारत, सभापर्व, अध्याय-59 गीताप्रेस, 84 दाक्षिणात्य, श्लोक-20-21)

परंतु किसी ने भी युधिष्ठिर की बात को तवज्जो नहीं दी और वह विनाशकारी जुआ प्रारंभ हो गया।

123. क्या मथुरा के यादव-संभ्रांतों ने कंस का बहिष्कार कर रखा था ?

महाभारत में उपलब्ध प्रमाणों के अनुसार यादव-संभ्रांतों ने मथुरा में कंस का बहिष्कार कर रखा था। कंस दरअसल अपने ससुर और आर्यावर्त के एक अत्यंत ही शक्तिशाली राजा जरासंध के बल पर बहुत उद्दंड हो गया था और सरेराह किसी की भी बेइज्जती कर देता था। और इसीलिए यादवों ने यथासंभव अपने आपसी मामलों में उसकी पूछपरछ बंद कर दी थी। महाभारत में इसका वर्णन इस प्रकार है :

विदितं मे महाप्राज्ञ भोजेष्वेवासमंजसम्।
पुत्रं संत्यक्तवान्पूर्वं पौराणां हितकाम्यया॥
अन्धका यादवा भोजाः समेताः कंसमत्यजन्।
नियोगात्तु हते तस्मिन्कृष्णेनामित्रघातिना॥

विदुरजी ने कहा – ''हे महाराज धृतराष्ट्र! मुझे मालूम है कि भोजवंश के एक नरेश ने पूर्वकाल में पुरवासियों के हित की इच्छा से अपने कुमार्गगामी पुत्र का परित्याग कर दिया

था। अंधकों, यादवों और भोजों ने मिलकर कंस को त्याग दिया तथा उन्हीं के आदेश से शत्रुघाती श्रीकृष्ण ने उसको मार डाला।''

(महाभारत, सभापर्व, अध्याय-52 गीताप्रेस,
86 दाक्षिणात्य, श्लोक-7-8)

हरिवंश पुराण में यादवों द्वारा कंस की उपेक्षा का वर्णन इस प्रकार है :

एवं भवत्सु युक्तेषु मम चित्तानुवर्तिषु।
वर्धमानो ममानर्थो भवद्भिः किमुपेक्षितः।।

''आपलोग ऐसे सुयोग्य हैं और सदा मेरे अनुकूल चलते हैं, परंतु इस समय आपलोगों के होते हुए भी मेरे अनर्थों की वृद्धि हो रही है, पता नहीं क्यों आपलोगों ने मेरी उपेक्षा कर दी है।''

(हरिवंश पुराण, विष्णुपर्व, अध्याय-22,
श्लोक-20)

भयभीत कंस यादवों की एक सभा बुलाकर अपने संकट और वसुदेवजी द्वारा किये गए विश्वासघात की बात करके मथुरा के यादवों को अपनी ओर करने की कोशिश करता है। उपरोक्त श्लोक उसी सभा में कंस का कथन है।

124. क्या कृष्ण अच्छे रथचालक थे?

आज से पांच हजार वर्ष पूर्व तेज सवारियों के रूप में लोगों के पास दो ही विकल्प थे - घोड़ा और रथ। घोड़े तो आमजनों को भी उपलब्ध थे, लेकिन रथ केवल बड़े-बड़े धनिकों, संभ्रांतों व राजाओं को ही उपलब्ध थे। जब कृष्ण ने मथुरा में कंस को मार डाला, तो उसके बाद उनका जीवन भागम-भाग वाला हो गया था। ऐसे में उनका उत्तम कोटि का रथचालक बनना स्वाभाविक ही था। और अर्जुन शायद कृष्ण के अद्भुत रथचालन की कला से काफी प्रभावित थे, तभी उन्होंने कृष्ण को अपना सारथी बनाने का ख्वाब देखा था :

सारथ्यं तु त्वया कार्यमिति मे मानसं सदा।
चिररात्रेप्सितं कामं तद् भवान् कर्तुमर्हति।।

अर्जुन ने कहा - ''मेरे मन में बहुत दिनों से यह अभिलाषा थी कि आपको अपना सारथी बनाऊं - अपने जीवन की बागडोर आपके हाथों में सौंप दूं। मेरी इस चिरकालिक अभिलाषा को आप पूर्ण करें।''

उपपन्नमिदं पार्थ मत् स्पर्धसि मया सह।
सारथ्यं ते करिष्यामि कामः सम्पद्यतां तव।।

कृष्ण बोले – ''पार्थ! तुम जो मेरे साथ स्पर्धा रखते हो, वह तुम्हारे लिए ठीक ही है। मैं तुम्हारा सारथ्य करूंगा। तुम्हारा यह मनोरथ पूरा हो।''

(महाभारत, उद्योगपर्व, अध्याय-7, श्लोक-37-38)

उपरोक्त दूसरे श्लोक में 'स्पर्धा' शब्द पर विशेष ध्यान देने की जरूरत है। महाभारतकारों के अनुसार शायद कृष्ण यह बात अनुभव करते थे कि अर्जुन जिस विश्वास के साथ खुद को श्रेष्ठ धनुर्धारी समझते थे, कृष्ण के अद्‌भुत रथचालन की कला से प्रभावित होने के बावजूद, उनके उत्तम रथचालन पर शंका कर रहे थे। तभी उन्होंने (कृष्ण) ऐसी बात कही थी।

125. धृतराष्ट्र ने जुए के षडयंत्र हेतु दुर्योधन को मन मारकर आज्ञा दी थी या बराबरी पर उस षड्यंत्र में शामिल थे?

महाभारत के अनुसार धृतराष्ट्र भी उस जुए के षडयंत्र में अपने पुत्र दुर्योधन तथा साले शकुनि के साथ पूरे मन से शामिल थे। युधिष्ठिर जब हर दांव पर भारी संपत्ति हारते जा रहे थे तो धृतराष्ट्र बार-बार उत्साहित होकर विदुर से पूछते थे कि अबकी दांव में हमलोगों ने क्या जीता?

किं ते तद्विस्मृतं पार्थ यदेष कुलपांसनः।
दुर्बुद्धिर्विदुरं प्राह द्यूते किं जितमित्युत॥

भीम ने अर्जुन से कहा – ''पार्थ! क्या तुम उस बात को भूल गए जब यह कुलनाशी दुर्बुद्धि धृतराष्ट्र जुआ आरंभ कराकर विदुरजी से बार-बार उछल-उछलकर पूछता था कि इस दांव में हमलोगों ने क्या जीता है?''

(महाभारत, आश्रमवासिकपर्व,
अध्याय-11, श्लोक-24)

126. भीम और जरासंध की कुश्ती से पहले क्या कृष्ण ने अपनी तथा दोनों पांडवों की पहचान प्रकट कर दी थी?

महाभारत के अनुसार यह बात सही है कि कुश्ती से पहले ही कृष्ण ने जरासंध से अपनी तथा भीम और अर्जुन की पहचान प्रकट कर दी थी :

युयुक्षमाणास्त्वत्तो हि न वयं ब्राह्मणा ध्रुवम्।
शौरिरस्मि हृषीकेशो नृवीरौ पाण्डवाविमौ।
अनयोर्मातुलेयं च कृष्णं मां विद्धि ते रिपुम्॥

कृष्ण ने जरासंध से कहा – ''आपसे युद्ध की इच्छा करने वाले हमलोग अवश्य ही ब्राह्मण

नहीं हैं। मैं वसुदेवपुत्र हृषीकेश हूँ और ये दोनों वीर पांडुपुत्र भीम और अर्जुन हैं। मैं इन दोनों के मामा का पुत्र और आपका प्रसिद्ध शत्रु कृष्ण हूँ। मुझे अच्छी तरह पहचान लीजिए।''

(महाभारत, सभापर्व, अध्याय-22, श्लोक-25)

भागवत पुराण में भी इस बात की चर्चा मिलती है :

असौ वृकोदरः पार्थस्तस्य भ्रातार्जुनो ह्ययम्।
अनयोर्मातुलेयं मां कृष्णं जानीहि ते रिपुम्॥

कृष्ण बोले - ''देखो, ये पांडुपुत्र भीमसेन हैं और यह इनका भाई अर्जुन है तथा मैं इन दोनों का ममेरा भाई तथा आपका पुराना शत्रु कृष्ण हूँ।''

(भागवत पुराण, स्कन्ध-10, अध्याय-72, श्लोक-29)

यह वेश बदलकर मगध में प्रवेश करने तथा जरासंध के समक्ष अपनी पहचान उजागर करने की कथा केवल इन्हीं दो ग्रंथों में उपलब्ध है। हरिवंश पुराण, गर्ग संहिता या अन्य ग्रंथों में ऐसी किसी घटना का वर्णन नहीं मिलता है।

127. क्या राजा विराट युधिष्ठिर के राजसूय यज्ञ में आये थे? अगर हां, तो अज्ञातवास के समय उन्होंने पांडवों को क्यों नहीं पहचाना?

महाभारत के अनुसार राजा विराट अपने दो पुत्रों के साथ युधिष्ठिर के राजसूय यज्ञ में आये थे :

बाह्लिकाश्चापरे शूरा राजानः सर्व एव ते।
विराटः सह पुत्राभ्यां मावेल्लश्च महाबलः॥

''बाह्लिक, दूसरे वीर राजागण, दो पुत्रों सहित राजा विराट, मावेल्ल तथा अन्य कई प्रदेशों के शासक और राजागण वहां पधारे थे।''

(महाभारत, सभापर्व, अध्याय-34, श्लोक-13)

यहां स्पष्ट रूप से वर्णन किया गया है कि युधिष्ठिर के राजसूय यज्ञ में न केवल राजा विराट बल्कि उनके दो पुत्र भी शामिल हुए थे। वह यज्ञ महीनों तक चला था और पांचों पांडव भाई सभी मेहमान राजाओं से व्यक्तिगत रूप से भी समय-समय पर मिलकर उनके स्वागत-सत्कार का जायजा लिया करते थे। वहीं दूसरी ओर पांडवगण भी एक-दो दिन या सप्ताह नहीं बल्कि पूरे सालभर राजा विराट और उनके परिवार के साथ रहे थे। ऐसे में फिर भी वे पांडवगण कैसे पहचान छुपाकर उस कड़ी सुरक्षा वाले राजमहल में रहे, इस प्रश्न का उत्तर शायद महाभारत के लेखकों को ही पता हो।

128. कृष्ण के भाई बलराम क्या पांडवों को ही दोषी मानते थे?

जी हां, खासकर युधिष्ठिर को बलराम सारे फसाद की जड़ मानते थे। महाभारत के उद्योगपर्व में इस बात का उल्लेख है। अज्ञातवास के खत्म होने के बाद अभिमन्यु और उत्तरा की शादी के उपलक्ष्य में कृष्ण की सहमति से आर्यावर्त के कई गणमान्य राजाओं को बुलाया जाता है। वहां शादी के बाद वे राजागण जब एकत्र होते हैं तो उस सभा में बलराम निम्नलिखित बातें कहते हैं:

सर्वास्ववस्थासु च ते न कोप्या ग्रस्तो हि सोऽर्थो बलमाश्रितैस्तैः।
प्रियाभ्युपेतस्य युधिष्ठिरस्य द्यूते प्रसक्तस्य हृतं च राज्यम्॥
निवार्यमाणश्च कुरुप्रवीरः सर्वैः सुहृद्भिर्ह्यमप्यतंज्ञः।
स दीव्यमानः प्रतिदीव्य चैनं गान्धारराजस्य सुतं मताक्षम्॥
हित्वा हि कर्णं च सुयोधनं च समाह्वयद्देवितुमाजमीढः।
दुरोदरास्तत्र सहस्रशोऽन्ये युधिष्ठिरो यान्विषहेत जेतुम्॥
उत्सृज्य तान्सौबलमेव चायं समाह्वयत्तेन जितोऽक्षवत्याम्।
स दीव्यमानः प्रतिदेवनेन अक्षेषु नित्यं स्वपराङ्मुखेषु॥
संरम्भमाणो विजितः प्रसह्य तत्रापराधः शकुनेर्न कश्चित्।
तस्मात्प्रणम्यैव वचो ब्रवीतु वैचित्रवीर्यं बहुसामयुक्तम्॥
तथा हि शक्यो धृतराष्ट्रापुत्रः स्वार्थे नियोक्तुं पुरुषेण तेन।
अयुद्धमाकांक्षत कौरवाणां साम्नैव दुर्योधनमाश्वसध्वम्॥

"किसी भी दशा में कौरवों को उत्तेजित नहीं किया जाना चाहिए क्योंकि वे बलवान हैं और तभी तो उन्होंने पांडवों के राज्य पर अधिकार जमाया है। दूसरी बात यह भी कि ये युधिष्ठिर भी बिल्कुल निर्दोष हैं, ऐसी बात नहीं है। ये जुए में आसक्त हो गए थे, तभी तो इनके राज्य का अपहरण हुआ है। ये युधिष्ठिर जुए का खेल भली प्रकार से नहीं जानते थे, इसलिए इनके सभी शुभचिंतकों ने इन्हें मना किया था। परंतु इन्होंने किसी की बात नहीं मानी। उधर शकुनि जुए के खेल में निपुण था। फिर भी ये बार-बार उसी के साथ खेलते रहे। इन्होंने कर्ण और दुर्योधन को छोड़कर शकुनि को ही अपने साथ जुआ खेलने के लिए बार-बार ललकारा था। उस सभा में दूसरे भी हजारों जुआरी मौजूद थे, जिन्हें ये जीत सकते थे। परंतु उन सबको छोड़कर इन्होंने सुबलपुत्र शकुनि को ही बुलाया। इसीलिए जुए में इनकी हार हुई। जब ये खेलने लगे और इनके पासे उल्टे पड़ने लगे तो ये रोष में आकर और खेलने लगे। इन्होंने हठपूर्वक खेल जारी रखा और अपने को हराया, इसमें शकुनि का कोई अपराध नहीं है। इसलिए जो दूत

भेजा जाए, वह केवल सामनीतियुक्त वचन कहे। कौरव-पांडव में युद्ध हो, ऐसी आशंका न करो। संधि या समझौते की भावना से ही दुर्योधन को आमंत्रित करो।''

(महाभारत, उद्योगपर्व, अध्याय-2, श्लोक-8-13)

उपरोक्त श्लोकों से कौरवों और पांडवों के प्रति बलराम के दृष्टिकोण का पता चलता है।

129. क्या सात्यकि और बलराम के बीच कौरव-पांडवों के बाबत कभी तकरार हुई थी?

जी हां, जब राजा विराट के दरबार में बलराम ने जुआ के लिए युधिष्ठिर को ही दोषी ठहराया, तो सात्यकि ने उन्हें जबरदस्त जवाब दिया था :

यादृशः पुरुषस्यात्मा तादृशं संप्रभाषते।
यथारूपोऽन्तरात्मा ते तथारूपं प्रभाषते॥
सन्ति वै पुरुषाः शूराः सन्ति कापुरुषास्तथा।
उभावेतौ दृढौ पक्षौ दृश्येते पुरुषान्प्रति॥
एकस्मिन्नेव जायेते कुले क्लीबमहाबलौ।
फलाफलवती शाखे यथैकस्मिन्वनस्पतौ॥

सात्यकि ने कहा- ''बलराम जी! मनुष्य का जैसा हृदय होता है, वैसी ही बात उसके मुंह से निकलती है। आपका भी जैसा अंतःकरण है, वैसा ही आप भाषण दे रहे हैं। संसार में वीर पुरुष भी हैं और कायर पुरुष भी। पुरुषों में ये दोनों पक्ष निश्चित रूप से देखे जाते हैं। जैसे एक ही वृक्ष की कोई शाखा फल देने वाली होती है और कोई यूं ही ठूंठ। ठीक उसी प्रकार एक ही कुल में दो प्रकार की संतानें उत्पन्न होती हैं, एक नपुंसक और एक बलशाली। जैसे आप और कृष्ण।''

(महाभारत, उद्योगपर्व, अध्याय-3, श्लोक-1-3)

उपरोक्त श्लोकों से यह स्पष्ट होता है कि बलराम द्वारा दुर्योधन की हिमायत करना सात्यकि को पसंद नहीं आया था, इसीलिए उसने इतनी तीखी बात कही थी।

130. कृष्ण पर स्यमंतक मणि की चोरी तथा सत्राजित की हत्या के आरोप के पीछे क्या राज था? कृष्ण इस आरोप से कैसे मुक्त हुए?

भागवत पुराण के अनुसार कृष्ण जब किसी कार्य हेतु हस्तिनापुर गये हुए थे, तब अक्रूर और

कृतवर्मा ने सत्राजित पर अपनी खुन्नस निकालने के लिए एक योजना बनायी और शतधन्वा को अपने साथ मिलाने के लिए उससे कहा :

लब्ध्वैतदन्तरं राजन्शतधन्वानमूचतुः।
अक्रूरकृतवर्माणौ मणिः कस्मान्न गृह्यते।।
योऽस्मभ्यं सम्प्रतिश्रुत्य कन्यारत्नं विगर्ह्य नः।
कृष्णायादान्न सत्राजित्कस्माद्भ्रातरमन्वियात्।।
एवं भिन्नमतिस्ताभ्यां सत्राजितमसत्तमः।
शयानमवधील्लोभात्स पापः क्षीणजीवितः।।
स्त्रीणां विक्रोशमानानां क्रन्दन्तीनामनाथवत्।
हत्वा पशून्सौनिकवन्मणिमादाय जग्मिवान्।।

उनलोगों (अक्रूर और कृतवर्मा) ने शतधन्वा से कहा – "तुम सत्राजित से मणि क्यों नहीं छीन लेते? सत्राजित ने अपनी बेटी सत्यभामा का विवाह हमसे करने का वचन दिया था, और अब हमलोगों का तिरस्कार करके उसने अपनी बेटी कृष्ण को ब्याह दी है। अब सत्राजित भी अपने भाई प्रसेन की तरह क्यों न यमपुरी जाए? उनलोगों के बहकाने पर शतधन्वा उनकी बातों में आ गया और मौका देखकर सोये हुए सत्राजित को जानवरों की तरह मार डाला और मणि लेकर वहां से भाग गया।"

(भागवत पुराण, स्कन्ध-10, अध्याय-57, श्लोक-3-6)

कृष्ण जब द्वारका आये तो पूरे नगर का माहौल बदला हुआ था। दबी जुबान से सभी यही चर्चा कर रहे थे कि मणि के लोभ में कृष्ण ने ही षड्यंत्रपूर्वक सत्राजित की हत्या करवायी है। यहां तक कि भाई बलराम और पत्नी सत्यभामा को भी कृष्ण पर शक था। यह सब देख कृष्ण ने हत्यारे मणिचोर की तलाश करवाना प्रारंभ किया। तब जांच का घेरा सख्त होता देख शतधन्वा ने अक्रूर और कृतवर्मा से सहायता मांगी। पर कृष्ण के डर से सबने उसे नकार दिया। फिर लाचार शतधन्वा मणि अक्रूर के पास रख द्वारका छोड़कर भाग निकला। कृष्ण और बलराम ने उसका पीछा किया और जाते-जाते मिथिला में उसे मार गिराया परंतु मणि उसके पास नहीं मिली :

पदातेर्भगवांस्तस्य पदातिस्तिग्मनेमिना।
चक्रेण शिर उत्कृत्य वाससोर्व्यचिनोन्मणिम्।।
अलब्धमणिरागत्य कृष्ण आहाग्रजान्तिकम्।
वृथा हतः शतधनुर्मणिस्तत्र न विद्यते।।

शुकदेवजी कहते हैं – ''कृष्ण ने अपने चक्र से पैदल भाग रहे शतधन्वा का सिर उतार लिया और उसके वस्त्रों में मणि को खोजा, परंतु जब मणि नहीं मिली तो वे वापस बलराम के पास आये और बोले – हमने उसे व्यर्थ ही मार डाला क्योंकि मणि तो उसके पास थी ही नहीं।''

(भागवत पुराण, स्कन्ध-10, अध्याय-57, श्लोक-21-22)

अक्रूरः कृतवर्मा च श्रुत्वा शतधनोर्वधम्।
व्यूषतुर्भयवित्रस्तौ द्वारकायाः प्रयोजकौ।।

शुकदेवजी कहते हैं – जब मुख्य षड्यंत्रकारी अक्रूर और कृतवर्मा ने सुना कि कृष्ण ने शतधन्वा को मार डाला है, तो ये दोनों भी डर के मारे द्वारका छोड़कर भाग निकले।

(भागवत पुराण, स्कन्ध-10, अध्याय-57, श्लोक-29)

ननु दानपते न्यस्तस्त्वय्यास्ते शतधन्वना।
स्यमन्तको मणिः श्रीमान्विदितः पूर्वमेव नः।।
सत्राजितोऽनपत्यत्वाद्गृह्णीयुर्दुहितुः सुताः।
दायं निनीयापः पिण्डान्विमुच्यर्णं च शेषितम्।।
तथापि दुर्धरस्त्वन्यैस्त्वय्यास्तां सुव्रते मणिः।
किन्तु मामग्रजः सम्यङ्न प्रत्येति मणिं प्रति।।
दर्शयस्व महाभाग बन्धूनां शान्तिमावह।
अव्युच्छिन्ना मखास्तेऽद्य वर्तन्ते रुक्मवेदयः।।
एवं सामभिरालब्धः श्वफल्कतनयो मणिम्।
आदाय वाससाच्छन्नः ददौ सूर्यसमप्रभम्।।

शुकदेवजी कहते हैं कि कृष्ण ने फिर अक्रूर को द्वारका बुलवाया और बड़े प्रेम से उन्हें पटाते हुए कहा – ''चाचाजी! हमें मालूम है कि मणि आपके पास ही है क्योंकि आजकल आप ऐसे-ऐसे यज्ञ कर रहे हैं जिनमें सोने की वेदियां बनती हैं। वैसे भी आप बड़े दानी हैं। आप तो जानते ही हैं कि सत्राजित के कोई पुत्र नहीं है, इसलिए उनका पिंडदान आदि कर्म उनकी बेटी के बेटे ही करेंगे और उनकी संपत्ति पर भी उनका ही हक होगा। लेकिन फिर भी यह मणि आप ही रख लीजिए, बस इसे एकबार भैया बलराम, सत्यभामा और जाम्बवती को दिखा दीजिए क्योंकि वे लोग मुझपर शक कर रहे हैं। वे मेरी बात पर विश्वास ही नहीं कर रहे हैं। आप यह मणि दिखाकर उन्हें शांति पहुंचाइए। कृष्ण ने सांत्वना देकर जब समझाया-बुझाया, तो अक्रूर ने वस्त्र में लपेटी हुई सूर्य के समान प्रकाशमान वह स्यमंतक मणि कृष्ण को दे दी।''

(भागवत पुराण, स्कन्ध-10, अध्याय-57, श्लोक-36-40)

स्यमन्तकं दर्शयित्वा ज्ञातिभ्यो रज आत्मनः।
विमृज्य मणिना भूयस्तस्मै प्रत्यर्पयत्प्रभुः।।

शुकदेवजी ने कहा – ''कृष्ण ने वह स्यमंतक मणि अपने जाति-भाइयों को दिखाकर अपना कलंक दूर किया और फिर वह मणि वापस अक्रूर को दे दी।''

(भागवत पुराण, स्कन्ध-10, अध्याय-57, श्लोक-41)

स्पष्टीकरण :- भागवत पुराण के अतिरिक्त महाभारत या अन्य किसी भी पुराण में इस घटना का वर्णन नहीं मिलता है।

131. कृष्ण की कितनी मामियां थीं और वे किनकी पुत्री थीं?

कृष्ण की दो मामियां थी और वे मगध के राजा तथा आर्यावर्त के शक्तिशाली राजाओं में से एक जरासंध की पुत्रियां थी। उन दोनों के नाम थे – अस्ति और प्राप्ति :

अस्तिः प्राप्तिश्च नाम्ना ते मागधस्य सुतेनृप।।
जरासंधस्य कल्याण्यौ पीनश्रोणिपयोधरे।
उभे कंसस्य ते भार्ये प्रादाद् बार्हद्रथो नृपः।।

वैशम्पायनजी ने कहा – ''हे राजा जनमेजय! मगधराज जरासंध के दो कल्याणमयी कन्याएं थीं, जिनके नाम थे अस्ति और प्राप्ति। उनकी ये दोनों बेटियां बहुत सुंदर थीं। बृहद्रथ पुत्र जरासंध ने अपनी वे दोनों कन्याएं कंस को दे दी थीं। वे दोनों कंस की पत्नियां थीं।''

(हरिवंश पुराण, विष्णुपर्व, अध्याय-35, श्लोक-5-6)

महाभारत, भागवत तथा अन्य पुराणों में भी बिना किसी अंतर के यही बात कही गई है।

132. कृष्ण की एक पत्नी सत्यभामा क्या बहुत अभिमानिनी थीं?

गर्ग संहिता सहित कई पुराणों के अनुसार सत्यभामा को अपने रूप, मैके से प्राप्त धन और पति को वश में करने के हुनर पर बहुत अभिमान था। गर्ग संहिता में सत्यभामा के अभिमान की झलक इस प्रकार मिलती है, जिसमें सत्यभामा अपने मुख से अपना बयान करती दर्शायी गयी है :

श्रीकृष्णस्य वचः श्रुत्वा सत्यभामाऽथ भामिनी...
...चैद्याद्या अनेन युयुधुर्युधि।।

- ''कृष्ण की बात सुनकर अपने अनुपम रूप और यौवन पर गर्व करने वाली सत्यभामा अपनी सौतों से बोलीं।

● क्या राधा ही रूपवती है, मैं रूपवती नहीं हूँ? जब मैं कुआंरी थी, तो न जाने कितने लोगों ने मेरा हाथ मांगा था। मैं अपने रूप और उदारता आदि गुणों के कारण सदा से पूजित रही हूँ।

● सखियों! मेरे रूप के कारण ही शतधन्वा मारा गया था और अक्रूर व कृतवर्मा को द्वारका छोड़कर भागना पड़ा था।

● जो स्यमंतक मणि प्रतिदिन अपनेआप आठ भार सोना पैदा करती है, मेरे पिता ने वही स्यमंतक मणि मेरे दहेज में दी थी।

● उस मणि से मेरे घर में भी अद्भुत वैभव प्रकट हो गया है। मैं अपने महान प्रेम से कृष्ण को वश में रखती हूँ।

● प्राग्ज्योतिषपुर में नरकासुर की कैद में नरक की यातना भोगने वाली तुम सभी औरतें मेरे कारण ही द्वारका का मुंह देख पायी थी।

● भौमासुर की गजशाला में ऐरावत के समान बड़े-बड़े हाथी मेरे ही कहने पर कृष्ण द्वारका लाये थे।

● मैंने अपने पातिव्रत्य धर्म से कृष्ण को अपने वश में कर रखा है।

● मैंने समस्त सामग्रियों के साथ नारदजी के हाथ कृष्ण का दान कर दिया था। मेरे समान गौरव और वैभव किसी भी स्त्री को प्राप्त नहीं हो सकता।

● रूप और उदारता भी मेरे जितना किसी भी स्त्री में नहीं है। फिर राधा की तो बात ही क्या है?''

(गर्ग संहिता, द्वारकाखंड, अध्याय-16, श्लोक-16-28)

यानी कुल-मिलाकर यह बात सही है कि सत्यभामा को अपने अस्तित्व पर गुरूर था। साथ ही कृष्ण को वश में रखने के अभिमान से भी वह भरी पड़ी थी।

133. कृष्ण के पुत्र प्रद्युम्न ने कितनी शादियां की थी?

कृष्ण के सबसे बड़े पुत्र का नाम प्रद्युम्न था जिसका जन्म के सातवें दिन ही अपहरण हो गया था। अपहरण करने वाले शंबर नामक असुर ने उस बालक को अपनी नौकरानी को पालने हेतु दे दिया था जिसका नाम मायावती था। बालक प्रद्युम्न जैसे-जैसे युवावस्था की ओर बढ़ते गए, उनकी सुंदरता भी बढ़ती गई और उतना ही उनके प्रति मायावती का आकर्षण भी बढ़ने लगा। शंबरासुर को मारने के बाद युवा प्रद्युम्न इस मायावती के साथ ही द्वारका लौटे और वहां उनदोनों की विधिवत शादी हुई। यह प्रद्युम्न की पहली पत्नी हुई। इसके बाद

उनकी शादी अपने मामा रुक्मी की बेटी रुक्मवती (शुभांगी) से भी हुई *(कृष्ण के जीवन से संबंधित सभी पुराणों में यह बात उपलब्ध है)*।

फिर वज्रनाभ नामक असुर की बेटी प्रभावती के अनुपम सौन्दर्य के बारे में जब प्रद्युम्न ने सुना, तो उन्होंने अपने चाचा गद (बलराम का भाई) और भाई साम्ब को अपने दिल की बात बतायी। और फिर उन सबको मिलाकर एक नौटंकी पार्टी बनायी। फिर उस नौटंकी पार्टी ने वज्रनाभ के नगर में डेरा डाला और तरह-तरह के तमाशे दिखाने लगा। वहां प्रभावती की सहेलियों के सहयोग से प्रद्युम्न ने महल तक पहुंच बनायी और तब उस राजकुमारी से विवाह किया। यह उनकी तीसरी पत्नी थी।

(हरिवंश पुराण, विष्णुपर्व, अध्याय-94)

इस तरह प्रद्युम्न ने कुल तीन शादियां की थी। पौराणिक ग्रन्थों को आधार बनाकर कहा जाए तो प्रद्युम्न में किसी तरह की उच्छृंखलता नहीं थी। बल्कि कई बार तो उन्होंने अपने पिता कृष्ण के द्वारा दिये गए कार्यों को जिम्मेदारीपूर्वक पूरा भी किया था।

134. रुक्मिणी के हरण के पश्चात कृष्ण की प्रतिक्रिया क्या थी?

कृष्ण रुक्मिणी-हरण के बाद बहुत प्रसन्न थे। और रुक्मिणी द्वारा उन्हें पति के रूप में स्वीकारे जाने पर उन्होंने आश्चर्यमिश्रित प्रसन्नता व्यक्त करते हुए कहा भी था :

राजपुत्रीप्सिता... x ...पूर्णा गेहयोर्ज्योतिरक्रियाः।।

• कृष्ण बोले - ''राजकुमारी! आर्यावर्त के बड़े-बड़े संपत्तिशाली राजागण, जो सम्मानित भी हैं तथा सुंदरता, उदारता और बल में भी बहुत आगे हैं, वे आपसे शादी करना चाहते थे।

• आपके पिता और भाई भी उन्हीं में से किसी एक से आपकी शादी कराना चाहते थे। यहां तक कि उन्होंने शिशुपाल को जुबान भी दे दी थी। फिर भी आपने सबको छोड़कर मेरे जैसे व्यक्ति को, जो किसी भी प्रकार आपके योग्य नहीं है, अपना पति स्वीकार किया। ऐसा आपने क्यों किया?

• सुंदरी! देखो, हम जरासंध आदि राजाओं से डरकर समुद्र किनारे आ बसे हैं। बड़े-बड़े बलवानों से हमने दुश्मनी ठान रखी है और लगभग राजसिंहासन के अधिकार से भी हम वंचित हैं। सुंदरी! हम किस मार्ग के अनुयायी हैं, कौन-सा हमारा मार्ग है, यह हमें भी नहीं मालूम है। हमलोग लौकिक व्यवहार का भी ठीक-ठीक पालन नहीं करते। स्त्रियों को हमें रिझाने भी नहीं आता। जो स्त्रियां हमारे कुल में विवाह करती हैं, उन्हें अधिकतर कष्ट ही उठाना पड़ता है।

• हम तो सदा के अकिंचन (फटेहाल) हैं। हमारे पास न कभी कुछ था और न रहेगा। यही कारण

है कि अपने को धनी समझने वाले लोग न हमसे प्रेम करते हैं और न हमारी सेवा करते हैं।

• कहते हैं कि जिनका धन, कुल, ऐश्वर्य, सौन्दर्य और आय अपने समान होता है– उन्हीं से विवाह और मित्रता का संबंध करना चाहिए। जो अपने से श्रेष्ठ या अधम हो, उनसे नहीं करना चाहिए।

• विदर्भराजकुमारी! आपने अपनी अदूरदर्शिता के कारण इन बातों पर विचार ही नहीं किया और बिना जाने-बूझे भिक्षुओं से मेरी प्रशंसा सुनकर मेरे जैसे गुणहीन से विवाह कर लिया।

• खैर, अब भी कुछ नहीं बिगड़ा है, आप अपने लायक किसी क्षत्रिय को चुनकर उससे विवाह कर लीजिए ताकि आपकी सारी आशा-अभिलाषाएं पूरी हो सके।

• सुंदरी! आप जानती ही हैं कि शिशुपाल, शाल्व, जरासंध, दंतवक्र आदि राजागण और आपका भाई रुक्मी भी मुझसे द्वेष करते हैं।

• आपने देखा कि आपके स्वयंवर के वक्त भी वे सभी बल-पौरुष के मद से अंधे हो रहे थे। अपने सामने किसी को कुछ नहीं गिन रहे थे। उन सभी का मान-मर्दन करने के लिए ही मैंने आपका अपहरण किया था, और कोई कारण नहीं है।

• लेकिन यह तो निश्चित है कि हम निर्लोभी और निर्लिप्त हैं। हम स्त्री, संतान या धन के लोलुप नहीं हैं। हम निष्क्रिय और देह-गेह से संबंधरहित दीपशिखा के समान साक्षीमात्र हैं। हम अपनी आत्मा के साक्षात्कार से ही पूर्णतया तृप्त हैं और संतुष्ट हैं।''

(भागवत पुराण, स्कन्ध-10, अध्याय-60, श्लोक-10-20)

135. कृष्ण और रुक्मिणी की बेटी चारुमती का विवाह किससे हुआ था?

भागवत पुराण के अनुसार :

रुक्मिण्यास्तनयां राजन्कृतवर्मसुतो बली।
उपयेमे विशालाक्षीं कन्यां चारुमतीं किल॥

शुकदेवजी ने कहा- ''दस पुत्रों के अतिरिक्त रुक्मिणी को बड़े-बड़े नेत्रों वाली एक परम सुंदरी बेटी भी थी, उसका नाम था - चारुमती। द्वारका में ही रहने वाले कृतवर्मा के पुत्र बली से उसकी शादी हुई थी।''

(भागवत पुराण, स्कन्ध-10, अध्याय-61, श्लोक-24)

136. बलराम ने कृष्ण के साले रुक्मी को क्यों मारा था?

यह घटना कृष्ण के पोते अनिरुद्ध की दूसरी शादी के वक्त की है। अनिरुद्ध की यह दूसरी

शादी रुक्मी की पोती रोचना से तय हुई थी। और बलराम व अन्य सभी प्रमुख यादवगण बारात लेकर भोजकट गए थे।

खैर, वह विवाह तो सकुशल सम्पन्न हुआ लेकिन उसके बाद रुक्मी के चापलूस मित्र राजाओं ने उसे बलराम के साथ जुआ खेलने की सलाह दी। इधर रुक्मी तो कृष्ण के खानदान को नीचा दिखाने का एक भी मौका वैसे भी नहीं चूकना चाहता था, सो वह खुश हो गया। क्योंकि रुक्मी को अपनी बहन रुक्मिणी तो प्यारी थी परंतु कृष्ण से उसे वैर था। अब इधर बलराम युधिष्ठिर की तरह जुआ खेलने में तो निपट अनाड़ी थे ही लेकिन साथ ही वे युधिष्ठिर की ही तरह जुए के पक्के व्यसनी भी थे। जो कोई कह दे, उसके साथ जुआ खेलने बैठ जाते थे।

खैर, खेल प्रारम्भ हुआ और बलराम दांव पर दांव हारने लगे। और यह कम था तो बलराम की हर हार पर कलिंग का राजा दांत दिखा-दिखाकर बलराम की खिल्ली उड़ाने लगा। उधर अपनी जीत से उत्साहित रुक्मी ने अगला दांव एक लाख मुहर का लगाया, परंतु यह दांव बलराम जीत गए। इसपर रुक्मी बेईमानी पर उतर आया और इसे भी अपनी जीत बताने लगा। इसके बाद तो लगातार बाजी पलटती चली गई और हर दांव बलराम जीतते चले गये और इसके साथ ही हो-हल्ला भी बढ़ता चला गया। चूंकि वहां उपस्थित अधिकांश राजा रुक्मी के पिछलग्गू थे, सो वे उसी के पक्ष में हल्ला कर रहे थे। फिर सभा को अपने पक्ष में जानकर उत्साहित रुक्मी ने बलराम को एक चुभती हुई बात कह दी - बलरामजी! आखिर आपलोग वन-वन भटकने वाले ग्वाले ही तो ठहरे। पासों और बाणों से खेलना आपलोग क्या जानें? यह तो हम जैसे राजाओं का खेल है। बस, भरी सभा में हुए इस अपमान से बलराम काफी क्रोधित हो गए और वहीं पर रखे एक मुद्गर उठाकर उन्होंने एक ही वार में रुक्मी का काम तमाम कर दिया। फिर उसके बाद तो उन्होंने उपहास उड़ाने वाले अन्य राजाओं का भी अंग-भंग कर दिया। इस तरह बलराम के हाथों कृष्ण का सगा साला रुक्मी मारा गया।

(भागवत पुराण, स्कन्ध-10, अध्याय-61, श्लोक-25-37)

(हरिवंश पुराण, विष्णुपर्व, अध्याय-61, श्लोक-12-48)

137. कृष्ण ने पांडवों के लिए मय दानव के द्वारा जिस इंद्रप्रस्थ का निर्माण करवाया था, वह कितना विशाल था?

महाभारत में इंद्रप्रस्थ की स्थापना का विवरण इस प्रकार मिलता है:

अभिप्रायेण पार्थानां कृष्णस्य च महात्मनः।
पुण्येऽहनि महातेजाः कृतकौतुकमंगलः॥
तर्पयित्वा द्विजश्रेष्ठान्पायसेन सहस्रशः।
धनं बहुविधं दत्त्वा तेभ्य एव च वीर्यवान्॥
सर्वर्तुगुणसम्पन्नां दिव्यरूपां मनोरमाम्।
दशकिष्कुसहस्रां तां मापयामास सर्वतः॥

वैशम्पायनजी कहते हैं – ''उसने (मय दानव ने) कुंतीपुत्रों और श्रीकृष्ण की इच्छा के अनुसार सभा बनाने का निश्चय किया। इस हेतु सर्वप्रथम उसने भूमिपूजन संबंधी कार्य सम्पन्न करवाया और उसके बाद सभी ऋतुओं के गुणों से सम्पन्न अनुपम रूपवाले मनोरम भवन का निर्माण करने हेतु सभी ओर से दस हजार हाथ वर्गाकार भूमि नपवायी।''

(महाभारत, सभापर्व, अध्याय-1, श्लोक-19-21)

महाभारत के अन्य विवरणों तथा विभिन्न पौराणिक स्रोतों के आधार पर यह माना जाता है कि कृष्ण के जीवनकाल में भारत अपने सर्वोच्च शिखर पर था। प्रगति के एक-से-एक शिखर उस समय के मनुष्य ने छुए थे। उस आधार पर महाभारत का उपरोक्त इंद्रप्रस्थ का विवरण कोई अतिशयोक्ति नहीं प्रतीत होता है। पांच-सवा-पांच हजार वर्ग किलोमीटर वाले क्षेत्रफल की राजधानी या राज्य का होना कोई बड़ी बात नहीं है।

138. क्या कृष्ण ने भी राजसूय यज्ञ के वक्त द्वारका को युधिष्ठिर के साम्राज्य के अधीन होना स्वीकार किया था?

इस प्रसंग में महाभारत की बातें उल्लेखनीय हैं। युधिष्ठिर के राजसूय यज्ञ से एक साल पूर्व भीम, अर्जुन, नकुल और सहदेव चारों भाई चारों दिशाओं में दिग्विजय के लिए जाते हैं और इस क्रम में नकुल पश्चिम दिशा में निकलते हैं। अनेक राजाओं को जीतते हुए वे द्वारका के पास पहुंचते हैं लेकिन अन्य राज्यों के विपरीत वे द्वारका नगरी में सीधे प्रवेश न करके एक दूत को भेजते हैं :

द्वारपालं च तरसा वशे चक्रे महाद्युतिः।
रामठान्हारहूणांश्च प्रतीच्याश्चैव ये नृपाः॥
तान्सर्वान्स वशे चक्रे शासनादेव पाण्डवः।
तत्रस्थः प्रेषयामास वासुदेवाय भारत॥

स चास्य गतभी राजन्प्रतिजग्राह शासनम्।
ततः शाकलमभ्येत्य मद्राणां पुटभेदनम्।।

वैशम्पायनजी कहते हैं – "द्वारपालपुर को नकुल ने शीघ्र ही अपने अधीन कर लिया। रामठ, हार, हूण तथा अन्य जो पश्चिमी देश थे, उन सबको पांडुकुमार नकुल ने आज्ञामात्र से ही अपने वश में कर लिया। हे जनमेजय! वहीं रहकर नकुल ने वसुदेवनंदन श्रीकृष्ण के पास दूत भेजा। और हे राजन! कृष्ण ने भी केवल प्रेम के कारण नकुल का शासन स्वीकार कर लिया ताकि राजसूय यज्ञ में बाधा न आए। उसके बाद नकुल ने शाकल देश को जीतकर अपने ननिहाल मद्रदेश में प्रवेश किया।"

(महाभारत, सभापर्व, अध्याय-32, श्लोक-12-14)

यानी औपचारिकतावश ही सही, लेकिन द्वारका ने भी इंद्रप्रस्थ की अधीनता स्वीकार की थी।

139. युधिष्ठिर के राजसूय यज्ञ में कृष्ण की अग्रपूजा पर बवाल होने का क्या कारण था?

महाभारत में भारत की सनातन परंपरा का हवाला देते हुए बताया गया है कि छह प्रकार के लोग विशेष सम्मान के पात्र होते हैं और किसी सभा में सार्वजनिक रूप से उनका विशेष सत्कार अनिवार्य होता है। इसलिए भीष्मपितामह ने यज्ञ की समाप्ति के बाद युधिष्ठिर को आज्ञा दी कि अब तुम सभी पधारे हुए राजाओं को अर्घ्य देकर पूजन (विशेष सत्कार) करो :

ततो भीष्मोऽब्रवीद्राजन्धर्मराजं युधिष्ठिरम्।
क्रियतामर्हणं राज्ञां यथार्हमिति भारत।।
आचार्यमृत्विजं चैव संयुजं च युधिष्ठिर।
स्नातकं च प्रियं प्राहुः षडर्घार्हान्नृपं तथा।।
एतानर्घ्यानभिगतानाहुः संवत्सरोषितान्।
त इमे कालपूगस्य महतोऽस्मानुपागताः।।
एषामेकैकशो राजन्नर्घ आनीयतामिति।
अथ तैषां वरिष्ठाय समर्थायोपनीयताम्।।

वैशम्पायनजी कहते हैं – हे राजन! उसके बाद भीष्मपितामह ने युधिष्ठिर से कहा कि हे "भारतकुल भूषण युधिष्ठिर! अब तुम यहां पधारे हुए राजाओं का यथायोग्य सत्कार करो। आचार्य, पुरोहित, रिश्तेदार, स्नातक, प्रिय मित्र तथा राजा – इन छहों को अर्घ्य देकर

पूजने योग्य बताया गया है। ये यदि एक वर्ष बिताकर अपने यहां आवें, तो इनके लिए अर्घ्य निवेदन करके इनकी पूजा करनी चाहिए, ऐसा विद्वान पुरुषों का कथन है। ये सभी राजागण हमारे यहां काफी लंबे समय बाद आये हैं। इसलिए हे युधिष्ठिर! तुम बारी-बारी से इन सबके लिए अर्घ्य दो और इन सबमें जो श्रेष्ठ और शक्तिशाली हों, उनको सबसे पहले अर्घ्य दो।''

(महाभारत, सभापर्व, अध्याय-36, श्लोक-22-25)

तब युधिष्ठिर ने भीष्मपितामह से कहा कि इन सभी राजाओं के बीच आप किसे श्रेष्ठ और शक्तिशाली मानते हैं, वह मुझे बताइए :

ततो भीष्मः शान्तनवो बुद्ध्यानिश्चित्य वीर्यवान्।
अमन्यत तदा कृष्णमर्हणीयतमं भुवि।।

''शांतनु के पराक्रमी पुत्र भीष्मपितामह ने अपनी बुद्धि से निश्चय करके श्रीकृष्ण को भूमंडल में सबसे अधिक पूजनीय माना।''

(महाभारत, सभापर्व, अध्याय-36, श्लोक-30)

तब भीष्मपितामह की अनुमति पाकर सहदेव ने विधिपूर्वक कृष्ण की अग्रपूजा की। उस समय कृष्ण की अग्रपूजा तो सम्पन्न हो गई लेकिन वहीं राजनीतिक खेमे की रस्साकशी भी स्पष्ट तौरपर उभरकर सामने आ गई। उम्र, धन, और राजनीतिक वर्चस्व को श्रेष्ठता का आधार मानने वाले राजागण कृष्ण की अग्रपूजा को पचा नहीं पाये। कृष्ण के ही फुफेरे भाई शिशुपाल, जो उनका राजनीतिक प्रतिद्वंद्वी भी था और विरोधी जरासंध के खेमे का अब अगुआ भी था, उसने उनकी अग्रपूजा का खुलकर विरोध किया :

त्वादृशो धर्मयुक्तो हि कुर्वाणः... x ...राजभिरिहानीतैरवमानाय भारत।।

शिशुपाल ने कहा - ''भीष्म! तुम्हारे जैसा धर्मात्मा पुरुष जब मुंहदेखी करने लगता है तो वह सज्जनों के समाज में अपमानित होता है। यह तो सभी जानते हैं कि यदुवंशी कृष्ण राजा नहीं है, फिर इतने राजाओं के उपस्थित होते हुए तुमने इसकी अग्रपूजा क्यों करवायी? तुम्हारे ही अनुसार अगर :

- तुम बड़े-बूढ़े की अग्रपूजा करवाना चाहते थे तो ऐसे में वसुदेवजी के सामने उनके पुत्र की पूजा क्यों करवायी?
- तुम्हें किसी प्रिय हितैषी की पूजा करवानी थी तो पांडवों का सबसे बड़ा हितैषी राजा द्रुपद भी यहीं विराजमान थे जिन्होंने बुरे वक्त में इन्हें संभाला और इनका राजनीतिक कद बढ़ाया।

• तुम्हें किसी आचार्य की अग्रपूजा करवानी थी तो सर्वमान्य और श्रेष्ठ आचार्य द्रोणाचार्य भी यहां मौजूद थे?

• तुम्हें किसी ऋत्विज (पुरोहित) की अग्रपूजा करवानी थी तो आर्यावर्त के सर्वश्रेष्ठ ऋत्विज वेदव्यास भी यहीं मौजूद थे?

• तुम्हें किसी दैवीगुण वाले व्यक्ति की अग्रपूजा करवानी थी तो तुमने खुद अपनी पूजा क्यों नहीं करवायी क्योंकि तुम्हें इच्छा-मृत्यु का वरदान प्राप्त है?

• तुम्हें किसी शास्त्रों के ज्ञाता की अग्रपूजा करवानी थी तो अश्वत्थामा से बड़ा शास्त्रज्ञानी तो कृष्ण कभी नहीं हो सकता?

युधिष्ठिर! कृष्ण न ऋत्विज है, न आचार्य है और न राजा ही है, फिर तुमने किस आधार पर इसकी अग्रपूजा की? युधिष्ठिर! यदि यह कृष्ण ही तुमलोगों का प्रिय है और तुम्हें इसी की अग्रपूजा करनी थी तो इन राजाओं को केवल अपमानित करने के लिए बुलाने की क्या जरूरत थी?''

(महाभारत, सभापर्व, अध्याय-37, श्लोक-4-18)

यानी कुल-मिलाकर कृष्ण का राजनीतिक स्तर पर विरोध करना ही उस बवाल का मुख्य कारण था।

140. क्या कृष्ण ने ही द्रौपदी और सुभद्रा के पुत्रों की शिक्षा-दीक्षा तथा देखरेख की व्यवस्था करवायी थी?

महाभारत के अनुसार जब जुए में राज्य हारकर सभी पांडव द्रौपदी के साथ वन को निकल गए तब कुंती, सुभद्रा तथा सभी छोटे-छोटे बच्चों की देखभाल की व्यवस्था कृष्ण ने अपनी द्वारका में ही करवायी थी। जब काम्यक वन में कृष्ण पांडवों से मिलने गए तो वे द्रौपदी से उन सभी बच्चों का हाल सुनाते हुए कहते हैं:

कृष्णे धनुर्वेदरतिप्रदानास्तवात्मजास्ते शिशवः शुशीलाः।
सद्भिः सदैवाचरितं समाधिं चरन्ति पुत्रास्तव याज्ञसेनि।।
राज्ये नियुक्तैश्च निमन्त्र्यमाणाः पित्रा च कृष्णे तव सोदरैश्च।
न यज्ञसेनस्य न मातुलानां गृहेषु बाला रतिमाप्नुवन्ति।।
आनर्तमेवाभिमुखाः शिवेन गत्वाधनुर्वेदरतिप्रधानाः।
तवात्मजा वृष्णिपुरं प्रविश्य न दैवतेभ्यः स्पृहयन्ति कृष्णे।।
यथा त्वमेवार्हसि तेषु वृत्तं प्रयोक्तुमार्या च यथैव कुन्ती।

तेष्वप्रमादेन तथा करोति तथैव भूयश्च तथा सुभद्रा।।
यथाऽनिरुद्धस्य यथाऽभिमन्योर्यथा सुनीथस्य यथैव भानोः।
तथा विनेता च गतिश्च कृष्णे तवात्मजानामपि रौक्मिणेयः।।
गदासिचर्मग्रहणेषु शूरानस्त्रेषु शिक्षासु रथाश्वयाने।
सम्यग्विनेता विनयेदतन्द्रीस्तांश्चाभिमन्युं च सदा कुमारान्।।
स चापि सम्यक्प्रणिधाय शिक्षां शस्त्राणि चैषां विधिवत्प्रदाय।
तवात्मजानां च तथाऽभिमन्योः पराक्रमैस्तुष्यति रौक्मिणेयः।।
यथा विहारं प्रसमीक्षमाणाः प्रयान्ति पुत्रास्तव याज्ञसेनि।
एकैकमेषामनुयान्ति यत्र रथाश्च यानानि च दन्तिनश्च।।

कृष्ण ने द्रौपदी से कहा - ''कृष्णे! तेरे पुत्र बड़े सुशील हैं। धनुर्वेद में उनकी बहुत रुचि है। वे सभी बच्चे सदाचार और नियमों का पालन करने वाले हैं। कृष्णे! तुम्हारे पिता तथा भाइयों ने कई बार राजकीय सुख-सुविधाओं का लोभ दिखाकर आमंत्रित किया। लेकिन तुम्हारे बच्चों ने अपने नाना-नानी के घर रहना पसंद नहीं किया। वहां उनका मन ही नहीं लगता है। उनका धनुर्विद्या पर विशेष झुकाव है। वे सभी द्वारका में ही रहते हैं और उन्हें वहां से कहीं अन्यत्र जाने का मन नहीं होता है। कृष्णे! तुम अपने बच्चों को जिस तरह की शिक्षा दे सकती हो, वैसी ही शिक्षा बूआ कुंती भी दे सकती हैं और वैसी ही शिक्षा सुभद्रा उन्हें दे रही है।

कृष्णे! मेरा बेटा प्रद्युम्न जिस तरह अपने बेटे अनिरुद्ध, सुभद्रा के बेटे अभिमन्यु तथा सुनीथ, भानु आदि को धनुर्वेद की शिक्षा दे रहा है, उसी तरह वह तुम्हारे पुत्रों का भी शिक्षक और संरक्षक है। शिक्षा देने में निपुण और आलस्यरहित अभिमन्यु तुम्हारे वीर पुत्रों को गदा और ढाल-तलवार के दांव-पेंच सिखाया करता है। वह उन्हें अन्य अस्त्रों के साथ-साथ रथ चलाने तथा घोड़े हांकने की कला भी सिखा रहा है। अभिमन्यु सदा उनकी शिक्षा-दीक्षा में संलग्न रहता है। तुम्हारे पुत्रों और अभिमन्यु के पराक्रम को देखकर प्रद्युम्न बहुत प्रसन्न रहता है। याज्ञसेनी! तुम्हारे पुत्रों को नगर में घूमने तथा अन्यत्र कहीं आने-जाने के लिए रथ, घोड़े, पालकी आदि हमेशा उपलब्ध रहते हैं।''

(महाभारत, वनपर्व, अध्याय-183,
श्लोक-24-31)

उपरोक्त बातों से स्पष्ट होता है कि कृष्ण द्रौपदी को बच्चों की ओर से बेफिक्र कर देना चाहते थे और समय रहते उन सभी बच्चों को आत्मनिर्भर क्षत्रिय भी बना देना चाहते थे।

साथ ही चतुर राजनीतिज्ञ कृष्ण दुर्योधन को कोई मौका भी नहीं देना चाहते थे कि वह बच्चों को सताकर पांडवों को किसी भी प्रकार से मजबूर कर पाए।

141. कृष्ण कौन–कौन से प्रमुख हथियार चलाना जानते थे?

कृष्ण गुरुकुल में जाकर औपचारिक शिक्षा ले चुके थे। अत: वे प्राय: सभी हथियार चलाना जानते थे। हालांकि उनका सबसे प्रिय हथियार चक्र था, लेकिन जरूरत पड़ने पर वे अन्य हथियारों का भी प्रयोग करते थे। शास्त्रों में उनके चार हथियार बताये गए हैं – सुदर्शन चक्र, सारंग नामक धनुष, कौमोदकी नामक गदा और नंदक नामक तलवार। दक्षिण भारत के कुछ भक्त कवियों ने अपनी रचनाओं में उनके धनुष का नाम 'कोदण्ड' भी बताया है। मीराबाई ने भी अपनी रचनाओं में कृष्ण को 'कोदण्डधारी' अर्थात जिसके हाथ में कोदण्ड नामक धनुष हो, कहा है।

142. क्या कृष्ण ने वनवास काल में ही दुर्योधन पर चढ़ाई करके पूरा हस्तिनापुर जीतकर सौंपने का प्रस्ताव युधिष्ठिर को दिया था?

महाभारत में एक जगह ऐसा वर्णन आता है जब कृष्ण काम्यक वन में पांडवों से मिलने जाते हैं। वहां कृष्ण युधिष्ठिर से कहते हैं :

अथाब्रवीद्धर्मराजं तु कृष्णो दशार्हयोधाः कुकुरान्धकाश्च।
एते निदेशं तव पालयन्तस्तिष्ठन्तु यत्रेच्छसि तत्र राजन्।।
आवर्ततां कार्मुकवेगवाता हलायुध प्रग्रहणा मधूनाम्।
सेना तवार्थेषु नरेन्द्र यत्ता ससादिपत्त्यश्वरथा सनागा।।
प्रस्थाप्यतां पाण्डव धार्तराष्ट्रः सुयोधनः पापकृतां वरिष्ठः।
स सानुबन्धः ससुहृद्गणश्च भौमस्य सौबाधिपतेश्च मार्गम्।।
कामं तथा तिष्ठ नरेन्द्र तस्मिन्यथा कृतस्ते समयः सभायाम्।
दाशार्हयोधैस्तु हतारियोधं प्रतीक्षतां नागपुरं प्रभग्नम्।।
व्यपेतमन्युर्व्यपनीतपाप्मा विहृत् यत्रेच्छसि तत्र कामम्।
ततः समृद्धिप्रभवं विशोकः प्रपत्स्यसे नागपुरं सराष्ट्रम्।।

कृष्ण ने युधिष्ठिर से कहा – ''हे राजन! दशार्ह, कुकुर और अंधक वंश के योद्धा जहां आप चाहें, वहीं आपकी आज्ञा का पालन करते हुए खड़े रह सकते हैं। हे राजन! भैया बलराम के नेतृत्व में रथ, हाथी, घोड़े और पैदल सैनिकों से भरी हुई मथुरा की चतुरंगिणी सेना आपकी

भलाई हेतु हमेशा तैयार है। अब आप महापापी धृतराष्ट्र के पुत्र दुर्योधन को उसी यमलोक में भेज दीजिए जहां भौमासुर और शाल्व गए हैं।

महाराज! आप चाहें तो अपनी प्रतिज्ञा पूरी करने में भले ही लगे रहें, लेकिन आपकी आज्ञा हो तो यदुवंशी योद्धा समस्त शत्रुओं को मार डालें और हस्तिनापुर में आपके आगमन की प्रतीक्षा करते रहें। राजन! आप क्रोध, लाचारी और दुःख से दूर रहकर जहां-जहां आपकी इच्छा हो, वहां-वहां घूम लीजिए। उसके बाद शोकरहित होकर अपनी प्रसिद्ध और उत्तम राजधानी हस्तिनापुर में प्रवेश कीजिएगा।''

(महाभारत, वनपर्व, अध्याय-183, श्लोक-32-36)

कृष्ण अपनी ओर से ऐसा प्रस्ताव देते हैं परंतु युधिष्ठिर यह कहकर प्रस्ताव को ठुकरा देते हैं कि वनवास के लगभग बारह वर्ष बीतने ही वाले हैं और अब केवल अज्ञातवास का ही एक वर्ष बचा है। ऐसे में थोड़ा और इंतजार कर लेना ही श्रेष्ठ है।

143. क्या कृष्ण ने अर्जुन को दुबारा गीता सुनायी थी?

महाभारत के आश्वमेधिकपर्व में ऐसी चर्चा की गई है जहां अर्जुन कृष्ण से दुबारा गीता सुनाने का अनुरोध करते हैं परंतु कृष्ण गीता को दुबारा ज्यों का त्यों सुनाने में असमर्थता व्यक्त करते हैं और एक नयी कथा प्रारम्भ करते हैं। सोलहवें अध्याय से शुरू होकर इक्यावनवें अध्याय तक के इस प्रसंग को अनुगीता के रूप में प्रसिद्ध किया गया है। इसकी चर्चा हम इस प्रश्नावली में पहले भी कर चुके हैं। दरअसल महाभारत का यह पूरा अंश ही मिलावटी है यानी इसकी रचना न तो वेदव्यास ने की है और न ही उनके शिष्य वैशम्पायन ने की है। खैर, वास्तविकता की जांच मैं आप पर छोड़ता हूँ और अभी इस प्रश्न का उत्तर दूँ तो मेरा उत्तर है - ना। कृष्ण ने अर्जुन से फिर कभी कोई गीता तो छोड़ो, सामान्य आध्यात्मिक ज्ञान की बात भी नहीं की थी। महाभारत के साथ-साथ कृष्ण के जीवन से जुड़े अन्य पौराणिक ग्रंथों को खंगालने के बाद यही निष्कर्ष निकलता है कि कृष्ण-अर्जुन के जीवन में कुरुक्षेत्र-युद्ध के बाद फिर कभी ऐसा मौका ही नहीं बना, जब कृष्ण को कोई ज्ञान देना पड़ा हो।

अभी इस सोलहवें अध्याय के इन श्लोकों पर विचार कीजिए :

विदितं मे महाबाहो संग्रामे समुपस्थिते।
महात्म्यं देवकीपुत्र तच्च ते रूपमैश्वरम्।।
यत्तु तद्भवता प्रोक्तं पुरा केशव सौहृदात्।
तत्सर्वं पुरुषव्याघ्र नष्टं मे व्यग्रचेतसः।।

मम कौतूहलं त्वस्ति तेष्वर्थेषु पुनः पुनः।
भवांस्तु द्वारकां गन्ता नचिरादिव माधव॥

अर्जुन ने कहा - ''हे महाबाहो! देवकीनंदन! जब महाभारत का युद्ध प्रारंभ होने को ही था उस समय मुझे आपके माहात्म्य का ज्ञान और ईश्वरीय रूप का दर्शन हुआ था। किन्तु केशव! आपने सौहार्द्रवश पहले मुझे जो ज्ञान का उपदेश दिया था, मेरा वह सब ज्ञान इस समय विचलित-चित्त हो जाने के कारण नष्ट (विस्मृत) हो गया है। माधव! उन विषयों को सुनने के लिए मेरे मन में बार-बार उत्कंठा होती है। इधर आप जल्दी ही द्वारका जाने वाले हैं, अतः पुनः वह सब विषय मुझे सुना दीजिए।''

(महाभारत, आश्वमेधिकपर्व, अध्याय-16, श्लोक-5-7)

तब अर्जुन की उपरोक्त बातों पर खेद प्रकट करते हुए कृष्ण कहते हैं :

श्रावितस्त्वं मया गुह्यं ज्ञापितश्च सनातनम्।
धर्मं स्वरूपिणं पार्थ सर्वलोकांश्च शाश्वतान्॥
अबुद्ध्या यन्न गृह्णीतास्तन्मे सुमहदप्रियम्।
न च साऽद्य पुनर्भूयः स्मृतिर्मे सम्भविष्यति॥
नूनमश्रद्दधानोऽसि दुर्मेधा ह्यसि पाण्डव।
न च शक्यं पुनर्वक्तुमशेषेण धनंजय॥
स हि धर्मः सुपर्याप्तो ब्रह्मणः पदवेदने।
न शक्यं तन्मया भूयस्तथा वक्तुमशेषतः॥

''अर्जुन! उस समय मैंने तुम्हें अत्यंत गोपनीय ज्ञान का श्रवण कराया था। अपने स्वरूपभूत धर्म सनातन पुरुषोत्तमतत्त्व का परिचय दिया था और संपूर्ण नित्यलोकों का भी वर्णन किया था; किन्तु तुम अपनी नासमझी के कारण उस उपदेश को याद नहीं रख पाये, यह मुझे बहुत अप्रिय लगा है। उन बातों का अब पूरा-पूरा स्मरण होना संभव नहीं जान पड़ता। पांडुनंदन! निश्चय ही तुम बहुत श्रद्धाहीन हो, तुम्हारी बुद्धि बहुत मंद जान पड़ती है। धनंजय! अब मैं उस उपदेश को ज्यों का त्यों नहीं कह सकता। क्योंकि वह धर्म ब्रह्मपद की प्राप्ति कराने के लिए पर्याप्त था, वह सारा-का-सारा धर्म उसी रूप में फिर दुहरा देना अब मेरे वश की बात भी नहीं है।''

(महाभारत, आश्वमेधिकपर्व,
अध्याय-16, श्लोक-9-12)

यह कहकर कृष्ण ने दोबारा कुछ भी सुनाने में अपनी स्पष्ट असमर्थता व्यक्त कर दी थी।

144. क्या कृष्ण ने वास्तव में अभिमन्यु के मृत पुत्र को जीवित कर दिया था?

महाभारत में अभिमन्यु-पुत्र परीक्षित के जन्म की कथा आश्वमेधिकपर्व में वर्णित है जहां 'निश्चेष्ट' और 'चेष्टाहीन' शब्द पर शायद ही गौर किया गया है। लगभग सभी लोग अवतारवाद व चमत्कार के पीछे ही पड़े रहते हैं और उस वजह से इन शब्दों को जान-बूझकर नजरअंदाज किया जाता रहा है। महाभारत में यह पूरी कहानी कुछ इस प्रकार है कि जब अश्वमेध यज्ञ के सिलसिले में पांचों पांडव धन जुटाने हेतु हिमालय की ओर चले गए थे तो उसी दरम्यान कृष्ण हस्तिनापुर पहुंचे थे। तब पांडव परिवार की महिलाओं ने उनका स्वागत किया था। खैर, संयोगवश कुछ ही दिन बाद अर्जुन की विधवा बहू उत्तरा को प्रसव-पीड़ा हुई और उसने एक मूर्छित बच्चे को जन्म दिया जो न रोया था और न हाथ-पांव हिला रहा था :

स तु राजा महाराज ब्रह्मास्त्रेणावपीडितः।
शवो बभूव निश्चेष्टो हर्षशोकविवर्धनः॥

वैशम्पायनजी ने कहा - "महाराज जनमेजय! वे राजा परीक्षित ब्रह्मास्त्र से पीड़ित होने के कारण मुर्दे के समान *निश्चेष्ट* शिशु के रूप में उत्पन्न हुए, अतः वे स्वजनों का एक ही साथ हर्ष और शोक बढ़ाने वाले हुए।"

(महाभारत, आश्वमेधिकपर्व,
अध्याय-66, श्लोक-9)

स्पष्टीकरण : दरअसल लगता तो यह है कि वह बच्चा कुपोषित होकर पैदा हुआ था। महाभारत युद्ध में सारे पांडव-पुत्र तथा अन्य स्वजनों को खो चुकने की पीड़ा गर्भवती उत्तरा भी भोग रही थी क्योंकि उसका पति भी मारा जा चुका था। इससे ऐसा लगता है कि मानसिक त्रासदी के कारण अर्जुन की बहू उत्तरा के गर्भस्थ बच्चे का समुचित विकास नहीं हुआ था। अगर वास्तव में वह मरा हुआ पैदा होता तो महाभारत में यह बात स्पष्ट रूप से लिखी होती। फिर जब उस बच्चे के जी उठने की बात आती है तो वहां महाभारत का वर्णन देखें :

इत्युक्तो वासुदेवेन स बालो भरतर्षभ।
शनैः शनैर्महाराज प्रास्पन्दत सचेतनः॥

"महाराज जनमेजय! श्रीकृष्ण के ऐसा कहने पर उस बालक में *चेतना* आ गई। वह धीरे-धीरे अंग-संचालन करने लगा।"

(महाभारत, आश्वमेधिकपर्व, अध्याय-69, श्लोक-24)

उपरोक्त दोनों श्लोकों से यह स्पष्ट है कि वह बालक कुपोषित होकर पैदा हुआ था जिस कारण पैदा होते ही मूर्छित हो चुका था, परंतु वह जीवित था। इस आधार पर स्पष्टत: कह सकते हैं कि चमत्कार की बात करने वालों ने जरा-सी बात का भी बतंगड़ बनाने में कसर नहीं छोड़ी है।

145. क्या कृष्ण ने ही अभिमन्यु के बेटे का नामकरण किया था?

ऊपर के प्रश्न के उत्तर में अभिमन्यु के बेटे के जन्म के समय की वास्तविक परिस्थिति का पूरा वर्णन किया जा चुका है। वह बच्चा जब पैदा हुआ था तो उस समय किसी कार्यवश सभी पांडव हस्तिनापुर से बाहर थे लेकिन सौभाग्य की बात यह थी कि अश्वमेध यज्ञ में भाग लेने हेतु कृष्ण वहां पहुंच चुके थे। सो स्वाभाविक रूप से प्रथम जातकर्म उन्हीं की देखरेख में करवायी गई थी और इस क्रम में उन्होंने ही बच्चे का नामकरण भी किया था। अब कृष्ण ने उस बच्चे का नाम परीक्षित ही क्यों रखा, इसपर महाभारत का कहना है :

परिक्षीणे कुले यस्माज्जातोऽयमभिमन्युजः।
परिक्षिदिति नामास्य भवत्वित्यब्रवीत् तदा॥

वैशम्पायनजी कहते हैं - ''पांडववंश का नाम परिक्षीण होने (नामोनिशान मिटने) ही जा रहा था कि अभिमन्यु का यह बालक पैदा हुआ है, इसलिए इसका नाम परीक्षित होना चाहिए - ऐसा श्रीकृष्ण ने कहा।''

(महाभारत, आश्वमेधिकपर्व, अध्याय-70, श्लोक-10)

146. अपनी ही बहन सुभद्रा का हरण करवाने के बाद कुपित यादवों तथा बलराम को कृष्ण ने कैसे मनाया?

जब अर्जुन सुभद्रा को लेकर कृष्ण के ही रथ से इंद्रप्रस्थ की ओर भाग निकले, तो यादव सैनिकों ने उन्हें काफी दूर तक खदेड़ा, लेकिन वे अर्जुन को पकड़ नहीं पाये। तब सभी द्वारकावासी क्रोधित होकर इंद्रप्रस्थ पर चढ़ाई करने की योजना बनाने लगे। उस समय कृष्ण अनावश्यक युद्ध को रोकने हेतु यादवों को मनाते हुए बोले :

नावमानं कुलस्यास्य गुडाकेशः...
...वासुदेवस्य तथा कर्तुं जनाधिप॥

कृष्ण ने कहा - ''अर्जुन ने इस कुल का कोई अपमान नहीं किया है। उल्टा उन्होंने तो इस कुल का सम्मान ही बढ़ाया है। अर्जुन यह अच्छी तरह जानते हैं कि हम धन लेकर अपनी

कन्या नहीं दिया करते हैं। साथ ही वे यह भी जानते हैं कि स्वयंवर में कन्या उन्हें मिल ही जाएगी, इसकी कोई गारंटी नहीं है। तब भला कौन ऐसा वीर पुरुष होगा जो स्वयंवर की प्रतीक्षा में बैठा रहेगा और कौन ऐसा नीच पुरुष होगा जो अपनी संतान को बेचेगा? मेरे खयाल से अर्जुन ने इन सब बातों पर गौर करने के बाद ही सुभद्रा का अपहरण किया है।

हमारी सुभद्रा सौभाग्यवती है और कुंती का शूरवीर पुत्र अर्जुन भी यशस्वी है। ऐसा संबंध कौन नहीं चाहेगा? एक शंकर को छोड़कर अर्जुन को हराने वाला इस दुनिया में दूसरा कोई नहीं है। अर्जुन के पास अभी मेरा रथ है जिसमें तेज गति से दौड़ने वाले घोड़े जुते हुए हैं। तब अगर आपलोग उनसे लड़ने जाएं और अगर वे आपलोगों को हराकर अपने नगर इंद्रप्रस्थ पहुंच जाएं तो आपलोगों यानी इस यदुकुल की इज्जत कितने कौड़ी की रह जाएगी? इसलिए उन्हें सांत्वनापूर्वक ले आने में हमारी कोई पराजय नहीं है। फिर कृष्ण की बातें सुनकर यादवों ने वैसा ही किया।''

(महाभारत, आदिपर्व, अध्याय-220, श्लोक-2-10)

भागवत पुराण में भी इस सुभद्रा-हरण का वर्णन आता है परंतु वहां मात्र एक श्लोक में गुस्साए बलराम को कृष्ण मना लेते हैं *(भागवत पुराण, स्कन्ध-10, अध्याय-86, श्लोक-11)*। इसके अलावे सुभद्रा-हरण की चर्चा अन्य किसी पुराण में नहीं की गई है। इस प्रकार महाभारत के इस साक्ष्य से एकबार फिर इस बात की पुष्टि होती है कि अपनी बातों से कृष्ण किसी से भी कोई भी बात मनवाने की कूवत रखते थे।

147. सुभद्रा का हरण करके जब अर्जुन इंद्रप्रस्थ पहुंचे तो वहां द्रौपदी की प्रतिक्रिया क्या थी?

महाभारत में यह कथा बड़े ही रोचक ढंग से कही गई है। जब अर्जुन इंद्रप्रस्थ पहुंचकर अपनी मां और भाइयों से मिलने के बाद द्रौपदी से मिलने उनके कक्ष में गए तो द्रौपदी बोली :

तं दौपदी प्रत्युवाच प्रणयात् कुरुनन्दनम्॥
तत्रैव गच्छ कौन्तेय यत्र सा सात्वतात्मजा।
सुबुद्धस्यापि भारस्य पूर्वबन्धः श्लथायते॥
तथा बहुविधं कृष्णां विलपन्तीं धनंजयः।
सान्त्वयामास भूयश्च क्षमयामास चासकृत्॥

द्रौपदी बोलीं - ''कुंतीकुमार! यहां क्यों आये हो? वहीं जाओ, जहां वह सात्वतवंश की बेटी सुभद्रा है। सच ही है, बोझ को कितना भी कसकर बांधा गया हो, जब उसे दूसरी बार

बांधते हैं, तब पहला बंधन ढीला पड़ ही जाता है। यही हालत मेरे प्रति तुम्हारे प्रेम-बंधन की है। इस तरह और भी बातें करके कृष्णा रोने लगीं। तब अर्जुन ने उन्हें तरह-तरह से सांत्वना दी और अपने अपराध हेतु क्षमा भी मांगी।''

(गीताप्रेस का महाभारत, आदिपर्व, अध्याय-220, श्लोक-16-18)

इतना ही नहीं, द्रौपदी के गरम पारे को देखते हुए अर्जुन सुभद्रा को उससे मिलवाने में भी डर रहे थे। लेकिन एक घर के अंदर मिलवाये बिना भी तो नहीं रहा जा सकता था। सो, अर्जुन ने सुभद्रा को अत्यंत ही सामान्य ग्वालिन की वेषभूषा में तैयार करवाकर उन्हें कुंती के कक्ष में भेजा जहां द्रौपदी भी बैठी हुई थीं :

सुभद्रां त्वरमाणश्च रक्तकौशेयवासिनीम्।
पार्थं प्रस्थापयामास कृत्वा गोपालिकावपुः॥

वैशम्पायनजी कहते हैं- ''अर्जुन ने लाल रेशमी साड़ी पहनकर आयी हुई अनिंद्यसुंदरी सुभद्रा का ग्वालिन-सा वेश बनाकर उन्हें बड़े उतावलेपन के साथ महल में भेजा।''

(गीताप्रेस का महाभारत, आदिपर्व, अध्याय-220, श्लोक-19)

यानी निश्चित तौरपर द्रौपदी अर्जुन के सुभद्रा से विवाह किये जाने से खुश नहीं थी।

148. क्या एकलव्य कृष्ण के चचेरे भाई थे?

हरिवंश पुराण में उपलब्ध एक विवरण के अनुसार एकलव्य कृष्ण के चचेरे भाई थे जिन्हें उनके पिता ने अपशकुन मानकर उनके जन्म के समय ही त्याग दिया था। हरिवंश पुराण के अनुसार :

निवृत्त शत्रुं शत्रुघ्नं देवश्रवा व्यजायत॥
देवश्रवाः प्रजातस्तु नैषादिर्यः प्रतिश्रुतः।
एकलव्यो महाराज निषादैः परिवर्धितः॥

वैशम्पायनजी ने कहा- ''वसुदेवजी के दूसरे भाई देवश्रवा ने शत्रु को हटाने वाले शत्रुघ्न नामक पुत्र को उत्पन्न किया। महाराज! किसी कारण बचपन में ही त्याग दिये जाने के कारण निषादों ने इस शत्रुघ्न नामक पुत्र को पालकर बड़ा किया था, इसलिए यह निषादवंशी एकलव्य के नाम से प्रसिद्ध हुआ।''

(हरिवंश पुराण, हरिवंशपर्व, अध्याय-34, श्लोक-32-33)

149. ग्रंथों में कंस की पत्नियों के बारे में क्या कहा गया है?

हिंदू पुराणों यथा भागवत पुराण, हरिवंश पुराण आदि के अनुसार कंस की दो पत्नियां थीं- अस्ति और प्राप्ति :

जिघांसुर्हि यदून् क्रुद्धः कंसस्यापचितिं स्मरन्।
अस्तिः प्राप्तिश्च नाम्ना ते मागधस्य सुते नृप॥
जरासंधस्य कल्याण्यौ पीनश्रोणिपयोधरे।
उभे कंसस्य ते भार्ये प्रादाद् बार्हद्रथो नृपः॥

वैशम्पायनजी कहते हैं - "हे नरेश्वर जनमेजय! मगधराज जरासंध के दो कल्याणमयी कन्याएं थीं, जिनके नाम थे अस्ति और प्राप्ति। बृहद्रथ पुत्र जरासंध ने अपनी वे दोनों कन्याएं कंस को दे दी थीं। वे दोनों कंस की पत्नियां थीं।"

(हरिवंश पुराण, विष्णुपर्व,
अध्याय-34, श्लोक-5-6)

अस्तिः प्राप्तिश्च कंसस्य महिष्यौ भरतर्षभ।
मृते भर्तरि दुःखार्ते ईयतुः स्म पितुर्गृहान्॥

शुकदेवजी ने कहा - "हे भरतवंशी परीक्षित! कंस की दो रानियां थीं-अस्ति और प्राप्ति। पति की मृत्यु से उन्हें बड़ा दुःख हुआ और वे अपनी पिता की राजधानी में चली गई।"

(भागवत पुराण, स्कन्ध-10,
अध्याय-50, श्लोक-1)

परंतु जैन धर्म के एक आचार्य जिनसेन के द्वारा लिखे गए हरिवंश पुराण के अनुसार कंस की केवल एक पत्नी थी-जीवद्यशा :

वाचयित्वेति विज्ञाय राजा स्वस्रीयमात्मनः।
दृष्टः कन्यां ददौ तस्मै सम्पन्नगुणसम्पदाम्॥

"मुद्रिका को पढ़कर राजा जरासंध समझ गया कि यह कंस हमारा भानजा है, अतः उसने हर्षित होकर उसे गुणरूपी संपदा से सम्पन्न अपनी जीवद्यशा नामक पुत्री दे दी।"

(जैन हरिवंश पुराण, सर्ग-33, श्लोक-24)

उपरोक्त प्रमाणों से स्पष्ट होता है कि जरासंध की अस्ति और प्राप्ति नाम की दो बेटियां ही कंस की पत्नियां थीं। इस संबंध में सातवीं-आठवीं सदी के जैनाचार्य जिनसेन की उपरोक्त उक्ति निराधार है। ऐसा नहीं है कि जैनधर्म नया है या जिनसेन से पहले कुछ लिखा नहीं गया था। इनसे पहले भी जैनधर्म के साहित्य में काफी कुछ लिखा जा चुका था, परंतु जैनधर्म के किसी

भी पूर्ववर्ती विद्वान ने इस संबंध में कोई बात ही नहीं की कि जिसे परंपरा से ली हुई एक सूचना मानी जाए। फिर ऐसी परिस्थिति में पहले से तय किसी ऐतिहासिक तथ्य के बारे में बिना किसी पुख्ता आधार के नयी बात आगे करना महज एक तुक्का लगाकर भ्रम फैलाने से अधिक कुछ नहीं है। अत: कंस की पत्नियों के बाबत प्राचीन हिंदू ग्रंथों की बातें ही मानने लायक हैं।

150. क्या कृष्ण के समय भी दिवाली में जुआ खेला जाता था?

इस वर्तमान प्रश्न में दो शब्द हैं जिनका अलग-अलग स्पष्टीकरण आवश्यक है। सर्वप्रथम तो जहां तक दिवाली की बात है, तो महाभारत या ईसापूर्व रचे गए किसी भी पुराण जैसे हरिवंश पुराण, ब्रह्म पुराण, विष्णु पुराण, पद्म पुराण आदि में इस पर्व की कोई चर्चा नहीं मिलती है। ऐसा भी कहा जाता है कि अयोध्या नरेश श्रीरामचन्द्र के वनवास से अयोध्या लौटने के उपलक्ष्य में दीपावली का त्यौहार मनाया जाता है, लेकिन रामकथा का सबसे प्राचीन और पहला ग्रंथ वाल्मीकि रामायण में भी दीपावली का प्रत्यक्ष या परोक्ष रूप से कोई जिक्र नहीं मिलता है। वाल्मीकि कृत रामायण के युद्धकांड के अंतिम 131वें सर्ग में राम के लौटने और तत्काल राज्याभिषेक कर दिये जाने का विस्तार से वर्णन मिलता है; वहां अन्य तैयारियों का वर्णन तो है लेकिन दीपावली जैसा कोई वर्णन नहीं है। उस पूरी तैयारी में एक दीया तक जलाने का वर्णन नहीं है। अत: यह बात आधिकारिक तौर पर कही जा सकती है कि दीपावली का कोई प्राचीन आधार नहीं है। इस दीपावली की एक छोटी-सी चर्चा पहली-दूसरी सदी के दरम्यान हर्षवर्धन के काल में रचे गए एक संस्कृत नाटक ग्रंथ 'नागानंद' में मिलती है। इस नाटक में यह दिखाया गया है कि कैसे दीये का त्यौहार मनाया जाता है और कैसे नवविवाहिता पत्नी ससुराल में अपने रिश्तेदारों से उपहार ग्रहण करती है। फिर मध्यकाल में रचे गए पुराणों में तरह-तरह के कारणों की रचना करके या पुराने लिखित घटनाओं से संबंध जोड़कर इसका दैवीकरण किया गया। यानी कुल मिलाकर कहा जा सकता है कि कृष्ण के जीवन काल में कोई दिवाली नहीं थी।

दूसरी बात, जहां तक जुए का सवाल है, तो यह राज-परिवार तथा समाज के संपन्न वर्ग के लोगों का शौक और व्यसन हमेशा से रहा था। और कृष्ण जैसे दो-चार राजपुरुष ही ऐसे रहे हों जिन्हें इसका व्यसन नहीं था। बाकी तो जुए के महारथी शकुनी और इसकी लत से ग्रसित परंतु अनाड़ियों जैसे युधिष्ठिर तथा बलराम की चर्चा इस पुस्तक में भी अन्यत्र की गई है।

151. कृष्ण के बारे में जैन धर्मग्रंथों में क्या लिखा है?

जैन धर्म में कृष्ण को प्रमुखता से स्थान दिया गया है लेकिन इस धर्म के अलग-अलग शास्त्रों में परस्पर विरोधाभासी बातें भी मिलती हैं। आठवीं सदी के एक जैनाचार्य जिनसेन ने अपने हरिवंश पुराण में कृष्ण को छल-प्रपंच से ओतप्रोत एक व्यावहारिक राजनीतिज्ञ बताकर उन्हें नरक में स्थान दिया है जबकि उनके भाई बलराम को सत्यप्रतिष्ठ बताते हुए स्वर्ग में स्थान दिया है *(जैन धर्म का हरिवंश पुराण, सर्ग-65, श्लोक-49-55)*। दूसरी ओर बारहवीं सदी के एक जैनाचार्य हेमचन्द्र ने अपने तिरसठ शलाका पुरुष में कृष्ण यानी वासुदेव को एक पैमाना बताया है। इस ग्रंथ में वासुदेव, प्रति-वासुदेव और बलभद्र को एक श्रेणी के रूप में दर्शाया गया है। इस ग्रंथ के अनुसार हर एक सृष्टि-चक्र में कुल तिरसठ महान पुरुष होते हैं जिनमें से कुछ तो अपने वर्तमान जन्म में ही मोक्ष को प्राप्त कर लेते हैं, कुछ स्वर्गगामी होते हैं और कुछ कई बार नरकों का चक्कर लगाने के बाद किसी मनुष्ययोनि में जन्म लेकर मोक्ष को प्राप्त करते हैं।

आचार्य हेमचन्द्र के अनुसार हर सृष्टि-चक्र में नौ-नौ की संख्या में वासुदेव, प्रति-वासुदेव तथा बलभद्र श्रेणी के लोग पैदा होते हैं। इनके अनुसार सभी वासुदेव और प्रति-वासुदेव तीव्र कषायी होने के कारण नरक गए हैं और अगले किसी मनुष्ययोनि में जन्म लेकर मोक्ष प्राप्त करेंगे। कुछ बलभद्र स्वर्ग जा चुके हैं और कुछ अगले किसी सृष्टि-चक्र की प्रतीक्षा कर रहे हैं।

(तिरसठ शलाका पुरुष की भूमिका, श्रीगौड़ीजी जैन मंदिर द्वारा विजय देवसुर संघ ग्रंथमाला की 11वीं शृंखला, पृष्ठ-16-17)

152. कृष्ण के जीवन में वाकई कोई कुब्जा नाम की स्त्री आयी थी?

प्राय: सभी पुराणों में विस्तार से तथा अलग-अलग शैली में कुब्जा का वर्णन किया गया है। कृष्ण के मथुरा-प्रवास के दौरान जिन कुछ प्रमुख व्यक्तियों का वर्णन ग्रंथों में मिलता है, उनमें से कुब्जा भी एक है। यह कुब्जा सुंदर और छरहरी रही हो या कुबड़ी, युवती रही हो या वृद्धा, लेकिन थी जरूर। सो कुब्जा के बारे में अधिक-से-अधिक जानने की जिज्ञासा लाजिमी है। तो इस हेतु सर्वप्रथम हरिवंश पुराण में देखें :

वसुदेवसुतौ तौ च राजमार्गगतावुभौ।
कुब्जां ददृशतुर्भूयः सानुलेपनभाजनाम्॥
तामाह कृष्णः कुब्जेति कस्येदमनुलेपनम्।

नयस्यम्बुजपत्राक्षि क्षिप्रमाख्यातुमर्हसि।।
सस्मिता सम्मुखी भूत्वा प्रत्युवाचाम्बुजेक्षणम्।
कृष्णं जलदगम्भीरं विद्युत्कुटिलगामिनी।।
राज्ञः स्नानगृहं यामि तद् गृहाणानुलेपनम्।
दृष्ट्वैव त्वारविन्दाक्ष विस्मितास्मि वरानन।।
यत्त्वमिच्छसि मे वीर त्वं गृहाणानुलेपनम्।
स्थितास्म्यागच्छ भद्रं ते हृदयस्यासि मे प्रियः।।
कुतश्चागम्यते सौम्य यन्मां त्वं नावबुध्यसे।
महाराजस्य दयितां नियुक्तामनुलेपने।।

वैशम्पायनजी कहते हैं – ''इसके बाद वसुदेवजी के उनदोनों पुत्रों ने कुब्जा को देखा जो हाथ में उबटन का पात्र लिये हुए थी। कृष्ण ने कहा – कुब्जे! तुम यह किसके लिए ले जा रही हो, जल्दी बताओ। तब उसने मेघ के समान गंभीर वाणी में कहा – मैं तो राजा के स्नान–गृह को जा रही हूँ, तुम्हें अगर यह चाहिए तो ले लो। मैं तो तुम्हें देखते ही मोहित हो उठी हूँ। मैं तुम्हारे लिए ठहर गई हूँ। आओ मेरे घर। तुम तो मेरे प्राणवल्लभ हो। तुम कहां से आये हो जो मुझे नहीं जानते? मैं तो राजा की प्यारी और प्रसिद्ध दासी हूँ। उन्होंने मुझे अंगराग के कार्य में लगा रखा है।''

(हरिवंश पुराण, विष्णुपर्व,
अध्याय–27, श्लोक–25–30)

स्पष्टीकरण :– जिस व्यक्ति की कमर झुकी हो, उसे संस्कृत में 'कुब्ज' कहा जाता है। भागवत पुराण में भी कृष्ण और कुब्जा की प्रथम भेंट को लगभग इसी तरह दिखाया गया है। केवल दो व्यक्तियों की लेखन–शैली का अंतर है, बाकी वर्णन एक समान है *(भागवत पुराण, स्कन्ध–10, अध्याय–42, श्लोक–1–3)*।

परंतु ब्रह्मवैवर्त पुराण में होशियारी की गई है क्योंकि इस पुराण में कुब्जा को एक सुंदर युवती के स्थान पर एक अत्यंत वृद्धा हो चुकी महिला के रूप में दर्शाया गया है। लेकिन किसी भी वृद्धा को राजा के अंगराग के कार्य में रखने का सवाल ही नहीं उठता है। खैर, फिलहाल इस पुराण के श्लोकों को देखिए :

एवंभूतां च मथुरां दृष्ट्वा कमललोचनः।
ददर्श पथि कुब्जां तां वृद्धामतियरादुराम्।।
यान्तो दण्डसहायेन चातिनम्रां नमद्गलीम्।

रूक्षितां विकृताकारां बिभ्रतीं चन्दनद्रवम्॥
कस्तूरीकुंकुमाक्तं च स्पर्शमात्रेण नारद।
सुगन्धिमकरन्देन गन्धाढ्यं सुमनोहरम्॥
सादृष्ट्वा सस्मिता वृद्धा श्रीकान्तं शान्तमीश्वरम्।
श्रीयुक्तं श्रीनिवासं तं श्रीबीजं श्रीनिकेतनम्॥
प्रणम्य सहसा मूधर्ना भक्तिनम्रा पुटांजलिः।
प्रददौ चन्दनं तस्य गात्रेश्यामलसुन्दरे॥

''इस प्रकार मथुरा की शोभा देखते हुए आगे बढ़ रहे कृष्ण को मार्ग में एक अत्यंत ही वृद्ध महिला दिखाई पड़ी। वह डंडे के सहारे चल रही थी, उसकी कमर झुकी हुई थी और शरीर पर झुर्रियां लटक रही थी। उसकी आकृति रूखी और विकृत थी। वह कस्तुरी और केसर से मिला हुआ चन्दन का अनुलेपन लेकर आ रही थी। उस वृद्धा ने इन दोनों भाइयों को देखते ही प्रणाम किया और उनके अंगों में चन्दन लगाया।''

(ब्रह्मवैवर्त पुराण, श्रीकृष्णजन्मखंड, अध्याय-72, श्लोक-15-19)

दूसरी ओर गर्ग संहिता में कुब्जा को अन्य पुराणों की तरह एक सुंदर युवती ही बताया गया है :

यांतीं स्त्रियं पद्मनेत्रां पाटीरालेपभाजनम्।
विभ्रतीं युवतीं कुब्जां पथि पप्रच्छ माधवः॥
श्रीभगवानुवाच
का त्वं कस्य प्रिया सुभ्रु कस्यार्थं चंदनं त्विदम्।
देह्यावयोर्येन तव चिरं श्रेयो भविष्यति॥
सैरंध्र्युवाच दास्यस्मि सुन्दरवर कुब्जानाम महामते।
मद्धस्तोत्थं च पाटीरं जातं भोजपतेः प्रियम्॥
अद्यापि कंसदास्यस्मि सांप्रतं तव चाग्रतः।
हस्तिशुण्डादण्डसमे भुजदण्डेऽस्ति मे मनः॥
युवां विना कोऽन्यतमोऽनुलेपं कर्तुमर्हति।
युवयोस्तु समं रूपं त्रैलोक्ये न हि विद्यते॥

''फिर वे दोनों भाई वहां से उठकर दूसरी गली में गए। वहां मार्ग में एक कमल के समान नेत्रवाली युवती जा रही थी। उसके हाथों में चन्दन का अनुलेप-पात्र था। अवस्था में वह युवती थी, किन्तु शरीर से कुबड़ी दिखाई देती थी। कृष्ण ने पूछा-सुंदरी! तुम कौन हो?

किसकी पत्नी हो? यह चन्दन किसके लिए ले जा रही हो? हमदोनों को भी यह चन्दन दो। सैरंध्री बोली – मैं कंस की दासी हूँ और मेरा नाम कुब्जा है। कंस को घिसा हुआ चन्दन बहुत प्रिय है। वैसे तो मैं कंस की दासी हूँ, लेकिन हाथी की सूंड़ के समान आपकी बांहें देखकर मेरा मन आपमें लग गया है। भला आपको छोड़कर इस संसार में दूसरा कौन है जो इस चन्दन को लगाने का अधिकारी है।''

(गर्ग संहिता, मथुराखंड, अध्याय-6, श्लोक-9-13)

स्पष्टीकरण :– जो स्त्री शिल्पकला के द्वारा अपना गुजारा करती थी, उसे प्राचीनकाल में सैरंध्री कहा जाता था। उबटन लगाना, मेंहदी लगाना, जुड़े बांधना, वस्त्र पहनाना आदि कार्य स्त्रियों की शिल्पकला के अंतर्गत आते थे।

153. क्या कंस ने वृंदावन से कृष्ण–बलराम को बुला लाने के लिए वसुदेवजी का उपयोग किया था?

यह बात ब्रह्मवैवर्त पुराण में तब आती है जब कंस का एक मंत्री उन्हें सलाह देता है कि कृष्ण–बलराम को वृंदावन से बुला लाने के लिए अक्रूर, उद्धव या वसुदेवजी को भेजो। फिर कंस सबसे पहले वसुदेवजी को ही वृंदावन जाने को कहते हैं:

तत्त्वज्ञो नीतिशास्त्राणां त्वमुपायविशारदः।
व्रज नन्दव्रजं बन्धो वसुदेव मुतालयम्॥
वृषभानं च नन्दं च बलं च नन्दनन्दनम्।
शीघ्रमानय यज्ञेऽत्र सर्वं गोकुलवासिनम्॥

कंस ने कहा – ''प्रिय बंधु वसुदेवजी! आप नीतिशास्त्र के तत्त्वज्ञ हैं तथा साथ ही हर प्रकार के उपाय ढूंढ़ निकालने में चतुर भी हैं। अतः नंद–व्रज में अपने पुत्र के घर आप ही जाइए और जाकर वृषभानु, नंदराय, बलराम, कृष्ण और समस्त गोकुलवासियों को यज्ञ में यहां शीघ्र बुला लाइए।''

(ब्रह्मवैवर्त पुराण, श्रीकृष्णजन्मखंड, अध्याय-64, श्लोक-33-34)

लेकिन वसुदेवजी यह कहते हुए मना कर देते हैं कि :

नियुक्तमत्र राजेन्द्र गमनं मम सांप्रतम्।
विज्ञापितुं नन्दव्रजं नन्दं वा नन्दनन्दनम्॥
यद्यायातो नन्दपुत्रो यागो ते च महोत्सवे।
अवश्यं तद्विरोधश्च भविष्यति त्वया सह॥

तमहं च समानीय कारयिष्यामि संयुतम्।
इति मे न हि भद्रं च विध्नस्तस्य तवापि च॥
पित्राऽऽनीतो मृतः कृष्ण इति सर्वो वदिष्यति।
वसुदेवः सुतद्वारा जघान नृपमेव च॥
द्वयोरेकतरस्यापि सद्यो मृत्युर्भविष्यति।
पतिष्यन्ति च शूराश्च नास्ति युद्धं निरामिषम्॥

"राजेन्द्र! इस कार्य के लिए इस समय मेरा जाना उचित नहीं होगा। मुझ वसुदेवजी के पुत्र अथवा नंदनंदन को यज्ञ का समाचार मैं ही दूं और अपने साथ बुलाकर लाऊं, यह किसी दृष्टि से उचित नहीं कहा जा सकता। यदि आपके यज्ञ-महोत्सव में नंदपुत्र का आगमन हुआ तो अवश्य ही आपके साथ उसका विरोध होगा; अतः मैं उस बालक को बुलाकर यहां युद्ध करवाऊं - यह मेरी दृष्टि में श्रेयस्कर नहीं है। इसमें उस बालक की और आपकी भी हानि हो सकती है। यदि वह बालक मारा गया तो सबलोग यही कहेंगे कि पिता ने ही साथ ले जाकर कृष्ण को मरवा दिया और यदि आपको कुछ हो गया तो लोग यह कहने लगेंगे कि वसुदेवजी ने अपने पुत्र के द्वारा राजा को ही मरवा दिया। और दोनों में से एक की तत्काल मृत्यु होगी, यह निश्चित है। इसके सिवा और भी बहुत से शूरवीर धराशायी होंगे, क्योंकि युद्ध कभी निरापद नहीं होता।"

(ब्रह्मवैवर्त पुराण, श्रीकृष्णजन्मखंड,
अध्याय-64,श्लोक-37-41)

वसुदेववचः श्रुत्वा रक्तपंकजलोचनः।
खड्गं गृहीत्वा तं हन्तुं प्रययौ नृपतीश्वरः॥
हाहेति कृत्वा पुत्रं च वारयामास तत्क्षणम्।
उग्रसेनो महाराजमतीव बलवान्मुने॥
स्वपीठाद्वसुदेवश्च कोपाविष्टो गृहं ययौ।
अक्रूरं प्रेरयामास गन्तुं नन्दव्रजं नृपः॥

"वसुदेवजी की बातें सुनकर कंस क्रोध से लाल हो गया और तलवार लेकर उन्हें मार डालने के लिए आगे बढ़ा। यह देख अत्यंत बलवान उग्रसेन ने हाय-हाय करके अपने पुत्र को रोक लिया। फिर क्रोध से भरे वसुदेवजी भी उठकर अपने घर को चले गए। तब राजा कंस ने अक्रूर को नंद-व्रज में जाने के लिए कहा और सभी दिशाओं में निमंत्रण देने हेतु दूत भेजे।"

(ब्रह्मवैवर्त पुराण, श्रीकृष्णजन्मखंड, अध्याय-64, श्लोक-42-44)

154. कृष्ण ने जब पहली बार मथुरा में प्रवेश किया तब उनका वह अनुभव कैसा था?
महाभारत में तो ऐसी किसी घटना का वर्णन नहीं मिलता है, लेकिन पुराणों में अवश्य रजक की घटना का तथा जबरदस्ती धनुष तोड़ने का वर्णन मिलता है :

अनुशिष्टौ च तौ वीरौ... x ...रजको व्यस्तमस्तकः॥

"अक्रूर की आज्ञा लेकर वे दोनों वीर नगर देखने के लिए इस तरह प्रस्थान किये मानो युद्ध की इच्छा करने वाले दो हाथी खंभे से खुलकर निकले हों। रास्ते में एक रजक मिला जो कपड़े की रंगाई कर रहा था। दोनों ने उससे वस्त्र मांगे तो रजक ने उन्हें झिड़कते हुए कहा – "तुम तो वन में पैदा हुए हो और जानवरों के साथ पले-बढ़े हो। और अब राजाओं के वस्त्र देखकर लोभ आ गया है? तुमदोनों मूर्ख और गंवार हो। फिर कृष्ण उस जहरीली बात बोलने वाले रजक पर कुपित हो गए और उन्होंने रजक को ऐसा तमाचा मस्तक पर जड़ा कि उसका मस्तक ही फट गया।"

(हरिवंश पुराण, विष्णुपर्व, अध्याय-27, श्लोक-9-16)

फिर कृष्ण द्वारा धनुष तोड़ दिये जाने की घटना का वर्णन देखें :

समीपं नृपतेर्गत्वा... x ...विकूजित्वा द्विधाभूतमभज्यत॥

रक्षकगण अपने राजा कंस से बोले – "महाराज! धनुषशाला में जो आश्चर्यजनक घटना घटी है, उसे ध्यान देकर सुनिए। वहां दो मनुष्य आये थे जिनके सिर के बाल लंबे-लंबे थे। वे अचानक अंदर घुस आये और किसी को पता न चला। ऐसा लगा जैसे वे सहसा आकाश से आकर धनुषशाला में खड़े हो गए हों। जिस धनुष को उठा पाना भी बड़े-बड़े वीरों के लिए संभव न था, उसे श्याम रंग के बालक ने अनायास ही उठा लिया। फिर उस बालक ने तेजी से उसपर प्रत्यंचा चढ़ाने का प्रयास किया और इसी क्रम में वह लोहे का विशाल धनुष मुट्ठी में पकड़ने की जगह से धड़ाके के साथ टूटकर दो टूक हो गया।"

(हरिवंश पुराण, विष्णुपर्व, अध्याय-27, श्लोक-51-57)

भागवत पुराण (स्कन्ध-10, अध्याय-41-42), ब्रह्मवैवर्त पुराण (श्रीकृष्णजन्मखंड, अध्याय-71), गर्ग संहिता (मथुराखंड, अध्याय-6) में भी एकसमान कथा का वर्णन किया गया है। लेकिन इन दोनों घटनाओं के अतिरिक्त मथुरा में कृष्ण द्वारा किये गए अन्य किसी हंगामे का वर्णन नहीं मिलता है।

155. कृष्ण को पहली बार राजा बनने का मौका कब मिला था?
यह मौका उन्हें कंस-वध के बाद मथुरा में ही मिला था। हरिवंश पुराण में ऐसी बात आती

है कि जब कंस की मृत्यु के बाद उसकी मां पद्मावती अपने पति उग्रसेन से कहती हैं :

वीर भोग्यानि राज्यानि वयं चापि पराजिताः।
गच्छ विज्ञाप्यतां कृष्णः कंससत्कारकारणात्।।

"राज्य का उपभोग तो वीर पुरुष ही करते हैं। हमलोग तो अब पराजित हो गए; अतः जाइए, कृष्ण को यह सूचित कीजिए कि कंस के अन्त्येष्टि-संस्कार की व्यवस्था होनी चाहिए।"

(हरिवंश पुराण, विष्णुपर्व, अध्याय-31, श्लोक-50)

इमं ते पितरं वृद्धं कृष्णस्य वशवर्तिनम्।
कथं द्रक्ष्यामि शुष्यन्तं कासारसलिलं यथा।।

पद्मावती रोते हुए कहती हैं – ये तुम्हारे बूढ़े पिता अब कृष्ण के अधीन हो गए। सूखते हुए तालाब के जल की भांति अब मैं इन्हें परतंत्र दशा में कैसे देख सकूंगी?

(हरिवंश पुराण, विष्णुपर्व, अध्याय-31, श्लोक-54)

तब कंस के पिता उग्रसेन कृष्ण के पास आकर प्रार्थना करते हुए कहते हैं :

हस्त्यश्वरथसम्पूर्णं... X ...कृष्ण गताः किल भवन्ति हि।।

"कृष्ण! हाथी, घोड़े, रथ और पैदल सैनिकों से भरी हुई कंस की यह अक्षय सेना ग्रहण करो। जो कुछ भी धन, अन्न, वस्त्र, रत्न आदि हैं, उनपर तुम्हारे आदमी अधिकार कर लें। स्त्री, वाहन आदि जो कुछ भी हैं, वे सब भी तुम्हारे आदमी संभाल लें। इस मथुरा की पृथ्वी पर अब संपूर्ण रूप से तुम्हारा अधिकार हो गया। अब हम सभी यादवों की गति और अगति एकमात्र तुम्हीं हो। हम चाहते हैं कि तुम्हारी कृपा से कंस की अंतिम क्रिया सम्पन्न हो। इसके बाद मैं अपनी पत्नी तथा बहुओं को लेकर वन में चला जाऊंगा।"

(हरिवंश पुराण, विष्णुपर्व, अध्याय-32, श्लोक-22-28)

भागवत पुराण में मात्र यह कहा गया है कि कृष्ण ने उग्रसेन को राजा बना दिया :

एवमाश्वास्य पितरौ भगवान्देवकीसुतः।
मातामहं तूग्रसेनं यदूनामकरोन्नृपम्।।

"श्रीकृष्ण ने इस प्रकार अपने माता-पिता को सांत्वना देकर अपने नाना उग्रसेन को यदुवंशियों का राजा बना दिया।"

(भागवत पुराण, स्कन्ध-10, अध्याय-45, श्लोक-12)

गर्ग संहिता *(मथुराखंड, अध्याय-9, श्लोक-5)* में भी मात्र एक श्लोक में कहा गया है कि कृष्ण ने अपने नाना उग्रसेन को मथुरा का राजा बना दिया। महाभारत में इस बात की

कोई चर्चा ही नहीं मिलती है। परंतु कुल-मिलाकर यह कहा जा सकता है कि गायें चराने वाले कृष्ण को महज उन्नीस वर्ष की उम्र में ही मथुरा का राजा बनने का मौका मिला था।

156. क्या कृष्ण को रुक्मिणी के स्वयंवर में अपमानित होना पड़ा था?

हरिवंश पुराण में यह बात थोड़े विस्तार के साथ कही गई है, अन्य किसी भी पुराण तथा महाभारत में भी कृष्ण के बारे में ऐसा कोई वर्णन नहीं मिलता है। विदर्भ के राजा भीष्मक के दरबार में कृष्ण के जानी दुश्मन जरासंध ने अपनी निगरानी में ऐसी कठोर व्यवस्था करवायी थी :

सिंहासनमनध्यास्यं पुरं चास्य न विद्यते।
कथं राजसमाजेऽस्मिन्नास्यते देवकीसुतः॥
कृष्णोऽपि सुमहावीर्यो ह्यभिमानी महाद्युतिः।
न चागमिष्यते वास्मिन् कन्यार्थे च स्वयंवरे॥
पार्थिवेषूपविष्टेषु स्वेषु सिंहासनेषु वै।
कथमास्यति नीचेषु आसनेषु महाद्युतिः॥

''कोई भी सिंहासन कृष्ण के बैठने योग्य नहीं है क्योंकि सिंहासनों पर केवल विधि-विधान के साथ राज्याभिषेक किये हुए राजागण ही बैठ सकते हैं। इसका कोई नगर या राजधानी ही नहीं है, फिर कृष्ण राजाओं के इस समाज में सिंहासन पर कैसे बैठेगा? कृष्ण पराक्रमी और अभिमानी है, वह एक कन्या के लिए बिनबुलाये ही कभी नहीं पधारेगा। जब राजा लोग अपने-अपने सिंहासनों पर बैठे होंगे, उनके बीच कृष्ण नीच आसान पर बैठ नहीं पाएगा।''

(हरिवंश पुराण, विष्णुपर्व, अध्याय-50,
श्लोक-15-17)

यानी कृष्ण रुक्मिणी स्वयंवर में भाग न ले सके उसकी पूरी व्यवस्था जरासंध ने पहले ही कर ली थी। लेकिन जब कृष्ण रुक्मिणी के स्वयंवर में आ ही गए तो वहीं पर उपस्थित कैशिक नामक एक अन्य राजा ने कृष्ण से कहा :

तव विश्रामहेतोर्हि कारितेदं गृहोत्तमम्।
देवानामादिदेवोऽसि सर्वलोकनमस्कृतः॥
मानुष्ये मर्त्यलोकैऽस्मिन् राजेन्द्रत्वं समाचर।
समाजे मनुजेन्द्राणां मा भूदासनसंकटम्॥

''आप इन राजाओं का राजा बनकर रहिए और छोड़िए उन्हें। मैंने आपके विश्राम के लिए

अलग भवन में व्यवस्था करवायी है ताकि सिंहासन पर बैठने को लेकर कोई विवाद न उपस्थित हो।''

(हरिवंश पुराण, विष्णुपर्व, अध्याय-50, श्लोक-19-20)

अर्थात कृष्ण को इस उपाय से बिना विवाद के रुक्मिणी स्वयंवर से दूर रखा गया था। और फिर विदर्भ में कुछ दिनों के बाद जब रुक्मिणी के पिता भीष्मक से कृष्ण की मुलाकात होती है, तो कृष्ण उन्हें उलाहना देते हुए कहते हैं :

ममागमनमेवेह प्रायेण न हितं तव।
अतो न कृतमातिथ्यमपात्राय नरेश्वर॥

कृष्ण कहते हैं- ''हे राजन! शायद मेरा यहां आना ही आपके लिए हितकर नहीं रहा है, इसीलिए मुझे अपात्र समझकर मेरा अतिथि-सत्कार आपने नहीं किया।''

(हरिवंश पुराण, विष्णुपर्व, अध्याय-51, श्लोक-13)

इस पूरे प्रकरण में निष्कर्ष के रूप में यही कहा जा सकता है कि जरासंध के प्रभाव में होने के कारण राजा भीष्मक कृष्ण के साथ सामान्य राजकीय शिष्टाचार भी नहीं निभा पाये थे।

157. कालयवन की कृष्ण से क्या दुश्मनी थी?

कालयवन की सीधे तौरपर कृष्ण से कोई दुश्मनी नहीं थी। उसने तो जरासंध तथा साथी राजाओं की प्रेरणा पाकर मथुरा पर आक्रमण करने हेतु कूच किया था। पुराणों में यह पूरा वाकया कुछ इस तरह है कि रुक्मिणी-स्वयंवर के भंग होने की घोषणा के बाद जब कृष्ण विदर्भ से मथुरा के लिए लौट गए तो राजाओं ने राहत की सांस ली। अगले दिन सभा में सभी राजागण जमा हुए तो भीष्मक ने कहा :

स्वयंवरकृतं दोषं विदित्वा वो नराधिपाः।
क्षन्तव्यो मम वृद्धस्य दुर्दग्धस्य फलोदयम्॥

''स्वयंवर के कारण जो कृष्ण बाधा बना हुआ था, उसे जानकर मैंने इस स्वयंवर को स्थगित कर दिया। आपलोग मुझ वृद्ध के अपराध को क्षमा कर दें।''

(हरिवंश पुराण, विष्णुपर्व, अध्याय-52, श्लोक-3)

इसके बाद अधिकांश राजागण अपने-अपने राज्य को चले गए पर शाल्व, शिशुपाल, दंतवक्र जैसे जरासंध खेमे के कुछ राजागण रुक गए। तब इन लोगों से भीष्मक ने कहा :

पुत्रस्य चेष्टामालोक्य त्रासाकुलितलोचनः।
मन्ये बालानिमाँल्लोकान् स एष पुरुषः परः॥

कीर्तिः कीर्तिमतां श्रेष्ठो यशश्च विपुलं तथा।
स्थापितं भुवि मर्त्येऽस्मिन् स्वबाहुबलमूर्जितम्॥

''यशस्वियों में कृष्ण श्रेष्ठ हैं अर्थात कम नहीं हैं। उन्होंने जो भी कीर्ति हासिल की है, वह अपने बाहुबल से प्राप्त की है। लेकिन मेरा पुत्र बालबुद्धि (विवेकहीन) है, मैं उसे और उसके संगियों को बालक ही मानता हूँ।''

(हरिवंश पुराण, विष्णुपर्व, अध्याय-52, श्लोक-14-15)

अलं खेदेन राजेन्द्र सुताय रिपुमर्दिने।
क्षत्रियस्य रणे राजन् ध्रुवं जयपराजयौ॥

XXX XXX XXX

अद्य तस्य रणे जेता यवनाधिपतिर्नृप॥
स कालयवनो नाम अवध्यः केशवस्य ह।
तप्त्वा सुदारुणं घोरं तपः परमदुश्चरम्॥

तब शाल्व ने कहा - ''हे राजा भीष्मक! आप खेद क्यों प्रकट करते हैं? आपका पुत्र शत्रुओं का मान-मर्दन करने वाला वीर है। इसके लिए खेद करना व्यर्थ है बल्कि इसपर तो आपको गर्व करना चाहिए।''

XXX XXX XXX

''नरेश्वर! आजकल युद्ध में कृष्ण पर विजय प्राप्त करने वाला केवल कालयवन है, जो यवनों का अधिपति है। वह कृष्ण के लिए अवध्य है। अपने प्रबल पुरुषार्थ से उसने इतना बल हासिल किया है।''

(हरिवंश पुराण, विष्णुपर्व, अध्याय-52, श्लोक-19 / 25-26)

श्रुत्वा सौभपतेर्वाक्यं सर्वे ते नृपसत्तमाः ।
कुर्म इत्यब्रुवन् हृष्टा जरासंधं महाबलम्॥

''शाल्व की बात सुनकर वहां उपस्थित सभी राजागण खुशी से उछलते हुए जरासंध से बोले - हमलोग अवश्य ऐसा ही करें।''

मां समाश्रित्य पूर्वस्मिन्... x ...तथास्माभिर्दूत्ये नः कृष्णविग्रहे॥

तब जरासंध ने कहा - ''आज से पहले सभी राजा दूसरे राजा से भयभीत होने पर मेरी शरण में आते थे। और इस समय सभी राजा मुझे ही दूसरे राजा की सहायता लेने की सलाह दे रहे हैं। ये दैव बड़ा प्रबल है। उसे लौटाया नहीं जा सकता। मैं कृष्ण से डरकर उससे अधिक शक्तिशाली राजा की शरण में जा रहा हूँ। ऐसे जीवन से तो मेरा मर जाना ही अच्छा है।

राजाओं! मैं दूसरे की शरण नहीं लूंगा। कृष्ण हो या बलदेव या फिर अन्य कोई राजा, जो मुझपर हमला करेगा मैं उसका डटकर सामना करूंगा। यही मेरा निश्चय है। लेकिन आप जैसे सदाचारी राजाओं को यह कृष्ण कोई नुकसान न पहुंचाए, इसलिए राजाओं की रक्षा के उद्देश्य से मैं दूत भेजना स्वीकार करूंगा। राजाओं! दूत को अत्यंत गोपनीय तरीके से कालयवन के पास जाना चाहिए ताकि रास्ते में कृष्ण कोई बाधा न पहुंचाए। मेरे विचार से शाल्व इस कार्य हेतु सबसे उपयुक्त व्यक्ति हैं क्योंकि हमलोगों की ओर से जैसी बात करनी चाहिए, वैसी बात करने में ये कुशल हैं। शाल्व वैसा ही कहें, जिससे कृष्ण के साथ हमलोगों का युद्ध होने पर वह यवनराज कालयवन हमारे समूह में आकर मिल जाएं।''

(हरिवंश पुराण, विष्णुपर्व, अध्याय-52, श्लोक-34-43)

महाभारत या अन्य पुराणों में इस प्रसंग का कोई वर्णन नहीं मिलता है। परंतु इस एकमात्र प्राचीन प्रमाण से यह स्पष्ट हो जाता है कि कालयवन को कृष्ण से भिड़ने हेतु जरासंध की चौकड़ी ने ही तैयार किया था।

158. कृष्ण के पुत्रों ने वज्रनाभ नामक असुर राजा की हत्या क्यों की थी?

वज्रपुर के राजा की बेटी का नाम प्रभावती था जो बहुत सुंदर थी और उसकी चर्चा नटों के द्वारा द्वारका तक पहुंची थी। लेकिन वहां पहरा बहुत कड़ा रहता था, इसलिए सामान्य तौर पर जाना नामुमकिन था। फिर नटों के वेश में ही प्रद्युम्न अपने भाई साम्ब और चाचा गद के साथ वहां गए और तीनों ने प्रभावती के साथ-साथ उनकी दो बहनों के साथ भी विवाह किया। फिर उन राजकुमारियों के पिता वज्रनाभ ने जब उनका विरोध किया तो उनलोगों ने उसकी हत्या कर दी।

(हरिवंश पुराण, विष्णुपर्व, अध्याय-92-97)

159. कुब्जा से पहली मुलाकात के समय कृष्ण ने किस रूप में अपना परिचय दिया था?

हरिवंश पुराण में यह बात तब आती है जब कृष्ण की मुलाकात कुब्जा से होती है और दोनों एक-दूसरे से परिचय का आदान-प्रदान करते हैं :

वयं हि देशातिथयो मल्लाः प्राप्ता वरानने।
द्रष्टुं धनुर्महद् दिव्यं राष्ट्रे चैव महर्द्धिमत्।।

कृष्ण ने कहा - ''हे सुमुखि! हमदोनों भाई पहलवान हैं और इस देश में अतिथि के रूप में

आये हैं। इस देश में जो अत्यंत समृद्धिशाली और विशाल धनुष है, उसे ही देखने के लिए हमलोगों का यहां आना हुआ है।"

(हरिवंश पुराण, विष्णुपर्व, अध्याय-27, श्लोक-32)

उपरोक्त श्लोक शोधकर्ताओं के लिए एक महत्त्वपूर्ण संकेत है जिसमें यह बताया गया है कि कृष्ण और बलराम पहलवानों की हैसियत से मथुरा के राजा द्वारा बुलवाये गए थे।

160. क्या कृष्ण ने बचपन में ही अनेकों राक्षसों को मारा था?

इस प्रश्न का उत्तर जानने से पूर्व यह समझ लेना आवश्यक है कि कृष्ण मनुष्य थे या कोई चमत्कारी अवतार। अगर कोई व्यक्ति अवतार और चमत्कार का पक्षधर है, तो उसे ऐसा प्रश्न पूछने की जरूरत ही नहीं है। ऐसे लोगों के लिए जो कुछ पुराणों में लिखा है, सब सत्य है। लेकिन चूंकि इस तरह की मान्यता रखने वाले लोग भी सशंकित रहते हैं, पुराणों की हर बात उनके भी गले नहीं उतरती है, इसलिए सत्य की खोज आवश्यक हो जाती है। तुलनात्मक अध्ययन आवश्यक हो जाता है। स्व-विवेक से काम लेना अत्यावश्यक हो जाता है।

इस प्रश्न के उत्तर हेतु यहां हम सर्वप्रथम महाभारत की बात करते हैं। मूल महाभारत मात्र आठ हजार आठ सौ श्लोकों का था जिसे वेदव्यासजी ने लिखा था, बाद में उनके शिष्य वैशम्पायनजी ने चौबीस हजार श्लोक अपनी ओर से उसमें जोड़े और फिर कई सौ वर्ष बाद उग्रश्रवा नामक एक विद्वान ने भी हजारों श्लोक जोड़े। यहां समझना यह है कि इतनी मिलावट होने के बाद भी उतनी असत्य बातें महाभारत में नहीं मिलती हैं जितनी कि पुराणों में। और दुर्भाग्य से पुराणों की बातें ही लोगों के दिलो-दिमाग में भरी हुई हैं। पौराणिक काल से शुरू होकर आज तक भक्ति-भाव के नामपर कृष्ण के बारे में हजारों मनगढ़ंत कहानियां अस्तित्व में लायी गई हैं जिनका वास्तविकता से दूर-दूर तक नाता नहीं है। *महाभारत के सभापर्व के 38-40वें अध्याय* के दरम्यान भीष्मपितामह तथा शिशुपाल के द्वारा कृष्ण के जीवन में राजसूय यज्ञ के समय तक घटी घटनाओं का वर्णन किया गया है। वहां न तो राधा का वर्णन मिलता है, न रासलीला का और न ही कृष्ण के द्वारा धेनुकासुर, अघासुर, बकासुर आदि के वध का वर्णन मिलता है। जिन गोवर्धन पूजन, कालिया नाग आदि की कथा मिलती भी है, वह भी उस रूप में तो नहीं ही मिलती है जिस रूप में उनका पुराणों में वर्णन किया गया है। तो इतनी मिलावट के बाद भी जब उन काल्पनिक घटनाओं का समावेश महाभारत में नहीं किया गया तो फिर वे सब पुराणों में आ कहां से गए? इसलिए वे सारी घटनाएं असत्य ही हैं।

161. कंस किसके पुत्र थे?

यह बात केवल हरिवंश पुराण में कही गई है। इस पुराण के अनुसार :

न चायमुग्रसेनः स पिता... x ...दिव्येनाप्रतिगामिना।।

नारदजी ने कंस से कहा – "ये उग्रसेन तुम्हारे पिता नहीं हैं बल्कि सौभ विमान का मालिक तेजस्वी राक्षस द्रुमिल तुम्हारे पिता हैं। कंस ने क्रोधित होकर पूछा – वो कैसे? आप सही बात बताइए। तब नारदजी ने कंस को बताया कि जब तुम्हारी माता सुयामुन पर्वत पर घूमने गई हुई थी, उस समय दानवराज द्रुमिल ने तुम्हारी माता से संपर्क किया था जिससे तुम पैदा हुए हो। अतः तुम्हारा औरस पिता उग्रसेन नहीं हैं, तुम द्रुमिल के पुत्र हो।"

(हरिवंश पुराण, विष्णुपर्व, अध्याय-28, श्लोक-53-109)

इस पुराण में उपरोक्त कथा अनावश्यक विस्तार के साथ कही गई है जिसका मैंने संक्षेप किया है। उक्त अध्याय को पढ़ने के बाद कोई भी व्यक्ति यह आसानी से समझ सकता है कि यह कथा मिलावटी है, वास्तविक नहीं है। कंस स्वयं एक हाथी के महावत को यह बात बताते हैं कि नारदजी ने उसे चेताते हुए इस राज का पर्दाफाश किया था। दरअसल कंस का मथुरा के यादवों से चलने वाली वैमनस्यता को चमत्कारिक व रहस्यात्मक रूप देने तथा कंस के नीच स्तर पर हुए जन्म को दर्शाने के लिए इस कहानी की रचना की गई लगती है।

162. कंस के द्वारा आयोजित मल्ल-युद्ध महोत्सव में कृष्ण-बलराम को किस-किस से लड़ना पड़ा था?

भागवत पुराण के अनुसार कंस ने एकसाथ बहुत सारे पहलवानों को प्रांगण में बैठा रखा था ताकि किसी-न-किसी के हाथों कृष्ण और बलराम की मौत सुनिश्चित हो सके। लेकिन चाणूर और मुष्टिक सहित पांच पहलवानों की मौत को देखकर बाकी के सारे पहलवान प्रांगण छोड़कर ही भाग गए :

चाणूरे मुष्टिके कूटे शले तोशलके हते।
शेषाः प्रदुद्रुवुर्मल्लाः सर्वे प्राणपरीप्सवः।।

शुकदेवजी कहते हैं – "जब चाणूर, मुष्टिक, कूट, शल और तोशल – ये पांचों पहलवान मर चुके, तब बचे हुए सारे पहलवान अपने प्राण बचाने के लिए स्वयं वहां से भाग खड़े हुए।"

(भागवत पुराण, स्कन्ध-10, अध्याय-44, श्लोक-28)

हरिवंश पुराण तथा विष्णु पुराण में मात्र तीन पहलवानों के नाम दिये गए हैं :

अन्ध्रतोशलकौ हत्वा कृष्णसंकर्षणावुभौ।
क्रोधसंरक्तनयनौ रंगमध्ये ववल्गतुः।।
समाजवाटो निर्मल्लः सोऽभवद् भीमदर्शनः।
अन्ध्रे तदा महामल्ले मुष्टिके च निपातिते।।

''आंध्रदेशीय मुष्टिक और तोशल को मारकर कृष्ण और बलराम क्रोध से लाल आंखें किये अखाड़े में उछलने-कूदने लगे। उस समय उस महामल्ल चाणूर और मुष्टिक के मारे जाने पर वह प्रांगण मल्लों से सूना हो गया और भयानक दिखाई देने लगा।''

(हरिवंश पुराण, विष्णुपर्व, अध्याय-30, श्लोक-55-56)

कृष्णस्तोशलकं भूयो मल्लराजं महाबलम्।
वाममुष्टिप्रहारेण पातयामास भूतले।।
चाणूरे निहते मल्ले मुष्टिके विनिपातिते।
नीते क्षयं तोशलके सर्वे मल्लाः प्रदुद्रुवुः।।

पराशर मुनि कहते हैं - ''उसके बाद श्रीकृष्ण ने महाबली मल्लराज तोशल को बांये हाथ से घूंसा मारकर पृथ्वी पर गिरा दिया। मल्लश्रेष्ठ चाणूर और मुष्टिक के मारे जाने पर तथा मल्लराज तोशल के नष्ट होने पर समस्त मल्लगण भाग गए।''

(विष्णु पुराण, पांचवां अंश, अध्याय-20, श्लोक-79-80)

163. क्या कुरुक्षेत्र युद्ध को लेकर बलराम कृष्ण से नाराज थे?

जब कुरुक्षेत्र के मैदान में कौरव और पांडव के दल अपने-अपने शिविरों में गुप्त विचार-विमर्श तथा रणनीति बनाने में व्यस्त थे, उसी दौरान तीथयात्रा जाने के क्रम में बलराम पांडवों के शिविर में पहुंचे। फिर बातचीत के दौरान उन्होंने अपने दिल की बात कही :

उक्तो मया वासुदेवः पुनः पुनरुपह्वरे।
सम्बन्धिषु समां वृत्तिं वर्तस्व मधुसूदन।।
पाण्डवा हि यथास्माकं तथा दुर्योधनो नृप।
तस्यापि क्रियतां साह्यं स पर्येति पुनः पुनः।।

बलराम बोले - ''मैंने एकांत में कृष्ण से बार-बार कहा था कि मधुसूदन! अपने सभी संबंधियों के प्रति एक-सा बर्ताव करो। क्योंकि हमारे लिए जैसे पांडव हैं, वैसे ही राजा दुर्योधन हैं। उसकी भी सहायता करो। वह बार-बार अपने यहां चक्कर लगाता है।''

तच्च मे नाकरोद वाक्यं त्वदर्थे मधुसूदनः।
निर्विष्टः सर्वभावेन धनंजयमवेक्ष्य ह॥

बलराम युधिष्ठिर से मुखातिब होकर बोले – "परंतु युधिष्ठिर! तुम्हारे लिए ही मधुसूदन कृष्ण ने मेरी उस बात को नहीं माना है। ये तो अर्जुन को देखकर ही सब प्रकार से उसपर निछावर हो रहे हैं।"

(महाभारत, उद्योगपर्व, अध्याय-157, श्लोक-28-30)

इस तरह भरी सभा में बलराम ने कृष्ण पर उनके अर्जुन से विशिष्ट घनिष्ठता के कारण पक्षपाती होने का सीधा-सीधा आरोप लगाया था। एक दूसरी बात पूरे महाभारत में गौर करने वाली यह है कि बलराम जब भी दुर्योधन की बात करते थे, वे उसके लिए 'नृप' यानी राजा संबोधन का प्रयोग करते थे, लेकिन उन्होंने युधिष्ठिर के लिए ऐसा कभी नहीं किया। उपरोक्त श्लोकों में भी यह बात देखी जा सकती है तथा संपूर्ण महाभारत में अन्यत्र भी ऐसा ही है।

164. कृष्ण के प्रमुख शत्रु कौन-कौन थे?

दुनिया के इतिहास में कृष्ण एक ऐसे महापुरुष हो गए हैं जिन्हें उनके जीवनकाल में जितने चाहने वाले थे, कम-से-कम उतने ही दुत्कारने वाले भी थे। उनके प्रत्यक्ष या परोक्ष सहयोग के बिना किसी का काम नहीं चलता था, पर उनमें से बहुत से लोग ऐसे थे जो उन्हें अपने आसपास देखना तक नहीं चाहते थे। और उनमें से भी कुछ ऐसे थे जो उनके खून के प्यासे थे। महाभारत और पुराणों से प्राप्त तथ्यों के आधार पर कृष्ण के प्रमुख शत्रुओं के रूप में इनलोगों के नाम शामिल किये जा सकते हैं :

1) कंस 2) जरासंध 3) शिशुपाल 4) राजा भीष्मक 5) रुक्मी 6) शाल्व 7) दन्तवक्र 8) विंद-अनुविंद 9) सत्राजित 10) शृंगलव 11) कालयवन 12) पौण्ड्रक 13) नरकासुर 14) काशी नरेश 15) दुर्योधन आदि।

165. कृष्ण को दामोदर क्यों कहा जाता है?

पद्म पुराण के अंतर्गत विष्णुसहस्रनाम स्तोत्र के 758वें नाम में दामोदर शब्द का उल्लेख हुआ है। वहां यह बताया गया है कि बचपन में कृष्ण के पेट में रस्सी बांधकर मां यशोदा द्वारा उन्हें ऊखल में बांध दिया गया था, इसलिए उनका एक नाम दामोदर भी रखा गया।

संस्कृत में दामोदर शब्द का संधिविच्छेद होता है–दाम (रस्सी) + उदर (पेट)। इसी अर्थ को स्पष्ट करते हुए हरिवंश पुराण में एक श्लोक है :

दाम्ना चैवोदरे बद्धा प्रत्यबन्धदुलूखले।
यदि शक्तोऽसि गच्छेति तमुक्त्वा कर्म साकरोत्।।

वैशम्पायनजी ने कहा – ''यशोदा माता ने उनके पेट में रस्सी बांधकर उस रस्सी को ओखली में कस दिया और कहा – अब जा सको तो जाओ। इतना कहकर वह घर के कामकाज में लग गईं।''

(हरिवंश पुराण, विष्णुपर्व, अध्याय-7, श्लोक-14)

स च तेनैव नाम्ना तु कृष्णो वै दामबन्धनात्।
गोष्ठे दामोदर इति गोपीभिः परिगीयते।।

वैशम्पायनजी ने कहा – ''उस दाम अर्थात रस्सी से उदर में बांधे जाने के कारण कृष्ण का नाम दामोदर हो गया। गोष्ठ अर्थात ग्वालों के उस जंगल स्थित गांव में गोपियां उसी नाम से उनका गुणगान करने लगीं।''

(हरिवंश पुराण, विष्णुपर्व, अध्याय-7, श्लोक-36)

166. कृष्ण का अंतिम संस्कार किसने किया था?

महाभारत और पौराणिक साक्ष्य के अनुसार कृष्ण का अंतिम संस्कार अर्जुन ने किया था। यादवस्थली की घटना में कृष्ण के पिता वसुदेवजी और परपोता वज्र को छोड़कर उनके परिवार के सभी लोग मारे गए थे। वसुदेवजी और वज्र वहां न जाने के कारण बच गए थे। महाभारत के अनुसार अर्जुन ने पहले अपने मामा वसुदेवजी का दाह-संस्कार किया :

यस्तु देशः प्रियस्तस्य जीवतोऽभून्महात्मनः।
तत्रैनमुपसंकल्प्य पितृमेधं प्रचक्रिरे।।

वैशम्पायनजी कहते हैं – ''वसुदेवजी को अपने जीवनकाल में जो स्थान विशेष प्रिय था, वहीं ले जाकर अर्जुन आदि ने उनका पितृमेध कर्म (दाह-संस्कार) किया।''

(महाभारत, मौसलपर्व, अध्याय-7, श्लोक-23)

उसके बाद प्रभास जाकर मारे गए यादवों के शवों को इकट्ठा करके उनका संस्कार किया :

यथाप्रधानतश्चैव चक्रे सर्वास्तथा क्रियाः।
ये हता ब्रह्मशापेन मुसलैरेरकोद्भवैः।।

''उस भीषण मारकाट में धराशायी हुए यादवों के शवों को देखकर अर्जुन को बहुत

दुःख हुआ। उन्होंने मारे गए सभी लोगों का छोटे-बड़े के क्रम से आवश्यक अंतिम संस्कार किया।''

ततः शरीरे रामस्य वासुदेवस्य चोभयोः।
अन्वीक्ष्य दाहयामास पुरुषैराप्तकारिभिः।।

''उसके बाद विश्वासी पुरुषों के द्वारा बलराम और कृष्ण के शवों की खोज कराकर अर्जुन ने उनका भी दाह-संस्कार किया।''

(महाभारत, मौसलपर्व, अध्याय-7, श्लोक-30-31)

विष्णु पुराण के अनुसार :

अर्जुनोऽपि तदान्विष्य कृष्णरामकलेवरे।
संस्कारं लम्भयामास तथान्येषामनुक्रमात्।।

''अर्जुन ने बलराम और कृष्ण तथा अन्यान्य मुख्य-मुख्य यादवों के मृत देहों की खोज कराकर क्रमशः उन सबके और्वदैहिक संस्कार सम्पन्न कराये।''

(विष्णु पुराण, पंचम अंश, अध्याय-38, श्लोक-1)

हरिवंश पुराण, ब्रह्मवैवर्त पुराण आदि में इसकी कोई चर्चा नहीं की गई है।

167. शास्त्रों में अनेक जगहों पर कृष्ण का इतना विरोध क्यों किया गया है?

उपलब्ध विभिन्न वैदिक और पौराणिक प्रमाणों से प्राप्त निष्कर्ष के आधार पर कृष्ण एक व्यावहारिक महापुरुष थे और वे अनुपयोगी, पाखंडपूर्ण तथा विभेदकारी आर्य-मान्यताओं के मुखर विरोधी थे। वे एक जनजातीय समुदाय के प्रमुख थे, ऐसा ऋग्वेद का कहना है :

अव द्रप्सो अंशुमतीमतिष्ठदियानः कृष्णो दशभिः सहस्रैः।
आवत्तमिन्द्रः शच्या धमन्तमप स्नेहितीर्नृमणा अधत्त।।

''दस हजार सेनाओं के साथ धावा बोलने वाले कृष्ण नाम का असुर अंशुमती (यमुना) नदी के किनारे रहते थे। बुद्धि के द्वारा इंद्र ने उस शब्द करने वाले असुर को प्राप्त किया। पीछे इंद्र ने मनुष्यों के हित के लिए कृष्णासुर की हिंसक सेना का वध कर डाला।''

द्रप्समपश्यं विषुणे चरन्तमुपह्वरे नद्यो अंशुमत्याः।
नभो न कृष्णमवतस्थिवांसमिष्यामि वो वृषणो युध्यताजौ।।

इंद्र ने कहा - ''द्रुतगामी कृष्ण को मैंने देखा है। वह अंशुमती नदी के तट पर गूढ़ स्थान में, विस्तृत प्रदेश में विचरण करता है और सूर्य के समान अवस्थान करता है। अभिलाषा प्रदान करने वाले मरुतों, मैं चाहता हूँ कि तुमलोग युद्ध करो और युद्ध में उसका संहार करो।''

अथ द्रप्सो अंशुमत्या उपस्थेऽधारयत्तन्वं तित्विषाणः।
विशो अदेवीरभ्याचरन्तीर्बृहस्पतिना युजेन्द्रः ससाहे॥

"द्रुतगामी कृष्ण अंशुमती नदी के पास दीप्तिमान होकर शरीर धारण करता है। इंद्र ने बृहस्पति की सहायता से देवशून्य और आने वाली सेना का वध, कृष्ण के साथ कर डाला।"

(ऋग्वेद, मण्डल-8, सूक्त-85, मंत्र-13-15)*
*(*खिलभाग वाले संस्करण में सूक्त-96)*

उपरोक्त वैदिक मंत्रों में इंद्र कृष्ण को अपना वैरी मानता है। यहां समझना यह है कि वेदों में जिन देवताओं का उल्लेख हुआ है, वे सारे प्राकृतिक शक्तियां हैं और प्रतीकात्मक हैं। तब उस स्थिति में इंद्र वैदिक यज्ञ और मान्यताओं का प्रतिनिधि बन जाता है और जो उन मान्यताओं को ही सर्वोच्च मानता है, वह स्वभावतः कृष्ण को अपने मार्ग के एक बड़े शत्रु के रूप में देखता है। यही कारण है कि महाभारत तथा विविध पुराणों में जहां कहीं भी किसी के द्वारा कृष्ण का अपमान किया जाता है, वहां उन सभी के द्वारा शास्त्रों के नियमों और वैदिक मान्यताओं के आधार पर ही कृष्ण की निंदा की जाती है। जरासंध हो, शिशुपाल हो, रुक्मी हो या दुर्योधन, शाल्व, दंतवक्र, विंद-अनुविंद जैसे लोग। वे सभी नियमों की दुहाई देने वाले लोग थे।

168. अक्रूर कौन थे और कृष्ण के साथ उनका कैसा संबंध था?

भिन्न-भिन्न पुराणों में एक ही बात के लिए एक-दूसरे को काटने वाली बातें कही गई हैं। उनपर सहज रूप से विश्वास करना कठिन लगता है, लेकिन हरिवंश पुराण में इस वंश की एक क्रमबद्ध वंशावली मिलती है, जो शोधार्थियों के लिए सहायक हो सकती है। इस पुराण के अनुसार वसुदेवजी के दादा देवमीढुष तीन भाई थे-अनमित्र, युधाजित और देवमीढुष। अनमित्र के वंशज उग्रसेन तथा कंस आदि थे और युधाजित के पोते का नाम था श्वफल्क जो अक्रूर के पिता थे। इस तरह अक्रूर वसुदेवजी के भतीजे और कृष्ण के चचेरे भाई थे :

गान्धारी चैव माद्री च... x ...अक्रूरः सुषुवे तस्माच्छ्वफल्काद्भूरिदक्षिणः॥

(हरिवंश पुराण, हरिवंशपर्व, अध्याय-34,
श्लोक-1-11)

वसुदेवजी के पुत्र बलराम और कृष्ण परिस्थितिवश गोकुल-वृंदावन के जंगलों में नंदबाबा के साथ भले ही रह रहे थे, लेकिन बाकी समस्त परिवार मथुरा जैसे नगरीय परिवेश में ही रहते थे। आगे चलकर कृष्ण के साथ छाया की तरह रहने वाले उद्धव भी मथुरा में ही पैदा

हुए थे और वहीं पले-बढ़े थे। उद्धव भी कृष्ण के चचेरे भाई ही थे और वे वसुदेवजी के छोटे भाई देवभाग के पुत्र थे।

यहां हरिवंश पुराण के उपरोक्त श्लोकों से यह पता चलता है कि कृष्ण और अक्रूर आपस में चचेरे भाई थे, लेकिन भागवत पुराण में एक जगह पर कृष्ण अक्रूर को 'चाचा' कहते हैं :

ननु दानपते न्यस्तस्त्वय्यास्ते शतधन्वना।
स्यमन्तको मणिः श्रीमन्विदितः पूर्व मेव नः।।

कृष्ण बोले - "चाचाजी! आप दानधर्म के पालक हैं। हमें यह बात पहले से ही मालूम है कि शतधन्वा आपके पास यह स्यमंतक मणि छोड़ गया है जो बड़ी ही प्रकाशमान और धन देने वाली है।"

(भागवत पुराण, स्कन्ध-10, अध्याय-57, श्लोक-36)

उपरोक्त दोनों प्रमाणों से यह स्पष्ट होता है कि हर पुराण अलग-अलग समय में अलग-अलग लोगों द्वारा अलग-अलग क्षेत्रों में प्रचलित लोककथाओं, दंतकथाओं तथा परंपराओं के आधार पर लिखा गया है। यही कारण है कि इतनी साधारण-सी बात के लिए भी जमीन-आसमान जैसी भिन्नता वाली बात मिलती है। सो सत्य चाहे जो रहा हो, वे आपस में चाचा-भतीजा रहे हों या चचेरे भाई, लेकिन इतना तो तय है कि वे दोनों एक ही खानदान से ताल्लुक रखते थे।

169. अक्रूर कृष्ण के सहायक थे या प्रतिस्पर्धी?

अक्रूर के अनेक रूप धर्मग्रंथों में पाये जाते हैं। जब कंस के दरबार में भरी सभा में कृष्ण को मथुरा बुलाने की बात चलती है तो उस समय अक्रूर की प्रतिक्रिया ऐसी होती है :

राजन् मनीषितं सध्र्यक् तव स्वावद्यमार्जनम्।
सिद्ध्यसिद्ध्योः समं कुर्याद् दैवं हि फलसाधनम्।।

अक्रूर ने कंस से कहा - "महाराज! आप अपनी मृत्यु, अपना अरिष्ट दूर करना चाहते हैं, इसलिए आपका ऐसा सोचना ठीक ही है। मनुष्य को चाहिए कि चाहे सफलता मिले या असफलता, दोनों के प्रति समभाव रखकर अपना काम करता चला जाए।"

(भागवत पुराण, स्कन्ध-10, अध्याय-36, श्लोक-38)

उपरोक्त बातों से यह स्पष्ट है कि अक्रूर किसी चतुर राजनीतिज्ञ की तरह दोतरफा नीति अपनाये हुए थे। इसका अगला प्रमाण आगे हरिवंश पुराण में देखा जा सकता है। जहां वे

एकतरफ कंस को जायज ठहराते हैं, वहीं दूसरी तरफ वे कंस के विरुद्ध कृष्ण को भड़काने से भी बाज नहीं आते हैं।

सततं पीड्यमानं च कंसेनाशुभबुद्धिना।
दशान्ते शोषितं वृद्धं दुःखैः शिथिलतां गतम्।।

अक्रूर कृष्ण को भड़काते हुए कहते हैं – "कंस ने तुम्हारे माता-पिता को सदा ही पीड़ा दी है। इस बुढ़ापे में उनके शरीर का मांस सूख गया है और वे अनेक प्रकार के दुखों से भी ग्रसित हो गए हैं।"

(हरिवंश पुराण, विष्णुपर्व, अध्याय-26, श्लोक-6)

वृद्धौ तवाम्बापितरौ परभृत्यत्वमागतौ।
भर्त्सितौ त्वत्कृते नित्यं कंसेनाशुभबुद्धिना।।

"तुम्हारे माता-पिता दूसरे के नौकर हो गए हैं। तुम्हारे कारण वह अशुभ बुद्धिवाला कंस प्रतिदिन उनको डांटता-फटकारता रहता है।"

(हरिवंश पुराण, विष्णुपर्व, अध्याय-26, श्लोक-16)

अक्रूर के व्यक्तित्व का दूसरा पहलू भी पुराणों में मिलता है। वे कृष्ण से प्रतिस्पर्धा भी करते थे और वह भी इस हद तक कि जलन व ईर्ष्या के वशीभूत होकर उन्होंने अपना होशोहवास भी खो दिया था। दरअसल अक्रूर भी सत्यभामा से शादी करना चाहते थे जबकि सत्राजित ने उसकी शादी कृष्ण से कर दी थी। इस जलन से अक्रूर ने शतधन्वा के हाथों सत्राजित की हत्या ही करवा दी थी :

लब्ध्वैतदन्तरं राजन्शतधन्वानमूचतुः।
अक्रूरकृतवर्माणौ मणिः कस्मान्न गृह्यते।।
योऽस्मभ्यं सम्प्रतिश्रुत्य कन्यारत्नं विगर्ह्य नः।
कृष्णायादान्न सत्राजित्कस्माद्भ्रातरमन्वियात्।।
एवं भिन्नमतिस्ताभ्यां सत्राजितमसत्तमः।
शयानमवधील्लोभात्स पापः क्षीणजीवितः।।
स्त्रीणां विक्रोशमानानां क्रन्दन्तीनामनाथवत्।
हत्वा पशून्सौनिकवन्मणिमादाय जग्मिवान्।।

शुकदेवजी राजा परीक्षित से कहते हैं – उनलोगों (अक्रूर और कृतवर्मा) ने शतधन्वा से कहा कि "तुम सत्रजित से मणि क्यों नहीं छीन लेते? सत्राजित ने अपनी बेटी सत्यभामा का विवाह हमसे करने का वचन दिया था, और अब हमलोगों का तिरस्कार करके उसने

अपनी बेटी कृष्ण को ब्याह दी है। अब सत्राजित भी अपने भाई प्रसेन की तरह क्यों न यमपुरी जाए? उनलोगों के बहकाने पर शतधन्वा उनकी बातों में आ गया और मौका देखकर सोये हुए सत्राजित को जानवरों की तरह मार डाला और मणि लेकर वहां से भाग गया।"

(भागवत पुराण, स्कन्ध-10, अध्याय-57, श्लोक-3-6)

अत: उपरोक्त पौराणिक प्रमाणों के आधार पर यह स्पष्ट होता है कि अक्रूर दोहरे व्यक्तित्व वाले व्यक्ति थे।

170. क्या कृष्ण के कोई रिश्तेदार भी उनके दुश्मन थे?

एक नहीं बल्कि कृष्ण के अधिकांश रिश्तेदार उन्हें अपना दुश्मन ही मानते थे। कृष्ण के कुछ प्रमुख रिश्तेदार निम्नलिखित हैं जो उन्हें अपमानित करने तथा उनकी हत्या करने की फिराक में जीवन भर लगे रहे :

- **कंस** – सगा मामा, जो कृष्ण को मारने के चक्कर में खुद मारा गया।
- **जरासंध** – कंस का श्वसुर और मगध का प्रतापी राजा, जो कृष्ण को अपनी राजनीतिक महत्त्वाकांक्षा में बाधा समझता था और मरते दम तक कृष्ण की जान के पीछे पड़ा रहा।
- **शिशुपाल** – फूफेरा भाई और चेदिदेश का राजा, कृष्ण का प्रबल प्रतिद्वंद्वी, जो अपनी अंतिम सांस तक कृष्ण को अपमानित करने से नहीं चूका।
- **विंद-अनुविंद** – फूफेरे भाई और अवन्तिदेश के राजकुमार, जो सांदीपनि मुनि के आश्रम से ही कृष्ण को अपमानित करते आ रहे थे और महाभारत की लड़ाई में मारे जाने तक कृष्ण का विरोध करते रहे *(भागवत पुराण, स्कन्ध-10, अध्याय-58, श्लोक-30)*।
- **रुक्मी** – कृष्ण का साला और भोजकट का राजा, जो जरासंध की विचारधारा से प्रभावित होने के कारण बलरामजी के हाथों मारे जाने तक कृष्ण का विरोध करता रहा।
- **भीष्मक** – कृष्ण के ससुर और जरासंध के अंधभक्त *(महाभारत, सभापर्व, अध्याय-14, श्लोक-21-23)*।
- **सत्राजित** – कृष्ण के ससुर और मथुरा-द्वारका के एक संभ्रांत यादव, जो अपनी महत्त्वाकांक्षा के कारण जीवन भर कृष्ण से वैमनस्यता पाले बैठे रहे और अंत में बेमौत मरे।
- **दुर्योधन** – कृष्ण का समधी *(साम्ब का ससुर)*, व्यक्तिगत दुश्मनी नहीं पर पांडवों के कारण उन्होंने हमेशा कृष्ण को अपना दुश्मन माना।
- **दंतवक्र** – फूफेरा भाई और कामरूप का राजा, शिशुपाल की तरह कृष्ण का विरोधी और जरासंध का समर्थक।

• **शृंगलव (शृगाल)** – कृष्ण के दूर का रिश्तेदार, पाखंडी और महत्त्वाकांक्षी जो कि स्वयं ही बिना कारण के कृष्ण से प्रतिद्वंद्विता ठानने लगा।

(हरिवंश पुराण, विष्णुपर्व, अध्याय-44, श्लोक-22)।

171. बलराम के हाथों मरने वाला द्विविद कौन था?

द्विविद नरकासुर का मित्र और वानर जनजाति का एक बलवान योद्धा था :

नरकस्य सखा कश्चिद् द्विविदो... x ...सोऽपतद् रुधिरं वमन्।।

जब उसने सुना कि कृष्ण के हाथों नरकासुर मारा गया है, तो वह बहुत क्रोधित हो गया और आनर्त (वर्तमान में काठियावाड़) में आकर भयंकर उत्पात मचाने लगा। सप्ताह भर में ही वहां के नागरिक उसके उपद्रव से त्रस्त हो गए। उस दरम्यान बलराम पास के ही रैवतक पर्वत पर ठहरे हुए थे और सुरा तथा सुंदरियों का जमघट लगाकर आनंद मना रहे थे। पता चलने पर द्विविद वहां भी पहुंच गया और जमकर उत्पात मचाने लगा। साथ ही बलराम के साथ आयी महिलाओं से भी छेड़छाड़ करने लगा। तब बलराम उससे भिड़ गए लेकिन चूंकि द्विविद भी काफी बलवान था, इसलिए उनदोनों की लड़ाई काफी लंबी चली। और अंततः द्विविद बलराम के हाथों मारा गया।

(भागवत पुराण, स्कन्ध-10, अध्याय-67, श्लोक-2-25)

172. धर्मग्रंथों में कृष्ण और इंद्र का कितनी बार आमना-सामना होता है?

ऋग्वेद में कृष्ण को आर्य परंपरा और यज्ञ का विरोधी बताते हुए उन्हें इंद्र के हाथों मारा हुआ बताया गया है :

अध द्रप्सो अंशुमत्या उपस्थेऽधारयत्तन्वं तित्विषाणः।
विशो अदेवीरभ्याचरन्तीर्बृहस्पतिना युजेन्द्रः ससाहे।।

"द्रुतगामी कृष्ण अंशुमती (यमुना) नदी के पास दीप्तिमान होकर शरीर धारण करता है। इंद्र ने बृहस्पति की सहायता से देवशून्य और आने वाली सेना का वध, कृष्ण के साथ कर डाला।"

(ऋग्वेद, मण्डल-8, सूक्त-85, मंत्र-15)*

*(*खिलभाग वाले संस्करण में सूक्त-96)*

स्पष्टीकरण :- ऋग्वेद के उपरोक्त मंत्र में इंद्र तथा देवसेनाओं के हाथों कृष्ण का मारा जाना बताया गया है, जबकि कृष्ण की मृत्यु तीर लगने से हुई थी यह सर्वविदित सत्य है।

इससे स्पष्ट होता है कि ऋग्वेद हो या अन्य कोई ग्रंथ सबमें मिलावट की अधिकता है। खैर, अन्य जगहों पर वृंदावन में रहते समय कृष्ण के द्वारा इंद्रपूजा का विरोध किये जाने पर कृष्ण और इंद्र के बीच होने वाले टकराव का वर्णन अनेकों पुराणों में किया गया है :

(भागवत पुराण, स्कन्ध-10, अध्याय-24-25)

(हरिवंश पुराण, विष्णुपर्व, अध्याय-15-19)

(ब्रह्मवैवर्त पुराण, श्रीकृष्णजन्मखंड, अध्याय-21)

(गर्ग संहिता, गिरिराजखंड, अध्याय-3)

(विष्णु पुराण, पंचम अंश, अध्याय-11-12)

सत्यभामा के लिए पारिजात पुष्प का पेड़ लाने हेतु भी कृष्ण और इंद्र के बीच युद्ध होता है, ऐसा पुराणों में बताया गया है :

(हरिवंश पुराण, विष्णुपर्व, अध्याय-73)

(भागवत पुराण, स्कन्ध-10, अध्याय-59, श्लोक-39)

(विष्णु पुराण, पंचम अंश, अध्याय-30)

स्पष्टीकरण :- यानी कुल-मिलाकर कहा जाए तो जहां वेद इंद्र को जिताते हैं वहीं कृष्ण पर आधारित ग्रंथ कृष्ण को श्रेष्ठ और विजयी बताते हैं। इसी से वेदों तथा यज्ञों से कृष्ण की दूरी स्पष्ट होती है।

173. दंतवक्र कौन था और वह क्यों कृष्ण से शत्रुता पाले बैठा था?

कृष्ण के पिता वसुदेवजी की पांच बहनें थीं जिनमें से पृथुकीर्ति की शादी करुष देश (कामरूप) के राजा वृद्धशर्मा से हुई थी और उसी का पुत्र दंतवक्र था। जब एक-एककर जरासंध, शिशुपाल, शाल्व, पौण्ड्रक जैसे उसके मित्र कृष्ण के हाथों मारे गए, तो वह काफी क्रुद्ध हो गया और कृष्ण-शाल्व के युद्ध के समय शाल्व की मौत के बाद आर-पार की लड़ाई लड़ने के लिए वह मैदान में आ पहुंचा :

शिशुपालस्य शाल्वस्य पौण्ड्रकस्यापि दुर्मतिः
परलोकगतानां च कुर्वन्पारोक्ष्यसौहृदम्।।

"अपने मित्रों के मारे जाने के बाद वह दुर्मति खुद ही मानो परलोक जाने के लिए पैदल ही युद्धभूमि में आ धमका।"

(भागवत पुराण, स्कन्ध-10,
अध्याय-78, श्लोक-1)

त्वं मातुलेयो नः कृष्ण मित्रध्रुङ्मां जिघांससि।
अतस्त्वां गदया मन्द हनिष्ये वज्रकल्पया॥
तर्ह्यानृण्यमुपैम्यज्ञ मित्राणां मित्रवत्सलः।
बन्धुरूपमरिं हत्वा व्याधिं देहचरं यथा॥

दंतवक्र ने कहा – "कृष्ण! तुम मेरे मामा के लड़के हो, इसलिए तुम्हें मारना तो नहीं चाहिए; परंतु एक तो तुमने मेरे मित्रों को मार डाला है और दूसरे मुझे भी मारना चाहते हो। इसलिए मतिमंद! आज मैं तुम्हें अपनी वज्रकर्कश गदा से चूर-चूर कर डालूंगा। मूर्ख! वैसे तो तुम मेरे संबंधी हो, फिर भी हो तो शत्रु ही, जैसे अपने ही शरीर में रहने वाला कोई रोग हो। मैं अपने इन मित्रों से बड़ा प्रेम करता हूँ, उनका मुझपर ऋण है। अब तुम्हें मारकर ही मैं उनके ऋण से उऋण हो सकता हूँ।"

(भागवत पुराण, स्कन्ध-10, अध्याय-78, श्लोक-5-6)

परंतु कृष्ण के गदा की चोट वह सह न सका और खून की उल्टी करते हुए मर गया *(भागवत पुराण, स्कन्ध-10, अध्याय-78, श्लोक-9)*।

174. क्या महाभारत का युद्ध उस समय के सभी राजाओं ने लड़ा था?

तत्कालीन ऐतिहासिक ग्रंथ महाभारत में इस संबंध में यह श्लोक कहा गया है :

द्वावेव तु महाराज तस्माद् युद्धादपेयतुः।
रौहिणेयश्च वार्ष्णेयो रुक्मी च वसुधाधिपः॥

वैशम्पायनजी ने कहा – "हे महाराज जनमेजय! उस युद्ध से दो ही वीर अलग हो गए थे – एक तो वृष्णिवंशी बलराम और दूसरा राजा रुक्मी।"

(महाभारत, उद्योगपर्व, अध्याय-158, श्लोक-38)

बलराम का पांडवों और कौरवों दोनों से बराबर स्नेह था, बल्कि कृष्ण का खुलकर पांडवों के पक्ष में आने के कारण वे स्वभावतः दुर्योधन के हिमायती हो गए थे, लेकिन फिर भी अपने छोटे भाई कृष्ण के विपरीत नहीं जा सकते थे। अपनी पीड़ा उन्होंने इस तरह बतायी है :

उभौ शिष्यौ हि मे वीरौ गदायुद्धविशारदौ।
तुल्यस्नेहोऽस्म्यतो भीमे तथा दुर्योधने नृपे॥

बलराम बोले – "भीमसेन और दुर्योधन ये दोनों ही वीर मेरे शिष्य और गदायुद्ध में कुशल हैं; अतः मैं इन दोनों पर एक-सा स्नेह रखता हूँ।"

(महाभारत, उद्योगपर्व, अध्याय-159, श्लोक-33)

न चाहमुत्सहे कृष्णमृते लोकमुदीक्षितुम्।
ततोऽहमनुवर्तामि केशवस्य चिकीर्षितम्॥

बलराम कृष्ण के प्रति अपने स्नेह को प्रकट करते हुए बोले – "मैं तो कृष्ण के बिना इस संपूर्ण जगत की ओर आंख उठाकर देख भी नहीं सकता; अत: ये केशव जो कुछ करना चाहते हैं, मैं उसी का अनुसरण करता हूँ।"

(महाभारत, उद्योगपर्व, अध्याय-157, श्लोक-32)

तस्माद् यास्यामि तीर्थानि सरस्वत्या निषेवितुम्।
न हि शक्ष्यामि कौरव्यान् नश्यमानानुपेक्षितम्॥

बलराम बोले – "इसलिए मैं सरस्वती नदी के तटवर्ती तीर्थों का सेवन करने के लिए जाऊंगा; क्योंकि मैं नष्ट होते हुए कुरुवंशियों को उस अवस्था में देखकर उनकी उपेक्षा नहीं कर सकूंगा।

(महाभारत, उद्योगपर्व, अध्याय-157, श्लोक-34)

दूसरी ओर रुक्मी अपने अहंकार और हेठीभरे बर्ताव के कारण उस युद्ध में भाग न ले पाया था। वह अपनी विशाल सेना के साथ आया था और अर्जुन से कहा था कि "अगर तुम्हें डर लग रहा हो" तो मैं तुम्हारी ओर से लड़ूंगा :

उवाच मध्ये वीराणां कुन्तीपुत्रं धनंजयम्॥
सहायोऽस्मि स्थितो युद्धे यदि भीतोऽसि पाण्डव।
करिष्यामि रणे साह्यमसह्यं तव शत्रुभिः॥

"वीरों के बीच में बैठकर रुक्मी ने कुंतीनंदन अर्जुन से कहा – पांडुनंदन! यदि तुम डरे हुए हो तो मैं युद्ध में तुम्हारी सहायता के लिए आ पहुंचा हूँ। मैं इस महायुद्ध में तुम्हारी वह सहायता करूंगा जो तुम्हारे शत्रुओं के लिए असहनीय हो जाएगी।"

(महाभारत, उद्योगपर्व, अध्याय-158, श्लोक-20-21)

रुक्मी की ऐसी हेठीभरी और किसी के क्षत्रियत्व को चुनौती देने वाली बातों को सुनकर अर्जुन ने उसका सहयोग लेने से इनकार कर दिया। तब उसने दुर्योधन के पास जाकर वैसा ही कुछ कहा, परिणामस्वरूप उसने भी इनकार कर दिया और इस तरह वह युद्ध में शामिल होने से रह गया।

175. क्या कृष्ण ने अपने धार्मिक दृष्टिकोण से ऋषि–मुनियों को कभी अवगत कराया था?

कुरुक्षेत्र के समंतपंचक नामक तीर्थ में सूर्यग्रहण के अवसर पर बहुत बड़ा मेला लगता था,

जिसका प्रमाण पुराणों से लेकर सोलहवीं शताब्दी में रचे गए गुरुग्रंथ साहिब में भी मिलता है। गुरु नानकदेव ने भी इसकी चर्चा की है। संन्यास लेने के बाद पहला उपदेश उन्होंने सूर्यग्रहण के अवसर पर इसी कुरुक्षेत्र के मेले में दिया था। खैर, वहां द्वारका से कृष्ण का पूरा परिवार, वृंदावन से नंद-यशोदा के साथ ग्वालसखा, हस्तिनापुर से कौरववंश के लोग तथा इंद्रप्रस्थ से कुंती व रानियों सहित पांडवगण जुटे थे। कहने की जरूरत नहीं कि हजारों ऋषि-मुनि भी वहां पधारे ही हुए थे। वहां कृष्ण उन ऋषि-मुनियों से बोले :

किं स्वल्पतपसां नृणां अर्चायां देवचक्षुषाम् ।
दर्शनस्पर्शनप्रश्न प्रह्वपादार्चनादिकम्।।

''जिन्होंने बहुत कम तप किया है, जो समस्त प्राणियों में ईश्वर को न देखकर केवल मूर्तिपूजा में ही लगे रहते हैं, उन्हें आप जैसे साधु-संतों का सत्संग कहां प्राप्त हो सकता है?''

न ह्यम्मयानि तीर्थानि न देवा मृच्छिलामयाः ।
ते पुनन्त्युरुकालेन दर्शनादेव साधवः।।

''जलमय तीर्थ तीर्थ नहीं होता तथा मिट्टी या पत्थर की मूर्तियां देव नहीं होतीं, बल्कि तीर्थ और देव तो संत व ज्ञानी पुरुष हैं।''

नाग्निर्न सूर्यो न च चन्द्रतारका न भूर्जलं खं श्वसनोऽथ वाङ्मनः ।
उपासिता भेदकृतो हरन्त्यघं विपश्चितो घ्नन्ति मुहूर्तसेवया।।

''अग्नि, सूर्य, चंद्रमा, तारे, पृथ्वी, जल, आकाश, वायु, वाणी और मन का कोई देवता नहीं, अगर हो भी तो उनकी उपासना से पाप का नाश नहीं होता। उनकी उपासना से भेदबुद्धि का नाश नहीं होता, बल्कि भेदबुद्धि बढ़ती ही है। परंतु यदि घड़ी-दो-घड़ी भी ज्ञानी महापुरुषों की संगति की जाए, तो वे सारे पाप मिटा देते हैं क्योंकि वे भेदबुद्धि के विनाशक हैं।''

यस्यात्मबुद्धिः कुणपे त्रिधातुके स्वधीः कलत्रादिषु भौम इज्यधीः।
यत्तीर्थबुद्धिः सलिले न कर्हिचित् जनेष्वभिज्ञेषु स एव गोखरः।।

कृष्ण ने कहा - ''महात्माओं और सभासदों! जो मनुष्य वात, पित्त और कफ - इन तीन धातुओं से बने हुए शवतुल्य शरीर को ही आत्मा यानी अपना 'मैं', स्त्री-पुत्र आदि को ही 'अपना' और मिट्टी, पत्थर, काठ आदि को ही अपना 'इष्टदेव' मानता है तथा जो केवल जल को ही 'तीर्थ' मानता है, महापुरुषों को नहीं - वह मनुष्य होने पर भी पशुओं में भी नीच गधा ही है।''

(भागवत पुराण, स्कन्ध-10, अध्याय-84, श्लोक-10-13)

वहां कृष्ण की उपरोक्त बातें सुनकर सारे ऋषि-मुनियों की बुद्धि चक्कर में पड़ गई कि कृष्ण ये क्या कहे जा रहे हैं। उन सारे कर्मकांडी ऋषियों की बुद्धि इसलिए चक्कर में पड़ गई थी क्योंकि कृष्ण की उपरोक्त सभी बातें तत्कालीन पाखंडों पर एक करारा प्रहार के समान थीं :

निशम्येत्थं भगवतः कृष्णस्याकुण्थमेधसः।
वचो दुरन्वयं विप्राः तूष्णीमासन् भ्रमद्धियः।।

"कृष्ण का यह गूढ़ भाषण सुनकर सारे ऋषि-मुनि चुप रह गए। उनकी बुद्धि चक्कर में पड़ गई, वे समझ न सके कि कृष्ण ये क्या कह रहे हैं।"

(भागवत पुराण, स्कन्ध-10, अध्याय-84, श्लोक-14)

आज जो लोग कृष्ण की मूर्ति की पूजा करके अपने कर्तव्यों की इतिश्री समझ लेते हैं, स्वयं को उनका अनुयायी मानने लगते हैं तथा तीर्थाटन करके पुण्यात्मा कहलाना चाहते हैं; उनके लिए उपरोक्त सारे श्लोक आंख खोलने वाली औषधि के समान हैं। क्योंकि उपरोक्त श्लोकों से स्पष्ट हो जाता है कि कृष्ण मूर्तिपूजा ही नहीं यज्ञों को भी पाखंड ही मानते थे। और यही सब बातें फिर उन्होंने गीता में दृढ़तापूर्वक कही थीं।

176. क्या एकलव्य और कृष्ण की यादव-सेना के बीच भी कभी युद्ध हुआ था?

हां, हरिवंश पुराण में ऐसा वर्णन आया है। एकलव्य कृष्ण के ही चचेरे भाई थे। वे कृष्ण के एक चाचा देवश्रवा के पुत्र थे और जन्म के समय उनका नाम शत्रुघ्न रखा गया था। लेकिन जन्म के कुछ ही दिनों बाद किसी अपशकुन के कारण उन्हें जंगल में छोड़ दिया गया था। यानी कहा जा सकता है कि वे पैदा होते ही पाखंड और अंधविश्वास के शिकार हो गए थे। खैर, जंगल में एक निषादराज ने उनका लालन-पालन किया और उनका नाम एकलव्य रखा *(हरिवंश पुराण, हरिवंशपर्व, अध्याय-34, श्लोक-33)*। आगे चलकर कौरव-पांडव तथा खुद कृष्ण न चाहते हुए भी उनके मार्ग में रोड़े अटकाने वाले सिद्ध हो रहे थे। द्रोणाचार्य से शिक्षा प्राप्त करने में अर्जुन रोड़ा बने तो द्रौपदी के स्वयंवर में स्वयं कृष्ण ने अड़ंगा डलवाया। इन अवांछित घटनाओं से तत्कालीन समाज में उनकी प्रतिभा की पहचान तथा सम्मान मिलने में कठिनाई आ रही थी और इस कारण वे कुंठाग्रस्त रहा करते थे। इसी बीच अपने पालक पिता की मृत्यु के बाद वे निषादों के राजा बने और कौरव तथा पांडव से अलग एक तीसरे गुट में शामिल हो गए जिसमें काशी के राजा, पुंड्र के राजा पौंड्रक, हंस-डिम्भक, नरकासुर आदि शामिल थे।

उस समय कृष्ण के नेतृत्व में यादवों का हो रहा विकास आर्यावर्त के इस गुट के राजाओं के लिए कलेजे पर सांप लोटने के समान था *(हरिवंश पुराण, भविष्यपर्व, अध्याय-94, श्लोक-4)*। इसलिए एकबार पौंड्रक के नेतृत्व में वृष्णिवंशी यादवों को अपने अधीन करने हेतु इस गुट ने द्वारका पर आक्रमण किया। उस समय पौंड्रक के साथ एकलव्य भी आये थे और अपनी वीरता से उन्होंने लगभग सारी यादव-सेना को मार डाला था। इतना ही नहीं, उन्होंने निशठ, सारण, कृतवर्मा, उग्रसेन, वसुदेव, उद्धव और अक्रूर; सबको बुरी तरह घायल भी कर दिया था। संयोगवश कृष्ण उस समय द्वारका में नहीं थे, इसलिए उग्रसेन व वसुदेव आदि के घायल हो जाने के बाद सात्यकि और बलराम मैदान संभालने आये। वह लड़ाई कई दिनों तक चली और इसी बीच कृष्ण भी पहुंच गए। फिर जब कृष्ण के हाथों पौंड्रक का वध हुआ तो बलराम ने एकलव्य को निशाने पर लिया। लेकिन पासा पलटते देख एकलव्य भाग गए और उन्होंने एक द्वीप में छिपकर शरण ली*(हरिवंश पुराण, भविष्यपर्व, अध्याय-102)*। बाद में कृष्ण ने महाभारत युद्ध के शुरू होने से पहले उन्हें अपने हाथों मारा था और कारण बताते हुए उन्होंने पांडवों से कहा था :

एकलव्यं हि सांगुष्ठमशक्ता देवदानवाः।
सराक्षसोरगाः पार्थ विजेतुं युधि कर्हिचित्।।
किमु मानुषमात्रेण शक्यःस्यात् प्रतिविक्षितुम्।
दृढमुष्टिः कृती नित्यमस्यमानो दिवानिशम्।।
त्वद्धितार्थे तु स मया हतः संग्रामंमूर्धनि।
चेदिराजश्च विक्रांतः प्रत्यक्षं निहतस्तव।।

कृष्ण ने कहा था - ''कुन्तीकुमार! यदि एकलव्य का अंगूठा सुरक्षित होता तो देव, दानव, राक्षस, नाग - ये सब मिलकर भी युद्ध में उन्हें परास्त न कर सकते थे। फिर कोई मनुष्यमात्र उनकी ओर देख भी कैसे सकता था? उनकी मुट्ठी मजबूत थी। वे अस्त्र-विद्या के विद्वान थे और सदा दिन-रात बाण चलाने का अभ्यास किया करते थे। अतः तुम्हारे हित के लिए मैंने ही युद्ध के मुहाने पर उन्हें मार डाला था। पराक्रमी चेदिराज शिशुपाल तो तुम्हारी आंखों के सामने ही मारा गया था।''

(महाभारत, द्रोणपर्व, अध्याय-181, श्लोक- 19-21)

177. क्या कृष्ण से भी किसी राजा ने कर मांगा था?

हां, हरिवंश पुराण के अनुसार यह बात सही है कि एक राजा ने कृष्ण से भी कर मांगने का

दुस्साहस किया था। एकबार पुष्कर के राजा ब्रह्मदत्त के लिए उनके पुत्र हंस और डिम्भक ने राजसूय यज्ञ का आयोजन किया था। और उन्हीं दोनों भाइयों ने अपने दूत द्वारका भेजकर कृष्ण से अधीनता स्वीकार करने तथा कर देने हेतु आदेश भिजवाया था :

जरासंधस्तु धर्मात्मा बन्धुरेव सदा मम।
गच्छ प्रिय यदुश्रेष्ठं ब्रूहि मद्वचनात् त्वरन्।।
दीयतां करसर्वस्वं यज्ञार्थं सुन्दरं बहु।
लवणानि बहून्यद्य गृह्य केशव मा चिरम्।।
आगच्छ त्वरितं कृष्ण न ते कार्यं विलम्बनम्।
इति ब्रूहि यदुश्रेष्ठं याहि त्वरितविक्रमः।।

हंस ने अपने दूत और मित्र जनार्दन से कहा – "धर्मात्मा जरासंध तो हमलोगों का हितैषी बंधु ही है, ब्राह्मण! तुम यदुपति कृष्ण के पास जाओ और मेरी आज्ञा से तुरंत यह बात उनसे कहो। केशव! तू यज्ञ के लिए बहुत सुंदर सामग्री तथा कर के रूप में अपना सारा धन दे दो, साथ ही बहुत-से नमक का संग्रह करके शीघ्र आओ। कृष्ण! तुम्हें इस कार्य में विलंब नहीं करना चाहिए *(हरिवंश पुराण, भविष्यपर्व, अध्याय-113, श्लोक-21-23)*।"

178. हंस के दूत से कर की बात सुनकर कृष्ण ने क्या जवाब दिया था?

कर और नमक की बात सुनकर कृष्ण को काफी रोष हुआ और उन्होंने उस दूत के साथ सात्यकि को पुष्कर भेजकर उन हंस और डिम्भक बंधुओं को यज्ञ ही न करने का संदेश भिजवाया। जब वापस आये अपने दूत के साथ सात्यकि को उनदोनों भाइयों ने देखा तो वे कुछ सशंकित होकर डपटते हुए सात्यकि से बोले :

भो भो यादवदायाद किमर्थं प्राप्तवानिह।
किमब्रवीन्नन्दसुतः किं वासौ मेऽदिशत् करम्।।

"ओ यादवकुमार! तुम यहां किसलिए आये हो? उस नंदपुत्र ने तुमसे क्या कहा है? उसने मेरे लिए कौन-सा कर प्रदान किया है?"

तब सात्यकि ने कहा :

इदं सत्यं वचो हंस शंखचक्रगदाभृतः।
शरैर्निशितधाराग्रैः शार्ङ्गमुक्तैः शिलाशितैः।।
दास्यामि करसर्वस्वमसिना निशितेन ते।
शिरश्छेत्स्यामि ते हंस करदानस्य संग्रहम्।।

"हंस! श्रीकृष्ण का यह सत्य वचन सुनो। उनका कहना है कि मैं सारंग धनुष से छूटे हुए, शिला पर तेज किये गए और पैनी धारवाले बाणों द्वारा तुम्हारा सारा कर चुका दूंगा। हंस! अपनी तीखी तलवार से तेरा सिर काट लूंगा, यह तेरे लिए करदान का अच्छा संग्रह होगा।"

(हरिवंश पुराण, भविष्यपर्व, अध्याय-118, श्लोक-30-32)

क्व नः संग्राम इत्येवं पुनराह जगत्पतिः।
पुष्करे पुण्यदे नित्यमुत गोवर्धने गिरौ।।
मथुरायां प्रयागे वा दर्शयन्तो बलानि मे।
शंखचक्रधरे देवे जगत्पालनतत्परे।।
राजसूयं महायज्ञं कर्तुमिच्छति कः स्वयम्।
वदन्वा स्वस्तिमान्मर्त्यस्त्वां विना को व्रजेत् सुखम्।।

सात्यकि ने फिर कहा - "श्रीकृष्ण ने यह भी पूछा है कि हमलोगों का यह संग्राम कहां होगा? यहां पुष्कर में ही या गोवर्धन पहाड़ पर या मथुरा में या प्रयाग में? उनदोनों भाइयों को जहां इच्छा हो, मुझे अपना बल दिखाने के लिए आ जाएं। श्रीकृष्ण जब मौजूद ही हैं, तो उनकी आज्ञा लिए बिना कौन राजसूय जैसे यज्ञ का स्वयं ही अनुष्ठान कर लेगा? तुम्हारे जैसा मूर्ख दूसरा और कौन है, जो ऐसी बातें कहकर सकुशल और सुखपूर्वक घर को जा सकेगा?"

(हरिवंश पुराण, भविष्यपर्व, अध्याय-118, श्लोक-45-47)

महाभारत में इस हंस-डिम्भक बंधु का नाम तो जरासंध के प्रसंग में दो बार आता है, परंतु ऐसी किसी घटना का वर्णन नहीं मिलता है। अन्य पुराणों में तो इस हंस-डिम्भक की कोई चर्चा ही नहीं मिलती है।

179. कृष्ण और हंस-डिम्भक के बीच कहां लड़ाई हुई थी?

हरिवंश पुराण में ऐसा वर्णन मिलता है कि हंस और डिम्भक को खदेड़ते हुए कृष्ण, बलराम, सात्यकि आदि कुछ सेना के साथ यमुना तक गए थे और वहां कृष्ण ने हंस को यमुना के गड्ढे में डुबोकर मार डाला था। तब डिम्भक ने अपने भाई की मौत को देखकर खुद ही आत्महत्या कर ली थी *(हरिवंश पुराण, भविष्यपर्व, अध्याय-128)*। फिर दोनों के मरने के बाद कृष्ण-बलराम पास के ही गोवर्धन पर्वत पर जाने से खुद को नहीं रोक पाये थे, जहां उनका बचपन बीता था। अतः वे दोनों वहां गए थे :

गोवर्धनेऽथ विश्रम्य बलभद्रसहायवान्।
कंचित् कालं महाराज पूर्वभुक्तमुवास ह।।

''दुष्टों को उनके अंजाम तक पहुंचाने से खुश-खुश कृष्ण ने बलभद्र के साथ गोवर्धन पर्वत पर विश्राम करके अपने पूर्व में बिताये स्थान पर कुछ काल तक निवास किया।''

(हरिवंश पुराण, भविष्यपर्व, अध्याय-129, श्लोक-15)

यशोदा नन्दगोपश्च कृष्णदर्शनलालसौ।
गोवर्धनगतं श्रुत्वा वासुदेवं सहाग्रजम्॥
नवनीतं च दधि च पायसं कृसरं तथा।
वन्यं पुष्पं महाराज मयूरांगदमेव च॥
बल्लवैरपरैः सार्धं गोपिभिश्च समन्ततः।
जग्मतुः सहसा प्रीतौ गोवर्धनमथो नृप॥

''यशोदा और नंदगोप के मन में कृष्ण को देखने की लालसा रहती ही थी, सो जब उन्होंने सुना कि कृष्ण अपने बड़े भाई के साथ गोवर्धन पर्वत पर आये हैं, तब वे दोनों बड़े प्रसन्न हुए और मक्खन, दही, खीर, खिचड़ी, जंगली फूल तथा मोरपंख के बाजूबंद लेकर सब ओर से एकत्र हुए दूसरे गोपों और गोपियों के साथ गोवर्धन पर्वत पर गए।''

(हरिवंश पुराण, भविष्यपर्व, अध्याय-130, श्लोक-1-3)

स्पष्टीकरण :- लेकिन महाभारत से लेकर अन्य किसी ग्रंथ में इस बात का कोई जिक्र नहीं मिलता है।

180. घंटाकर्ण कौन था और कृष्ण से उसकी मुलाकात कब और कैसे हुई थी?

हरिवंश पुराण में एक ऐसी कथा आती है कि हिमालय के जंगलों में घंटाकर्ण नाम का एक पिशाच रहता था। जब कृष्ण एक बार बद्रीनाथ जा रहे थे, तो मार्ग में उस घंटाकर्ण से उनकी भेंट हुई थी और उसने अपनी ओर से उनकी खातिरदारी करने का प्रयास भी किया था :

विहस्य विकृतं भूयः... x ...यत्नस्ततः प्रीतोऽस्मि मांसप॥

''विकट अट्टाहास करके वह पिशाच तुरंत ही मारे गए एक ब्राह्मण का शव लेकर आया। केशों से युक्त उस महाघोर मांस के दो टुकड़े करके एक टुकड़े को लेकर उसने यत्नपूर्वक जल से धोया। फिर एक सुंदर बर्तन में रखकर कृष्ण के आगे हाथ जोड़कर खड़ा हो गया और बोला – यह भोजन आपके योग्य है, कृपया इसे ग्रहण कीजिए। यह तुरंत का मरा हुआ संस्कार-सम्पन्न, भक्षण करने योग्य ब्राह्मण का उत्तम शव है। शास्त्रों में हम पिशाचों के लिए इसके भोजन का विधान है ही। अतः यदि कोई दोष न हो तो आप इसे ग्रहण करें।

तब श्रीकृष्ण उसपर बहुत प्रसन्न हुए कि अहो! इसके मन में मेरे जैसे अतिथि के प्रति सर्वत्र स्नेह और करुणा विद्यमान है। ऐसा सोचकर श्रीकृष्ण ने कहा – कच्चा मांस खाने वाले पिशाच! इस मांस का उपयोग हर जगह नहीं किया जा सकता और न ही हर किसी को दिया जा सकता है। जिसे तुम ब्राह्मण का उत्तम शव बता रहे हो, यह मुझ जैसे लोगों के लिए छूने योग्य भी नहीं है।

मांस खाने वाले पिशाच! तुम्हारा भला हो। तुम्हारे सत्कार से मैं बहुत प्रसन्न हूँ। क्योंकि तुम्हारा मन निर्मल है और इस हेतु तुमने यत्न भी किया है, इसलिए मुझे तुम्हारा यह कच्चा मांस भी स्वीकार हुआ ही समझो।''

(हरिवंश पुराण, भविष्यपर्व,
अध्याय-83, श्लोक-1-13)

अनेक पुराणों तथा महाभारत में घंटाकर्ण को शिव का एक गण बताया गया है। यहां भी कृष्ण की घंटाकर्ण से मुलाकात शंकर के मार्ग में ही होती है। सो सहज आकलन यही किया जा सकता है कि इस हरिवंश पुराण में शिव तथा उनके गणों के मलिन वेश तथा मलिन आहार-विहार को उभारने तथा उसे निन्दनीय बताने हेतु ही इस कहानी की रचना की गई हो। *महाभारत के शल्यपर्व के 45वें अध्याय* में शिव के गणों के नाम दिये गए हैं, वहां यह कथा तो नहीं है, लेकिन घंटाकर्ण का नाम आया है। *अग्नि पुराण के पचासवें अध्याय के इकतालीसवें श्लोक* में घंटाकर्ण का नाम आया है जिसे पाप और रोग का नाश करने वाला बताया गया है – घण्टाकर्णोष्टदशदोः पापरोगं विदारयन्। स्कन्द पुराण में भी घंटाकर्ण का नाम मिलता है। यानी शिव को मूल मानकर जितने भी पुराण लिखे गए हैं, प्रायः उन सभी में घंटाकर्ण की चर्चा की गई है।

181. कृष्ण को सुदर्शन चक्र किससे प्राप्त हुआ था?

महाभारत के अनुसार कृष्ण को शिव ने ही सुदर्शन चक्र दिया था :

यत्तद्भगवता पूर्वं दत्तं चक्रं तवानघ।
जलान्तरचरं हत्वा दैत्यं च बलगर्वितम्।।
उत्पादितं वृषांकेन दीप्तज्वलनसन्निभम्।
दत्तं भगवता तुभ्यं दुर्धर्षं तेजसाऽद्भुतम्।।

उपमन्यु मुनि ने कृष्ण से कहा – ''पूर्वकाल में जल के भीतर रहने वाले गर्वीले दैत्यों को मारकर शंकर ने आपको जो चक्र प्रदान किया था, उस अग्नि के समान तेजस्वी चक्र को

स्वयं शिव ने ही उत्पन्न किया था और आपको दिया था। वह अस्त्र अद्भुत तेज से युक्त और दुर्धर्ष है।''

(महाभारत, अनुशासनपर्व, अध्याय-14, श्लोक-76-77)

चूंकि महाभारत के ये अध्याय ही मिलावटी हैं और समस्त पौराणिक त्रुटियों से युक्त हैं, इसलिए ऐसे प्रमाण विश्वसनीय नहीं हैं।

182. क्या कृष्ण के पुत्रों की भी अनेकों शादियां हुई थीं?

आज जिस बात पर प्रश्न खड़ा होता है और आश्चर्य किया जाता है, वह पूर्वकाल में अत्यंत ही सामान्य बात थी। अक्सर तो यह बात समृद्धि, वैभव और सामाजिक प्रतिष्ठा की सूचक थी। विभिन्न पुराणों में यत्र-तत्र फैले विवरणों के अनुसार कृष्ण के ज्यादा चर्चित संतानों की शादियों की सूची निम्नवत है :

I. प्रद्युम्न : मायावती (शंबरासुर की दासी), शुभांगी (मामा रुक्मी की बेटी), प्रभावती (वज्रनाभ नामक असुर की बेटी)

II. साम्ब : लक्ष्मणा (दुर्योधन की बेटी), गुणवती (प्रभावती की चचेरी बहन), रामा (बाणासुर के मंत्री कुंभाण्ड या कुष्मांड की बेटी)

III. अनिरुद्ध : रोचना (कृष्ण के साले रुक्मी की पोती), उषा (बाणासुर की बेटी)

इसके अतिरिक्त द्वारका के राजकुमारों के भवनों में अलग-अलग अनेकों स्त्रियां दासी सह पत्नी के रूप में रहा करती थीं, जो वैभव का प्रतीक भी मानी जाती थीं। उदाहरण के लिए अनिरुद्ध के अपहरण कर लिये जाने पर उसके भवन की स्त्रियां विलाप करने लगती हैं :

ततोऽनिरुद्धस्य गृहे रुरुदुः सर्वयोषितः।
प्रियं नाथमपश्यन्त्यः कुरर्य इव संघशः।।

''*अनिरुद्ध के महल में रहने वाली सभी स्त्रियां* अपने प्रिय स्वामी को न देखकर झुंड-की-झुंड एकत्र होकर कुररियों की भांति विलाप करने लगीं।''

स्पष्टीकरण :- उपरोक्त श्लोकों से स्पष्ट होता है कि उन दिनों स्त्री या विवाहों को लेकर समाज में किसी प्रकार की वर्जना नहीं थी।

183. कृष्ण को सारंग नामक प्रसिद्ध धनुष कहां से मिला था?

महाभारत में उपलब्ध प्रमाण के अनुसार यह सारंग नामक धनुष नरकासुर के पास था जिसे कृष्ण ने उसे मारने के बाद प्राप्त किया था :

निर्जित्य नरकं भौममाहृत्य मणिकुण्डले।
षोडश स्त्रीसहस्राणि रत्नानि विविधानि च।।
प्रतिपेदे हृषीकेशः शार्ङ्गं च धनुरुत्तमम्।

वैशम्पायनजी ने कहा - ''श्रीकृष्ण ने भूमिपुत्र नरकासुर को जीतकर जब उसके यहां से अदिति के मणिमय कुंडल वापस ले लिए और सोलह हजार स्त्रियों तथा नाना प्रकार के रत्नों को अपने अधिकार में कर लिया, तो उसी समय उन्हें सारंग नामक उत्तम धनुष भी प्राप्त हुआ था।''

(महाभारत, उद्योगपर्व, अध्याय-158, श्लोक-8-9)

184. क्या कृष्ण ने द्वारका में भी रास रचाया था?

हरिवंश पुराण के अनुसार कृष्ण ने द्वारका में जहाज पर तथा खुले समुद्र में रास का आयोजन करवाया था। उस रास में खाने, पीने (मदिरा), गान, वादन, सुंदरियां आदि की प्रचुर मात्रा में व्यवस्था की गई थी। इस रास का वर्णन इस पुराण के विष्णुपर्व के नवासीवें (89) अध्याय में किया गया है। द्वारका के उस रास में कृष्ण अपनी पत्नियों के साथ तो मौजूद थे ही, बलराम भी अपनी रेवती, अर्जुन अपनी सुभद्रा तथा सात्यकि आदि सभी निकट संबंधी भी अपनी-अपनी पत्नियों के साथ शामिल हुए थे। इस पुराण के लिखने वाले ने अति की सीमा को लांघते हुए नारदजी को भी इसमें शामिल कर दिया है। उन सबके साथ-साथ यथासंभव आम द्वारकावासी भी उसमें शामिल हुए थे। वृंदावन में कृष्ण ने गोपियों के साथ जो रास किया था, उसकी तुलना में इसे एक महारास कहा जा सकता है।

(हरिवंश पुराण, विष्णुपर्व, अध्याय-89)

हालांकि इस रास का वर्णन न तो महाभारत में आया है और न ही अन्य किसी पुराण में। इस रास के वर्णन में एक खास बात यह भी है कि इस पूरे अध्याय में शराब पीने का वर्णन ही सबसे अधिक किया गया है। ऐसा लगता है जैसेकि रचनाकार का उद्देश्य यहां शराब पर ही अधिक जोर देना रहा हो। उस रास में शाकाहारी भोजन के साथ-साथ मांसाहारी भोजन भी परोसे गए थे :

पार्श्वानि चान्ये शकलानि तत्र ददुः पशूनां घृतमृक्षितानि।
सामुद्रचूर्णैरवचूर्णितानि चूर्णेन मृष्टेन समारिचेन।।
कट्वांकशूलैरपि पक्षिभिश्च घृताम्लसौवर्चलतैलसिक्तैः।
मैरेयमाध्वीकसुरासवांस्ते पपुः प्रियाभिः परिवार्यमाणाः।।

"उस रास में पशु और पक्षियों के मांस (उपरोक्त श्लोकों में चिह्नित किये हुए शब्द) भी घी में तलकर यादवों को परोसे गए थे।"

(हरिवंश पुराण, विष्णुपर्व, अध्याय-89, श्लोक-60, 62)

185. क्या कंस ने वसुदेव-देवकी को वाकई कैद कर रखा था?

इस प्रश्न का उत्तर देने हेतु ग्रंथों को दो समूह में बांटना पहली जरूरत है। पहले समूह में उन ग्रंथों को रखा जा सकता है जिनमें वसुदेव-देवकी के विवाह के समय आकाशवाणी तथा कंस का देवकी की हत्या हेतु तत्पर होने और वसुदेवजी के मान-मनौवल के बाद कंस द्वारा उनदोनों को कैद करने जैसे विवरण मिलते हैं। इस समूह में भागवत पुराण, विष्णु पुराण, ब्रह्मवैवर्त पुराण, पद्म पुराण, गर्ग संहिता आदि आते हैं। इन सभी ग्रंथों में वसुदेव-देवकी को कारागार में डाले जाने की बात कही गई है। लेकिन ग्रंथों का एक दूसरा समूह भी है जिसमें कारागार की भूल से भी चर्चा नहीं की गई है। दक्षिण भारत में प्रचलित महाभारत तथा हरिवंश पुराण इस समूह में रखे जा सकते हैं।

उत्तर भारत में प्रचलित महाभारत के नीलकंठी भाष्य में कृष्ण के जन्म और उनके बचपन की चर्चा ही नहीं की गई है, लेकिन दक्षिण भारत में प्रचलित महाभारत में कृष्ण के जन्म और मथुरा से गोकुल पलायन का मात्र एक श्लोक में वर्णन किया गया है :

वासुदेवस्ततो जातं बालमादित्यसंनिभम्।
नन्दगोपकुले राजन् भयात् प्राच्छादयद्धरिम्।।

भीष्मपितामह कहते हैं - "हे राजा युधिष्ठिर! उसके बाद वसुदेवजी ने कंस के भय से सूर्य के समान तेजस्वी अपने नवजात बालक श्रीकृष्ण को नंदगोप के घर में छिपा दिया।"

(दाक्षिणात्य महाभारत, सभापर्व,
अध्याय-52, श्लोक-17)

दूसरी ओर हरिवंश पुराण में जो वर्णन उपलब्ध है, उसमें कहीं भी वसुदेव-देवकी को कारागार में डालने की बात नहीं की गई है, बल्कि उनपर राजपरिवार की सामूहिक निगरानी रखने की बात कही गई है। नारदजी की चेतावनी से क्रुद्ध होकर कंस अपने हितैषी मंत्रियों से कहता है :

सोऽज्ञापयत संरब्धः सचिवानात्मनो हि तान्।
यत्ता भवत सर्वे वै देवक्या गर्भकृन्तने।।

वैशम्पायनजी कहते हैं - "जनमेजय! क्रोध में भरे हुए कंस ने अपने हितैषी मंत्रियों को

आज्ञा दी कि तुम सबलोग देवकी के गर्भ का उच्छेद करने के लिए उद्यत हो जाओ।''

प्रथमादेव हंतव्या गर्भास्ते सप्त एव हि।
मूलादेव तु हंतव्यः सोऽनर्थो यत्र संशयः।।

कंस ने कहा - ''पहले गर्भ से ही आरंभ करके वे सातों गर्भ नष्ट कर देने चाहिए। जहां संशय हो, उस अनर्थ का मूल से ही उच्छेद कर देना आवश्यक है।''

देवकी च गृहे गुप्ता प्रच्छनैरपिरक्षिता।
स्वैरं चरतु विश्रब्धा गर्भकाले तु रक्ष्यताम्।।

''देवकी अपने स्वयं के भवन में गुप्त रक्षकों द्वारा सुरक्षित रहकर अपनी इच्छा के अनुसार निर्भय होकर विचरण करे। परंतु जब वह गर्भवती हो जाए, उस समय उसे विशेष निगरानी में रखना चाहिए।''

मासान् वै पुष्पमासादीन् गणयन्तु मम स्त्रियः।
परिणामे तु गर्भस्य शेषं ज्ञास्यामहे वयम्।।

''मेरी स्त्रियां रजस्वलावस्था से ही आरंभ करके उसके गर्भधारण के मासों की गणना करती रहें। जब गर्भ के प्रकट होने का समय आ जाए, तब से जो शेष कृत्य हैं, उसे हमलोग स्वयं ही समझ लेंगे।''

वसुदेवस्तु संरक्ष्यः स्त्रीसनायासु भूमिषु।
अप्रमत्तैर्मम हितै रात्रावहनि चैव हि।
स्त्रीभिर्वर्षवरैश्चैव व्यक्तव्यं न तु कारणम्।।

''मेरे हितैषी सेवक रात-दिन सावधान रहकर स्त्रियों से भरे अंतःपुर में वसुदेवजी की भलीभांति देखभाल करें। स्त्रियां और हिजड़े भी उनपर कड़ी दृष्टि रखें, परंतु इसका कारण उन्हें नहीं बताना चाहिए।''

(हरिवंश पुराण, विष्णुपर्व,
अध्याय-2, श्लोक-1-5)

उपरोक्त श्लोकों में वसुदेव-देवकी की गुपचुप निगरानी की बात हो रही है और राजमहलों के अंतःपुर में ऐसे गुप्त षड्यंत्र सदियों से चलते आये हैं। यह वास्तविकता के अधिक निकट है। इसलिए बाद के पुराण लिखने वालों ने इस सामान्य-सी राजकीय निगरानी को भी बढ़ा-चढ़ाकर आकाशवाणी, तलवार खींचने, कैद करने, बेड़ी में बांधने, चमत्कार होने, घनघोर वर्षा होने की अतिशयोक्ति करके मूल कथा को अतिरंजित करने का प्रयास किया है, ऐसा कहा जा सकता है।

186. क्या कृष्ण की पत्नियों के बीच आपसी टकराव रहता था?

कृष्ण के जीवन से संबंधित बातों का वर्णन करने वाले प्रायः सभी पुराणों में पारिजात-पुष्प के वृक्ष तथा सत्यभामा के आंगन में उसकी स्थापना की कहानी मिलती है। परंतु रुक्मिणी और सत्यभामा के बीच अंदर-ही-अंदर चलने वाली जबरदस्त रस्साकशी और सौतिया-डाह का विस्तार से वर्णन केवल हरिवंश पुराण में मिलता है। इनदोनों के अतिरिक्त कृष्ण की अन्य किसी भी पत्नियों के बीच किसी भी प्रकार के तनाव या जलन का वर्णन नहीं मिलता है। रुक्मिणी और सत्यभामा के बीच चलने वाली रस्साकशी वास्तविक मानव-स्वभाव खासकर स्त्री-स्वभाव का प्रतिनिधित्व करती है, इसलिए कहानी में मौजूद अतिशयोक्ति को त्याग दें तो भी उसमें वास्तविकता का कुछ अंश होने का अनुमान किया जा सकता है।

हरिवंश पुराण में इस पूरी कहानी को बारह अध्यायों तक लंबा किया गया है जिनमें से शुरुआत के तीन अध्यायों में इन दोनों पत्नियों के बीच चलने वाली डाह तथा उससे परेशान कृष्ण का वर्णन किया गया है। इस पुराण के वर्णन के अनुसार रैवतक पर्वत पर भ्रमण करते समय एक मुनि ने कृष्ण को पारिजात वृक्ष का एक पुष्प दिया था जिसे उन्होंने पास में बैठी रुक्मिणी को दे दी थी। फिर रुक्मिणी ने भी तुरंत उसे अपने जुड़े में लगा लिया था। तब रुक्मिणी को खुश देखकर उस मुनि (नारद) ने पुष्प की बहुत सारी विशेषताएं बतायी। लेकिन वहीं पर समस्या भी खड़ी हो गई क्योंकि पास खड़ी दासियों में सत्यभामा की भेदिया भी थीं। और द्वारका लौटने पर उन दासियों ने सब वाकया बढ़ा-चढ़ाकर सत्यभामा को बता दिया *(हरिवंश पुराण, विष्णुपर्व, अध्याय-65)*। बस, फिर क्या था, सत्यभामा भयंकर ईर्ष्या की आग में जलने लगी। कुछ समय बाद जब कृष्ण उसके भवन में गए, तो तानों और उलाहनों का दौर शुरू हो गया :

किमत्र बहुनोक्तेन हृदयं वेद्मि तेऽच्युत॥
वाङ्मात्रमेव पश्यामि माधुर्यं सम्प्रयुज्यते।
मयि स्नेहश्च कृतकस्तवान्यत्र न कृत्रिमः॥
ऋजुस्वभावां भक्तां च सर्वथा पुरुषोत्तम।
अवजानासि जानन् मां कैतवीं वृत्तिमास्थितः॥

सत्यभामा ने कहा - "स्वामी! मैं ज्यादा क्या कहूँ, तुम्हारा हृदय कैसा है, आज मैं जान गई। देखती हूँ कि तुम मेरे पास केवल मीठी-मीठी बातें ही बनाया करते हो। मेरे प्रति तुम्हारा प्रेम बनावटी है। लेकिन किसी दूसरी जगह ऐसी बात नहीं है, वहां तो तुम्हारा प्रेम वास्तविक होता है, स्वाभाविक होता है। कृष्ण! मेरा स्वभाव सरल है और तुम्हारे प्रति

सच्चा प्रेम रखती हूँ, लेकिन इस बात को जानते हुए भी तुम मेरे साथ छल-कपट का सहारा लेते हो। मेरी अवहेलना करते हो।''

(हरिवंश पुराण, विष्णुपर्व, अध्याय-66, श्लोक-49-51)

फिर सत्यभामा को मनाने के चक्कर में पारिजात वृक्ष के कारण कृष्ण और इंद्र के बीच भयानक लड़ाई अगले नौ अध्यायों में दिखायी गई है जो कि अतिशयोक्ति की हद है। इस घटना का वर्णन अपने-अपने तरीके से कृष्ण से संबंधित हर पुराण में किया गया है लेकिन महाभारत में इसका कोई उल्लेख नहीं मिलता है।

187. क्या कृष्ण का इंद्र से कोई रिश्ता था?

पौराणिक मान्यताओं के अनुसार कश्यप मुनि की दो पत्नियां थीं-अदिति और दिति। अदिति से जो पुत्र पैदा हुए, वे देवता कहलाए और दिति से जो पैदा हुए, वे दैत्य या असुर कहलाए। उस अदिति से कश्यप को इंद्र, सूर्य, विष्णु के एक अवतार वामन आदि जो पुत्र पैदा हुए थे उनमें इंद्र बड़े और वामन छोटे थे। तो जब वेदव्यास के मूल महाभारत का विस्तार किया जाने लगा तथा पुराण लिखने की बाढ़ आ गई, तो कृष्ण के महान कार्यों को देखते हुए उन्हें विष्णु का अवतार घोषित कर दिया गया और चूंकि वामन इंद्र से छोटे थे, इसलिए जगह-जगह पर कृष्ण के लिए 'इंद्रानुज' तथा 'उपेन्द्र' सम्बोधन का प्रयोग किया जाने लगा।

इसके पीछे एक अन्य कारण की संभावना भी देखी जा सकती है। इंद्र चूंकि वेद के प्रधान देवता कहे जाते हैं और वे वेद, आर्य तथा यज्ञ के रक्षक भी माने जाते हैं, लेकिन वेद में इंद्र और कृष्ण के बीच लड़ाई की बात आती है, जिसका उल्लेख यथास्थान इस पुस्तक में भी किया गया है; इसलिए विष्णु को जगत का स्रष्टा मानने वाले वैष्णव संप्रदाय के विद्वानों द्वारा इंद्र और कृष्ण के बीच समन्वय स्थापित करने का यह एक प्रयास भी हो सकता है। लेकिन इस समन्वय के प्रयास के बावजूद पुराणों में भी कई बार कृष्ण और इंद्र के बीच लड़ाई की नौबत आती है जिन्हें उन पुराणों को लिखने वाले संप्रदाय की मान्यताओं के हिसाब से सही ठहराने का अलग-अलग तरीके से प्रयास किया गया है।

188. क्या युधिष्ठिर के राजसूय यज्ञ का कोई दुष्परिणाम हुआ था?

यह प्रश्न हरिवंश पुराण में उठाया गया है। अर्जुन के पोते परीक्षित की सांप काटने से मृत्यु हो गई थी, इससे क्रोधित होकर उनके पुत्र जनमेजय ने सर्पयज्ञ करवाया था जिसमें असंख्य सर्पों की यज्ञकुंड में आहूति दे दी गई थी। उस सर्पयज्ञ की समाप्ति के बाद जनमेजय ने

अश्वमेध यज्ञ का आयोजन किया था जिस हेतु वेदव्यास, जो कि उनके पूर्वज भी थे और समूचे कौरव-पांडव वंश के यथार्थ द्रष्टा भी, पधारे थे। उसी समय एक वार्तालाप में जनमेजय वेदव्यास से पूछते हैं :

अनुमान्य तु सर्वज्ञं... x ...बुद्धिमन्तश्च्युता नयात्।

''हे भगवन! आप सर्वज्ञ हैं, मैं आपकी अनुमति लेकर कुछ पूछ रहा हूँ। मुझे ऐसा मालूम होता है कि राजसूय यज्ञ ही कौरवों के विनाश का कारण हुआ है। महाभारत युद्ध में जिस दुखद रूप से राजाओं का विनाश हुआ है, उसे देखते हुए मैं यही मानता हूँ। अब मेरा तो यही मत है कि राजसूय की कल्पना युद्ध के लिए ही हुई है। सुना जाता है कि प्राचीन काल में सोम ने राजसूय यज्ञ का अनुष्ठान किया था, उनके उस यज्ञ के अंत में तारकामय नामक युद्ध हुआ था। उसके बाद वरुण ने वह यज्ञ किया, उनके उस महायज्ञ के अंत में देवताओं और असुरों के बीच बड़ा भयंकर संग्राम हुआ था जो संपूर्ण भूतों का विनाश करने वाला था। फिर राजा हरिश्चंद्र ने इस यज्ञ का आयोजन किया, उनके यज्ञ के अंत में आडीबक नाम का महायुद्ध हुआ जो क्षत्रियों का विनाश करने वाला सिद्ध हुआ। उसके बाद मेरे पूर्वज श्रेष्ठ राजा युधिष्ठिर ने उस अत्यंत दुस्तर और अग्नि के समान भयंकर यज्ञ का आयोजन किया, जिसका आरंभ महाभारत युद्ध को उपस्थित करने में कारण बना। अतः इस लोकविनाशकारी युद्ध का जो मूल कारण था, उस राजसूय नामक महायज्ञ का अनुष्ठान आपने क्यों नहीं रोक दिया था? आप भी हमारे समस्त पूर्वजों के पितामह हैं, आप भूत-भविष्य के ज्ञाता हैं, आप हमारे कुल के रक्षक और हमारे पूर्वजों के जन्मदाता हैं। फिर आप जैसे नेता के रहते हुए बुद्धिमान पांडव नीतिमार्ग से भ्रष्ट कैसे हो गए?''

(हरिवंश पुराण, भविष्यपर्व,
अध्याय-2, श्लोक-14-23)

तब वेदव्यासजी ने जनमेजय के लंबे प्रश्न का जवाब मात्र दो श्लोकों में दिया और कहा :

कालेन विपरीतास्ते तव पूर्वपितामहाः।
न मां भविष्यं पृच्छन्ति न चापृष्टो ब्रवीम्यहम्।।
सामर्थ्यं च न पश्यामि भविष्यस्य निवर्तने।
परिहर्तुं न शक्या हि कालेन विहिता गतिः।।

वेदव्यासजी कहते हैं- ''हे जनमेजय! ''तुम्हारे पूर्वपितामह पांडव काल की प्रेरणा से विपरीत अवस्था को प्राप्त हो गए थे। वे मुझसे कुछ नहीं पूछते थे और मैं बिना पूछे किसी को कोई बात बताता नहीं हूँ। वैसे भी भविष्य को पलट देने की शक्ति मैं किसी में नहीं

देखता हूँ; क्योंकि काल ने जिस गति का विधान किया है, उसका परिहार यानी उसे टालना असंभव है।''

(हरिवंश पुराण, भविष्यपर्व, अध्याय-2, श्लोक-24-25)

189. क्या कृष्ण भगवान के अवतार थे जैसाकि आज सारी दुनिया मान रही है?

महाभारत के अंदर स्वयं कृष्ण का कथन है कि वह भी अन्य मनुष्यों की भांति एक सामान्य मनुष्य हैं :

अहं हि तत् करिष्यामि परं पुरुषकारतः।
दैवं तु न मया शक्यं कर्मकर्तुं कथंचनः।।

कृष्ण कहते हैं - ''हे अर्जुन! एक मनुष्य अपनी सर्वोत्तम क्षमता से जितना अधिक कर सकता है, मैं भी अधिक-से-अधिक उतना ही कर सकता हूँ या ऐसा प्रयास कर सकता हूँ। मुझसे किसी भी दैवीय कर्म की उम्मीद नहीं रखनी चहिए। प्रारब्ध के विधान को किसी प्रकार भी टाल देना या बदल देना मेरे लिए संभव नहीं है।''

(महाभारत, उद्योगपर्व, अध्याय-79, श्लोक-5)

विष्णु पुराण में भी यह बात एक जगह इस तरह उद्धृत है :

नाहं देवो ना गन्धर्वो न यक्षो न च दानवः।
अहं वो बांधवो जातो नैतच्चिन्त्यमितोऽन्यथा।।

वृंदावन में गोपों की एक सभा को संबोधित करते हुए कृष्ण कहते हैं - ''हे गोपगण! ''न मैं देव हूँ, न गंधर्व हूँ, न यक्ष हूँ और न ही दानव हूँ। मैं तो आपके ही बीच आपके बंधु के रूप में उत्पन्न हुआ हूँ, अतः इस विषय में आपलोगों को कोई अन्यथा विचार नहीं करना चाहिए।''

(विष्णु पुराण, अंश-5, अध्याय-13, श्लोक-12)

हरिवंश पुराण में भी ऐसी बात कही गई है :

मन्यन्ते मां यथा सर्वे भवन्तो भीमविक्रमम्।
तथाहं नावमन्तव्यः स्वजातीयोऽस्मि बान्धवः।।

कृष्ण गोपगणों से कहते हैं - ''आप सब लोग मुझे जैसा भयानक पराक्रमी समझ रहे हैं, वैसा मानकर मेरा अनादर न करें। मैं तो आपलोगों का सजातीय भाई-बंधु ही हूँ।''

(हरिवंश पुराण, विष्णुपर्व, अध्याय-20, श्लोक-11)

स्पष्टीकरण :- प्रायः कृष्ण ने अपने को सामान्य मानव ही माना। परंतु हां, गीता में अपने

को ईश्वरों का ईश्वर भी कहा। यानी जब जैसी जरूरत वैसा कृष्ण हाजिर। यही उनके व्यक्तित्व की सबसे प्रमुख विशेषता थी।

190. क्या कृष्ण वैदिक देवता थे?

वेदों में कृष्ण को देवता न मानकर यमुना नदी के किनारे जंगलों में छिपकर रहने वाले ग्वाल-समुदाय का प्रमुख तथा वेद के प्रमुख देवता इंद्र का शत्रु बताया गया है :

अव द्रप्सो अंशुमतीमतिष्ठदियानः कृष्णो दशभिः सहस्रैः।
आवत्तमिन्द्रः शच्या धमन्तमप स्नेहितीर्नृमणा अधत्त॥

"दस हजार सेनाओं के साथ धावा बोलने वाला कृष्ण नाम का असुर अंशुमती (यमुना) नदी के किनारे रहता था। बुद्धि के द्वारा इंद्र ने उस शब्द करने वाले असुर को प्राप्त किया। पीछे इंद्र ने मनुष्यों के हित के लिए कृष्णासुर की हिंसक सेना का वध कर डाला।" *(ऋग्वेद, मण्डल-8, सूक्त-85*, मंत्र-13)(*खिलभाग वाले संस्करण में सूक्त-96)*

उपरोक्त वैदिक विवरण से स्पष्ट है कि कृष्ण वैदिक देवता नहीं बल्कि वैदिक परंपरा व मान्यताओं के विरोधी थे।

191. क्या कृष्ण का बचपन वैसा ही हसीन था, जैसा कि ग्रंथों में दर्शाया गया है?

इस प्रश्न का उत्तर एक वर्तमान काल के दृष्टांत से शुरू करके देने से बात के मर्म को आसानी से समझा जा सकता है। आज के संचार-क्रांति के युग में किसी गांव-कस्बे में कोई घटना घट जाती है तो वहां इतने संवाददाता पहुंच जाते हैं और इतनी कहानियां बना देते हैं कि मूल वाकया ही गायब हो जाता है। फिर तो चुस्त पुलिसबल को भी हकीकत पता करने हेतु महीनों पापड़ बेलने पड़ते हैं। जबकि कृष्ण को इस धरती पर आये पांच हजार साल हो गए। इन हजारों सालों में लाखों कहानीकारों ने कृष्ण की कहानियां कहीं। ऊपर से 'अवतार' तथा 'लीला' जैसे शब्द रूपी चट्टानों ने उनकी सच्चाई को इस तरह दबा दिया कि क्या कहें। लोग आज यही मानते हैं कि चूंकि वे एक 'अवतारी' पुरुष थे, इसलिए उन्होंने जो कुछ भी आनंद किया या जो भी उन्होंने कष्ट झेले; वह उनकी लीला थी।

सारे पौराणिक ग्रंथ कृष्ण को ईश्वर मानकर लिखे गए हैं, यह तो सत्य है। लेकिन इन्हीं ग्रंथों में वास्तविकता दर्शाने वाली बातें भी लिखी हुई हैं जिन्हें परखने के लिए विवेकपूर्ण व खोजी आंखों की जरूरत है। नंदजी तथा उनके बंधुओं का पेशा पशुपालन था, इसलिए वे लोग चारे-पानी की प्रचुरता वाले वनों में ही गांव बसाकर निवास किया करते थे। अब

आज से पांच हजार साल पहले जंगलों में मनुष्यों का जीवन कैसा गुजर रहा होगा, इसकी बड़ी आसानी से कल्पना की जा सकती है। उसपर भी हर पांच-दस साल पर विस्थापन की अनिवार्यता का कष्ट, सो अलग। जब कृष्ण लगभग सात-आठ साल के थे, उस समय भी नंदबाबा की टोली को गोकुल से विस्थापित होकर वृंदावन में शरण लेनी पड़ी थी *(हरिवंश पुराण, विष्णुपर्व, अध्याय-8-9; भागवत पुराण, स्कन्ध-10, अध्याय-11; गर्ग संहिता, वृंदावनखंड, अध्याय-1)*। इसका कारण था - ग्वाल-बालों द्वारा जंगल की हरियाली का बड़ी मात्रा में दोहन और उसके कारण जंगलों का सूख जाना। चारे-पानी की कमी के कारण हिंसक जंगली जानवरों का गांवों में प्रवेश और आक्रमण।

नयी जगह वृंदावन में भी उनका जीवन निरापद नहीं था। वहां भी कभी सांड़ों का आक्रमण तो कभी बंदरों का, कभी अतिवृष्टि तो कभी यमुना का कोप, कभी नागों से लुकाछिपी तो कभी राक्षसों से। ये सब कम थे तो कंस के पैतरे उसकी पूर्ति कर ही रहे थे। उफ! क्या बचपन रहा होगा कृष्ण का? कृष्ण के इतने संघर्षों को नजरअंदाज करके आज कृष्ण की मूर्ति की आरती उतारने वाले लोग सोचते हैं कि उनका बचपन तो दिव्य था, अलौकिक था...। तो सत्य की ऐसी अनदेखी क्या उचित है?

सो, अगर आप इन 'अवतार' तथा 'लीला' जैसे शब्दों को अपने मन से निकालने के बाद कृष्ण के जीवन के बारे में लिखे गए प्राचीन ग्रंथों को पढ़ें, तब आपको समझ में आएगा कि किस संघर्ष में उन्होंने अपना जीवन जिया था।

192. वृंदावन को व्रज क्यों कहा जाता है?

व्रज एक संस्कृत शब्द है जिसका क्रिया तथा संज्ञा दोनों पदों के रूप में प्रयोग किया जाता है। जब क्रिया के रूप में 'व्रज' शब्द का प्रयोग होता है, तब इसका अर्थ होता है - चलते रहना, जाना, भ्रमण करना इत्यादि। और जब इस 'व्रज' शब्द का प्रयोग संज्ञा के रूप में होता है, तब इसका अर्थ होता है - वह स्थान जहां गायों तथा अन्य पशुओं के लिए प्रचुर मात्रा में चारा उपलब्ध हो, चारागाह इत्यादि। सो चूंकि नंद बाबा तथा उनके साथी पशुपालक थे और वही उनका एकमात्र व्यवसाय था, इसलिए नंद बाबा तथा उनके पूरे समुदाय के लिए इस 'व्रज' शब्द का प्रयोग क्रिया तथा संज्ञा दोनों रूपों में किया जाता है। क्रिया के रूप में नंद बाबा के समुदाय के लिए इस शब्द का अर्थ भ्रमण करते रहना अर्थात हर दस-बीस साल के अंतराल पर या चारे की उपलब्धता के अनुसार निवास की जगह बदलते रहने से है। आधुनिक शब्दों में कहें तो वे खानाबदोश शैली में जीवन जी रहे थे।

दूसरी ओर संज्ञा के रूप में नंद बाबा के समुदाय के लिए हर वह क्षेत्र 'व्रज' था, जहां उनके पशुओं के लिए पर्याप्त चारा बिना विशेष परिश्रम के उपलब्ध हो। इसलिए शास्त्रों में गोकुल को भी 'व्रज' कहा गया है और वृंदावन को भी :

तस्माद् वनं नवतृणं गच्छन्तु धनिनो व्रजाः।
न द्वारबन्धावरणा न गृहक्षेत्रिणस्तथा।
प्रशस्ता वै व्रजा लोके यथा वै चक्रचारिणः॥

"जो वन व्रज-धन अर्थात चारागाह रूपी धन से संपन्न हों, जहां नयी-नयी घास उपलब्ध हो, वे (गोप समुदाय) उस वन में चलें। जिनमें दरवाजे बंध गए हैं और चारों ओर से बाड़ लग गए हैं, जहां स्थायी घर बन गए और खेती करने शुरू हो गए, ऐसे 'व्रज' लोक में अच्छे नहीं माने जाते। उन्मुक्त विचरने वाले हंसों के समान बंधनरहित होकर विभिन्न स्थानों में घूमते रहने वाले 'व्रज' यानी गोपों की बस्ती ही श्रेष्ठ है।"

(हरिवंश पुराण, विष्णुपर्व, अध्याय-8, श्लोक-19)

उम्मीद करता हूँ कि उपरोक्त एकमात्र श्लोक से इस 'व्रज' शब्द के संज्ञात्मक व क्रियात्मक दोनों अर्थ स्पष्ट हो चुके होंगे।

193. क्या सबसे छोटे पांडव सहदेव का विवाह द्वारका में हुआ था?

यह पूरी कहानी हरिवंश पुराण में मिलती है। अन्य पुराणों में इस बात की कोई चर्चा नहीं मिलती है। कृष्ण के सबसे बड़े पुत्र प्रद्युम्न ने वज्रनाभ नामक एक असुर राजा की प्रभावती नामक बेटी का हरण कर लिया था और प्रतिरोध करने पर उन्होंने वज्रनाभ को मार भी डाला था। यह कथा इस पुस्तक में भी एक अन्य प्रश्न के उत्तर में विस्तार से दी गई है। उसी वज्रनाभ का एक भाई निकुम्भ, जो अतिशक्तिशाली था, वह बदले की आग में झुलस रहा था। वह बेटी के बदले बेटी का हरण करके बदला लेने हेतु द्वारका के आसपास मंडराने लगा।

उधर द्वारका की बात की जाए तो वहां कृष्ण-सत्यभामा के सबसे बड़े पुत्र भानु का महल काफी विशाल था और सामान्य तौर पर पहरेदारों से रक्षित भी था। उस भानु की एक बहुत सुंदर पुत्री थी - भानुमती। जब निकुम्भ की नजर इस भानुमती पर पड़ी तो वह उसके पीछे लग गया और अवसर की ताक में रहने लगा। फिर जल्द ही उसको मौका भी मिल गया और वह भानुमती को पकड़कर ले भागा। इससे रनिवास में भयंकर चीख-पुकार मच गई। फिर शोर सुनकर सतर्क हुए यादव सैनिकों ने जब यह समाचार कृष्ण को सुनाया तो वे तत्काल अर्जुन, जो कि उनदिनों द्वारका में ही ठहरे हुए थे, को लेकर तथा अपने बड़े पुत्र प्रद्युम्न को

भी लेकर उस असुर का पीछा करने हेतु निकल पड़े। काफी संघर्ष के बाद उन्होंने निकुम्भ को मारकर अपनी पोती भानुमती को उसकी कैद से आजाद करवा लिया। लेकिन जब वे लोग द्वारका लौटे, तो एक नयी समस्या खड़ी हो गई। सब इस सोच में पड़ गए कि जिस लड़की का किसी ने हरण कर लिया हो, उसके साथ अब दूसरा कौन लड़का शादी करेगा? कृष्ण-परिवार के सभी लोग इसी उधेड़बुन में पड़े हुए थे कि एकदिन नारदजी का द्वारका में आना हुआ। जब उन्हें इस समस्या का पता चला तो उन्होंने कहा :

एवं भानुमती वीर सहदेवाय दीयताम्।
श्रद्दधानः स शूरश्च धर्मशीलश्च पाण्डवः॥

नारदजी ने कहा - "वीर भानो! मेरी बात मानो और अपनी बेटी भानुमती का सहदेव के साथ ब्याह कर दो, क्योंकि पांडुपुत्र सहदेव श्रद्धालु, शूरवीर तथा धर्मशील हैं।"

(हरिवंश पुराण, विष्णुपर्व, अध्याय-90, श्लोक-75)

आनीतः सहदेवश्च प्रेषितचक्रपाणिना।
विवाहे तदा वृत्ते सभार्यः स पुरीं गतः॥

वैशम्पायनजी कहते हैं - "तब श्रीकृष्ण ने सहदेव को बुलवाया और उस समय विवाह-कार्य संपन्न हो जाने पर उन्हें पत्नी सहित विदा कर दिया, फिर वे अपनी पुरी को चले गए।"

(हरिवंश पुराण, विष्णुपर्व, अध्याय-90, श्लोक-77)

इस तरह अर्जुन और सहदेव, दो पांडवों की शादी कृष्ण-परिवार में हुई थी।

194. द्वारका की भव्यता के बारे में शास्त्रों में क्या कहा गया है?

भिन्न-भिन्न पुराणों तथा महाभारत में द्वारका नगर की बनावट के बारे में कहीं-कहीं पर एकाध श्लोकों में कोई एकाध वर्णन मिल जाता है, परंतु उससे नगर का वास्तविक परिचय नहीं मिलता। लेकिन हरिवंश पुराण के अंतर्गत पूरे एक अध्याय में इस बारे में विस्तार से बताया गया है। इस अध्याय में नगर का क्षेत्रफल, उसकी संरचना तथा कृष्ण की रानियों के अलग-अलग रंगों के महलों के बारे में काफी कुछ कहा गया है। जैसाकि पुराणों को पढ़ने वाले लोग जानते हैं, अन्य पुराणों की तरह इस पुराण में भी वर्णन में अतिशयोक्ति की भरमार है, तथापि पाठकगण अपने विवेक का प्रयोग करके सार की बात निकाल सकते हैं। इस पुराण के इस अध्याय से यही लाभ मिलता है कि द्वारका नगर की संरचना से संबंधित अधिकांश बातें एक ही जगह प्राप्त हो जाती हैं। तो आइए, अब द्वारका को पुराण के शब्दों में जानें :

अप्रमेयां महोत्सेधामगाधपरिखायुताम्।
प्राकारवरसम्पन्नां सुधापाण्डुरलेपनम्।।

वैशम्पायनजी कहते हैं – ''द्वारकापुरी को मापना कठिन था। उसकी ऊंचाई भी बहुत अधिक थी। वह गहरे खाइयों से घिरी हुई थी। सुंदर परकोटे उसकी शोभा बढ़ा रहे थे। उस द्वारकापुरी की दीवारों को चूने से लीपकर उजला बनाया गया था।''

(हरिवंश पुराण, विष्णुपर्व, अध्याय-98, श्लोक-25)

तीक्ष्णयंत्रशतघ्नीभिर्हेमजालैश्च भूषिताम्।
अयसैश्च महाचक्रैर्ददर्श द्वारकां पुरीम्।।

''द्वारकापुरी को तीखे यंत्र, शतघ्नी और सोने के जालियों से भूषित देखा। वह लोहे के बड़े-बड़े चक्रों से सुशोभित थी।''

(हरिवंश पुराण, विष्णुपर्व, अध्याय-98, श्लोक-26)

अष्टयोजन विस्तीर्णामचलां द्वादशायताम्।
द्विगुणोपनिवेशां च ददर्श द्वारकां पुरीम्।।

''द्वारकापुरी की चौड़ाई आठ योजन (96 किलोमीटर) और लम्बाई बारह योजन (144 किलोमीटर) अर्थात उसका संपूर्ण विस्तार (क्षेत्रफल) छियानवे योजन था। उसके आसपास का क्षेत्र उससे दुगुना अर्थात एक सौ बानवे योजन विस्तृत था। श्रीकृष्ण ने उस अविचल द्वारकापुरी का दर्शन किया।''

(हरिवंश पुराण, विष्णुपर्व, अध्याय-98, श्लोक-28)

अष्टमार्गमहारथ्यां महाषोडशचत्वराम्।
एवं मार्गपरिक्षिप्तां साक्षादुशनसा कृतम्।।

''उस नगरी में प्रवेश के लिए आठ बड़े-बड़े मार्ग थे और सोलह बड़े-बड़े चौराहे बने थे। इस प्रकार विभिन्न मार्गों से परिष्कृत द्वारकापुरी साक्षात शुक्राचार्य की नीति के अनुसार बनायी गई थी।''

(हरिवंश पुराण, विष्णुपर्व, अध्याय-98, श्लोक-21)

स्त्रियोऽपि यस्यां युद्धेरन् किमु वृष्णिमहारथाः।
व्यूहानामुत्तमा मार्गः सप्त चैव महापथाः।।

''उस पुरी में रहकर स्त्रियां भी युद्ध कर सकती थीं, फिर वृष्णिवंशी महारथियों की बात ही क्या थी। उसमें व्यूहों के उत्तम मार्ग हैं और सात बड़ी-बड़ी सड़कें हैं।''

(हरिवंश पुराण, विष्णुपर्व, अध्याय-98, श्लोक-30)

दावाग्निज्वलितप्रख्यैर्निर्मितैर्विश्वकर्मणा।
आलिखद्भिरिवाकाशमतिचन्द्रार्कभास्वरैः।।

"विश्वकर्मा के बनाये हुए वे तेजस्वी भवन दावानल की ज्वाला के समान चमकते रहते थे। उन्हें देखकर ऐसा जान पड़ता था मानो वे आकाश में सुनहरी रेखा खींच रहे हों। उनका प्रकाश चन्द्रमा और सूर्य से भी बढ़कर था।"

(हरिवंश पुराण, विष्णुपर्व, अध्याय-98, श्लोक-37)

सुनहरे रंग का रुक्मिणी-भवन :

प्रसादं चैव हेमाभं सर्वभूतमनोहरम्।।
मेरोरिव गिरेः शृंगमुच्छ्रितं कांचनं महत्।
रुक्मिण्याः प्रवरं वासं विहितं विश्वकर्मणा।।

"वह सुनहला महल समस्त प्राणियों के लिए मनोहर था। उसके ऊंचे शिखर सोने से मढ़े गए थे। जिस कारण वह मेरु पर्वत की चोटी के समान शोभा पा रहे थे। विश्वकर्मा ने उस श्रेष्ठ महल को रुक्मिणी के रहने के लिए बनाया था।"

(हरिवंश पुराण, विष्णुपर्व, अध्याय-98, श्लोक-42-43)

सफेद रंग का सत्यभामा-भवन :

सत्यभामा पुनर्वेश्म यदावसत पाण्डुरम्।
विचित्रमणिसोपानं तद् विदुर्भोगवानिति।।

"सत्यभामा जिस भवन में निवास करती थीं, वह सफेद रंग का था। उसमें विचित्र प्रकार की मणियों की सीढ़ियां बनी थीं।"

(हरिवंश पुराण, विष्णुपर्व, अध्याय-98, श्लोक-43)

बड़ी-बड़ी ध्वजाओं वाले जाम्बवती-भवन :

स च प्रासादमुख्योऽथ जाम्बवत्या विभूषितः
प्रभयाभ्यभवत् सर्वांस्तानन्यो भास्करो यथा।।

"जिसमें चारों ओर बड़ी-बड़ी ध्वजाएं फहरा रही थीं, उस मुख्य भवन को जाम्बवती देवी सुशोभित करती थीं। वह सूर्य के समान अन्य सभी महलों को अपनी प्रभा से मात दे रहा था।" *(हरिवंश पुराण, विष्णुपर्व, अध्याय-98, श्लोक-46)*

सुनहरे रंग का सत्या-महल :

जाम्बूनद इवादीप्तः प्रदीप्तज्वलनो यथा।
सागरप्रतिमोऽतिष्ठन्मेरुरित्यभिविश्रुतः।।

तस्मिन् गान्धारराजस्य दुहिता कुलशालिनी।
गान्धारी भरतश्रेष्ठ केशवेन निवेशिता॥

''जो जाम्बूनद स्वर्ण तथा दहकती अग्नि जैसा चमकीला था, विशालता में जो समुद्र के समान था तथा जो मेरु के नाम से विख्यात होकर खड़ा था, कृष्ण ने उस भवन में गांधार राज की कन्या सत्या को ठहराया था।''

(हरिवंश पुराण, विष्णुपर्व, अध्याय-98, श्लोक-48-49)

कमल के रंगवाला भद्रा-महल :

पद्मकूल इति ख्यातं पद्मवर्ण महाप्रभम्।
सुभीमाया महाकूटं वेश्मातिरुचिरप्रभम्॥

''पद्मकूल नाम से विख्यात कमल के समान रंगवाला, अत्यंत प्रकाशमान, शिखर के समान ऊंचा और रुचिर प्रभा से प्रकाशित जो भवन था, वह सुभीमादेवी (भद्रा) का निवासस्थान बना था।''

(हरिवंश पुराण, विष्णुपर्व, अध्याय-98, श्लोक-50)

लक्ष्मणा और मित्रविंदा का महल :

सूर्यप्रभस्तु प्रासादः सर्वकामगुणैर्युतः।
लक्ष्मणाया नृपश्रेष्ठ निर्दिष्टः शार्ङ्गधन्वना॥
वैदूर्यमणिवर्णाभः प्रासादो हरितप्रभः।
यं विदुः सर्वभूतानि परमित्येव भारत॥
वासं तं मित्रविन्दाया देवर्षिगणपूजितम्।
महिष्या वासुदेवस्य भूषणं तेषु वेश्मसु॥

वैशम्पायनजी ने कहा - ''हे राजन! जो महल मनोवांछित गुणों से युक्त और सूर्य के समान प्रकाशमान था, उसे श्रीकृष्ण ने लक्ष्मणा का निवास निश्चित किया था। और जो हरे रंग से प्रकाशित तथा वैदूर्यमणि की आभा से युक्त था तथा जिसे सभी लोग बहुत उत्तम मानते थे, वह महल मित्रविंदा का निवास था।''

(हरिवंश पुराण, विष्णुपर्व,
अध्याय-98, श्लोक-51-53)

हरिवंश पुराण के इस अध्याय में एक अभाव खलता है और वह यह कि कृष्ण की एक अन्य पत्नी कालिंदी को किस भवन में ठहराया गया था, इसका वर्णन नहीं किया गया है। फिर भी, उपरोक्त वर्णन के आधार पर इतना तो सुनिश्चित हो जाता है कि द्वारकानगर की

स्थापत्यकला उस प्राचीन काल में भी अपनेआप में एक नमूना थी और साथ ही तत्कालीन आर्यावर्त में अद्वितीय भी थी।

195. हस्तिनापुर के दरबार में वह विनाशकारी जुआ कितनी बार खेला गया था?

महाभारत के अनुसार वह विनाशकारी जुआ कौरवों की सभा में दो बार खेला गया था। युधिष्ठिर जब पहली बार जुए में शकुनि के हाथों सबकुछ यहां तक कि स्वयं, चारों भाइयों, राज्य और द्रौपदी को भी हार गए थे, तब दुर्योधन तथा कर्ण की शह पर भरी सभा में द्रौपदी को बुरी तरह अपमानित किया गया था। उस समय द्रौपदी अपने प्रश्नों का उत्तर मांगती रह गई थी, लेकिन उस सभा में उपस्थित किसी भी व्यक्ति ने उसके एकमात्र प्रश्न का या तो जवाब ही नहीं दिया था या न्यायपूर्ण जवाब नहीं दिया था। फिर दुर्योधन के ही एक भाई विकर्ण तथा विदुरजी द्वारा घोर आपत्ति जताये जाने के बाद धृतराष्ट्र ने द्रौपदी को सांत्वना दी और वर मांगने को कहा :

वरं वृणीष्व पाञ्चालि मत्तो यदभिवाञ्छसि।
वधूनां हि विशिष्टा मे त्वं धर्मपरमा सती।।

धृतराष्ट्र ने कहा – ''बहू द्रौपदी! तुम मेरी बहुओं में सबसे श्रेष्ठ एवं धर्मपरायणा सती हो। तुम्हारी जो इच्छा हो, उसके अनुसार तुम वर मांग लो।''

(महाभारत, सभापर्व, गीताप्रेस में अध्याय-71, दाक्षिणात्य में-93, श्लोक-27)

ददासि चेद्वरं मह्यंवृणोमि भरतर्षभ।
सर्वधर्मानुगः श्रीमानदासोऽस्तु युधिष्ठिरः।।
मनस्विनमजानन्तो मैवं ब्रूयुः कुमारकाः।
एतं वै दासपुत्रेति प्रतिविन्ध्यं ममात्मजम्।।

द्रौपदी बोलीं – ''हे राजन! यदि आप मुझे वर देते हैं तो मैं यही मांगती हूँ कि धर्म का आचरण करने वाले युधिष्ठिर दास्यभाव से मुक्त हो जाएं ताकि मेरे पुत्र प्रतिविंध्य को कोई अन्य राजकुमार दास का पुत्र न कहने पाए।''

(महाभारत, सभापर्व, गीताप्रेस में अध्याय-71,
दाक्षिणात्य में-93, श्लोक-28-29)

एवं भवतु कल्याणि यथा त्वमभिभाषसे।
द्वितीयं ते वरं भद्रे ददानि वरयस्व ह।
मनो हि मे वितरति नैकं त्वं वरमर्हसि।।

धृतराष्ट्र ने कहा – "कल्याणी! तुम जैसा कहती हो, वैसा ही हो। भद्रे! अब तुम मुझसे दूसरा भी वर मांग लो। मेरा मन मुझे वर देने के लिए प्रेरित कर रहा है क्योंकि तुम एक ही वर पाने के योग्य नहीं हो।"

(महाभारत, सभापर्व, गीताप्रेस में अध्याय-71, दाक्षिणात्य में-93, श्लोक-30)

स्पष्टीकरण :– यहां "तुम एक ही वर पाने के योग्य नहीं हो" का भाव यह है कि तुम्हारा जितना अपमान किया गया है, उसकी क्षतिपूर्ति मात्र एक वर देने से नहीं हो सकती।

सरथौ सधनुष्कौ च भीमसेनधनञ्जयौ।
यमौ च वरये राजन्नदासान् स्ववशानहम्॥

तब द्रौपदी बोलीं – "राजन! मैं दूसरा वर यह मांगती हूँ कि भीमसेन, अर्जुन, नकुल और सहदेव अपने रथ और धनुष-बाण सहित दास्यभाव से रहित और स्वतंत्र हो जाएं।"

(महाभारत, सभापर्व, गीताप्रेस में अध्याय-71, दाक्षिणात्य में-93, श्लोक-31)

तथाऽस्तु ते महाभागे यथा त्वं नन्दिनीच्छसि।
तृतीयं वरयास्मत्तो नासि द्वाभ्यां सुसंस्कृता।
त्वं हि सर्वस्नुषाणां मे श्रेयसी धर्मचारिणी॥

धृतराष्ट्र ने कहा – "महाभागे! तुम अपने कुल को आनंद प्रदान करने वाली हो। तुम जैसा चाहती हो, वैसा ही हो। अब तुम तीसरा वर और मांगो। तुम मेरी सब बहुओं में श्रेष्ठ और धर्म का पालन करने वाली हो। मैं समझता हूँ कि केवल दो वरों से तुम्हारा पूरा सत्कार नहीं हुआ।"

(महाभारत, सभापर्व, गीताप्रेस में अध्याय-71, दाक्षिणात्य में-93, श्लोक-32)

लोभो धर्मस्य नाशाय भगवन्नाहमुत्सहे।
अनर्हा वरमादातुं तृतीयं राजसत्तम॥

द्रौपदी बोलीं – "हे भगवन! लोभ धर्म का नाशक होता है, अतः अब मेरे मन में वर मांगने का उत्साह नहीं है। राजशिरोमणे! तीसरा वर लेने का मुझे अधिकार भी नहीं है।"

(महाभारत, सभापर्व, गीताप्रेस में अध्याय-71, दाक्षिणात्य में-93, श्लोक-34)

स्पष्टीकरण :– उस जमाने में श्रेष्ठ और वरिष्ठ व्यक्तियों को भगवान या भगवन कहकर

संबोधित किया जाता था, इसीलिए उपरोक्त श्लोक में द्रौपदी हस्तिनापुर के राजा और अपने चाचा ससुर धृतराष्ट्र के लिए 'भगवन' संबोधन का प्रयोग करती हैं।

पापीयांस इमे भूत्वा सन्तीर्णाः पतयो मम।
वेत्स्यन्ति चैव भद्राणि राजन्पुण्येन कर्मणा।।

उपरोक्त श्लोक में द्रौपदी उस भरी सभा में हुए अभूतपूर्व अपमान के बावजूद अपनी उत्तम धैर्यशीलता तथा लोभ या मौके का अनुचित फायदा उठाने के विपरीत अपनी अडिगता का प्रदर्शन करते हुए कहती हैं – "हे राजन! ये मेरे पति दासभाव को प्राप्त होकर भारी विपत्ति में फंस गए थे। परंतु अब उससे पार हो गए हैं। अब तो अपने पुरुषार्थ द्वारा ये लोग स्वयं कल्याण प्राप्त कर लेंगे।"

(महाभारत, सभापर्व, गीताप्रेस में अध्याय-71, दाक्षिणात्य में-93, श्लोक-36)

उसके बाद धृतराष्ट्र युधिष्ठिर को सारा धन और राजपाट लौटाते हुए कहते हैं :

अजातशत्रो भद्रं ते अरिष्टं स्वस्ति गच्छत।
अनुज्ञाताः सहधनाः स्वराज्यमनुशासत।।
इदं चैवावबोद्धव्यं वृद्धस्य मम शासनम्।
मया निगदितं सर्वं पथ्यं निःश्रेयसं परम्।।
वेत्थ त्वं तात धर्माणां गतिं सूक्ष्मां युधिष्ठिर।
विनीतोऽसि महाप्राज्ञ वृद्धानां पर्युपासिता।।
यतो बुद्धिस्ततः शान्तिः प्रशमं गच्छ भारत।
नादारुणि पतेच्छस्त्रं दारुण्येतन्निपात्यते।।

धृतराष्ट्र युधिष्ठिर से कहते हैं – "अजातशत्रो! तुम्हारा कल्याण हो। तुम मेरी आज्ञा से हारे हुए धन के साथ बिना किसी विघ्न-बाधा के कुशलतापूर्वक अपनी राजधानी को जाओ और अपने राज्य का शासन करो। मुझ वृद्ध की यही आज्ञा है। एक बात और है, उसपर भी ध्यान देना। मेरी कही हुई सारी बातें तुम्हारे हित के लिए ही होंगी। तात युधिष्ठिर! तुम धर्म की सूक्ष्म गति को जानते हो। तुममें विनय है और तुमने बड़े-बूढ़ों की उपासना की है। जहां विवेक है, वहीं शांति है। भारत! तुम शांत हो जाओ अर्थात अभी जो कुछ हुआ है, उसे भूल जाओ। पत्थर या लोहे पर कभी कुल्हाड़ी की चोट नहीं पड़ती है, लोग उसे लकड़ी पर ही चलाते हैं।"

(महाभारत, सभापर्व, गीताप्रेस में अध्याय-73,
दाक्षिणात्य में-95, श्लोक-2-5)

उधर धृतराष्ट्र जब युधिष्ठिर को सारा धन और राजपाट लौटाकर विदा कर रहे थे तो यह बात दुःशासन के लिए आश्चर्य में डालने वाली थी। उसके तो पैरों तले की जमीन ही खिसक गई मालूम हो रही थी। सो वह दौड़ा-दौड़ा वहां गया जहां दुर्योधन अपने मंत्रियों के साथ बैठा हुआ था। वहां जाते ही दुःशासन ने अपने भाई से कहा :

दुःखेनैतत्समानीतं स्थविरो नाशयत्यसौ।
शत्रुसाद्गमयद्द्रव्यं तद्बुध्यध्वं महारथाः।।

दुःशासन ने कहा - "महारथियों! आपलोगों को यह मालूम होना चाहिए कि हमने कितने बड़े-बड़े कष्ट उठाने के बाद जिस धनराशि को प्राप्त किया था, उसे हमारा बूढ़ा बाप नष्ट कर रहा है। उसने सारा धन उन्हीं शत्रुओं को वापस कर दिया है।"

(महाभारत, सभापर्व, गीताप्रेस में अध्याय-74,
दाक्षिणात्य में-96, श्लोक-4)

इसके बाद दुर्योधन की चौकड़ी ने मामले की संजीदगी को समझते हुए धृतराष्ट्र से तो कुछ नहीं कहा, लेकिन वे लोग कोई ऐसी चाल ढूंढ़ने में लग गए जिसकी काट तत्काल मुश्किल हो। सो उनलोगों ने एक योजना बनायी और फिर उसी योजना के तहत दुर्योधन की चौकड़ी ने सामूहिक रूप से तथा एक-एककर धृतराष्ट्र को इस बात का भय दिखाना प्रारम्भ कर दिया कि दुर्योधन तथा हस्तिनापुर की सुख-शांति के लिए अर्जुन सबसे बड़ा खतरा है और उससे आमने-सामने के युद्ध में जीतना असंभव है। सारे पांडवों का बल एक अर्जुन है, अतः उसे नष्ट किये बिना पांडवों को काबू में रखना असंभव है। लेकिन अर्जुन तो अजेय है। इसपर धृतराष्ट्र ने दुर्योधन से कहा कि वह अर्जुन तथा अन्य पांडवों से मिलजुलकर रहे लेकिन दुर्योधन ने अपना भय बताते हुए कहा :

गृहे गृहे च पश्यामि तात पार्थमहं सदा।
शरगाण्डीवसंयुक्तं पाशहस्तमिवान्तकम्।।
अपि पार्थसहस्राणि भीतः पश्यामि भारत।
पार्थभूतमिदं सर्वं नगरं प्रतिभाति मे।।
पार्थमेव हि पश्यामि रहिते तात भारत।
दृष्ट्वा स्वप्नगतं पार्थमुद्भ्रमामि विचेतनः।।
अकारादीनि नामानि अर्जुनत्रस्तचेतसः।
अश्वाक्षराम्बुजाश्चैव त्रासं सञ्जनयन्ति मे।।

दुर्योधन ने कहा - "पिताजी! मुझे घर में भी धनुष पर बाण चढ़ाये अर्जुन दिखायी देता

है। मैं इतना डर गया हूँ कि मुझे चारों ओर हजारों अर्जुन दिखते हैं। यह सारा नगर मुझे अर्जुनरूप ही प्रतीत होता है। पिताजी! मैं एकांत में भी अर्जुन को ही देखता हूँ और स्वप्न में भी मैं अर्जुन को ही देखता हूँ तथा अचेत और उद्भ्रांत हो उठता हूँ। मेरा हृदय अर्जुन से इतना भयभीत हो गया है कि 'अ' से शुरू होने वाले शब्द जैसेकि अश्व, अक्षर और अंबुज आदि भी मुझे अर्जुन के समान ही कष्ट देते हैं।''

(दाक्षिणात्य महाभारत, सभापर्व, अध्याय-97, श्लोक-64-66)

दुर्योधन ने यह भी कहा कि वे लोग बहुत क्रोधित होकर गए हैं क्योंकि हमने उनका बहुत तिरस्कार किया है। यहां द्रौपदी का जैसा अपमान हुआ है, वह वे लोग भूल जाएंगे, यह सोचना ही मूर्खता है। वे अवश्य ही सेना इकट्ठी करेंगे और हस्तिनापुर पर हमला कर हम सभी से बदला लेंगे। अतः अगर आप हस्तिनापुर सहित हम सभी पुत्रों को सुरक्षित देखना चाहते हैं, तो उन्हें बुरी तरह बेबस और लाचार करना ही एकमात्र रास्ता बचता है। सो जुए का खेल एकबार और आयोजित करवाया जाए परंतु उसमें राज्य या धन का दांव नहीं लगे, बल्कि हारने वाला खिलाड़ी अपने परिवार के साथ एक वर्ष के अज्ञातवास सहित बारह वर्ष का वनवास भोगे। अगर मैं हारा तो मैं अपने परिवार सहित वन को जाऊंगा लेकिन बाकी सौ भाई यहीं रहेंगे। लेकिन अगर युधिष्ठिर हारे तो द्रौपदी से बंधे होने के कारण सभी पांडवों को वन जाना होगा। फिर तेरह वर्ष बाद वे इतने कमजोर हो चुके होंगे कि पहले तो वे राज्य मांगने आएंगे ही नहीं, अगर आएं भी तो हम उन्हें आसानी से परास्त कर देंगे।

(महाभारत, सभापर्व, गीताप्रेस में अध्याय-74, श्लोक-1-23)

दुर्योधन तथा उसकी चौकड़ी ने धृतराष्ट्र को ऐसा भय दिखाया कि वे अंदर तक बुरी तरह से हिल गए। फिर उसी भयभीत अवस्था में धृतराष्ट्र बोले :

तूर्णं प्रत्यानयस्वैतान् कामं व्यध्वगतानपि।
आगच्छन्तु पुनर्द्यूतमिदं कुर्वन्तु पाण्डवः।।

''बेटा! पांडव लोग दूर चले गए हों तो भी यदि तुम्हारी इच्छा हो, तो उन्हें तुरंत बुला लाओ। समस्त पांडव यहां आएं और इस नये दांव पर फिर जूआ खेलें।''

(महाभारत, सभापर्व, गीताप्रेस में अध्याय-74, श्लोक-24;
दाक्षिणात्य में अध्याय-97, श्लोक-87)

धृतराष्ट्र के इस नये आदेश का हस्तिनापुर के सभी गणमान्य लोगों ने विरोध किया। उन विरोध करने वालों में दुर्योधन की मां गांधारी, दुर्योधन का सगा भाई विकर्ण, सौतेला

भाई युयुत्सु, पितामह भीष्म, द्रोण, विदुर, सोमदत्त, बाह्लीक, कृपाचार्य आदि सभी थे, लेकिन धृतराष्ट्र ने किसी की बात नहीं मानी। उधर पांडवगण इंद्रप्रस्थ की दिशा में काफी दूर निकल गए थे, लेकिन एक दरबारी तेज गति से जाकर मार्ग में ही उनसे मिला और धृतराष्ट्र की आज्ञा का हवाला देकर उन्हें फिर बुला लाया। फिर जब सभी लोग चौसर पर बैठ गए तो शकुनि ने कहा :

अमुञ्चत्स्थविरो... x ...पुनर्द्यूतमेहि दीव्यस्व भारत।।

"हे राजा युधिष्ठिर! हमारे बूढ़े महाराज ने आपको सारा धन लौटा दिया है, सो उन्होंने अच्छा ही किया है। अब एक ही दांव रखा जाएगा और वह यह है कि यदि आपने हमें हरा दिया तो हम सभी लोग मृगचर्म धारण करके वन में चले जाएंगे। वहां बारह वर्ष का वनवास बिताने के बाद एक वर्ष का अज्ञातवास भी हम भोगेंगे। इस अज्ञातवास के दौरान अगर आपलोगों के सम्मुख हम आ गए तो यही शर्त पुनः दुहरायी जाएगी और हमें फिर से बारह वर्ष के वनवास से शुरू करना होगा। इसके विपरीत अगर आप हार गए तो यही शर्त अक्षरशः आपपर भी लागू होगी। आपको भी द्रौपदी तथा अन्य चारों पांडवों के साथ वनवास तथा अज्ञातवास भोगना होगा। भरतवंशी युधिष्ठिर! इसी निश्चय के साथ आप आइए और पुनः पासा फेंककर हमलोगों के साथ जूआ खेलिए।"

(महाभारत, सभापर्व, गीताप्रेस में अध्याय-76, दाक्षिणात्य में-98, श्लोक-9-15)

फिर उसके बाद उस सभा में उपस्थित तमाम लोगों के लाख मना करने के बाद भी युधिष्ठिर अपने ताऊ धृतराष्ट्र की आज्ञा का पालन करने हेतु जूआ खेलने को तैयार हो गए। और दूसरी बार के जुए में युधिष्ठिर फिर हार गए। यहां उपरोक्त विवरण में चुने हुए श्लोकों को ही जरूरत के अनुसार शामिल किया गया है, सो पाठकगण अगर उस समय की पूरी परिस्थिति से अवगत होना चाहते हैं तो बताये गए अध्यायों को पढ़ सकते हैं।

196. कृष्ण के माता-पिता कौन थे?

जैसा कि सबको विदित है, देवकी के गर्भ से वसुदेवजी के पुत्र कृष्ण का जन्म हुआ था। देवकी मथुरा के राजा उग्रसेन के भाई देवक की सबसे छोटी बेटी थीं जिनके विवाह के समय कुछ ऐसी अनहोनी घटी थी कि उनका चचेरा भाई कंस ही उनकी जान का दुश्मन बन गया था। फिर तो कैद में ही उनके सारे वैवाहिक सपने दफन हो गए। यहां तक कि उन्हें अपने सात-सात बच्चों की कुर्बानी भी देनी पड़ी थी। फिर "जाको राखे साइंयां" की तर्ज पर कृष्ण को बचाने हेतु कई ओर से एक साथ प्रयास किये गए और वे सफलतापूर्वक

बचा भी लिए गए। इस बाबत विस्तार से पढ़ने हेतु आप मेरी किताब "मैं कृष्ण हूँ" पढ़ सकते हैं जो छह खंडों में प्रकाशित हो चुकी है। इस किताब को पढ़ने का एक सीधा फायदा यह होगा कि आपको पुराण-दर-पुराण भटकना नहीं पड़ेगा।

सारे पुराण अलग-अलग समय में अलग-अलग लोगों द्वारा लिखे गए हैं और उन सभी लेखकों ने अपने-अपने मत व दर्शन का प्रचार करने के लिए तथ्यों के साथ बड़े पैमाने पर छेड़छाड़ की है जिस कारण अक्सर पाठकगण या तो भटक जाते हैं या किसी एक में उलझ जाते हैं। इसका कारण यह है कि सबकी विवेकपूर्ण सूक्ष्म आंख जागृत नहीं होती कि वे यथार्थ का निर्णय कर सकें। लेकिन उपरोक्त किताब तुलनात्मक व गहन शोधपरक अध्ययन के बाद लिखी गई है। वैसे कृष्ण के जन्म तथा उनके माता-पिता के बारे में इस वर्तमान किताब में भी अन्य प्रश्नों के उत्तर में काफी कुछ कहा जा चुका है, सो इस किताब को शुरू से अंत तक पढ़ लेने से भी प्रश्न की तृप्ति होनी सुनिश्चित है। यहां अगर मैं सारांश में आपके प्रश्न का उत्तर दूँ तो कृष्ण के जन्म देने वाले माता-पिता थे - देवकी और वसुदेवजी तथा उन्हें पालने वाले माता-पिता थे - यशोदा और नंदबाबा।

197. कृष्ण के मित्र कौन-कौन थे?

कृष्ण का जीवन शत्रु रूपी कांटों से ही भरा हुआ नहीं था, बल्कि उनके जीवन की शाखों पर मित्रता के भी फूल खिले थे और वे फूल ऐसे थे जिनकी मिसालें आजतक दी जाती हैं और आगे भी दी जाएंगी। वैसे यह उनके व्यक्तित्व की एक खासियत ही थी कि उनके साथ जिसने दुश्मनी की, उसने पूरी शिद्दत से दुश्मनी ही की और जिसने मित्रता की, जिसे उनके अन्तर्मन की जरा-सी भी झलक मिली, वह दिलोजान से ताउम्र उनपर निछावर रहा।

कृष्ण की बालक्रीड़ा का वर्णन महाभारत में तो नहीं के बराबर उपलब्ध है खासकर उत्तर भारत में प्रचलित नीलकंठी भाष्य में तो बिल्कुल नहीं है, लेकिन पुराणों में उनकी बालक्रीड़ा भरी हुई है। परंतु दिक्कत यह है कि अक्सर तो उनमें कृष्ण के संगी-साथियों को ग्वाल-बाल कहकर संबोधित किया गया है, और कुछेक नाम दिये भी गए हैं तो वे एक-दूसरे से भिन्न हैं यानी अलग-अलग ग्रंथों में अलग-अलग नाम बताये गए हैं। दूसरी बात यह है कि गोकुल-वृंदावन के एक भी साथी उनके बाद के जीवन में दिखाई नहीं देते हैं। इसलिए उनके मित्रों की फेहरिश्त मथुरा से ही शुरू होती है, ऐसा कहना पड़ता है। हां, कोई अगर उनके बड़े भाई बलराम को भी उनका एक मित्र माने तो कहा जा सकता है कि उनका मित्र बलराम गोकुल-वृन्दावन से ही मृत्युपर्यंत उनके साथ रहा था।

यहां कृष्ण के कुछ प्रमुख मित्रों के नाम सूचीबद्ध किये जा रहे हैं जो मथुरा तथा बाद के जीवन में उनसे जुड़े और उम्रभर उनके होकर रहे।

i) उद्धव :- ये कृष्ण के ही चचेरे भाई थे और अपने माता-पिता के साथ मथुरा में रहते थे। इन्हें कृष्ण की तरह जंगलों की खाक नहीं छाननी पड़ी थी, बल्कि ये मथुरा की नगरीय सभ्यता में पले-बढ़े थे और इन्होंने विधिवत शिक्षा भी प्राप्त की थी। इतना ही नहीं, वे कंस के दरबार में एक सम्मानित सभासद भी थे और राजा कंस के वे एक विश्वासपात्र भी माने जाते थे। इसका सबूत यह कि वृंदावन से कृष्ण-बलराम को बुलाकर लाने के लिए अक्रूर और वसुदेवजी के साथ-साथ उद्धव का नाम भी लिया गया था। इस प्रसंग का वर्णन इस किताब में भी यथास्थान हुआ है, जिसे यहां दुहराने की जरूरत नहीं है। कृष्ण की उद्धव से पहली मुलाकात मथुरा में ही होती है। उद्धव जब कृष्ण के कहने पर वृंदावन गए तो वहां उनको कोई पहचानता भी नहीं था।

ii) सात्यकि :- इनका वास्तविक नाम युयुधान था लेकिन सत्यक का पुत्र होने के कारण संस्कृत ग्रंथों में ज्यादातर इन्हें सात्यकि ही कहा गया है। और इसलिए वे सात्यकि के नाम से ही प्रसिद्ध हुए थे। ये भी कृष्ण के ही वृष्णिवंश से ताल्लुक रखते थे और बड़े वीर योद्धा थे। उद्धव की तरह इन्होंने भी कृष्ण से निःस्वार्थ मित्रता निभायी थी। कठिनतम अभियानों पर योद्धाओं को भेजना होता, तो कृष्ण सबसे पहले सात्यकि पर ही भरोसा करते थे। कृष्ण की अनुपस्थिति में जब भी किसी ने द्वारका पर हमला किया, तो उस समय सैनिकों की अग्रिम पंक्तियों में सात्यकि भी होता था। यही नहीं, महाभारत के युद्ध में जब द्वारका की शक्ति का विभाजन हुआ था तो एक तरफ अकेले कृष्ण को रहना था और दूसरी तरफ द्वारका की यादवी-सेना को रहना था। उस समय दुर्योधन के हिस्से में द्वारका की सेना गई थी। तब कायदे से तो सात्यकि को दुर्योधन की ओर से ही लड़ना था, लेकिन उन्होंने द्वारका की सेना से खुद को तथा अपने सैनिक पुत्रों को इसलिए अलग कर लिया था कि एक पल को भी कृष्ण का साथ न बिछड़े। उन्होंने पुत्रों सहित पांडवों की ओर से ही लड़ना चुना था। कृष्ण और सात्यकि के मित्रता की अभिन्नता का यह एक दुर्लभ उदाहरण है जो इतिहास में शायद ही कहीं मिले।

iii) उग्रसेन :- वैसे तो इनका स्थान कृष्ण से दो पीढ़ी ऊपर था, लेकिन ये उनके नाना कम मित्र ज्यादा थे। आज की तारीख में उपलब्ध सारे ग्रंथों का निचोड़ निकालकर कहा जाए, तो यही बात सामने आती है। उग्रसेन तो कृष्ण की निःस्वार्थता पर कंस-वध के समय ही फिदा हो गए थे। उग्रसेन ने मथुरा का राज्य कृष्ण को सौंप दिया था लेकिन कृष्ण

ने पलटकर उन्हें ही राजा बना दिया था। और इस अहसानमंदी का ऋण उग्रसेन ने जीवन भर चुकाया। यह अलग बात है कि उग्रसेन जैसे एक अनुभवी राजा का साथ मिलते ही कृष्ण का कद भी पलक झपकते ही आसमान छू लिया था, लेकिन इसके मूल में कृष्ण की अपनी विलक्षण अंतर्दृष्टि और उनका पुरुषार्थ भी था। यह नाना-नाती की जोड़ी ऐसी जमी थी कि जब जरासंध के भय से मथुरा के सारे संभ्रांत लोग कृष्ण को नगर से बाहर करने पर तुले हुए थे, उस आड़े वक्त में भी नाना उग्रसेन ने अपने प्रिय नाती कृष्ण को बचाने का रास्ता ढूंढ़ लिया था। उन्होंने कृष्ण-बलराम को सांदीपनि मुनि के आश्रम भेज दिया था जहां जरासंध चाहकर भी हमला नहीं कर सकता था। कृष्ण ने भी अपने नाना के इस उपकार का बदला चुकाने में देर नहीं लगायी और जिस द्वारका को उन्होंने केवल अपने बाहुबल से स्थापित किया था, उसका राजा भी उन्होंने उग्रसेन को ही बना दिया था। यहां ध्यान देने वाली बात यह है कि उनके परिवार में बुजुर्गों की कोई कमी नहीं थी। पिता वसुदेवजी भी थे और बड़े भाई बलराम भी थे। लेकिन कृष्ण ने सबसे ऊपर अपने नाना को तरजीह दी। नाना-नाती के बीच मित्रता की यह भी एक अनोखी मिसाल है।

iv) अर्जुन :- कृष्ण और अर्जुन के बीच की मित्रता के बारे में कुछ कहने के लिए लाख पन्नों की किताब भी कम पड़ जाएगी। वे दोनों दो जिस्म एक जान थे। उनदोनों की मित्रता के सबूत तो इस किताब में भी कई जगहों पर मिल जाएंगे। कई लोग तो ऐसा भी कहते हैं कि यह अर्जुन ही था जिसके कारण कृष्ण सारे पांडवों के सहायक और रक्षक बने हुए थे। महाभारत में अनेक स्थलों पर कृष्ण स्वयं इस बात की घोषणा करते हैं कि वे और अर्जुन एक-दूसरे के लिए जान देने हेतु वचनबद्ध हैं। इस बात के भी एकाध उदाहरण आपको इस किताब में मिल जाएंगे। कृष्ण को अपने फुफेरे भाई और अभिन्न मित्र अर्जुन पर इतना विश्वास था कि उसके हाथों अपनी सगी बहन का अपहरण करवाने से भी वे पीछे नहीं हटे थे। यही कारण है कि सदियों से अवतारवादी लोग उनकी इस मित्रता पर इस कदर फिदा होते रहे हैं कि उनदोनों को वे लोग नर-नारायण का अवतार कहते आ रहे हैं।

v) सुदामा :- गरीबी-अमीरी की खाई को पाटने वाली यह मित्रता की कहानी केवल तीन ग्रंथों में उपलब्ध है और वे हैं - भागवत पुराण, ब्रह्मवैवर्त पुराण तथा गर्ग संहिता। इन तीनों ग्रंथों में बताया गया है कि कृष्ण के गुरुकुल के मित्र सुदामा अपनी दरिद्रता दूर करने की अभिलाषा के साथ एकबार द्वारका आते हैं और कृष्ण भी अपने ही अनोखे अंदाज में बिना उनकी जानकारी में बात लाये उन्हें मालामाल कर देते हैं।

vi) दारुक :- कृष्ण के मथुरा आने के बाद उद्धव, सात्यकि आदि के साथ दारुक भी

उनकी मित्र-मंडली में शामिल हो गए थे। वह एक वीर योद्धा होने के साथ-साथ तत्कालीन आर्यावर्त के सर्वश्रेष्ठ रथचालकों में से एक थे। इसीलिए कृष्ण जब द्वारका के युवराज बने तो उनके लिए एक भरोसेमंद रक्षक, उच्चकोटि के सारथी तथा अंतरंग मित्र के रूप में दारुक को राजकीय तौर पर नियुक्त कर दिया गया था। कृष्ण के अन्य मित्रों की अपेक्षा यह दारुक ही सबसे सौभाग्यशाली निकला जिसे कृष्ण के अंतिम क्षण तक उनका साथ निभाने का मौका मिला।

198. द्वारका की शासन-व्यवस्था कैसी थी?

द्वारका की शासन-व्यवस्था के बारे में महाभारत सहित प्रायः सारे पुराण मौन हैं। मात्र हरिवंश पुराण में एक जगह पर अत्यंत ही संक्षेप में लेकिन महत्त्वपूर्ण तथ्यात्मक विवरण दिया गया है, जिसके आधार पर वहां की बाकी व्यवस्था का अनुमान लगाया जा सकता है। आधुनिक काल के सारे विद्वान इन्हीं श्लोकों का सहारा लेकर कृष्ण के प्रशासकीय कौशल का वर्णन किया करते हैं। हरिवंश पुराण के ये महत्त्वपूर्ण श्लोक निम्नलिखित हैं :

मर्यादाश्चैव संचक्रे श्रेणीश्च प्रकृतीस्तथा।
बलाध्यक्षांश्च युक्तांश्च प्रकृतीशांस्तथैव च॥
उग्रसेनं नरपतिं काश्यं चापि पुरोहितम्।
सेनापतिमनाधृष्टिं विकद्रुं मन्त्रिपुंगवम्॥
यादवानां कुलकरान् स्थविरान् दश तत्र वै।
मतिमान् स्थापयामास सर्वकार्येष्वनन्तरान्॥
रथेष्वतिरथो यन्ता दारुकः केशवस्य वै।
योधमुख्यश्च योधानां प्रवरः सात्यकिः कृतः॥
विधानमेवं कृत्वाथ कृष्णः पुर्यामनिन्दितः।
मुमुदे यदुभिः सार्द्धं लोकस्रष्टा महीतले॥

वैशम्पायनजी कहते हैं – ''श्रीकृष्ण ने सबके लिए नियम-कायदों की मर्यादाएं बांध दी। उन्होंने व्यापारियों, प्रजाजनों, सेनापतियों तथा प्रजावर्ग के शासकों के लिए भी समुचित मर्यादाएं स्थापित कर दीं। उन्होंने उग्रसेन को द्वारका का राजा बनाया, काशी के विद्वान सांदीपनि मुनि को पुरोहित के पद पर प्रतिष्ठित किया। अनाधृष्टि को सेनापति तथा विकद्रु को प्रधानमंत्री बनाया। बुद्धिमान श्रीकृष्ण ने यादवों के भिन्न-भिन्न कुल के दस बड़े-बूढ़ों को चुनकर सभी कार्यों में सलाह देने के लिए एक सलाहकार परिषद की स्थापना की। रथों में

अतिरथी दारुक को श्रीकृष्ण के निजी सारथी के पदपर नियुक्त किया गया। योद्धाओं में सर्वश्रेष्ठ सात्यकि ही समस्त योद्धाओं के प्रधान बनाये गए। अनिंद्य कीर्तिवाले अर्थात जिनके सारे कर्म प्रशंसनीय होते थे, वह श्रीकृष्ण इस प्रकार की वैधानिक व्यवस्था करके द्वारकापुरी में यादवों के साथ आनंदपूर्वक रहने लगे।''

(हरिवंश पुराण, विष्णुपर्व, अध्याय-58, श्लोक-79-83)

द्वारका की शासन-प्रणाली के बारे में इससे अधिक पुराणों में कुछ नहीं मिलता है। लेकिन उपरोक्त श्लोकों में जितने भी विवरण दिये गए हैं, वह एक चुस्त शासन-प्रणाली का ही प्रमाण है तथा साथ ही यह कृष्ण के उत्तम प्राशासनिक कौशल का भी प्रमाण है।

199. कृष्ण को पांडवों की ताकत कहकर क्या महाभारत के युद्ध में उन्हें मारने की योजना बनायी गई थी?

जी हां, महाभारत में इस बात के प्रमाण मिलते हैं कि युद्ध के दौरान पांडवों को कमजोर करने के लिए कृष्ण को मारने की योजना बनायी गई थी। इस बात पर से उस समय परदा उठाया जाता है जब कर्ण के हाथों घटोत्कच मारा जाता है और इस कारण न केवल पांडव खेमा बल्कि कौरवों का खेमा भी उदासी के सागर में डूबा रहता है। घटोत्कच के मारे जाने से कोई एक आदमी जो खुश था, वह थे - कृष्ण। कुरुक्षेत्र के शिविरों में एक तरफ जहां कृष्ण पांडवों की उदासी दूर करने में लगे रहते हैं, वहीं दूसरी तरफ युद्धभूमि का हाल धृतराष्ट्र को सुनाने के लिए हस्तिनापुर पहुंचे संजय को गिले-शिकवे तथा आरोप-प्रत्यारोपों का सामना करना पड़ता है। कर्ण का वह दुर्लभ हथियार, जिसे वह केवल एकबार प्रयोग कर सकता था और जिसे वह अर्जुन पर प्रयोग करने के लिए सुरक्षित रखे हुए था परंतु परिस्थितिवश उसे वह हथियार घटोत्कच पर प्रयोग करना पड़ गया था, यही कौरव खेमे की घोर उदासी का कारण था। और इसी बात का अफसोस धृतराष्ट्र को भी हो रहा था, सो उन्होंने बड़े ही खीझभरे स्वर में कहा :

विरोधी च कुमन्त्री च प्राज्ञमानी ममात्मजः।
यस्यैव समतिक्रान्तो वधोपायो जयं प्रति।।
स वा कर्णो महाबुद्धिः सर्वशस्त्रभृतां वरः।
न मुक्तवान्कथं सूतताममोघां धनञ्जये।।
तवापि समतिक्रान्तमेतद्गावल्गणे कथम्।
एतमर्थं महाबुद्धे यत्त्वया नावबोधितः।।

''मेरा पुत्र दुर्योधन सबका विरोधी और केवल अपने को ही सबसे बड़ा बुद्धिमान समझने वाला है। उसके मंत्री भी अच्छे नहीं हैं। इसीलिए अर्जुन के वध और विजय-लाभ का यह अमोघ उपाय उसके हाथ से निकल गया है। हे सूत! कर्ण तो बहुत बुद्धिमान है, उसने स्वयं ही उस अमोघ शक्ति को अर्जुन पर कैसे नहीं छोड़ा? परम बुद्धिमान गवल्गणकुमार संजय! तुम्हारे ध्यान से भी यह बात कैसे निकल गई कि तुमने कर्ण को इस विषय में कुछ नहीं समझाया?''

(महाभारत, द्रोणपर्व, अध्याय-182, श्लोक-17-19)

दुर्योधनस्य शकुनेर्मम दुःशासनस्य च।
रात्रौ रात्रौ भवत्येषा नित्यमेव विकत्थना।।
श्वः सर्वसैन्यानुत्सृज्य जहि कर्ण धनञ्जयम्।
प्रेष्यवत्पाण्डुपाञ्चालानुपभोक्ष्यामहे ततः।।

तब संजय ने राजा धृतराष्ट्र से कहा - ''हे राजन! प्रतिदिन रात को दुर्योधन, शकुनि और दुःशासन का तथा मेरा भी कर्ण से यही आग्रह रहता था कि कर्ण! कल तुम सारी सेना को छोड़कर केवल अर्जुन पर ध्यान दो और उसे मार डालो। फिर पांडवों और पांचालों का तो हमलोग नौकरों की तरह उपभोग कर लेंगे।''

(महाभारत, द्रोणपर्व, अध्याय-182, श्लोक-20-21)

अथवा निहते पार्थं पाण्डवान्यतमं ततः।
स्थापयेद्यदि वार्ष्णेयस्तस्मात्कृष्णो हि हन्यताम्।।
कृष्णो हि मूलं पाण्डूनां पार्थः स्कन्ध इवोद्गतः।
शाखा इवेतरे पार्थाः पाञ्चालाः पत्रसंज्ञिताः।।
कृष्णाश्रयाः कृष्णबलाः कृष्णनाथाश्च पाण्डवाः।
कृष्णः परायणं चैषां ज्योतिषामिव चन्द्रमाः।।

संजय धृतराष्ट्र को बताता है कि हमलोगों ने कर्ण से तो यह भी कहा - ''कि हे कर्ण! यदि तुम ऐसा सोचते हो कि अर्जुन के मारे जाने पर कृष्ण किसी दूसरे पांडव को सामने खड़ा कर देगा तो कृष्ण को ही मार डालो। कृष्ण ही पांडवों की जड़ है, अर्जुन ऊपर के तने के समान है, अन्य कुंतीपुत्र शाखाएं हैं और पांचाल सैनिक पत्तों के समान हैं। कृष्ण ही पांडवों के आश्रय, बल और रक्षक हैं। जिस तरह नक्षत्रों का मुख्य आधार चंद्रमा है, उसी तरह पांडवों का सबसे बड़ा सहारा कृष्ण है।''

(महाभारत, द्रोणपर्व, अध्याय-182, श्लोक-22-24)

तस्मात्पर्णानि शाखाश्च स्कन्धं चोत्सृज्य सूतज।
कृष्णं हि विद्धि पाण्डूनां मूलं सर्वत्र सर्वदा।।

संजय और दुर्योधन सहित अन्य कौरवों ने कहा – ''अतः हे कर्ण! तुम पत्तों, डालियों और तने को छोड़कर जड़ को ही काट दो। सर्वत्र और सदा कृष्ण को ही पांडवों की जड़ समझो।''

(महाभारत, द्रोणपर्व, अध्याय-182, श्लोक-25)

हन्याद्यदि हि दाशार्हं कर्णो यादवनन्दनम्।
कृत्स्ना वसुमती राजन्वशे तस्य न संशयः।।
यदि हि स निहतः शयीत भूमौ
यदुकुलपाण्डवनन्दनो महात्मा।
ननु तव वसुधा नरेन्द्र सर्वा
सगिरिसमुद्रवना वशं व्रजेत।।

संजय अफसोस करते हुए कहते हैं – ''हे राजन! यदि कर्ण यादवनन्दन कृष्ण को मार डालता, तो यह सारी पृथ्वी उसके वश में हो जाती, इसमें संशय नहीं है। हे राजन! यदि यदुकुल और पांडवों को आनंदित करने वाला महात्मा कृष्ण उस शक्ति से मारा जाकर रणभूमि में सो जाता, तो पर्वत, समुद्र और वनों सहित यह सारी पृथ्वी आपके वश में आ जाती।''

(महाभारत, द्रोणपर्व, अध्याय-182, श्लोक-26-27)

इस तरह हम देख सकते हैं कि उस महाविध्वंसक युद्ध में कृष्ण बिल्कुल निरापद थे, ऐसा नहीं था। संकट उनपर भी हजारों थे, परंतु सारे संकट उनके सामने बौने साबित हुए और युद्ध का परिणाम ठीक वैसा ही आया... जैसा वे चाहते थे। आखिर ''जय श्रीकृष्ण'' उन्हें यूं ही नहीं कहा जाता था।

200. शास्त्रों से पांडवों की संतानों के बारे में क्या विवरण प्राप्त होते हैं?

शास्त्रों में पांडवों की संतानों के बारे में व्यवस्थित रूप में बहुत कम ही वर्णन मिलता है। दुनिया के सबसे बड़े ग्रंथ महाभारत में भी उनके बारे में बहुत कम कहा गया है। हां, पुराणों में खासकर नये-नये रचे गए पुराणों में छिटफुट रूप में जमकर काल्पनिक कथाओं का प्रचार किया गया है जैसेकि स्कन्द पुराण के अंतर्गत बर्बरीक की कहानी। खैर, यहां मैं काल्पनिक कहानियों में आपको नहीं उलझाने वाला हूँ, बल्कि जिन ग्रंथों के अधिकांश भागों को विद्वानों ने कम या ज्यादा प्रामाणिक माना है, उन्हीं में से यहां आपको संदर्भ दे रहा हूँ। तो

प्रारम्भिक पुराणों में विष्णु पुराण की भी गिनती होती है और इस पुराण से पांडवों की संतानों के बारे में निम्न विवरण प्राप्त होता है :

तेषां द्रौपद्यां पञ्च पुत्रा बभूवुः।
युधिष्ठिरात् प्रतिविन्ध्यः भीमसेनात् सुतसोमः श्रुतकीर्तिरर्जुनात्
शतानीको नकुलात् श्रुतकर्मा सहदेवात्।
अपरे च पाण्डवानामात्मजाः तद्यथा यौधेयी
युधिष्ठिराद् देवकं पुत्रमवाप।
हिडिम्बा घटोत्कचं भीमसेनात् पुत्रमवाप।
काशी च भीमसेनादेव सर्वगं पुत्रमवाप।
सहदेवाच्च विजया सुहोत्रं नाम पुत्रमवाप।
रेणुमत्याश्च नकुलोऽपि निरमित्रमजीजनत्।
अर्जुनस्याप्युलूप्यां नागकन्यायामिरावान् नाम पुत्रोऽभूत्।
मणिपुरपतिपुत्र्याश्च पुत्रिकाधर्मेण बभ्रुवाहनं
नाम पुत्रमर्जुनोऽजीजनयत्॥
सुभद्रायांचार्भकत्वेऽपि योऽसावतिबलपराक्रम
समस्तातिरथविजेता सोऽभिमन्युरजायत॥

पराशर मुनि ने कहा – "उन पांचों पांडवों के द्रौपदी से पांच ही पुत्र हुए :

द्रौपदी – युधिष्ठिर से प्रतिविंद्य

द्रौपदी – भीम से श्रुतसेन

द्रौपदी – अर्जुन से श्रुतकीर्ति

द्रौपदी – नकुल से श्रुतानीक तथा

द्रौपदी – सहदेव से श्रुतकर्मा।

इनके अतिरिक्त पांडवों के अन्य पत्नियों से और भी कई पुत्र हुए :

- युधिष्ठिर को यौधेयी नामक पत्नी से देवक नाम का पुत्र हुआ।
- भीमसेन को हिडिम्बा नामक पत्नी से घटोत्कच और काशी नामक पत्नी से सर्वग नामक पुत्र उत्पन्न हुआ।
- सहदेव को विजया नामक पत्नी से सुहोत्र का जन्म हुआ।
- नकुल को रेणुमती नामक पत्नी से निरमित्र नामक पुत्र हुआ।
- अर्जुन को उलूपी से इरावान, चित्रांगदा से बभ्रुवाहन तथा सुभद्रा से अभिमन्यु नामक पुत्र

हुआ। यह अभिमन्यु अपने बाल्यकाल से ही अतुलित बलशाली और शत्रुओं को जीतने वाला था।''

(विष्णु पुराण, अंश-4, अध्याय-20, अनुच्छेद-11-12)

201.दुर्योधन ने हस्तिनापुर के राजमहल में अचानक ही कृष्ण को बंदी बनाने का प्रयास किया था या यह कोई पूर्वनियोजित योजना थी?

यह घटना उस समय की है जब एक शांतिदूत के रूप में कृष्ण हस्तिनापुर पहुंचने वाले होते हैं और धृतराष्ट्र की राजसभा में इस बात पर जोरदार बहस हो रही होती है कि उनका स्वागत किस प्रकार किया जाए। तब धृतराष्ट्र और विदुरजी की बात सुनकर दुर्योधन अपने दिल की बात कहता है कि कृष्ण को पांडवों की ओर से फोड़ा नहीं जा सकता है, इसलिए उन्हें धन देकर सम्मानित करने की जरूरत नहीं है :

यदाह विदुरः कृष्णे सर्वं तत्सत्यमच्युते।
अनुरक्तो ह्यसंहार्यः पार्थान्प्रति जनार्दनः।।
यत्तत्सत्कारसंयुक्तं देयं वसु जनार्दने।
अनेकरूपं राजेन्द्र न तद्देयं कदाचन।।
देशः कालस्तथाऽयुक्तो न हि नार्हति केशवः।
मंस्यत्यधोक्षजो राजन्भयादर्चति मामिति।।
अवमानश्च यत्र स्यात्क्षत्रियस्य विशांपते।
न तत्कुर्याद्बुधः कार्यमिति मे निश्चिता मतिः।।
स हि पूज्यतमो लोके कृष्णः पृथुललोचनः।
त्रयाणामपि लोकानां विदितं मम सर्वथा।।
न तु तस्मै प्रदेयं स्यात्तथा कार्यगतिः प्रभो।
विग्रहः समुपारब्धो न हि शाम्यत्यविग्रहात्।।

दुर्योधन ने कहा - ''पिताजी! अपनी मर्यादा से कभी न डिगने वाले श्रीकृष्ण के बारे में विदुरजी ने जो कुछ कहा है, वह सत्य है। श्रीकृष्ण का कुंती के पुत्रों के प्रति विशेष अनुराग है, अतः उन्हें उनकी ओर से कभी फोड़ा नहीं जा सकता। हे राजन! आप जो बहुत सारे धन के साथ कृष्ण का स्वागत करना चाहते हैं, वह कदापि उन्हें न दें। ऐसा नहीं है कि वे इस योग्य नहीं हैं, लेकिन अब इन सब बातों का समय नहीं रहा। इससे तो कृष्ण यही समझेंगे कि हम डर के कारण उनकी ऐसी पूजा कर रहे हैं। पिताजी! जिस कार्य

से क्षत्रियों का अपमान होता हो, वह कार्य करने का मेरा कोई विचार नहीं है। और जब कलह आरंभ हो गया है, तो अतिथिसत्कार द्वारा प्रेम दिखाने-मात्र से उनको शांत भी नहीं किया जा सकता।''

(महाभारत, उद्योगपर्व, अध्याय-88, श्लोक-1-6)

तब भीष्मपितामह ने दुर्योधन की बात पर आपत्ति जताते हुए कहा कि हे राजन! कोई कृष्ण को सम्मानित करे या न करे, लेकिन याद रखा जाए कि वे अपना अपमान कभी बर्दाश्त नहीं करेंगे। सो उनकी बातों को पूरी राजसभा को धैर्यपूर्वक सुननी चाहिए। उनकी बातें धर्म, अर्थ और कल्याण के लिए ही होंगी। तब दुर्योधन ने उनकी सलाह पर आपत्ति जतायी :

न पर्याप्तोस्मि यद्राजञ्श्रियं निष्केवलामहम्।
तैः सहेमामुपाश्रीयां यावज्जीवं पितामह।।
इदं तु सुमहत्कार्यं शृणु मे यत्समर्थितम्।
परायणं पाण्डवानां नियच्छामि जनार्दनम्।।
तस्मिन्बद्धे भविष्यन्ति वृष्णयः पृथिवी तथा।
पाण्डवाश्च विधेया मे स च प्रातरिहैष्यति।।
अत्रोपायान्यथा सम्यङ् न बुद्ध्येत जनार्दनः।
न चापायो भवेत् कश्चित् तद् भवान् प्रब्रवीतु मे।।

दुर्योधन ने कहा - ''पितामह! अब इस बात की कोई संभावना नहीं है कि मैं जीवनभर पांडवों के साथ मिलकर इस सारी संपत्ति का उपभोग करूं। आप इन सब बातों को अब भूल जाइए और इस समय मैंने जो एक महान कार्य करने का निश्चय किया है, आप उसे सुनिए। जो पांडवों का सबसे बड़ा सहारा है, उस कृष्ण के यहां आने पर मैं उसे कैद कर लूँगा। उनके कैद हो जाने पर समस्त यदुवंशी, इस भूमंडल के कई राज्य तथा पांडव भी मेरी आज्ञा के अधीन हो जाएंगे। दूत से प्राप्त सूचना के अनुसार श्रीकृष्ण कल सुबह तक यहां आ ही जाएंगे। अतः इस विषय में जो अच्छे उपाय हों, जिन सावधानी से कृष्ण को इन बातों का पता न चले और मेरे इस गुप्त कार्य में कोई बाधा न पड़े, केवल वही सलाह आप मुझे दीजिए।''

(महाभारत, उद्योगपर्व, अध्याय-88, श्लोक-12-15)

महाभारत में वर्णित दुर्योधन की उपरोक्त साफगोई से स्पष्ट है कि कृष्ण के कैद किये जाने की योजना पूर्वनियोजित थी। दुर्योधन ने कोई आवेश में आकर कृष्ण को बंदी बनाने की नादानी नहीं की थी, बल्कि यह उसकी सुनियोजित चाल थी।

202. क्या धृतराष्ट्र ने कभी पांडवों से कृष्ण को अलग करने की चाल चली थी?

यह बात सही है कि धृतराष्ट्र ने युद्ध से पूर्व ऐसा कुछ करने का प्रयास किया था। महाभारत के अनुसार जब हस्तिनापुर की राजसभा को दूत ने बताया कि कृष्ण एक शांतिदूत के रूप में यहां आ रहे हैं तथा कल सुबह तक नगर में पधार सकते हैं, तो कुटिल हृदय वाले धृतराष्ट्र अपने राज्य के प्रधान सचिव विदुरजी से कृष्ण के स्वागत के बाबत आदेश देते हुए जो कुछ कहते हैं, उसे सुनकर विदुरजी का दिमाग भन्ना जाता है कि कहीं महाराज पगला तो नहीं गए हैं? उस समय धृतराष्ट्र ने जो कुछ कहा, वह उन्हीं की जुबानी सुनिए :

तो उन्होंने कहा – हे विदुर! मुझे सूचना मिली है कि कल यहां श्रीकृष्ण आ रहे हैं। वे यादवों के अगुआ हैं और महान हैं। उनके स्वागत में कोई कमी नहीं होनी चाहिए। मैं तुम्हारे सामने ही श्रीकृष्ण की कैसी खातिरदारी करूंगा, वह सुनो। बाह्लीक देश से लाये हुए एक ही रंग के चार सुंदर घोड़ों से जुते हुए सोलह सोने के रथ मैं उन्हें दूंगा। उन्हें आठ मतवाले हाथी, सोने के गहनों से लदी एक सौ कुमारी नौकरानियां, उतने ही नौकर तथा भेड़ के ऊन से बने अठारह हजार मुलायम कम्बल दूंगा। चीन देश में बने मुलायम मृगचर्म कृष्ण जितना लेना चाहें, मैं वह दे दूंगा। मेरे पास एक तेजस्वी मणि है, उसके साथ-साथ मेरे पास जो खच्चरियों से खींचा जाने वाला एक रथ है जो एक दिन में चौदह योजन (एक योजन – लगभग बारह किलोमीटर) तक हांका जा सकता है, वह भी दे दूंगा। कृष्ण के साथ जितने सेवक और वाहन आएंगे, उन सभी को औसत से आठ गुना ज्यादा भोजन दूंगा। हजारों सजी-धजी वेश्याएं उनकी आगवानी के लिए पैदल ही चलेंगी। उनके अलावे नागरिकों की जो बहू-बेटियां परदा न करना चाहें, वे सभी जा सकती हैं। दुःशासन का महल दुर्योधन के महल से भी भव्य है, अतः श्रीकृष्ण को उसी में ठहराने की व्यवस्था की जाए। मेरे और दुर्योधन के पास जितने भी रत्न हैं, वे सब इसी बगल के कमरे में रखे हैं, उनमें से कृष्ण जो-जो लेना चाहें, उन्हें दे दिये जाएं।

(महाभारत, उद्योगपर्व, अध्याय-86)

इतना सुनकर विदुरजी थोड़ी देर के लिए अचरज में भले ही पड़ गए हों, लेकिन जल्द ही उन्हें कपटी हृदयवाले धृतराष्ट्र की मंशा का अनुमान हो गया। तब उन्होंने महाराज धृतराष्ट्र से कहा कि हे राजन! आप उदार दिलवाले दानी हैं और अब आपकी उम्र भी बहुत हो चली है, सो यह सब बात आपकी प्रतिष्ठा के अनुकूल ही है। परंतु हे महाराज! आप सरल बनिए :

आर्जवं प्रतिपद्यस्व मा बाल्याद्बहु नीनशः।
राजन् पुत्रांश्च पौत्रांश्च सुहृदश्चैव सुप्रियान्।।

विदुरजी ने कहा – "हे राजन! आप सरलता को अपनाइए। मूर्खतावश कुटिलता का आश्रय लेकर अपने बेटे, पोते तथा संबंधियों का सर्वनाश न कीजिए।"

(महाभारत, उद्योगपर्व, अध्याय-87, श्लोक-5)

न तु त्वं धर्ममुद्दिश्य तस्य वा प्रियकारणात्।
एतद्दित्ससि कृष्णाय सत्येनात्मानमालभे।।
मायैषा सत्यमेवैतच्छद्मैतद्भूरिदक्षिणा।
जानामि त्वन्मतं राजन्गूढं बाह्येन कर्मणा।।

उन्होंने आगे कहा – "मैं अपने शरीर और सत्य की शपथ खाकर कहता हूँ कि आप धर्मपालन के उद्देश्य से या श्रीकृष्ण का प्रिय करने के लिए उन्हें ये सब वस्तुएं नहीं देना चाहते हैं। प्रचुर दक्षिणा देने वाले महाराज! मैं सच कहता हूँ कि यह सब आपकी माया और प्रवंचना-मात्र है। आपके इस ऊपरी व्यवहार के पीछे छिपी आपकी जो मंशा है, उसे मैं समझता हूँ।"

(महाभारत, उद्योगपर्व, अध्याय-87, श्लोक-7-8)

अर्थेन तु महाबाहुं वार्ष्णेयं त्वं जिहीर्षसि।
अनेन चाप्युपायेन पाण्डवेभ्यो विभेत्स्यसि।।
न च वित्तेन शक्योऽसौ नोद्यमेन न गर्हया।
अन्यो धनञ्जयात्कर्तुमेतत्तत्त्वं ब्रवीमि ते।।

विदुरजी ने कहा – "आप धन देकर महाबाहु श्रीकृष्ण को अपने पक्ष में लाना चाहते हैं और इस उपाय से आप यह आशा रखते हैं कि आप उन्हें पांडवों की ओर से फोड़ लेंगे। परंतु हे महाराज! मैं आपको असली बात बता देता हूँ, आप धन देकर अथवा दूसरा कोई उपाय कर या निंदा करके श्रीकृष्ण को अर्जुन से अलग नहीं कर सकते।"

(महाभारत, उद्योगपर्व, अध्याय-87, श्लोक-10-11)

इस तरह महाभारत के उपरोक्त श्लोकों से स्पष्ट हो जाता है कि धृतराष्ट्र ने कृष्ण को अपने धन से खरीदकर पांडवों को बेबस करने की कुटिल चाल अवश्य चली थी, परंतु विदुरजी ने भरी सभा में ही उनका भांडा फोड़ दिया था।

203. कृष्ण ने शांतिदूत बनकर हस्तिनापुर जाने से पहले द्रौपदी को क्या भरोसा दिया था?

कृष्ण शांतिदूत बनकर हस्तिनापुर जाने से पहले पांचों पांडवों तथा द्रौपदी से मिलते हैं और

वे सबके मन को अपने हिसाब से टटोलते हैं। इसी क्रम में वे सबसे पहले युधिष्ठिर से बात करते हैं जो संधि करने पर अधिक जोर देते हैं। भीम और अर्जुन भी पहले विकल्प के तौर पर संधि को ही चुनते हैं। परंतु नकुल अपने तीनों बड़े भाइयों से अलग सारा भार कृष्ण पर ही डालते हुए कहते हैं कि हे कृष्ण! इन तीनों की आगे-पीछे होने वाली बातों को आप यहीं भूल जाइए। इस जगत का सबकुछ परिस्थिति के अधीन है, सो आप वहां की परिस्थिति देखकर अपने विवेक से जो निर्णय लेना उचित समझें, वही कीजिएगा। हमारी मानसिकता परिस्थिति के अनुसार बदलती रही है। वनवास के समय जो हमारी सोच थी, वह उसके बाद नहीं रही, और जो राजा विराट के यहां शरणार्थी के रूप में रहते हुए हमारी सोच थी, वह अब नहीं है। और कल क्या पता हमारी सोच कैसी हो जाए। इसलिए हम में से किसी की भी बात पर आपको आगे बढ़ने की जरूरत नहीं है। आप खुद समय देखकर निर्णय लीजिएगा *(महाभारत, उद्योगपर्व, अध्याय-80)*। नकुल की यह बात उनकी उच्च बुद्धिमत्ता तथा दार्शनिकता को दर्शाती है। और शायद इसीलिए महाभारत में कई जगहों पर उन्हें पांचों पांडवों में सबसे बुद्धिमान कहा गया है।

उधर उन चारों पांडवों के उलट सहदेव किसी भी शांतिवार्ता की औपचारिकता के खिलाफ थे। वे केवल और केवल युद्ध चाहते थे। सहदेव ने तो यहां तक कहा कि युधिष्ठिर, भीम और अर्जुन को अगर धर्म इतना ही प्यारा है तो वे पालें अपना धर्म; मैं तो ऐसे धर्म पर लात मारकर केवल दुर्योधन से युद्ध चाहता हूँ। बस मौका देख कृष्ण के मित्र और द्वारका के प्रमुख योद्धा सात्यकि ने भी सहदेव का समर्थन करते हुए कहा कि कृष्ण! क्या तुम भूल गए जब इन्हीं पांडवों को जंगलों में जानवरों की छाल पहने देखकर तुम्हें क्रोध आया था और तुम उसी समय दुर्योधन से लड़ाई ठानने हेतु आमादा हो गए थे?

अब पांडव-परिवार की सबसे प्रमुख सदस्या द्रौपदी की बारी थी। तो जो द्रौपदी युधिष्ठिर, भीम और अर्जुन की बातें सुनकर मुरझा-सी गई थी, वह सहदेव और सात्यकि की बात सुनते ही खिल उठी और दोनों हाथों में अपने केश लिए कृष्ण के सामने खड़ी हो गई:

यथावध्ये वध्यमाने भवेद् दोषो जनार्दन।
स वध्यस्यावधे दृष्ट इति धर्मविदो विदुः॥

द्रौपदी बोलीं - "हे जनार्दन! जैसे वध न करने योग्य का वध करने पर महादोष लगता है, उसी तरह वध करने योग्य को छोड़ देने पर भी दोष लगता है; यह बात धर्मज्ञ पुरुष जानते हैं।"

(महाभारत, उद्योगपर्व, अध्याय-82, श्लोक-18)

नन्वहं कृष्ण भीष्मस्य धृतराष्ट्रस्य चोभयोः।

श्नुषा भवामि धर्मेण साऽहं दासीकृता बलात्।।
धिक्पार्थस्य धनुष्मत्तां भीमसेनस्य धिग्बलम्।
यत्र दुर्योधनः कृष्ण मुहूर्तमपि जीवति।।
यदि तेऽहमनुग्राह्या यदि तेऽस्ति कृपा मयि।
धार्तराष्ट्रेषु वै कोपः सर्वः कृष्ण विधीयताम्।।

अबकी विफरते हुए वह पुनः बोलीं – ''हे कृष्ण! मैं धर्मतः भीष्मपितामह और धृतराष्ट्र दोनों की पुत्रवधु हूँ, तो भी उनके सामने ही मुझे बलपूर्वक दासी बनाया गया। हे कृष्ण! ऐसी दशा में यदि दुर्योधन एक मुहूर्त भी जीवित रहता है तो अर्जुन के धनुषधारण और भीम के बल को धिक्कार है। हे कृष्ण! यदि आप मुझे इस लायक समझते हैं और यदि मुझपर आपकी कृपा है, तो आप धृतराष्ट्र के पुत्रों पर पूर्णरूप से क्रोध कीजिए।''

(महाभारत, उद्योगपर्व, अध्याय-82, श्लोक-30-32)

अयं ते पुण्डरीकाक्ष... X ...द सस्वरं बाष्पगद्गदम्।।

वह आगे फिर बोलीं – ''हे कमललोचन कृष्ण! शत्रुओं के साथ संधि की इच्छा से वहां आप चाहे जो भी कार्य कीजिएगा, लेकिन उस समय दुःशासन के हाथ से खींचे गए ये केश जरूर याद रखिएगा। यदि ये भीम और अर्जुन कायरों की तरह संधि की बात करने लगे हैं तो इन्हें छोड़िए, मेरे वृद्ध पिता अपने महारथी पुत्रों के साथ शत्रुओं से युद्ध करेंगे। मेरे पांच पराक्रमी पुत्र भी अभिमन्यु के नेतृत्व में कौरवों के साथ संग्राम करेंगे। यदि मैं दुःशासन की सांवली भुजा को कटकर धूल में लोटती न देखूँ, तो मेरे हृदय को क्या खाक शांति मिलेगी? सखे! इस प्रचंड क्रोध को दबाये हुए मुझे तेरह वर्ष बीत गए हैं और ऐसे में आज जब मैंने भीम के मुंह से संधि की बात सुनी तो उसे सुनकर मेरा कलेजा फटा जा रहा है। ये मेरे अपमान को भूलकर आज धर्म की माला जप रहे हैं। इतना कहते-कहते द्रौपदी का कंठ अवरुद्ध हो गया।''

(महाभारत, उद्योगपर्व, अध्याय-82, श्लोक-36-42)

तामुवाच महाबाहुः केशवः परिसान्त्वयन्।
अचिराद् द्रक्ष्यसे कृष्णे रुदतीर्भरतस्त्रियः।।
एवं ता भीरु रोस्त्यन्ति निहतज्ञातिबान्धवाः।
हतमित्रा हतबला येषां क्रुद्धाऽसि भामिनी।।
अहं च तत्करिष्यामि भीमार्जुनयमैः सह।
युधिष्ठिरनियोगेन दैवाच्च विधिनिर्मितात्।।

कृष्ण तब द्रौपदी को आश्वासन देते हुए बोले – "हे कृष्णे! तुम शीघ्र ही भरतवंश की दूसरी स्त्रियों को भी इसी तरह रोते हुए देखोगी। हे भामिनी! जिन दुष्टों पर तुम क्रोधित हुई हो, उन विपक्षियों की स्त्रियां भी अपने कुटुम्बी, बंधु-बांधव, मित्र तथा सेनाओं के मारे जाने पर इसी तरह रोएंगी। महाराज युधिष्ठिर की आज्ञा और विधाता के रचे हुए अदृष्ट से प्रेरित हो भीम, अर्जुन, नकुल और सहदेव को साथ लेकर मैं भी वही करूंगा जो तुम्हें अभीष्ट है।"

(महाभारत, उद्योगपर्व, अध्याय-82, श्लोक-44-46)

204. महाभारत के युद्ध में दुर्योधन की ओर से लड़ने आये राजागण क्या कृष्ण से बदला लेने आये थे ?

महाभारत में एक जगह पर ऐसा इशारा किया गया है जिससे उस समय के प्रतिपक्षी राजाओं की मानसिकता के बारे में पता चलता है। जब कृष्ण एक शांतिदुत के रूप में हस्तिनापुर गए थे तो उस समय दुर्योधन के घर जाने के बावजूद वे उसके भोजन के आग्रह को ठुकराकर विदुरजी के घर पर भोजन किये थे। तब भोजन के बाद विश्राम करते समय विदुरजी से उनकी बातचीत होती है। विदुरजी के अनुसार कृष्ण का शांतिदूत के रूप में हस्तिनापुर आकर संधि का प्रयास करना व्यर्थ था। उस बातचीत के क्रम में विदुरजी दुर्योधन के साथ आये राजाओं के बारे में बताते हैं :

सर्वे चैते कृतवैराः पुरस्तात्त्वया राजानो हतसाराश्च कृष्ण।
तवोद्वेगात्संश्रिता धार्तराष्ट्रान्सुसंहताः सह कर्णेन वीराः।।

विदुरजी कहते हैं – "हे कृष्ण! दुर्योधन के पक्ष में आये ये सब वे ही राजागण हैं, जिन्होंने पहले आपके साथ वैर ठाना था और जिनके सार-सर्वस्व का आपने हरण कर लिया था यानी उन सबों का मान-मर्दन किया था। अब ये लोग आपके भय से धृतराष्ट्रपुत्रों की शरण में आये हैं तथा कर्ण के साथ संघटित होकर वीरता दिखाने हेतु उतावले हो रहे हैं।"

(महाभारत, उद्योगपर्व, अध्याय-92, श्लोक-25)

उपरोक्त श्लोक भले ही सभी राजाओं पर लागू न होते हों, परंतु अधिकांश राजागण पर विदुरजी की बात सही बैठती है। कहा जा सकता है कि धर्मयुद्ध के नामपर जमा हुए अधिकांश राजागण कृष्ण से बदला लेने हेतु अधर्म करने ही आये थे।